欧亚备要

主办：中国社会科学院古代史研究所内陆欧亚学研究中心

主编：余太山　李锦绣

马长寿内陆欧亚学文存

（全三集）

下集　内陆欧亚学论集

马长寿　著
周伟洲　整理

下集目录

人类学在我国边政上的应用 1

中国古代花甲生藏之起源与再现 10

中国西南民族分类 35

四川古代民族历史考证（上）...... 60

四川古代民族历史考证（下）...... 77

嘉戎民族社会史 89

凉山罗夷的族谱 120

康藏民族之分类体质种属及其社会组织 156

钵教源流 217

论"民族社会"的性质 243

辟所谓"西藏种族论"并驳斥经史内所流传的藏族起源于印度之
　　谬论 260

论匈奴部落国家的奴隶制 272

论突厥人和突厥汗国的社会变革 291

《同治年间陕西回民起义历史调查纪录》序言——兼论陕西回民运动的
　　性质 337

苏俄人类学的进展 361

下集索引 390

马长寿主要论著目录 395

人类学在我国边政上的应用

一、人类学由资本帝国主义羁绊脱离的经过

科学是人类创造的，它的产生和演进与人类的应用有不可分离的关系。人类学的一部分是一种人文科学，它的产生和演进更不容易与应用分离。欧洲的人类学不会产生于中古的封建主义时代，而产生于资本帝国主义时代，原因在此。19世纪，商人的旅行日记和传教士的会务报告便是当时人类学的主要资料。商人以白种人的尺度审量海外有色人种的体质和文化，以买卖人的态度观察采猎民族的生活与农牧民族的风俗，所以引起欧洲人的注意，而有"海外轩渠录"式的人类学的出现。至于基督教的教士，比较商人自然要少势力些，但他们却不能没有偏见。他们以为基督教教义是神圣无上的，其他非基督教的信仰都是巫教魔术的偶像崇拜。他们相信单偶婚制，私有财产制是人类天经地义的制度，因而以文明人自居，而排斥多偶婚制，认为集体产业所有权为野蛮人制度。一直到最近英帝国的 Westermarck 仍由此观点写成人类婚姻史巨著，在欧洲风行一时。所以这一时代的人类学距科学的水准太远，和我国清末小方壶斋所收辑的各种土著记载比较，只算多一种合理化的解释罢了。这时代的人类学无以名之，只可名之曰"蛮族学"（Barbarology）罢了。

但时代是进展的，人类学亦随时代而日趋开明。19世纪人称为政治上的民族主义世纪和学术上的科学复兴世纪。欧美人由于民族意识的醒觉与渴求团结和自由，帝国主义为争夺殖民地，所以产生第一次世界大战。凡尔赛会议决定了民族自决原则，即承认每个民族有形成一独立国家之权。但凡尔赛公约的规定是非常模糊的，国外的弱小民族和国内的少数民族是否

仍为一民族单位呢？并无明文规定。因而在此阶段上的人文科学，被分裂为：政治学和社会学是研究独立民族或列强国家的组织之学，而人类学的研究主要目标为史前的先史人与现世的弱小民族和少数民族。这种学术的分工，虽然于研究上是方便的，但无意中把人类分为两种：一种为初民或原始民族（Primitive People）；一种为文明人或文明民族（Civilized man or People）。甚而把文化亦分为两种：初民只有文化（Culture），文明人始有文明（Civilization）。试问用什么尺度甄别人类的种类和文化的样式呢？没有别的，白种人的技术文明便是这种分类的最高准绳。白种人是蒸汽力、电力和内燃力的发明者，由此而发展为列强，为帝国，为资本主义。换言之，即凡为列强帝国而具有资本主义条件的民族为文明民族；反之，世界上的弱小民族和少数民族则为原始民族。于是人类学成为研究弱小民族和少数民族的科学了。

凡尔赛公约还有一个最大的缺点，即注重民族集团，而忽视个人在政治上和社会上的地位。因而一种民族得势了，不只压迫国外弱小民族和国内少数民族，甚而压迫国内以及国外任何不同意见和不同文化的个人，否认个人在政治上的和社会上的极权主义之反抗，实为第二次世界大战主要原因之一。第二次世界大战的结果主要是民主观念中人权纲领的产生。人权和民族权多少带一点对立性的，人权纲领为民族主义的修正，乃此次战争最大的成果。1943 年英国 E. H. Carr 计划和平草案时，于其《和平之条件》一书中说："国籍与自决是指同一事件，如果一个人有两个客观的区别之点，即或为波兰人，或为南斯拉夫人，他愿意作一波兰的公民固可，作一南斯拉夫的公民亦无不可。"此一原则成为战后人权纲领的主要成分。在这里人类学跟着时代要变了。美国社会学家和人类学家近年逐渐放弃 Primitive Society 而试用 Folk Society 一辞，便可表明这种改变的倾向。"原始的"一辞是不科学的，它们既然反对进化论派，便不应向人类之原始的和究极的两个顶点上转弯。现世民族并没有历史区别的观点在内，只有先史民族才可叫作原始民族。无论白种和有色人种都是人，列强国民和弱小国民以及统治民族和少数民族都是民。Folk 便是上述各种人民的概辞，人类学应当是研究人民及其文化的科学。人类学的原则可适用于弱小民族和少数民族者，自然亦当适用于列强的所谓文明民族。无论如何，人类学不当浸淫于蛮族学或弱小与少数民族之学的领域中了，应当开拓到人类全体及其文化的整个领域之上。

二、英美荷澳诸列强之应用人类学的实施

我们如谓人类学为19世纪资本帝国主义的产物，即今日之应用人类学乃20世纪列强政治制度与经济制度矛盾的产品。政治上的平等自由已经是法国革命以来最流行的口号了。两次世界大战争以来，又多了一条民主的口号。国内政治是照这民主自由平等的理想迈进的，但对于异国民族以及本国殖民地内的少数民族却不敢提到自由平等民主。此乃政治制度的矛盾。同时，若干国家，如英美，在政治上是提倡民主，乃至实行民主的，所以在理论上他们是十分同意殖民地的民族自决、民族独立。但在经济上，无论国内的与国际的，始终建设于资本主义之上，为了攫取工业资源，为了觅得商业市场，所以不但不能放弃殖民政策，还须进一步强调之，调和之，彼此勾心斗角地在变相地攫取殖民地带。此岂非列强国家之政治制度与经济制度中间的一大矛盾？现在民族自决运动在世界上每个弱小民族领域里策动着、进行着。谁是策动这种运动的主力呢？不是苏联，亦不是土著民族自己，而即是列强各国19世纪的民族主义和20世纪的民主观念之余波。所以说策动殖民地民族自决的便是殖民地所有者的列强。因此之故，美国不能不承认菲律宾独立，英国不能不允许印度自治。但菲律宾能算独立，印度果能自治吗？我们可以干脆地预料，在英美放弃其资本帝国主义之前，决不会让它们的殖民地真正独立自治的。政治的民主可以让殖民地人民由直接统治到间接统治，由压迫统治到委托统治，甚而可以允许他们自治。但经济的资本主义和这一套政治实施根本是冲突的。列强经济不能独立实为殖民地政治不能独立的主要原因。如何协调这种不调和的场面呢？政治学和经济学于此束手无策了，这时乃请熟习殖民地情况的人类学家作最后的调协，于是便有应用人类学的产生。应用人类学是利用人类学的原则、观点、方法以及知识于帝国殖民行政上的一种技术科学。

在列强里，英帝国的殖民地最多最广，因此应用人类学在英国最为发达。在1896年，英国学者E. W. Smith创设帝国民族学社（Imperial Bureau of

Ethnology），搜集资料，曾自诩"于科学及政府有重要价值"。其后，遣派人类学家赴诸殖民区域考察，如 Malinowski 等之于南非苏丹；Elkin 之于澳洲西部南部；Chinnery 之于新几内亚；Rattray 之于金海沿岸；Meek 之于尼吉里亚；Hutton 之于印度，皆于各殖民地之政教经济风俗洞悉无遗。英政府设有殖民局（Colonial Office），内分设各种委员会，指令各大学作各种殖民问题的研究，同时又在各大学设殖民地官吏士兵训练班。如在牛津和剑桥两大学规定人类学为殖民地海陆军候补官兵必修课程。伦敦经济政治学院与伦敦教育研究所皆开有殖民地官吏训练班。阿伯丁（Aberdeen）大学设有宣教殖民计划局。皇家人类学会设有专门委员会讨论国家殖民地问题。罗德斯立文斯顿中非研究所（The Rhodes Livingston Institute of Central Africa Studies）为 1938 年创立，由政府补助下进行罗德细亚及其中非英属地带之殖民问题研究。同年伦敦组织非洲语言文化国际研究所两个那色兰部族（The Nyasaland tribes）的营养问题。并在 Malinowski 的指导下训练许多青年学习，送往南非服务。又有种族关系研究所设在南非，专门研究南非人种与白种人的关系问题。总之，英国政府与本国人类学家是尽量合作的。各殖民地政府普遍皆有人类学专员之设。它是殖民政府的顾问，同时又不断进行研究，以其意见供献给政府。

美国的殖民地虽少，但人类学与殖民行政的合作未尝或怠。在菲律宾，Boyer 教授等研究该岛的土著部族并设计改革计划，帮助该地政府进行人口调查并予以说明。在美属沙毛亚岛上，由人类学家 G. G. Brown 计划，以巴斯陶（Barstow）纪念基金创立一实验学校，与当地海军长官合作训练土著贵族子弟，使其将来成为理想的领袖。美国本部设一太平洋关系学会，虽为一私人组织，其研究主题则为美国及其领土之应用人类学的研题。耶鲁大学、海威夷大学以及其他大学都集中于殖民问题的研究。新近亦有"应用人类学社"，主要兴趣在于殖民行政的研究。关于国内民族的研究和实施机关，有印第安事务部（Office of Indian Affairs）和农业部的推广局（Extension Division of Department of Agriculture）都是致力于应用人类学的研究，获有相当经验，可以推行殖民区域的。此次世界大战，美国人类学家为本国士兵著有《生存法》（Survival）一书，教导他们在陆上、海上、荆林、两极地带如何能活。同时，若干专门人类学家直接参战，主要任务在集中视线于殖民地前线的研究。其报告如《人的管理》（The Government of Man）即为已经出版的一种。

荷兰亦为拥有殖民地较多的国家，在莱登大学（Leiden Uni.）和乌特来希大学（Utrecht Uni.）设有人类学的训练机构，专门训练派往荷属东印度群岛的官吏。1906年至1914年派了许多考察团到东印度群岛和其他殖民地，研究其语言与文化，尤其东印度的习惯法为荷兰所采用，为制定民法之基础。荷兰首都的殖民研究所（The Colonial Institute）致力于殖民地土著的研究，最为驰名。

澳洲于1923年举行太平洋科学会议，决定应用医药科学和人类学的原理以保护土著种族为当务之急。前此不久，澳政府在巴布亚设有政府人类学家（Government Anthropologist），由F. E. Wlilliams充任，直至1943年死亡而止。荷兰已故的H. Murray总督常宣称他的行政乃"建设于科学的人类学原则之上"。由于如此，澳洲的石器时代的土著因而始能跨进文明的初阶。1924年荷兰又设一政府的人类学家于新几内亚。各地海陆军官佐，每隔两年必送澳大利亚的赛奈大学（Sydney Uni.）受社会人类学和行政人类学的训练一次。虽先任将校亦须上班训练，教以特殊的课程。

此外，如法国、比利时、德国都有或多或少的人类学与殖民行政的配备。殷鉴不远，日本在占领我国东北各省期间，研究东北经济资源的有南满铁路株式会社，满洲经济社，满洲重工业开发株式会社，大连满铁社员会，日本东亚开拓社，日本生活社；研究地理、语言以及文化的有满洲事情案内所；研究一般社会情状的，有满洲日日新闻社。上述诸研究机关，都是由日政府支持的，虽然不是纯人类学的应用，但有不少的人类学家参加在内。

三、中国边疆的特质与中国人类学的建立

中国边疆有异于列强殖民地的性质，综括有下列各种特点：

第一，中国边疆并非中国的殖民地，换言之，即中国只有边疆，没有殖民地。中国一向以农业立国的，农业国家根本无殖民地的需要。但农业国家是重视土地的，因而区域的观念特强，在历史上，虽然不乏征服异域的皇

帝，但他们的主要动机，与其说是拓土移民，毋宁说是安民保疆。中国北方西方一向与游牧民族为邻，在民族学上只见到牧民是侵略的，农民一般是安分守己的。因此，我很不同意拉铁摩尔（Lattmore）的意见，说中国古代是汉族侵略戎狄。中国为了保固边围，曾经费了无数的财力和人力，结果，不只没有取得什么，一直到现在，中央仍以中原地区的财政补助边区政府的开支。中国没有资本主义的工业，输入边区的只有手工业的产品和由外国所输入的洋货。边区的土产，除数目贫乏的可怜之黄金一项以外，它如麝香、贝母、猪羊毛之类，主要的还是输出外国。边区土地，九石一土，农业之价值极微，因而中原人在边区者只有商人苦力，很少有计划开拓农田的农民。因而，中国始终是没有殖民地的。

第二，中国人的开拓东北是以胜国农奴的身份争取生存的，经营南洋是以穷而无告的苦力姿态为博得蝇头之利而奋斗成功的，与今世列强之以资本为手段、武力为后盾的殖民运动根本异趣。而且，中国移民所至之处，只有事业的组合，而无政治的力量，故移民区域，除少数地域如东北外，其余广布中国民族之处，皆非中国的领土，这些领土反而成为后来居上的列强之殖民地带。

第三，中国不只没有殖民地，反而中国自己是列强的一个变形的殖民地或"次殖民地"。一个类似于殖民地的国家当然不会有殖民地的。今日中国的边疆民族，可以说是一些少数民族，但这也仅于人口多寡之上有一点少数的意义罢了。若由统治者和被统治者、显耀者与弱小者对比而言，边疆民族之为少数民族则须加以时代的限制了。"五胡乱华"时代，匈奴、鲜卑、羯、氐、羌等边疆首领都曾统治过北方人民。蒙古人和满族人都曾统治过中国人民的全部。今日的汉人，在三十五年前，是作中国的少数民族的。现时，若中国真能民主，则中国民族一律平等，其中应该没有多数与少数之分。

第四，中国今日所闹的边疆问题，我们当认识清楚是内政问题，不是民族问题。我们的政治不健全，内部不修明，自然会引起边民的反感和叛变。边区是中国社会的边缘，中国文化的边际。比长论短是一般人民的心理。中原人民当其感觉政治苦闷之时，尚且走胡走越，何况处于中外文化交流地带之边民？一部二十四史告诉我们，中央政治有办法的时候，边疆人民一定是向心的，内附的。反之，边疆人民一定有离心的外倾。封官拜爵那不过是治标办法之一种罢了。治本之道仍在修明内政，安定社会。

第五，现代欧美的殖民行政问题是民族间的接触问题和文化问题的接近问题。但中国边疆这些问题应当是过去的了。因为中国民族早经接触，中国文化早经接近。所差池者为接触与接近之间没有开明的指导和科学的方法罢了。

因为上述种种原因，因而提醒中国的民族学者和人类学者及早建立中国的人类学。人类学是一种既为自然科学又为人文科学的综合学问，它在自然科学中与生物学最为接近。但生物学本身，与纯理的数学以及无地域性的理化科学不同了，它开始有建立为中国科学的可能。自生物学以上，所谓超有机的社会科学、文化人类学或社会人类学乃是其中的一部，更有建设为中国科学的可能。文化有普通文化模式与特殊文化模式之分，社会亦有共同社会与社区社团之分，心理亦有人类通性与人类个性之分。前一种是人类可共同的，后一种是因地因时而异的。中国的人类学，固然不能放弃人类所共同的一方面，但尤须注重中国人独有的一方面。此为吾人提倡中国人类学或中国民族学的基本理由。

四、几种人类学的原则可为吾国边政之借鉴者

欧美科学传播到中国以后，我们必须明了一种科学几种应用的道理。自然科学如此，人文科学亦然。欧美的应用人类学只利用人类学的一部分原则观点方法和知识以为控制殖民地的技术，显然对于一般人类学的原则未能大量的应用，所以结果仍然不免出主入奴的弊病，科学为野心帝国之奴婢而已。中国边疆与帝国殖民地既不可同日而语，故中国边政于人类学的应用不当限于应用人类学，而须一方面修正应用人类学，另一方面于此科学之广泛领导中寻求适合于中国边政的特殊情况。

（一）"人类唯一，文明则殊"的观念初为美国的 F. Boas 所提出，应用到中国边政则吾人必须基本承认中国民族属于一个种族，然而仍有汉、满、蒙、回、藏、苗族之分者，仍由于文化模式不能尽同之故。

（二）文化的价值是相对的，非绝对的。一种文化有一种功能。B.

Malinowski 谓："文化是人类的必需品，用以克服环境，保卫个人，繁殖种族的。"文化的不同，或由于环境与历史的不同，或由于文化演进的迟滞（Culture lag）。因而文化不齐是非常自然的一种现象。一个民族对于自己的文化大致都有"家有敝帚，享之千金"的心理，实在由于敝帚自有其敝帚的功能。演进论派所谓"遗脱"（Survivals）的概念，似多为异民族对本民族的看法。遗脱未始没有功能的。所以，估量文化的价值时，当以本民族的生活为其首要的尺度。例如"月会"和"日历"便是与生活相适应的产物。藏历不必改为汉历，一如阴历不必改为阳历一样。

羌民每逢戊日便放假一天，我们何必一定要用日曜日去代替他们的逢戊假期呢？不必要的改革则不必改革。唯有土著感觉到的改革，然后顺势改革之，然后始可称为"科学的控制适应"。

（三）文化是变动的，即文化动力说（Cultural dynamics），经功能学派之提倡已成为一理论的体系。一切民族无日不在变动之中。但强迫的变动不如自愿的变动为有效，则显而易见。土人没有良好理由和真正努力是不愿放弃其传统的办法的。由于自觉始能自动。治边者与其作行动的提倡，莫如作观念的提醒。故教育的提倡乃是一种治本的办法。什么是良好理由可以引起边民的自觉呢？简言之，即对于边民生活有实惠的利益是也。过去，中国政府对于边疆的投资，都投在政治上，很少投资在经济上，边民对于中央的各种改革始终是怀疑、观望、反感、厌恶、反抗，其主要原因在此。

（四）顺势利导是改革边制的首要方法。第一，民族行政人员的行政态度要容忍，承认民族文化的多元主义，相互尊重不同的民族文化，极力表现各民族文化的优点。优与劣的对比自然会形成相形见绌的或彼善于此的事实，此为甄别文化和改革文化的最好机会。第二，发展边民的自己的生活之道，强于灌注一种外来的方式，以图原来的生活改型，再事发展。第三，运用禁止方法和取缔方法不如用代替方法。例如新几内亚土著于结婚前有猎首之俗，原为表示新郎之忠诚与勇敢的，后由人类学家建议以熊首代替人首，故相安无事。在巴布亚，提倡以足球代替矛箭为解决团体间的纠纷，以豕代替人为牺牲以祭谷神。我国古代相传诸葛亮向南蛮提倡以馒头代替人头祭祀，与此原则相同。

（五）进行边政之首当注意者为不妨害边民生活之基本安全。边政是改善边民生活的,如果损及生活的安全便早失却边政的意义。边民叛变的暴力和其生活安全的损失是成正比例的。在他们看来,生活实重于边政。我们由人类学的观点言,此种想法是近于真理。

(六)边民心理并非"前逻辑的"或"不逻辑的",所不同者由于他们的逻辑范畴与我们的不相同而已。逻辑范畴不同,因而信仰不同,制度各异。

(七)最后一个人类学的原则应用于边政者,即行政人员,相时而动,最为重要。积习很深的西洋人对于工作效率的测量是以时间计算的,所以动辄来一五年计划,希望引渡石器时代的人们到了文明。同理,汉人以农业工商业人的心理去审测边区的游牧和狩猎文化,不是估价太低,便是矫枉过正。其实,文化的历程是慢动的。尤其是土著人的行动速率是由长期集体会议、礼貌的款待以及神秘仪式的卜卦决定其前途的。行政者一定要从容地等待,内心着急,而外貌仍须宽容,等到边民心理上赞成行动的机会到了的时候,那时再着手改革,也许会事半功倍而意外地得到成功的。普通一个计划,在我们须以年月计算的,在他们须以十年、二十年甚至一代、二代的计算。太平洋南部的毛里人(Maoris)对于行政经验曾有一字贡献,即 taibao 政策,原意是"有目的不动",和中国黄老之学的"无为而治"是同意义的。

(原载《边政公论》1947年第6卷第3期)

中国古代花甲生藏之起源与再现

一、花甲生藏是一种文化遗物

有些文化质素在古代的文物制度丛位里有凝固的结构和活跃的功能。一旦古代的文物制度灭亡了，它的结构便会瓦解，它的功能便会停息。它在现代的密集的文化丛位里成为一种游离的残物。这种游离的残物，人类学家谓之为"文化遗物"（cultural survivals）。遗物的概念初为人类学家泰洛（E. B. Tylor）所引用。他把它当作一种人类学研究的方法。他说，文化遗物虽系一种游离的残物，然由此残物之分析与叙述可以使原始文化之状态还原，或证明古代某一文化阶段曾经存在。[①] 我们可举一例以明之。贵州威宁县有一种苗人叫作"郎慈苗"。他们有一种相当于它的名称的风俗，即妇人产子，丈夫坐褥。丈夫装着生产之后憔悴的样子，坐在房里，看护婴儿。亲友们对此产翁也将假作真，劳慰倍至。而真正分娩的妇人，反须出入工作，措饭供夫。中国人看见这种民族奇怪，所以称之曰"郎慈苗"[②]。郎慈之俗即人类学家所说的"怙娃爹"（Cauvade）[③]。它是由母系氏族社会到父系氏族社会的一种过渡仪式。此种风俗在现代苗族的父权社会中看来，诚然乏味，觉得此种举动如同儿戏，所以它成了一种文化遗物。但是我们由这种遗物可以推测古代的苗族一定有过一个母系氏族社会的时代，而且知道，现代的父权是男子用此种魔术的诈术由女方骗夺过来的。

[①] E. B. Tylor, *Primitive Culture*, 1889.
[②] 参考佚名氏《黔苗图说》与李宗昉《黔记》。
[③] "Cauvade"即指原始民族妇人生产之后，而丈夫假装坐褥之风俗。亦有人译为"产翁"。可参考 Sumner & Keller, *Science of Society*, Vol. III, 1927, pp. 1904-1912.

"花甲生藏"在现代中国仅是一种口头传说。口头传说比较"怙爹娃"的活跃能力都不够，它仅起伏于人类意识的一面。但它的本质仍是一种文化遗物。它指明中国的原始时代有仿佛于传说的一种事实。即古代老人，一届花甲之年，便须活活埋到藏里。现代中国再不听说有"花甲生藏"的风俗了，而且它是反乎现代"德行"（mores）的一种风俗。但它在古代，是一种富有强制性的"民风"（folkways）。① 在当时的老人们看来，生藏是一种义务。社会强制他们一定要如此地去做，犹如一种法律。这种制度与当时的社会构造和经济组织有关，我们想来，它似乎是调节人口与食物的方法。设非如此，原始社会中壮年少年精华分子，或须饿死，或相互残杀。有了这种制度转而可以延长整个民族的生命。现在世界上还有许多民族实行着这种残杀老年的风俗，这种风俗和中国古代的"花甲生藏"有同一的意识。看了现在原始民族这种现代人以为野犷无比的奇俗，使我们相信中国古传的"花甲生藏"传说不是无稽之谈；看了他们生活背景中之社会制度和经济组织，益使我们相信中国古代若有与此相同的生活背景，便有产生同一风俗制度之可能。文明制度当然是我们中华民族努力产生而来的，但我们却不可过分自诩说，我们的祖先便没有经过野蛮时代。从前的学者和现在的卫道先生们也许还歌颂着"孝"是东方民族的固有美德。而我们研究的结果，却与之相反，以为"孝"是中国社会进化中的产物。

　　还有一点，在此研究中，我们觉得很有意义的，即原始文化遗物的再现。僵死的文化本来很少能自发地再现的。但是社会如果产生一种新的需要，这个社会便会经过一种文化复兴运动，使古代的文化遗物，穿了时代的衣裳，重新活跃起来。不过这一前一后的文化活动，无论如何，它的形式和内容不能全然相同。譬如"忠"的观念原是封建社会中封臣对于领主的服从态度。及至封建制度崩溃了，忠的观念遂成为文化的遗物。近代因为国族主义勃兴，忠的观念因新的需要重新提倡。然忠的含义，已经不是忠于领主，而是忠于国家，忠于民族。前后的忠的观念很不相同。老人生藏之俗在我国金代是曾经一度再现的。它的再现原因和原始时代的产生原因截然不同。原始时代的花甲生藏系由于原始的经济背景，金代的老年生藏则由于政治的纷乱和种族

---

① "民风"与"德行"是 Sumner 创用的两个名词，可参考 Sumner, *Folkways*, 1906。

的倾轧。两者的历史背景是不同的。但这并不是说两者没有连带关系。一种文化是不会突然产生的。文化的产生，除了新的需要之外，仍须有旧的文化基础。金代老人的生藏之俗是自原始的花甲生藏蜕化而来的。设使原始生藏的文化基础不曾成立，金代老人遇到新的需要时，也许采取新的自杀途径，不必仿效原始的生藏方式的。况且，生藏有种种物质的和非物质的文化条件。古代有了这些条件，后代人始能随手采用，毫不费力。否则不特生藏的修筑筹划不易，即驱逐活祖宗于墓圹中的一事，也绝无人敢冒此天下之大不韪的。

最后，略述我这次研究所用的观点或方法。作者一方面相信任何民族有同一的社会经济基础和同一的物质的与心理的背景，结果这些民族会采取同一的社会制度。中国民族在原始时代，有和其他民族相同的物质文化和心理诸背景，它自然也须产生相同的制度和风俗。一种制度和风俗同时在各地产生，这种现象人类学家谓之为"并行的演化"（parallel evolution）①。同时，作者也相信播化作用的重要。几种民族，因为地域接近，或往来频繁，所以彼此的文化都有采借可能。但这种采借，并非机械的，有时因为外族文化刺激了本族的固有观念，因而本族的遗失了的制度，又被提醒，又被再用。这种因果关系，显然是表明了播化的功能。没有播化作用，原始的制度也许终不会有人记忆起来的。中国的原始生藏制度，一直到现代，在中国人的记忆中仍然保留着，有种种原因：一方面，这种制度，在方法论上，是被决定其为存在的，因为中国民族也和其他民族一样有经过某一个进化阶段的可能。后来因为尊老的文化发达，逐渐才把贱老的文化淹没殆尽。在另一方面，中国的边疆有不少的贱老民族，往往冲破边防，移殖境内。这样一来，中国民族的原始制度虽然模糊了，但停留在原始社会的边疆民族，却是拨动回忆原始制度的机杼。后代的中国民族对于原始制度不特追忆着，而且使用着。一直到现在，原始的传说仍流行于中国民间，都是由于上述的两大原因鼓荡而成。

---

① "并行的演化"为 Andrew Lang 所创用之术语，后在人类学上广为应用，有时称为"并行主义"（Parallelism）。

二、古代花甲生藏传说之本末

据作者调查所知，中国北部，如河北、山西、山东、河南诸省，都有花甲生藏的传说。传说的前半节大致相同。传说如下：

在远古时代，年老的人是不准永久活在人间的。无论男女，活到六十岁，按着天干地支配列的说法，已足一个整的轮回了。一个人仅可过一个甲子年，一个轮回。一个人在轮回中死去为最妙。但不幸有人在六十开外还活着，皇帝便不准他活在人间，请他到"生藏"中去过活。事前，子孙为他修筑生藏。在地下给他砌好和死墓相仿佛的洞穴，以够老人生息为度。老人死后便成了他的永久的家室。修妥之后，回家宰杀牛羊，宴请宾客，然后各亲友家属对于这位活祖宗举行活祭。祭毕便把他活送到阴黑的藏里，由此便不能重见天日。藏里安置着粮食和器皿。粮食是为六十老人死不掉时自己起来作食的。器皿在生时可以盛饮食，死后还可以作冥器。子孙们孝顺一点的，在藏的顶上预先筑好一个方砖大的窟窿，每天去给活祖宗奉送饮食。在窟窿里还可以谈谈天。但一走后，便把方砖盖上，黄土覆好，老人还是不见天日。

这种制度，一般人传说，叫作"六十花甲子葬"。乡下人不懂文法，后来居然有好多人讹传作"六十花甲子"的。为什么这种制度会取消了呢？据说都经过一种合理化的事变。通行于山东济宁一带的，有一种说法。他们说：

在六十花甲生藏通行的时候，有个外国人进贡来一件怪物，存在皇帝的宫里。这种东西，似木而轻，硕大无朋，两腹鼓然，叩之有声。皇帝不知，问于群臣；群臣不知，于是悬赏国门，以待天下博学多闻之士。当时有一位百姓每日往生藏中与其祖父送饭，因为他的祖父活过花甲六十，已经送到藏里很久，但不曾死掉。顺便他和他的祖父谈到外人进贡，贡物形状，和皇帝悬赏征求意见的事实。其祖云："此系巨瓠，瓠巨不出一子，汝可往告皇帝。"某如祖言，遂诣朝阙，具白其事。皇帝出贡物剖之，果仅一子。因问某何以知此。某遂对以系已置于藏中之祖父所云。皇帝渐悟老人经验最富，遂下令由此以往，莫生瘗老人，听其自生自死。

又一说通行于山西东部和河南开封一带的，说：

尔时皇京有一巨物，耳短尾长，目光闪熠，昼伏夜行，残食人畜无算。皇帝忧之，悬赏捕缉。当时人众皆穷，无敢撄者。一人有祖，已闭锢藏中多年，日往送饭，遂谈及巨物之形状，请教于祖。祖曰："此乃巨鼠；鼠虽巨，见猫即却。汝归家袖氂猫往，定然可擒。"某如祖言，袖猫直至鼠所，俟鼠出行，纵猫往捕，猫吓鼠却，伏人遂擒此巨物。皇帝知计出自花甲以上老人，遂下令，自此以后，废止花甲生藏之制。

花甲生藏传说的后半节显然是一种合理化的解释，所以一个地方有一个地方的解释方法，彼此不同。但由这种解释也可暗示吾人由远古一个不重经验的社会，转到一个重经验的社会，所以才发生尊重老者的事实。不过，一个制度的存在和消灭都有它的经济背景和社会背景，绝不能用一桩事实决定制度之存亡的。传说的前半节说明了传说的主要性质。由这个普遍于北方各省，即古代所谓"中原"的传说，可以提醒我们去回忆我们的祖先还有一个活埋老人的时代。

"甲子"的发明在中国古代很有历史的根据。《世本》和《吕氏春秋》都说，黄皇之时大桡造甲子。《后汉书·律历志》引《月令章句》语云："大桡探五行之情，占斗纲所建，于是始作甲乙以名日，谓之'幹'；作子丑以名日，谓之'枝'。干支相配以成六旬。"到了殷商时代，人们已经知道创造一种"甲子表"，以推算日期，推算年月。① 可知以甲子纪年纪日的制度和六十甲子的说法在原始中国是存在的。本来有了幹或干的十之数和枝或支十二之数，很容易推算出六十这个数目来。把六十作为人生的一个单位数目是很自然的。这个古代有一句方言，一直到现在还流行着，说："六十花甲子，七十古来稀。"这两句话后来的人很不容易得到圆满的解释。我们这个农业

---

① 见董作宾：《殷墟卜辞中所见的殷历》，《安阳发掘报告》第 3 册。

社会的人，只希望一个人活到"彭祖八百八"，所以才有人创说，天皇氏兄弟几万几千岁，人皇氏兄弟几万几千岁。而于上二句古色古香的方言是绝对得不到了解的。我以为这和"花甲生藏"的传说有关。初民社会的人口年龄永远不会比进步社会的人口年龄大的。尤其是游牧社会的人群，杀婴和戕老都是惯见的事实。所以说"七十古来稀"说得并不过分。上两句方言充分表示出老人们的叹息，说"六十岁便活够甲子一周了。古人还多活不到七十岁呢！"言外隐射了六十花甲生藏的故事。

中国有文字记载的时代便已经是农业社会抬头的时代。农业社会的历史都是尊崇老者、尊崇经验的历史。甲骨文字记述殷人对于汤以前十帝和汤以后二十二帝皆行特祭。① 祭祀便是尊崇老人的象征。《尚书·盘庚》云："汝无侮老成人。"又引迟任之言曰："人惟求旧，器非求旧，维新。"可见崇拜老的人和旧的人已是殷人一种普遍的观念。到了周代，更不用说了。一部《礼记》充满了尊敬老人的理论和仪式。当时或者还有不敬老的民族或人民，所以告大家说："虞夏殷周天下之盛王也，未有遗年者。年之贵乎天下也，久矣。"殷周以前的虞夏对待老人的态度不可知，因为当时的史料太少了。但当时有两件事实，似乎说明虞夏时代的社会风尚是尚力不尚齿的。第一件是舜的父母瞽叟夫妇。儿子作了皇帝，当时的人还敢公然说："父顽母嚚。"② 舜并没提出反对。第二件是禹之父鲧，因为不善治水被舜处以殛刑，但是禹并没有如今世所谓子报父仇，而还俯首做舜家的官。我很疑惑，以当时去游牧时代未远，社会上仍是尚力不尚齿的。至于虞夏以前，所谓母系氏族社会时代，当时的人，只知有母，不知有父，那时的风尚一定不会有尊老的事实。德国社会学家李朴德（J. Lipert）说："父权社会成立之后，始渐养成敬老之风。"③ 这个理由很容易明白：母系氏族社会往往是以游牧或牧畜为生活的，而父系社会之兴起往往是在农业开始之后。

---

① 见罗振玉《殷墟书契考释》或周传儒《甲骨文字与殷商制度》。
② 见《尚书·虞书》，战国时孟子亦曾言之，想不至伪造。
③ 参考 J. Lipert, *Kulturgeschichte der Menschheit in ihrem Organischen Aufbau*, 1886。有英编译本名 *The Evolution of Culture*。

三、尊老与贱老之社会经济背景

在诸初民社会里，对待老年人有相反的两种态度和行为。这相反的两种态度和行为导源于相反的两种德行，一种德行是尊老的。初民看到老人有知识，有经验，能感动社会，能惹人怜惜，所以尊敬他，爱护他。在有组织而无文字之社会，老人越会被人尊崇。与尊老的德行相反的即贱老的德行。初民贱老的原因由于老人不能服务社会，而且消费社会的产物，所以他们被目为社会的累赘。一般言之，尊老的民族文化比较贱老的民族文化要高一级，换言之，即贱老的德行往往产生于尊老的德行之前代。尊老的民族，大都因为自己尚未发明保留记忆的工具，所以崇尚记忆，崇尚经验。但在他的前代，或世界上比他的文化较低的还有一种民族，他们尚谈不到组织与经验，整个人群尚逗留在浑浑噩噩、转徙无定的野蛮时期。他们行为的准则便靠实际的行动；他们正在尝试，正在经验，所以还谈不到崇尚记忆，崇尚经验。那么，这种民族是什么民族呢？便是游牧社会的民族。

孙末楠（Sumner）说："戕杀老人的风俗在游牧民族中是必要的。"[①] 游牧民族的生活是逐水草而居，弋鸟禽而食，他们全然过着采撷自然物的生涯。猎场的自然物一尽，或被强暴邻族欺迫时，他们便须另徙猎场。所以他们日与冷酷的自然相搏战，日与饥饿的邻族相搏战。他们很少需要经验的。他们的环境时刻在变迁，旧的经验对于新的环境可以补助的地方很少。而生计方面，食物的获得往往不能与人口增殖的比例成均衡状态。当人口过剩时，第一步当然是向外侵占猎场。不过这企图往往是不可靠的。若遇到弱的民族还可如愿以偿；若遇到强的民族，他们不但得不到什么，而且损折他们民族精华的壮丁。壮丁的损折转而又加重了人口的压迫。所以他们解决人口过剩的最妥方法，只有杀婴和戕老。杀婴和戕老在表面看来，诚为残酷，但为撙节食物，减轻负担，对于全体民族而言，反而成为道德的盛举。况且年迈力乏的老人，对于战斗逃亡处处皆感不力。本族不设法为之安置后事，敌人追来恐也难逃食肉寝皮的惨苦的。所以说游牧社会的民族贱虐老人是一种事实上的必要。反之，在农业社会，他们对待老人的德行便大不相同。农业生活是

---

① Sumner, *Folkways*, p. 324.

固定的，因而他们看重经验，崇尚传统的知识；所以他们尊崇老人。在农业社会，农产的丰登是靠天时和技术的。风雨阴晴的预料和农业历法（如雨水谷雨芒种秋分之类）的推算，非富有数十寒暑经验的老农是计算不来的。它如农具之使用与制造，土壤的肥瘠与改良，牛马的驯服与驱使等等，也非富有经验知识的老人来指使，青年的农夫，无论如何聪明，也不会豁然贯通的。所以农业社会尊崇老人亦是一种事实上的必要。

中国民族，在殷商时代，便经营着牧畜而兼农业的生活：猎器有网、毕、阱、罝、羉、罘之类；农器有耒、圭、辰、男之类；建筑有宫、室、宅、家、牢、圂之类。关于牧畜和农业的民族生活，在甲骨文卜辞上都可得到明文的记述。[①] 他们的社会经济生活如此，故与此生活相调和的德行便是敬畏老人和祖宗崇拜。继此而兴的周民族更是一个有祖宗文化遗袭的农业民族。《史记》称周族的祖先公刘"虽在戎狄之间，复修后稷之业，务耕种，行地宜"，他的子孙当然是宜稼宜穑了。周族的社会既是农业生活，所以他们的族人是绝对服从老人。在太王居豳，狄人来侵的时候，他的族人并没有遗弃老领袖的心肠，各个都随太王"率西水浒，至于岐下"了。这种知礼知义的民族，又产生了一位娴熟掌故的周公，于是零碎的农业社会的风俗一变而为典型的礼法，曾经控制了数千年的中国人心。但是原始的中国民族就是农业社会吗？中国民族没有经过游牧的生活吗？我们断定那是不可能的。不过游牧时代的生活没有文字记载下来，所以一大阶段的无文字历史被有文字的历史淹没殆尽了。同时，农业社会的民族意识鄙视游牧社会的民族生活。一切风俗和习惯，都认为是蛮性的遗留，一概把游牧社会抹杀完了，现在我们所晓得的，仅是一花甲生藏的故事。这个故事带了浓厚的古代中国文化的色彩，所以我们可把它当作中国古代有游牧生活的铁证。

四、世界上残杀老人的民族

上面说过尊老礼俗往往产生于农业社会，贱老制度则往往发生于游牧民

[①] 参考周传儒前引书。

族。尊老与贱老之不同乃由于两个社会的经济背景不同。由贱老制度到尊老礼俗的演进过程中，我们在人类文化史上，还可找到两重矛盾德行俱存的社会。如古代的条顿民族，在社会上，一面有父亲在晚年驱逐儿子的事实，一面又有儿子格杀老年父母的事实。这两重事实表明由贱老社会到尊老社会的转型期形象，可见历史上亦有过一段父辈与子辈战斗的史实的。①

世界上今日仍有不少的鄙杀老人的民族。他们的生活自然都是逗留在原始的游牧时期。北美的瓦拉几人（Wailakki），或其他任何的印第安人并不以孝为一种美德。凡龙钟的老人，不问其地位有多高，都目为一种累赘。虽身历百战的英雄，只要他挽弓之力一失，便须伴着子弟，同往旷野，肩负猎禽。又有一个北美老妇，因双目失明，则为子女所弃，而漫游坎山四野。加德林（Catlin）记载本加族（Boncas）之一部落，族人为饥饿所迫，遂弃老酋长而觅食他处。临行仅以少许食物、一束火与拐杖几支留之。行时，酋长与之辞别曰："吁嗟子弟，吾族贫馁，汝等其速往果腹之国，吾目翳而力竭，为诸子之累。吾不能去矣。汝等胆壮，莫为我思，吾已无用矣！"这种神气与我国古代的太王避狄，与族人话别的情形相仿佛。不过他俩的下场却判若天渊。又哈德逊湾之爱斯基摩老人不能自食其力时，即被勒死；否则于迁移时，亦必被摈弃而死。该族的移动原因便是想脱离毫无助力而徒增重负的老人。中央爱斯基摩人（The Central Eskimo）认为凡遭暴病而死者，系生前有福，可适彼乐土。所余未死的老人则无此幸福，故应杀之。巴西有许多部族，因老人不能战争、行猎与舞蹈故杀之。巴拉圭的圭古拉族（Guykuru）中之一族曰陶巴族（The Tobas），把老人生生活埋。老翁因自己衰老的痛苦，往往自求速死；老年妇女，即遭残杀。美仑尼西亚的西维多利亚（West Victoria）地方，人至老年则委一亲族勒杀之，并焚毁其体。勒杀老人的原因是恐外族来侵时，老人为敌人虏去，被敌拷讯而死。又美仑尼西亚人，凡老者与病者皆生葬之。他们认为这种风俗是一种慈善事业，是当然的。当埋葬时，纵然少年为省力之故，急速致之死地，老人也是同意的。他往往恳求他们，火速结果他的悲惨的命运。非洲的霍丁督族（Hottentots）常把衰老的族人，驮在牛背上，一颠一跌

---

① J. L. K. Grimm, *Deutsche Rechtsalterhümer*, 1899.

地把他送到沙漠里去。事前族人在沙漠地方，筑一小屋，略备食物，老人直至吃完而至于死，族人对于这种可怜无告的老人全没有半点慈悲心肠，以为人一到老，便理当摈弃之于人间之外的。非洲还有一族叫作丛林人（Bushman），人一到老，族人给食物少许，即摈弃之。①

　　东亚亦有许多贱老的民族。印度半岛暹逻东南有一个叫曼尼帕（Manipur）的地方。该地风俗，凡长子届结婚时，则拒逐父母于家室之外，而霸有其全家财产三分之二。这些少年首领驱逐老人和小孩子之唾骂父母是全然不怕造孽而引为羞耻的。② 中国云南的倮㑩，相传凡年岁过大的老人，子女则不敢与之同居。弃之深山大箐中，为留四五年粮食。此老倮㑩便逐渐不省人事，变成攫食虎豹的"绿瓢"了。③

　　西伯利亚可以说是一个残杀老人的大本营。在东北部阿纳德尔（Anadyr）河流域的朱克察族（Chukcki）将戕杀不能工作的老人视为常事。老人到不能工作时，便请亲族把他杀掉。在他的亲族来看，置老人于死地是一种神圣的义务。保加拉斯（Bogoras）说："老者病者戕杀之风，由于北极旷野的生活艰难。此俗成为朱克察族伦理系统之一部。老者病者以为死是一种权利，不是一种义务。他们往往不顾亲族之反对，而要获得这种权利。"他曾和一个行将戕杀的老者在海边散步，这位老者并不懊丧，告保加拉斯说："我在星期三要死了！"他把威士忌酒取出，并且还预备好死的工具海橡皮带。在死之前，他从从容容地喝饱了酒。保氏分析朱克察人"自动的死"有几种原因：有的因疾病痛苦而死的；有的因亲族的死，伤心而死的；有的因家庭不和而死的；有的因起厌世之感而死的。总之，老人自杀，或请亲族戕杀，是朱克察风俗中之常事。④ 在朱克察族的南部有库雅克族（Koryak）。约

---

① 参考 W. G. Sumner, *Folkways*, 1906。书中皆言其大概，若欲其详，北美印第安人部分可参考 Power's *California Indian Ethnol*, III 和 Bancroft's *The Native Races of the Pacific States of North America*, 5 Vols., 1875—1876；陶巴族部分参考 Der Globus, LXXXI；美仑及西亚部分参考 Dawson's *Australian Aborigines in the Western District of Victoria*, 1881 和 Codington's *The Melanesians*, 1891；非洲部分参考 Kolben's *History of Good Hope*, 1745 和 Der Globus, XVIII。

② 参考 G. Watt, "The Aboriginal Tribes of Manipurin", *Journal of the Anthropological Institute of Great Britain & Ireland*, XVI。

③ （清）曹树翘：《滇南杂志》，《小方壶斋舆地丛钞》。

④ W. Bogoras, "The Chukchi of North-eastern Asia", *American Anthropologist*, III.

其生（Jochelson）说："戕杀老人之风，直至今日之库雅克族仍常有之。"① 最近，旅行家史太恩（Stern）说，库雅克族以其游牧生活之故，不得不戕害老者与病者。这种行为乃是智慧与同情所指示出的一种方法。② 据另一位旅行家说，鞑靼亦有戕杀老年父亲的风俗。戕杀之后，焚其尸体。然后每日于餐中置尸灰少许，至食毕为止。③ 最后，则为居于勒那（Lena）河之雅库特族（Yakuts）。其族相传古代有一种风俗，年老者自请子孙早些安顿他们。子孙在野外营造洞穴，设备碗罐用具，兼置少许食物，然后推送老人其中。有时，有老年夫妇合送一处，直至于死。④

五、有与中国花甲生藏类似传说之雅库特族

在上述诸实行生藏或贱老的部族中，与中国疆域最接近而传说最相类者为雅库特族。该族居西伯利亚之勒那河流域，面积约占一百五十万平方里。勒那河流域非该族之原始居地。古代雅库特人曾住于贝加尔湖附近，因与居于勒那、叶尼塞二河水源之布里雅特人战争，始遁而居北部之勒那河流域。⑤ 该族现在以牧畜为生，盖系初次脱离游牧时代之生活，故农业甚不发达。经济组织约以四个人为一单位：壮年二人，幼年一人，老者一人。如此则非有十头牲畜不能维持每一单位组织之生活。凡一家族，每人不能分配牲畜一头者，即须外出为佣；但每年之工资甚低。因为他们的生活艰苦，故重壮轻老，至今尚无尊老的父权长老制度发生。俄国希罗世维斯基（Sieroshevski）尝听一位青年的雅库特人说："他们不特对于老者不肯养活、尊崇和服从，而且对他们詈殴备至。据我所惯知的雅库特人，无论贫富，无论善恶，没有不殴打他们的父母的。"他们对待残缺的和低能的父母尤苛。"他们苛待老人的主因是为借此可摆脱贫苦的打击。所以老人若一天比一天衰弱，他们对待

---

① W. Jochelson, "The Mythology of the Koryak", *Ameri. Anthropologist*, VI.
② B. Stern, *Geschichte der Öffentlichen Sittlichkeit in Russland*, 1907-1908.
③ W. W. Rockhill (ed.), *The Journey of William of Rubruck to the Eastern Parts of the World, 1253-55*, Hokluyt Society, 2d. Series, No. 4, 1900.
④ 详下章。
⑤ 日本参谋本部编：《西伯利亚地志》，第229页。

他要一天比一天苛刻。暴力与饥饿统治着他们的家族。贫苦乃此卑陋风俗的起源。"一个人在精力消沉时，便须让渡他的牲畜管理权给儿子。普通老人在此时期即死去。当地有一种传统的观念和法律，以为管理牧畜经济需要有充分的人力，故规定牧畜管理权之让渡，在父死之前的早年，即须举行。老人们虽然极力反对这种趋势，然毫无效力。因此老年人之自恐老而弥臭，急出于自杀之途者，比比皆是。①

雅库特族有一种很普遍的传说，说在古代，一个老人若极端衰老或得无希望的疾病时，他便恳求他的爱子或亲族快快把他生葬。生葬之前，把左近邻友请来，杀几头肥美的牛羊，宴祝三日。在此时期，这个要死的老人穿上美丽的衣装，坐在高处，荣受亲族的礼物和供食。在第三日宴祝之后，即举行入葬仪式，先选择一个亲族把他引到树林里，在老人猛不及防的时候，把他掷到一个事先设好的土坑。然后送些锅、罐及食物之类，和他葬在一处。以后他便活活的至于饿死。有时，有一对老夫妇葬在一处的；有时，用一头牛或一匹马给他殉葬；有时，在葬之左近，辟一马厩，把一匹架好鞍鞯的马葬在那里，意思是给老人殉葬用的。②

在勒那河上游的阿尔丁河（The Alden River）流域亦有与上述生葬老人相仿佛的传说。③ 两处传说相似的原因：一则由于古代的雅库特族系由贝加尔湖一带移去；但主要的原因还是由于两族的社会经济背景相同。

拿雅库特族的古代葬俗来和中国的生藏传说比较，除了微细的差异之外，大体上是极度的相同。花甲历法是中国古代文化的特点，用牲畜殉葬是北方游牧生活的反映，只此两点不同是没有什么关系的。④ 最惊异的是在其他方面，如人种上、文化上和礼俗上，发现两种民族有很多的类似之点。由种种理由，我相信此两民族的人种和文化是同出于一源。现在两民族之生活不同，则系两族于分道扬镳以后，所根据的物质环境不同之故。

第一，人种方面，雅库特族为土耳其鞑靼族（Turco-Tartar），与中国人

---

① Sumner, "The Yakuts (Abridge from the Russian of Sieroshevski)", *Journal of the Anthropological Institute*, Vol. XXXI.
② Sumner，前引书。
③ Havemeyer, "Yakuts", *Ethnography*.
④ 中国生藏传说过简，是否有牲畜殉葬不可知，同时，关于雅库特族之是否有甲子历法亦无详文记述，故只能作暂时之结论如此。

同属于蒙古利亚种（Mongolian）。中等身材，长头颅骨，颧骨颇高，目斜而狭，鼻平板，面斜方形。头发异厚而长，但面部与身体则绝少生毛。① 外形与通古斯人相似。盖以两族在远古时代，猎地共有，往来通商，以及婚姻关系最多之故。②

第二，文化方面，雅库特族在各种仪式中特别表明对于"三"之数的应用。如丧礼：生葬之前，宴祝三日；死葬之后，停柩三日；然后发丧。后者和中国丧礼的"人死，开吊三日"是不谋而合的。婚礼：男家遣三人往女家问期；新郎亲迎，在女家欢宴三日；第四日，男家宾戚对女家行离别礼。在广场之上，立三桩马栓，系马三匹，宾戚循绕三匝。三年之后，新郎伴妇归夫家，复欢宴三日。命名：生子三月，为之命名。组织：部族组织，共分三组。三之数的嗜好正与中国人相同。中国古代，以三为数之始，如云：太古之君有三皇；天地之间有三才；社会统治有三纲。他如礼三拜，酬三尊，鼎三足，祖三代，等等，这和雅库特族的民族嗜好是互通声息的。

第三，礼俗方面，如婚姻：先以媒妁通音信，然后纳彩，纳皮，予以订婚。订婚以后，遣人往妇家问期，至期亲迎。此与中国的六礼相同。儿生三月，一易名；能挽弓时，二易名。此与中国古代的命名冠礼相似。丧礼：俗虽贱老，然男死，必祭以牛马；女死，祭以牡牛。自然而死之死尸盛以棺。举丧，邻人来吊，分祭肉以食之。圹之中有食物，有冥器。此皆与中国的葬俗大同小异。

以此种种，吾故谓两族人种与文化同出一源。初民时代在蒙古一带，俱为游牧民族。③ 厥后以生族日繁，其相率北往者仍营游牧生活，即今之雅库特族。其相率南来者，因土地肥沃遂营牧畜而兼农业生活，即今日之中国民族。

---

① Havemeyer，前引书，同章。
② 《西伯利亚地志》，第 229 页。
③ 近人主张蒙古无人种发源之地者颇多，如 B. C. Andrews, "Digging for the Roots of Our Family Tree", *Asia*, May, 1921; H. F. Osborn, *Mongolia May be the Home of Primitive Man*, 1923。他如"北京人"之掘发于此说亦有佐证。

六、北族入华对于生藏传说之提示与传播

北族，指中国历史上的匈奴、鲜卑、肃慎、鞑靼诸族而言，在原始时代，他们本来和汉族是同文（文化）同种的。后来因为汉族和他们的自然和经济的环境不同，所以汉族在很早便脱离了原始游牧时期的生活进而为农业社会，而北族则为环境所限制，长久留在游牧生活的圈里，仍营其射击的困苦生涯。上章已说过，农业社会的民族是尊老的，游牧社会的民族是贱老的。北族自然不能例外。由于理论上的推断，我们不但相信北族有贱老的种种事实，而且因为他介居于华族与雅库特族之间，所以也推定华、雅二族所有的生藏风俗，在北族的古代社会中亦必然会发生过的。

北族的寇边入华事实几乎占满了全部的中国历史，而且有几次他们做了中国的统治民族。他们的前部分生活曾经熏染于游牧社会之中，对于游牧民族的风俗制度一定有深刻的经验；后部分生活，却全然入于汉化的农业社会范畴。当北族遇到日常生活的养生送死制度时，定然会惊奇汉族对待老人的宽容和体贴。同时，不免把他们的养生送死制度和汉人的对照讲述。在汉族方面，虽早已脱离游牧生活了，然每当游牧的传说在记忆中快要消灭的时候，却有北族的传说来刺激他一回。北族入华的次数愈多，这种刺激汉人的心理历程便愈频数，结果，至数千年之后的今日，我们尚能旧事重提，如数家珍。这不能不说中国的生藏传说是由北族入华频繁的提示，才保留到今日的。

北族之中与华族交涉最早而往来最繁者首推匈奴。《史记·五帝本纪》载："黄帝北逐獯粥（即匈奴）"，在上古之世汉族已与匈奴交涉了。春秋时代，据《左传》所载该族满布于黄河流域。秦汉而后，匈奴大规模之移殖中土者，共有二次：一次是在汉季之世；一次是在"五胡乱华"时代。[①] 匈奴的风俗，以《汉书·匈奴列传》所载，"随草畜牧而转移"，"不知礼义"，"贵壮健，贱老弱"，"父死妻其后母"，"壮者食肥美，老者饮食其余"。又载：秦时头曼单于在位，太子冒顿为质于月氏，后盗善马以归。冒顿怨其父之置彼绝域，谋所以杀之之策。乃作鸣镝，习勒骑射。令曰："鸣镝所射而

---

① 汉季之世，匈奴入殖情形，可参考《汉书·匈奴列传》；"五胡乱华"时代，匈奴建国者有汉国之刘渊，北凉之沮渠蒙逊，夏国之赫连勃勃。

不悉射者斩。"于是先行猎兽；次射善马；又射爱妾。冒顿知左右之可用，遂从其父头曼猎。以鸣镝头曼，左右随之。因杀头曼尽诛其后母。于是自立为单于。由是可见残杀老人之风，虽富裕王族，犹不获免，其余一般平民可想而知了。《汉书》又载：汉使与匈奴交涉，汉使问中行说（匈奴代表）以匈奴贱老之俗。中行说曰："匈奴明以攻战为事，老弱不能斗，故以其肥美饮食壮健以自卫，如此父子各得相保。"可知匈奴贱老之俗乃环境使然，不能不如此的。此外，《淮南子》亦谓："雁门之北，狄不谷食，贱长贵壮，俗尚气力；人不弛弓，马不解勒。"可以和《汉书》所记载的，相互发明。

次为鲜卑，初居蒙古东部。汉时封王二十一人居塞内。"五胡乱华"时代，建立后燕、西燕、南燕、西秦、南凉等国。《后汉书》谓其俗"贵少而贱老"，"怒则杀其父兄，而终不害其母，以母有族类，父兄无相仇报故也。"又曰："其约法，……其自杀父兄则无罪。"① 视此，游牧民族残杀老人之风，了如图画了。

再次为鞑靼，入主中国，人尽知之。《蒙鞑备忘录》云："鞑人贱老而喜壮。"《长春真人西游记》载圣武皇帝问以震雷事，长春真人对曰："尝闻三千之罪莫大于不孝者，天故以是警之。今闻国俗多不孝父母，帝乘威德可戒其众。"鞑靼族如何不孝，中国史书中没有记载。据前引西人旅行家说，他们不但戕杀他们的父母，并且把父母的尸体拿来泡饭的。② 所以邱长春用中国雷殛忤逆不孝者的话惊吓他们。此外在《圣武亲征录》上有一段耐人寻味的话。在太祖做部落酋长的时候，愿意收纳别一部落的亡命酋长汪可汗做朋友，并愿娶其女为媳。汪可汗虽然降伏，但不久复遁，并诱太祖二将火察儿和按弹同行，反攻太祖。太祖气极了，遣人告火察儿说："以汝捏群大石之子，吾族中当立汝；又不听！"又告按弹说："汝为忽都剌可汗之子，以而父尝为可汗，推位汝又不听！"最后，复愤语二人曰："汝二人愿杀我，将弃之乎？瘗之乎？"③ 鞑靼族生瘗老者的遗俗，由圣武皇帝的言辞中可玩味一二的。

---

① 见《后汉书·乌桓列传》，乌桓即鲜卑族，可参考吕思勉《中国民族史》（世界版）。
② W. W. Rockhill (ed.), *The Journey of William of Rubruck to the Eastern Parts of the World, 1253-55*, Hokluyt Society, 2d. Series, No. 4, 1900.
③ 见王国维《圣武亲征录》校注。

最后，肃慎氏初居黑龙江流域，与西伯利亚之雅库特族往还最密，故交易通婚诸事甚为频数。该族后奄有东省，进驻燕北。更进而统一华北，与南宋抗衡者是为辽金。最近之亡清祖先，亦出斯族。前后统治华族三百余年。肃慎氏在东夷之中最为强悍；亦系贱老民族。《晋书》谓其人"性凶悍，以无忧哀相尚"，"贵壮而贱老"，"父母死男子不哭泣。哭者谓之不壮"。然东北各省土地膏沃，男权酋长之制，发生甚早，子辈与父辈斗争之事亦时有所闻。《金史·本纪》云："生女真无书契，无约束，不可检制。昭祖欲稍立条教，诸父部人皆不悦，欲坑杀之。已被执，叔父谢里忽……弯弓注矢，射于众中，劫执者皆散走。昭祖乃得免。昭祖稍以条教为治，部落寖强。"这种史实，和欧洲古代的条顿民族，有驱逐儿子和格杀老年的事实，可以说都是父权社会前夜的转型期现象，有同等的意义的。

七、古代老年生藏的再现

近代文明社会的人们，以原始方法结果生命的例子很多。其实行范围不独中国人为然，东洋日本有之，欧洲文明国家如英国亦有之。1894 年探险家佛里门致书于其夫人云："彼等（指同行探险者）经过大平原时，同伴中之疲惫与死亡者甚众。彼辈无奈，仅为之留火少许，弃而前行，后留者尽惨死雪中。"① 其事与游牧时代的绿林镖客，在荒漠山野中遗杀老弱者有何分别？不特如此，英国贝林戈尔牧师在所著《民俗志》中，说古代欧洲有活埋人在屋基下的故事。这种事实后来居然在 19 世纪的英国又曾发现。贝氏所著《奇异的遗俗》中云："1885 年诃耳思华西教区修理礼拜堂，西南角的墙拆下重造。在墙内发现一副枯骨，却显得那人是被活埋的，而且很急忙的。一块石灰糊在嘴上，好些砖石乱堆在那尸体的周围，好像是急速地倒下去，随后慢慢地砌好似的。"② 由此可见，以原始方法结果生命的例子在 19 世纪的欧洲英伦是再现了。而再现的恰巧还是欧洲古代的活埋制度，也可说是"欧洲古

---

① 见 Thayer, *Marvels of the New West* 中所引。
② 见贝林戈尔《奇异的遗俗》中的"论基础"章，知堂《关于活埋》中所引；《关于活埋》载于《新闻周报》第 12 卷第 39 期。

代生藏的再现"。日本中山太郎著《埴轮的原始形态与民俗》，说日本上古时代，人死则野葬，露其头面于外，体则埋于地下。亲友日往视之，至腐烂乃止。他又说，日本有活埋半身以殉葬的风俗。这两种古俗是一件事，抑两件事，目下无从考证。总之，日本在古代活埋人的半身入地、半身留在地上是一种事实。① 这种事实在古代为葬仪，到17世纪至19世纪的德川幕府时代却变成了一种刑罚而再现。高田义一郎著《本国的死刑之变迁》云，德川幕府时代的刑罚之一种叫作"坑杀"，即将犯人埋于土中，仅露其头颅，任其自死。② 《明良洪范》中记载1648年稻叶谈路守残忍事，云："代官中有获罪者，逮捕下狱，不详加审问，遽将其妻儿及服内亲族悉捕至。于院中掘穴，一一埋之，露出其首，上覆小木桶，朝夕启视以消遣。"③ 由此又见以原始方法结束生命的例子在17世纪以后的日本也再现了。而再现的恰巧又是日本古代的活埋制度，也可说是"日本古代生葬的再现"。活埋或生葬，在中国更数见不鲜。历史上的"殉葬"和因战争而坑的士兵，暂可不提，因为他们是活埋或生葬的另一种形式。即以日常习俗中所闻的活埋或生葬事实言之：乡间老人谈到，他们在前清时代，常听到家长活埋儿子或媳妇的事实。他们说那时乡间的土豪家长的权力很大，族中子弟凡忤逆不肖者与妇女之淫荡不顺者，家长例不报官，则命人掘土埋之。近年报纸亦常载有活埋新闻。即以今年所闻，四川小寡孀某以交接男子，被族人活坑于土中。河北某县老翁以其子吸食毒物，夜间掘坑埋之。至于军队活埋敌人，土匪活埋肉票，更不足奇。这和古代秦始皇骊山坑儒的故事对照起来，也可以说是以原始方法结束生命的例子，在中国今日再现了。以上这些例子，可以充分证明古代仪式或制度的再现是很普遍的。即使富有保守性的死的方法也在那里时常复古，把从前虽经实行而后来业经不行的方法拿来再演。

不过上面所说的生葬再现是一般的、被动的。譬如日本所坑的"代官"和四川所坑的小寡孀等，他们是属于各阶级的，是受人威逼的，埋在地下，他们的心理至死也不会心悦诚服的。但是有一种生藏的再现，据作者所知，

---

① 中山太郎：《埴轮的原始形态与民俗》，载入所著《日本民俗学论考》。
② 高田义一郎：《本国的死刑之变迁》，载《国家医学杂志》，或1928年出版之《世相表里之医学的研究》。
③ 见知堂《关于活埋》中所引。

是专属于老年阶级的,而且他们还是出于部分的自愿。作者居于山西东陲,少时尝闻乡里苍老言,当辽金鞑靼南下之际,横暴异常。故乡复处三晋出入孔道,人心尤为惊悚。北族一至,壮者与妇女便挈儿曳女,流离四方。病者老者不能行,惟有淹留室中,惴惴待毙。其有境遇优裕者,事前在深山空谷,筑室地下,有如墓圹。兵至,子孙送老者病者于其中,贮以食物,可随手取食,无惊慌饥馁之苦。若寇兵不去,则此避难处所变作为他们的长眠之地了。其时,乡老且说,墓之形为八面,名曰"八卦葬",后人往往无意间在土里掘发出来。如果这种传说是真的,便更充分表明古代活埋或生藏方法之再现,而且是自动的老年生藏再现,与前述日本、英国、中国各种活埋制度的再现是迥不相同了。

以前,我听了后一段话的时候,以为它是"齐东野语",未可置信。去年秋,作者返里省亲,时乡人咸云近年掘出"六十花甲子葬"或"八卦葬"甚多。作者遂偕乡友访之。数日之间,得其五六幢,乡人言在近城诸山中,此种古墓露形者有三四十幢。余见其建筑颇为奇特,不类近代通行的墓圹。及检阅中西著作中关于汉唐以来墓形的记载,与所见诸圹并不一样。墓中明器之类已为初见者携去,又无碑碣。但最令吾人注意者为墓中无棺板。余以为墓中冥器可由人携去,棺板则无人愿携,因故乡向例不以棺板作柴火也。所以我很疑信这些墓圹便是乡下人所传说的古代老人生葬之再现。去年冬,北平王韵山先生以故乡《李氏生藏志铭》二幢寄示,我详加考察之后,以为很可以帮助这种假说。在研究期间,我在北平和南京访问了几位前辈硕儒,但都不得要领。故作此待问篇,于表述自己意见之余,尚希就正于海内高明耳。

八、古代生藏再现之第一种证物

山西昔阳县东山与少山之接近县城部分,此种古墓有三四十幢,多分布于人迹罕至之区。且彼此孤立,无承启相关状态。墓上不封不树。墓圹形状大小,类皆相似。圹顶为圆锥形之穹窿。由顶上达地面约二三尺。形不外露,圹周共分八面,无增阙者。圹内有土床,而无棺木。人的骨殖或独或偶不一。有明器，如罐子、壶子、饭碗之类，或见罐内尚有腐粮。作者所见此种古墓共五六幢，多残缺不完。兹择其两处测量之，并附说明于后。

甲、一亩沟之古墓实测记录

墓址在县城西门外距河西村里许之一亩沟。墓门坐北，为雨水冲出。约三年前为一村民掘开。现时死者的骨殖已零乱，有头骨二具，一丰一瘪。腿臂骨多折毁。冥器据河西村人谈原有壶碗各一，为掘者携去。建筑多用砖，仅在墓门上以石嵌之。砖长中国尺一尺，宽五寸，厚二寸二分（每尺当34.8公寸）。葬高六尺。门高二尺五寸，宽一尺六寸。内有土床，外缘砌以砖，与今民间所通行之土炕相似。墓顶旋转而上如宝塔然，共21层，占墓内面积之大部。周围以八块正方形砖砌成。每方纵横一尺五寸。圹宽长皆为四尺四寸。无碑铭。

乙、刘家沟古墓实测记录

墓址在县城西距坪上村南半里之刘家沟，现已无居民。沟之路西，离田边丈余有砖门，坐北，土倾已不能通行。田土因雨淋毁，故影响墓顶的东部外露。月前经一牧者由此击破而入，人之出入遂皆由此。圹底至顶高八尺四寸。顶形与前葬同，共28层。下一节为砖花，花成工字形。撑以砖柱，柱之上端突出。下为砖壁，分八面。迎门一面，中砌小室，顶尖如葬形，不能容人，盖系作贮藏冥器或食物之用。正壁两侧，两面对称。砖花为梅花瓣。墓门当一面。圹长宽皆七尺四寸。砖的大小和一亩沟的墓砖相同。墓内有土床，外缘砌以砖。无棺木。有人的骨殖二架。头骨二具皆完整，一丰一瘪。瘪者尚有犬齿一枚，丰者无齿。故知其为老人，似系老夫妇一对，丰者为男，瘪者为女。肋骨与腿骨皆零乱。无碑铭与冥器，冥器约为初入者携去。

此种墓圹的特点有三：

（一）圹壁八面。

（二）圹顶为圆锥体，成穹隆形。

（三）有土床，无棺木。

有人怀疑此系僧葬，但以作者观察，此圹与僧葬不同之点有三：

（一）僧葬的圆锥形墓顶露在外面，此圹的圆锥形圹顶在地下，并不外露。

（二）此二圹的骨殖有二架，僧墓无二僧合葬之例。且按前二圹所有的骨殖，一丰一癯，像夫妇，僧葬更无男女合葬之理。

（三）古代的僧，圆寂之后，以尸跌坐坛缸中，埋于地下。或举行火化，尸灰亦盛坛缸中，埋于地下。今日乡间僧死，亦有从俗制，以棺木盛尸埋于地下者（山西东部各县僧死葬制即如此）。现所见之墓圹则坛缸与棺木俱无。

而且有一位乡人在县城西北杨家峪见一古墓，建筑与上述二圹相同。其中骨殖有二：一似老人，无发；一似其妻或女儿，发尚未坏。僧墓当然不会葬埋着长发的俗人的。以此知此圹非僧墓甚明。至于民间俗葬，则自殷周以降，自天子达于庶人没有不用棺木的。但在此二古圹内，不但没有找到一块木料，而且该圹的长阔是不适于藏置棺木的。按现在该地中产之家，棺木的长度约在中国尺七尺左右，一般平民的棺木至少亦须六尺，以适合其四尺至五尺之体躯为度。再看上述一亩沟古圹的宽长皆为四尺四寸；刘家沟的古圹宽长皆为七尺四寸。后者不能容中产阶级的棺木，前者并贫民阶级之棺木，亦不能容。而其高度，一为六尺，一为八尺四寸。以现在该地中产阶级的墓圹言之，尚无如此的高和如此的形式。由此可以证明它是为活人可坐可立而建筑，不是为盛置死人的棺木而建筑的。

这种葬式发生的年代，因为葬里没有找到碑碣等文字的记载，不敢确断。砖的发明，以《曲礼》所记"有虞氏瓦棺"言之，似乎在三代前便有砖瓦的应用。但是该圹的砖质砖花都和近代的相同，可以断定其必非古代游牧时代的遗迹。但这些墓圹是什么时代的建筑呢？在昔阳城里还有几处明代的建筑，如城南的慈云寺后院和城北的赵姓住宅，两处砖的大小和质料，与所见墓圹中的砖似乎很为相近。不过后者的砖花比较朴实些。所以我看它好似与明代距离不远，或者再确定些，说它是距明代前不远的建筑。

进一步问这种墓圹的形式是距明代前不远的人发明的吗？绝对不是。文化的发明是很难的，除非有了文化累积的基础。而且丧葬的仪式在诸民俗中较为守旧，它和婚嫁便不相同。我们一看现代都市的婚礼多采用西式，而丧礼则一遵明清之制可知。所以我们断定：这种墓圹的形式，或者是继承前人的，或者是恢复古代的，一定不是立时的一种发明。

在《太平御览》中转载着一段故事，很值得我们注意。载《史系》曰："梁天监五年，丹阳南山得瓦物。高五尺，围四尺。上锐下平，盖如合焉。

中得剑一，瓷具十数。时人莫识。沈约云：'此东夷罋缶也。葬则用之代棺。此制度卑小则随之。当时东夷死则坐葬之。'武帝服其博识。"

南朝时代的丹阳县在今安徽当涂县，丹阳郡在今江苏江宁县，在古代都是东夷部落的住居区域。古代的东夷分布甚广：北至辽东、渤海，南至鲁东、苏、皖北半部的江淮流域，中原民族都叫他们作东夷。虞舜生于诸冯，迁于负忧，卒于鸣条，孟子说他是"东夷之人"。他既是东夷，入主中华之后，一定会把东夷的"罋缶"葬法传到中国。《曲礼》云："有虞氏瓦棺。"这"瓦棺"似和南朝丹阳所掘发出来的"罋缶"相同。不过沈约说"东夷死则坐葬之"的话我很怀疑。因为"坐葬"便近于古埃及人的"屈葬"，而中国的古代并不曾证明埃及的"屈葬"以及和屈葬并存的"木乃伊"葬法之输入，所以还是以中国今日所传说的"六十花甲子藏"解释之为合理。没有"木乃伊"的方法很难使僵直的死尸屈坐的，惟有活的人，活时坐在"罋缶"里，所以死后仍是坐着。因此我疑中国古代的虞舜时期还是一种游牧民族；自舜入主中华之后，和游牧生活相伴而生的老年生藏亦通行于中国内部。当时的辽东渤海诸族，中原民族也叫他们"东夷"。这些北部的东夷和西伯利亚的雅库特族、鞑靼族相互交通，南与江淮流域的南部东夷彼此联络。他们的文化都以游牧生活为背景，即和游牧伴生的"贱老文化特素"一定会广大地分布于这个文化区域的。

南朝丹阳的罋缶掘发，不特可证明中国古代有老年生藏之存在，而且可证明后代的老年生葬之再现，亦系奉丹阳的罋缶为建筑标本的。昔阳的古藏形式便可表明此种模仿的历程。丹阳罋缶是用瓦做的，昔阳古藏是用砖做的，其物资料相同。丹阳罋缶高五尺，围四尺，斯高度过于阔度，宜于坐立，而不宜于置棺，昔阳之古藏亦同。丹阳之罋缶上下平，其盖如合。合者盛物之器，今作盒。昔阳古藏的顶盖为圆锥形，两者极为相似。两者的制作是不约而同的。昔阳的生藏建筑者并没有看过丹阳的罋缶，也没有读过《史系》，只因为文化是相同的，传说是相同的，由古代的文化和传说，所以造就了建筑工人设计模型。

所以，中国远古的游牧时代，在今人意识中虽然淹逝了，却留下了一段六十生藏的传说。传说在传诵中也快黯淡了，在山西的深山里却留下了些生藏再现的遗址。南朝的丹阳罋缶的发现，恰好又做了传说和遗址的中间连环。

以下还有一种证据，似尚可证明老年生葬的再现和它的再现年代。

九、第二种证物

山西昔阳县城东南七十里有村曰东寨。该村处众山之中，古代之遗物保存独多。该村于宋金之际，有富户李氏，畜羊甚多，因号"万羊李"氏。该族祖茔即在村外山阴，下有溪水。墓中之碑约被溪水冲出，现已重立坟上。碑为六面圆柱体，高三尺余。共有二：一已半部毁灭，一则完整。兹照录如次：

李公生藏铭：
公望于陇右。九世之祖迁于神堂平下之垅。宋初，将曾祖白埋于彼，即渐家丰。后封茔。葬高曾于此。于辛未，将祖并父母叔俱迁。公讳昌，字季荣。在靖康初，盗戈甲，民流散，而不寥。随父母移于仙台寨，堡固而居。天会四年，军破平定而下辽。两河既平，□□大金受命，奄有四海，允协大中。此天与之时也。以众而降，欣欣各安其业。随母王氏并兄后归而居。时年未初旬，兄年一十有二。母寡守。独务协力成家。今彼无失。有梁余三及村祖业田庄，即固而存。凤居村临街房屋，坚然而在。公信实自任，其动作操性，勤稼穑，家道之丰。健享七十有一。常闻死生之矣，思丧之事，忘食无寝，恐于土掩，速砌其藏。娶凤居村赵氏，事尊皆孝，内外俱钦。生六子：长曰京，娶本村王氏；次曰山，娶凤居村胡氏；次曰宝，娶本村王氏；次曰珍，娶本村王氏；次曰玉，娶本村王氏；次曰贵，娶本村王氏。孙曰长忠，娶本村郭氏；次曰伴叔，小闲，河寿，安喜，泰住。因卜吉地，就故茔，砌生藏。然旦日终。岁丙午三月十五日。建具李公家世之文，以贻后昆云耳。故其辞曰：
能德年荣　世业农耕　幼治其业　动止温清　其形壮享　无病长宁　后嗣训孙　永继永承
时大金大定二十七年丁未三月癸卯十八日立石
　　阴阳人姪李明
　　石匠在城〇安赵僖并姪世能刊

李公生藏记：

吾乡山水重复人物淳〇〇〇中〇乃有唐之遗风焉然其豪富之家〇以生计为念往往祖父之德而无文以显是以后世而无传焉鲁有贤子慧〇〇愧歉之情往来乎心矣〇〇见其有……不……也……矣其葬……上〇〇也为人厚……父母友于兄弟……父……本村王氏享年五十……五子三女

长曰李志娶妻思贤村赵氏

次曰李思娶石兔村〇氏

三曰李宪娶本村王氏

四曰李恕娶本村张氏

五曰永安年一十五因病而丧

女福哥娉思贤庄王郎妇

女可惜娉石兔村〇郎妇

女银儿

噫，牺经谓积善之家，必有余庆。如李氏之族，乃积善者也。使夫子孙众多而庆源流远。固以贻后代，亦宜耳。愚乃执〇〇〇实无才，蒙李之义〇仵为书，固不可辞，以告来者云。

彭城刘敏书

贞祐三年四月二十二日立石人李志

阴阳人李照同张伯祥

石匠〇〇〇男〇陈桂

上二幢碑文，一幢苦涩难解，一幢残阙不完，使我们不能一目了然生藏的原因和本末，诚为憾事。但详细分析起来，则金代东寨老人生藏的事实似仍存在：

（一）一般墓碑的题名，或曰"墓志铭"，或曰"墓铭"，死亡者的碑碣是不能题作"生藏志"和"生藏铭"的。

（二）二幢墓碑的题名用"藏"字不用"葬"字是很奇异的。前人固有"葬者藏也"互相假通之说，但这二幢碑并非不用"葬"字：第一碑文云"葬高曾于此"，第二碑文云"其葬……"碑题用"藏"，盖有用意存乎其间。

（三）中国各地往往有老人自筑生圹，或子孙于尊长生前卜地营葬之事。

此类墓圹多名曰"寿圹",不曰"生藏"。且多不立碑铭。即有之,也仅题"某人寿圹"而已,无人连篇记述之,更无人在寿圹碑铭记述事业德行子孙姓名之理。况前碑明说李昌旦日而终,则上二碑文系已死后撰作无疑。

(四)李昌终年为丙午,立石之年为丁未,是在李昌死后一年立石甚明。前碑"健享七十有一……恐于土掩,速砌其藏"云云,由此而知生藏乃李昌本人督工砌成,而立石则为死后一年子孙所立。李昌已死葬逾年,子孙何得称之为生藏。或曰,子孙所立碑铭云云,乃说明此藏系李昌生前砌成也。然今日不特晋东诸县无此例,恐怕大河南北也不会专为纪念墓圹在死者生前修成,而于死后仍名之为生藏的。或曰,碑文不雅驯,此盖不通文墨者之撰作,故讹称为生藏云云。然李氏在金代为县中富族,前碑文句固然不佳,后碑乃出自县吏彭城刘敏之手,文尚可诵读,何以亦称"生藏记"云云。

(五)《李昌生藏铭》云:"健享七十有一。"又曰:"然旦日终。"《颂辞》又曰:"其形壮享,无病长宁。"既说健康无病,若非闲于生藏之中,何至于旦日而终?此又死于藏中理由之一。

(六)总之,在异族入华兵荒马乱之秋,年壮的人可以挈妻曳子,游离四方,而年老者体力不足,感伤尤多,最易趋于厌世悲观一途。前世既有六十生藏之说,于是托古筑藏,淹留其中。子孙亦以此乃仿古之道,与其使父母暴骨于道路,不如筑藏山林,使父母居之,偷活人间。若不幸而死,死尸留置藏中。然其性质究与埋死尸于墓圹者不同,故曰藏,不曰葬。生藏记铭之意或在于此。

然则金代大定、贞祐年间昔阳有何事变耶?生藏铭的作者为时代讳,不敢陈其颠末,我们仅可在《金史》中求之,或可略见端绪。史称大定之年,乱民独多。其发生于昔阳四境者:大定十二年,北京曹资等,冀州(今河北冀县)民王琼等起兵谋反伏诛。十四年,大名府(今河北大名县)僧人李智究谋反伏诛。十八年,献州(今河北献县)民殷小二谋反伏诛。二十一年,辽州(今山西辽县)民宋忠等谋反伏诛。二十三年,潞州(今山西长治县)民陈圆倡乱伏诛;大名府猛安人马和尚谋乱伏诛。[①] 乱民之多,一方面表明了金人对于汉族的压迫和苛榨,一方面表明了当时政治的纷乱和经济的穷

---

① 《金史·世宗本纪》。

困。到了贞祐年间，更是蒙古鞑靼和金人争斗，马踏中原的时期。元年、二年，黄河以北，战无虚日。三年，山西各州人民经乱兵之后，颠沛流离，无以为生。于是金帝命田琢办理山西移民：发壮者充军；老幼者就食邢（今河北邢台县）、洛（今河北永年县）二州；愿往河南者听。[①] 如此环境，老人悲观自杀的事件层出不穷，是不足惊异的。

（原载《民族学研究集刊》1936 年第 1 期）

---

① 《金史·世宗本纪》。

中国西南民族分类

中国西南民族系指四川、云南、湖南、贵州、广西、广东诸省所有之原始民族而言。上述各省土地辽阔，多崇山大川，丛林深谷，故自古为荒徼之区，而原始民族栖息于其间者至多且繁。明清以前，西南诸族尚与汉族争斗相寻，仇恨无已。间有臣服于中国者，多系一时战斗力弱，逼而处此。中国武力一弛，彼族之劫杀抢略如故。卒以500年来，汉族之人口膨胀，内地人民自动或被动移殖于西南边疆者，日见其多。土著势力日见困蹙，故晚近之西南民族始逐渐汉化。然四川南徼巴布凉山有所谓"独立倮㑩者"，自古迄今，盖未归向于汉族，现其民族，凭山据险，割据一方，经济自足，武力自卫，婚姻自通，其所行之阶级制度与禁忌似专为区别"我族"（We-Group）与"汝族"（You-Group），以抵抗汉族之人口与文化推进而设。由此一例，不难推测历代西南民族之顽固保守及其雄发有为状态。西南民族不易同化之理由有二：（一）该诸民族处亚细亚腹地，与其他任何开化民族之政治中心距离均远，且有天然险阻，可以攻守，可以自立。故汉族屡思草薙禽狝之，卒费力多，而成功少。（二）诸民族历史悠久，历代建国称王者凡十余次，诸族复居中国与印度两大文明之间，往往能采撷众长，为其养息蕃挚之助。而外来之两大文明，虽鼓荡于西南凡2000年，然以性质不同，反不能收单独同化之效。

此外，西南民族尚有一原因，不易为外人了解而同化者，即诸族之人种繁杂，与文化之辐辏状态是也。汉族与西南民族交通最早。上古之世，苗族驰骋中原，濮蛮、产里，进贡上国。中古之世，西南民族声迹稍匿，然自汉而后，历代均有南蛮、西南夷传。而于种族之甄别，迄今尚无定论者，则西南人种过于分歧之故也。宋元以还，中国官吏与内地人士客居西南者踵接背望。往往以好奇心理，于奇风异俗，多所采撷。归而撰为笔录，咏为诗歌者，其数不下百十种。然作者之心理，上焉者，多系撰荒经，作传奇，结果仅足资谈荟而已。其急于功利者，暴露西南之物产殷富与土著之横恶顽憨状态，以求取悦朝廷，挑唆挞伐，故其所述者，为鸟兽草木之名，僭号称王之事，而于种族之分类，文化之分析，不顾也。东西洋人，自马可波罗（Marco Polo）① 而后，游览西南者归而亦多撰著成书，于西南之道路、建筑、人种、风俗有所记载。然其弊多失之简朴。盖彼等之游历西南，为时既短，而足迹所至，又不及什一。归而驰笔为书，书中多简陋抵牾之处，宜也。虽然，西欧为人类学、民族学与地理学之发源地，故西方学者在西南20年之努力，于民族分类方面，确已驾中国人2000年成绩而上之。此无他，盖中国昔日无新科学之基础故也，然不能谓中国于西南民族即无分类之尝试。作者分别中西学者对于西南民族之划分，而叙述之，并略论其立论之得失。最后采撷各家之长，作者于西南民族亦作一分类尝试。

中国《尚书》言"三苗"之处甚多。古代之三苗或即区别苗族为三种，然其种名已不可知。或曰三苗乃国名。俱不可考。汉时司马迁著《史记·西南夷列传》区别西南民族为三类：夜郎、滇、邛都诸族为"耕田"民族；巂、昆明为"随畜"民族；笮都、冉駹为半耕半猎民族。耕田之民有邑聚，有君长，其俗魋结。随畜之民无常处，无君长，其俗编发。其分类以经济、政治与习俗为标准，简言之，以文化为标准。精辟独到之处，汉后学者不能及也。兹爰引其原文如次："西南夷君长以什数，夜郎最大。其西靡莫之属以什数，滇最大；自滇以北君长以什数，邛都最大；此皆魋结，耕田，有邑聚。其外西至同师以东，北至楪榆，名为巂、昆明，皆编发，随畜迁徙，毋常处，毋君长，地方可数千里。自巂以东北，君长以什数，徙、笮都最大；自笮以东北，君长以什数，冉駹最大。其俗或土著，或迁徙，在蜀之西。自冉駹以东北，君长以什数，白马最大。皆氐类也。此皆巴蜀西南以外蛮夷也。"

晋范晔《后汉书·南蛮西南夷传》，罗列族名甚繁，然不及《史记》之精辟远甚，盖皆以地名族也。寻其端倪，可分七系。分别如次：

---

① 我国元时，Marco Polo 臣仕中国，撰有《马可波罗游记》，记载有中国西南民族事实。英文本可参考 H. Yule, *Travels of Marco Polo*, 1928。

（一）武陵蛮——包括长沙蛮、澧中蛮、溇中蛮、零阳蛮、零陵蛮诸种。

（二）南郡蛮——包括巴郡蛮、溇山蛮。

（三）江夏蛮——一名沔中蛮，系南郡溇山蛮移于江夏间者。

（四）板楯蛮。

（五）南方蛮——包括交趾、越裳、海州、九真、日南、合浦、蛮里、乌浒、象林诸蛮。

（六）益州羌。

（七）西南夷——又分为：

    1. 夜郎、滇、邛都、筰都诸国。

    2. 哀牢、冉駹诸夷。

    3. 白马氐。

上列七种名称之民族，范氏分属四种族名：曰蛮、曰羌、曰夷、曰氐。再析之，武陵蛮为槃瓠之裔；南郡蛮为白虎廪君之裔；夜郎为竹之裔；哀牢夷为沈木龙之裔；其余则不可知矣。范氏此分类范畴，曾支配魏晋以下诸史家数百年，而司马迁之分类法，反无人敢起而尝试，此殆由于画鬼魃易，画犬马难欤！魏晋而后，西南往往有新种出现：如魏之僚，隋之蜒、儴、俚、㐌；唐之裸蛮、么些、茫蛮等；宋之瑶、僮；元、明、清之㑪、伶、侬、沙等。有新种族即当有新种族列传，然中国史家之分类传说如故也。因无新方法，是以无新创造。及至种类繁多而无以甄别时，于清时遂有如魏源者出，思以玄观方法，解答西南民族分类问题，遂倡言："无君长不相统属之谓苗；各长其部，割据一方者谓之蛮。"于是僮、黎、瑶、生番、猓㑩、野人皆苗矣。宋之羁縻州，元、明、清之土司皆蛮矣。①西南民族分类问题，由范晔至魏源，可谓江河日下。

虽然，明清开拓西南，厥功最大。汉族移殖西南者日多，西南民族进而学汉文，擢科第者亦日众。内发外铄，因于西南之典章人物，逐渐备悉。明末有谢肇淛者，著《滇略》，于西南民族之分析，可称为划分时代之著作。有清一代，云南志书多宗之，且鲜能出其右者。谢氏之言曰：

---

① 见（清）魏源：《圣武记·雍正西南改流记》。

西南夷种类至多，不可名记，然大端不过二种：在黑水之外曰僰，在黑水之内者曰爨，有百余种。爨外亦七十余种。僰性柔弱，爨性强悍；僰耐湿，好居卑，爨耐燥，好居高。僰以纺织稼穑为业；爨以生畜射猎为业。僰自为政，有酋长，法令严明，与中国无异。爨虽有头目，然与郡县杂处，习染伪诈。小则鼠窃狗偷，大则聚众相攻，不可制止。

僰即今日所谓"掸族"。谢氏又以僰类之中有"小伯夷"，环居永昌西南，为夷中之汉化者。有"大伯夷"，居陇川以西，妇人紧护两乳为其特俗。蒲人散居山谷无定所，永昌、凤溪、施甸及十五喧三十八塞有之。有阿昌，杂处山谷夷俫之间，分布于永昌三寨。又有缅人，分老缅、得楞子、阿瓦、猛别、雍会、普漸、洞吾、摆古数种，其中以摆古为最强。此外又有结些、遮些、地羊鬼、哈牡、怒人、野人等族，皆僰夷。嘎里境上诸夷，大都习僰人所为，有金齿蛮、漆齿蛮、绣面蛮、绣脚蛮，亦皆僰种。按爨之大部为猓猡。爨类之中，谢氏以为有么些，居丽江附近。有瀚泥（窝泥），居临安等地。有黑白猓猡在寻甸、北胜、曲靖、宾川、鹤庆、姚安；吐蕃（古宗西番）在丽江铁桥之北；罗婺在武定、楚雄。此外尚有木察、满蛮（扑子蛮）、侬人、沙人、木邦、栂鸡、噗喇等族，皆属爨种。谢氏分类与现代人种或语言分类虽未竟合，如缅人应与猓猡为近，阿瓦、噗喇语言近于苗族，侬人、沙人应属僰夷，然大体言之，云南各种主要民族之区别，可谓完备。三百年来，《云南通志》编易数次，各种民族之叙述或较细致，然其主要轮廓反不若谢氏所甄别者为显明扼要。由此益知谢氏分类价值可谓古今独步矣。

惟谢氏所分类者，为云南民族，川、黔、湘、粤之民族不与焉。清代有《皇清职贡图》与《黔苗图说》于西南黔中诸族历举甚详。道光间，山阳李宗昉依《黔苗图说》种族加以纂释，共分为八十二种。种名如次：

1. 黑猓猡（一名卢鹿，或黑鬼，分黑白二种）   2. 罗鬼
3. 白猓猡   4. 宋家苗
5. 蔡家苗   6. 卡元仲家
7. 菠笼仲家   8. 青仲家

9. 曾竹龙家
10. 狗耳龙家
11. 马蹬龙家
12. 花苗
13. 白花
14. 青苗
15. 黑苗
16. 剪发仡佬
17. 东苗
18. 西苗
19. 夭苗
20. 侬苗
21. 打牙仡佬
22. 猪屎仡佬
23. 红仡佬
24. 花仡佬
25. 水仡佬
26. 锅圈仡佬
27. 土人
28. 披袍仡佬
29. 九股苗
30. 休佬
31. 仡僮苗
32. 僰人
33. 蛮人
34. 洞人
35. 瑶人
36. 杨保苗
37. 羊犷苗
38. 八番苗
39. 紫姜苗
40. 谷蔺苗
41. 阳洞罗汉苗
42. 克孟牯羊苗
43. 洞苗
44. 箐苗
45. 伶家苗
46. 侗家苗
47. 水家苗
48. 六额子
49. 白额子
50. 冉家蛮
51. 九名九姓苗
52. 爷头苗
53. 洞崽苗
54. 八寨苗
55. 清红黑苗
56. 楼头黑苗
57. 黑山苗
58. 黑生苗
59. 高坡苗
60. 平伐苗
61. 黑仲家
62. 清江仲家
63. 里民子
64. 白儿子
65. 白龙家
66. 白仲家
67. 土仡佬
68. 鸦雀苗

69. 葫芦苗	70. 洪州苗
71. 西溪苗	72. 车寨苗
73. 生苗	74. 黑脚苗
75. 黑楼苗	76. 短裙苗
77. 尖顶苗	78. 朗慈苗
79. 大头龙家	80. 红苗
81. 罗汉苗	82. 六洞夷人

上列八十二种族名分类法可谓为"枚举法"（Enumeration）。其弊端在于过事分析，未能综合，非分类法之上乘者也。如所谓仲家有六种，龙家有四种，黑苗有五种，仡佬有八种，皆应归类说明。若此，则结果必更倾向于科学。《云南通志稿》之南蛮土人分类亦仿此，缺点相同。

十三年前，新会梁启超著《中国历史上民族之研究》，分中国民族为六大系。西南民族曰南蛮族。梁氏采西洋学者研究之结果，分苗蛮族为三系：曰苗，曰摆夷，曰僆㑩。并谓现代之安南、暹逻、缅甸三国可代彼族之三派而皆在南服，或者彼族竟来自马来群岛，亦未可知。梁氏此论在中国可谓空前卓见，惜未能尽西南诸族爬梳而归纳之，诚为憾事。新近有吕思勉者著《中国民族史》，书西南民族为六族：曰苗族，曰粤族，曰濮族，曰羌族，曰藏族，曰白种。著民族史者今族古名，固无不可，惟吕氏论各族派别，与现代民族学知识相背驰者甚多。如列印度支那半岛诸族与马来群岛诸族为同种，已有问题。进而谓"自五岭以南，南至后印度，北至今江浙、山东、河北、辽宁，更东则抵朝鲜；其居海中者，则自南洋群岛东北抵日本，益东且抵美洲，而其族仍有留居今川滇境者"，皆为粤族，即今马来人。可谓牵附甚矣。吕氏之论据以为诸族有共同之异俗二：一曰文身；一曰食人。诸族在今时或古时有此二俗，吕氏故引为同族之证。然吕氏不知文身与食人为世界诸原始民族多有之普遍风俗，其范围固不仅限于南洋、东瀛与北美也。现代民族之文身者，北极有爱斯几摩人，非洲南部有丛林人（Bushman）与巴鲁巴人（Baluba）。然吕氏不能谓爱斯几摩、丛林、巴鲁巴诸族与马来人为同族。民族之食人者，在非洲有凯佛人（Kaffirs）、沮鲁人（Zulu）、藩人（Fans）、儴儴人（Niam-niam），在西希里有麦西拿人（Mesina）。然吕氏不能谓凯佛、麦西拿等族与马来人为同族。吕氏又列倮㑩与僰夷为一族，而谓南诏国为倮㑩所建，此亦与吾人现代民族学知识相左。按今民族学家大都承认倮㑩与藏人、缅人同族，而僰夷则为掸族之一支。唐代之南诏国虽有倮㑩部族参与其间，然其建国之蒙氏确为僰夷无疑。他如僚本掸族，吕氏以为粤族；夜郎为苗族所建，吕氏以为系濮族古国。类此谬误甚多。总之，吕氏于西南民族分类问题可谓无补益也。中国学者之分类竟于此。

在欧洲方面，四十年来，关于西南民族之著述，约在百种以上。又西南各省与法领安南，英领缅甸、印度接壤，故欧洲各国，尤以英法学者，于西南问题特为注意。英法学者于西南民族分类，持论不一。简者为西南民族为一族，如法之但尼克（J. Daniker）①是。繁者谓西南民族为七种，如法之加底尔（Cordier）②是。其间如葛岱（Gaide）③之二分法；浩熙（A. Hosie）④、达卜林（Dablenne）⑤之三分法；李达德（Lietard）⑥之四分法。简复详略，迄无定论。综合言之，在各分类中，以三分类法最为普遍。而系统之完整与解说之详切，亦以三分类法较为全备。兹详说之。

1897年英人浩熙著《华西三年驻节记》（Three Years in Western China）有云："苗人、掸族与倮㑩为贵州、云南、四川三种显然不同之种族。"其言虽略，观察实为精到。1906年法人邦尼法士（Banifacy）著《白河流域之人种群》（Les Groupes ethniques du bassin de la Riviere Claire），以语言为基准分安南北部民族为三系，中国西南民族可分属之：一曰安南语系，仲家、摆夷属之；二曰中国语系，苗、瑶属之；三曰缅藏语系，倮㑩属之。安南族（Annanmites）血统与苗族为近，邦氏于仲家、摆夷之上冠以安南族，最不可解。若谓安南为国名，指国内之掸族而言，则不如易安南为掸语系，以概括仲家、摆夷，则内容大体与浩熙所云一致。1911年克拉克教师（S. R. Clarke）著《中国西南民族》（Among the Tribes in South-west China）亦分西

---

① J. Deniker, *Races et peuple de la terre*, or "The Races of Man", 1900. 曾谓西南各族皆为藏族之支派。
② Cordier, *La Province du Yu-nan*, 1928.
③ Caide, "Notice Ethnograph que sur les principales races indigenes du Yun-nan", *Revue Indo-chinoise*, 1905.
④ Hosie, *Three Years in Western China*, 1905.
⑤ Deblenne, *La Mission L Younaise*, 1895-1897.
⑥ Lietard, *Les Lo-lo po*, 1913.

南民族为三类：一曰苗族；二曰仲家；三曰猓猡。各族语言不同，衣饰不同，传说亦不同。贵州之牙鸦苗自称祖先来自西南之安南，经四川、云南而至贵州。其人死，谓魂必返东京以伴其祖。仲家与黑苗则称由东北之江西来黔，故语言仍带江西音。猓猡由西北入，相传祖先来自西藏，现自西藏至昭通，沿路尚可发现其踪迹。诸族之传说自不能无条件接受，于下章论民族起源当详说之。然由此亦可佐证苗族、仲家、猓猡之不同。1925 年，巴斯顿（L. H. D. Boxton）著《亚洲民族》（The Peoples of Asia），谓中国南疆民族至少包括贵州、四川、广西北部诸民族，可划分为三族：曰苗族；曰猓猡；曰仲家。其他部族则属于上述之一种，或介乎二种之间。若黔南之俚蛮（Limen），桂省与黔南之僰人（Beh-gen）以及桂省西北之宾姆（Bin-muh）①，皆包括其中。巴氏不特于内部民族愿予以廓清，且愿对于诸内外民族之血缘，加以说明。巴氏采我国丁文江氏之说②，为其说明之助。丁氏于数年前在川、滇、黔一带考察地理，并作种种简略之人种测量。二氏皆谓由历史言之，猓猡与羌同种。羌人蔓居于四川西北、青海，以及新疆南部，最后与伊兰民族（Iranians）婚媾而产生月氏族。由此伊兰之血液遂藉诸羌而传之猓猡民族。伊兰人为长颅民族，而猓猡头颅甚小，指数亦低，且相对狭长，与伊兰人最为相近。且猓猡之身长与肤色亦无蒙古族特质。故巴氏以为中国西部边疆民族与亚洲西部及地中海区域之长颅民族属同一类型。此种民族为联系西部民族与尼色特民族（Nesiotes）之关键。巴氏又谓中国西南边疆人种，所受之最大影响虽在西方，然有数种民族来自南方，故其种族成分又杂有巴里安族（Bareaeans）之血统成分在内。至于云南人种则介于有色人种与尼色特族之间。

克拉克与巴斯顿之分类，一般言之，已较前人为进步，然其条理叙述尚不及 1909 年达卫斯（H. R. Davies）之《云南：印度与扬子江流域之连锁》（Yün-nan, Link between India and the Yantze）一书远甚。达卫斯为英国军官，在滇考察数年，笔为此书，思为英人经营云南之指南。达氏相信云南语之繁

---

① 宾姆即猓猡族之巫师，巴氏在此误用为人种名。
② 丁文江在中国解剖学人类学会的报告，题为"On the Tribes of Yun-nan"，载 1921 年 3 月的《中华医学杂志》（China Medical Journal）。巴氏在《独立评论》第 1 卷 2 卷中发表《云南、贵州游记》可参考。

杂为世界冠。而语言繁杂实由于云南之人种繁杂。云南多崇山峻岭，陡泉奔流，外来文明既传播不易，而内在诸族间之联络亦不易产生。诸族即偶相交通，复以生活维艰，其祖若父所创造之传统成绩，至其子若孙则荡无存矣。故云南诸族无文字记录与较大帝国之形成，其种族分类殊为不易也。达氏之分类以语言为基准。达氏知语言之类同固非绝对即能证明种族之类同。征伐或其他原因可使外族语言传入，然设有可能证据而无历史事实之矛盾与体质之较大差异，则由语言之联系仍可证明种族之联系。达氏分云南与川南民族语言为四系统，原始民族语系居其三，全部系列如次：

（一）蒙克语系（Mon-khmer family）

  1. 苗瑶群　（1）苗或蒙（Mhong）；（2）瑶。

  2. 民家群　（1）民家或白子（Pe-tsö）。

  3. 瓦噗喇　（1）瓦（Wa）；（2）喇（la）；（3）蒲蛮（Pu-man）；

    （4）噗喇（Palaung）；（5）卡僾（Ka-mu）。

（二）掸语系（Shan family）

  1. 掸或台（Tai）。

（三）汉语系

  1. 汉语。

（四）藏缅语系（Tibeto-Burman family）

  1. 西藏群　（1）西藏语或包括一部分西番语。

  2. 西番语　（1）西番；（2）么些（Moso）或纳西（Na-Shi）；

    （3）怒子（Lü-Tsö）或阿难（A-nang）。

  3. 倮俪群　（1）倮俪或纳苏（Nei-su or Ngo-su）；

    （2）栗粟（Li-su）或力些（Li-）；

    （3）喇胡（La-hu）或倮黑（Lo-dei）；

    （4）窝泥（Wo-ni）包括马黑（Ma-hei）、卡惰（Kuto）、

      普特（Pu-tu）、骠人（Pi-o）、阿卡（A-Ki）、

      山苏（San-su）、苦聪（Ku-tsung）及其滇南诸族。

  4. 缅甸群　（1）阿成（A-Chang）或峨昌（Nga-Chang）；

    （2）马喇（Ma-ru）；

    （3）喇偎（La-shi）；

（4）系（zie）或阿系（A-si）。

5. 开钦群 （1）开钦（Kachiin）或青颇（Ching-paw）。

达卫斯全部系列之构成有简略说明。蒙克语者，盖指安南语、柬埔寨或克麦语（Combodian or Khmer）与蒙或台棱语（Mon or Talain）而言。以上诸族语言之联系最初由法白斯（C. G. Forbes）[①]寻译而出。其后，劳幹（Logan）与葛里生（Grierson）[②]发现瓦语与噗喇语俱属于蒙克语系。达氏取其成说，适用于分类之第一系丙项，然蒲蛮未概括其中也。达氏亦如一般治西南语言学者然，相信蒲蛮多有操掸语者。惟氏在湄公河畔之云州东北见有一部蒲蛮，独操蒙克语，而其四周则无蒙克语系民族居住，达氏遂改更一般主张，以为云州之蒲蛮乃最原始之蒲蛮，而所操之蒙克语，乃蒲蛮最原始之语言。其次，论苗瑶语。达氏以苗瑶语为蒙克语系语言，理由不外三端：第一，苗瑶不与掸族、汉族、藏缅族诸语系同。其与蒙克语之关系，虽未极端符合，然其类似之点足以证明属于蒙克语族。第二，蒙克语与苗瑶文法相同：名词在形容词之先；所有物在有者之前；句主在动词之前；动词在宾词之前。第三，安南台棱人自称曰"蒙"（Mon），云南苗族自称亦曰"蒙"（Mhong）。有此三项理由，达氏遂决定苗瑶群属于蒙克语系族。再论民家语。达氏分析民家语之字源，结果以汉族为最多，藏缅字次之，蒙克字居第三，掸字最少。达氏以民家四周无蒙克语民族，则其蒙克字源，非由外铄，或即其本族之原始语言。达氏以此理由遂决定民家语当属于蒙克语系。

掸语指掸族（Shan）或台族（Tai）所操之语言而言。达氏于此项未加纂解，亦未分别云南除掸或台族之外尚有何族属于此系。

藏缅语系民族最为繁杂，达氏分为五群。第一群西藏语，指拉萨语略带中甸土语之语言，与标准藏语甚为接近。第二群西番语，其族之原始语言，达氏谓似非倮㑩语，后受藏语之影响颇巨。第三群除倮㑩之外，栗粟、罗婺、窝泥三种语言与倮㑩原始语言相似。第四群缅甸语，其中包括的四种语言与缅甸语接近之程度较与倮㑩语为高。最后开钦群，独有开钦或青颇语一种。达氏之意以为由语言之类似可以断定种族之类似；由语言之繁简且可

[①] 参考 Forbes, *Languages of Further India*, 1881。

[②] 参考 G. A. Grierson, *Linguistic Survey of India*。

判别血统之纯杂。大别言之，诸语系中以藏缅语系最为繁复，则藏缅人种之复杂亦在其他各系人种之上，如云南倮㑩，南部与北部之语言微有不同。推其原因，在于南部倮㑩混有蒙克语血素，北部倮㑩则混有亚利安族（Aryan）血素。前所云伊兰民族，即属于亚利安族。故关于此点，达氏之结论与巴斯顿及丁文江之结论相同。①

达氏分类最为可置疑者为处理民家与蒲蛮之位置问题。达氏决定民家为蒙克语系民族之理由殊不充足。盖语言区域常由人口移动混淆之。而人口移动又有自然移殖与命令移殖两种。前者移殖终点由人民与环境决定，后者移殖终点则由政府与领袖命令决定。民家语言所受外界之影响若属于前者，吾人自可于四周民族中寻其自然移殖之踪迹。影响若属于后者，则影响民家语源之因素，不在四周之民族，而即参伍于民家中间之民族也。丁文江氏于此点曾有解释云："达氏谓民家有蒙克语源，而周围无蒙克民族。推其原因，盖在南诏建国时，以瓦拉为兵丁，蒙克语因而传授于民家。"② 丁氏此论，虽无指明历史证据，然以当时情景言之，实属可能。吾人试披阅南诏历史，即知其时于云南部族，调动最多。设使瓦喇或噗喇之任何一部族调屯于此民家分布区域，此民家语言即有吸收若干蒙克字源之可能。或该区域之民家系由他处调来，设昔曾偶与操蒙克语民族为邻，后虽屯居于四周无蒙克语族中间，亦可保持曩昔所得之蒙克语源。两种原因，有一于此，即可构成达氏所云民家语源之形成与环境。由斯知达氏立论固甚狭也。然则民家当属何族乎？按中国旧志民家有"白民"、"阿白"、"白儿子"之称。《滇志》谓之为白国之后。白国之传说有二：一见《纪古滇说》③，称阿育王第三子之后仁果，居滇之白崖，因号白国。一见《滇略》，称阿育王奉佛不茹荤，日食白饭，人称白饭王。次子封于苍洱之间，传至仁果为滇王。子孙世守家法，不尚染采，不杀生，故曰白国。传说中之白国建立于汉代，唐时南诏王奉白国仁果为祖。南诏为僰夷所建，可知白国之组织者亦为僰夷之近族。且白与僰同音，白人或即僰人之音转。现代之民家已非纯种。该族自称其族迁自南京，该亦有故。我国明初调江南兵士征滇者甚多。滇平，咸以道路遥远，遂

---

① 详见 Davies, *Yün-nan*, 1909, 参见 *T'oung Pao*, 1916, pp. 332-369。
② 见丁文江前引文"On the Tribes of Yun-nan"。
③ （元）张道宗：《纪古滇说》卷1。

皆在滇落户。其与白女婚媾所生之子女，白人称之曰"白儿子"，汉人称之曰"民家"。民家一作"明家"。民与明同音，盖即明朝百姓，或明人后裔之义。该族语言中，汉语字源最多，即职斯之故。其他未经汉化之民家尚多操掸语，中外旅行家悉能辨之。此达氏分类所当纠正之点一。

其次，蒲蛮或蒲人，达氏置于瓦、噗喇群，属蒙克族。达氏之理由以为他处所见之蒲蛮皆操汉语，而湄公河流域云州东北之一部蒲蛮略带蒙克语源。然四周无操类似语言之民族，故以该语源为蒲蛮语言之真髓。达氏此论上与论民家语犯同一谬误，故可以同一理由修正之。中国古代书传有"百濮"之称。濮与蒲同音，当为同族（详《僰夷史略》）。历代志书，如《滇略》及《云南通志》之类皆以蒲蛮属于僰族。西洋诸游历家亦皆记载蒲人操掸语事实。清代曹树翘《滇南杂志》记载永昌城东哀牢山麓有大官小官庙。每春正月十六蒲、僰均往斯庙会祭。该大官神牌题"大定戎方天下灵帝"；小官神牌题"大圣信苴利物灵帝"。按信苴为南诏国王之名，而蒲、僰二族会祭之，蒲会必南诏王族后裔。且小官塑像，衣饰之制与蒲蛮同。由是知蒲蛮为僰夷中之一族更无疑义矣。此达氏分类所当纠正之点二。

人种分类之标准有二：一曰体质；二曰文化。文化质素之较固定者为语言。然以语言与体质较，语言之游离性乃较体质为大。故以语言划分人类者为不得已而求其次之方法。因其方法本身不甚健全，故须佐之以其他文化质素，如宗教、衣饰之类。而最要者尤当追溯其民族历史之演变，由历史演变即可辨正语言变迁之所由来矣。云南各族，相互征服，迁徙靡定，各族语言因而变化无穷。若执此一端而论之而不参佐以历史事实，必至谬误杂出。此达卫斯分类谬误之主因也。中国西南民族，本族无历史记载，赖中国历代有史志以传述之，史志记载之价值直接可辨正语言分类之真伪，其功能远在诸文化物质以上。语言与历史之外，有佐于民族分类者，为宗教与衣饰。宗教有保守性，由宗教信仰之研究往往可以辨明民族之原始联系。衣饰尤可表明民族之特性。大别言之，男子衣饰趋向变易，女子衣饰趋向保守，此原始衣饰演化之通例也。作者参考达氏之语言分类与其他学者之体质与文化研究，并参证以中国史志之记载，于妇女衣饰详细加以叙说，作一西南民族分类之尝试。至于宗教，此处仅言其大概，于后篇论西南民族文化时详之。分列中国西南民族分类大纲如次：

（一）苗瑶族系

  1. 苗群   （1）红苗；（2）白苗；（3）青苗；
         （4）黑苗；（5）花苗；（6）杂苗。
  2. 瑶群   （1）瑶族；（2）畲民或輋客。
  3. 瓦噗喇群 （1）瓦；（2）喇；（3）噗喇。

（二）掸台族系

  1. 僰夷群 （1）僰夷；（2）蒲蛮。
  2. 仲家群 （1）仲家；（2）水家。
  3. 僮僚群 （1）僮；（2）僚或土佬，或仡佬；（3）侬；（4）沙；
         （5）俍、休、佯、伢、但。
  4. 黎群   （1）黎或俚；（2）岐或㐌；（3）倮。
  5. 民家群 （1）民家或白儿子，或那马。

（三）藏缅族系

  1. 西藏群 （1）藏族或古宗。
  2. 西番群 （1）西番；（2）么些；（3）怒子。
  3. 倮㑩群 （1）倮㑩；（2）栗粟；（3）罗婺或倮黑；
         （4）窝泥（包括马黑、卡惰、普特、骠人、阿卡、
         山苏、苦聪、糯比等滇南民族）。
  4. 缅甸群 （1）马喇；（2）喇僳；（3）阿系；（4）阿成。
  5. 开钦群 （1）开钦或青颇。

  上表所列种族以国内西南民族为主，故种名极力采取中国本音本字，于必要时以域外音字佐证之。第一族系，以中国南疆之苗、瑶为最多，故名曰苗瑶族系。苗族自称曰"蒙"（Mhong），汉人称之曰"苗"或"苗子"；掸族称之曰"苗"（Mow）或"克苗"（Hka-Meow）。"克"之意为奴，以苗弱而在掸族中为奴也。苗之体质：发黑色，且为直毛（Cheveux droits）。皮肤黄色，略赤。颧骨突起，下颚凸出。日本鸟居龙藏以此诸体质特质断定其为蒙古人种，或即南亚之蒙古人种（按即 Pareaeans）无疑。① 苗之头型指数（Cephalic Index）：贵州花苗为80.7，白苗为80.7，青苗为79.5，打铁苗

---

① 鸟居龙藏：《苗族调查报告》，1907年。

为81.0；广西苗为80.6。① 总计为中头型（Mesocephalic）。鼻型指数（Nasal Index）：贵州花苗为75.6，白苗为87.5，青苗为83.7，广西苗为88。总计为阔鼻型（Chamaerhine）。身长（Stature）：贵州花苗为1.55米，白苗为1.51米，青苗为1.59米，打铁苗为1.52米；广西苗为1.55米。总计为短身型（Short）。男子椎发为髻，以布包头，无间寒暑，其他衣饰，皆已汉化。苗妇装饰，古风犹存。女子亦结发为髻，样式不同。衣右衽，无钮，以带束之，如短袈裟然。有裙，褶叠甚多，长可覆膝。衣之下端则置于裙内。衣色因苗种而异。花苗衣饰斑斓，蒙有绣帕；白苗白帽蓝衣，领白，裙白，带白，无裤；其他红苗服红色，青苗服青色，款式则大略相同。

瑶族（Yao）分布甚广，在粤西、桂中者曰"瑶"；在粤东与闽浙南部者曰"畲"，一作"輋"；在安南山中者曰"蛮"（Mans）。瑶之体质似苗人，仅面部略平，颧骨略高，而身略长。瑶、畲皆以槃瓠为图腾，姓多盘、蓝、雷。妇女发饰最奇。结发于后，竹架其上，覆以帕，帕前如二狗耳突出，盖以纪念其祖先图腾也。服饰如广西四种瑶人②：（一）红顶瑶，男女俱以蓝布裹头，女子短衫窄袖，着襞渍裙，缘以白边，长可过膝，并着长裤。（二）蓝靛瑶，以制蓝靛得名，男子蓝布包头，女子挽髻，花布包头，顶置插泡。衣长及踵，无裙。（三）长发瑶，衣饰与他瑶同。（四）盘古瑶，女子服饰华丽，胸前系布一幅，长方形。有外衣，长可及踵。

瓦族（Was）与喇族（Las）住云南西境，原为一族。掸族谓其文化程度较高者曰瓦族，其野蛮而行"猎首"（Head-hunting）之俗者曰喇族。瓦、喇面目黧黑，鼻扁，唇突出。身材短小，性情凶悍。服饰，男子着短衣，蓝色，与汉人同。女子亦着蓝色短衣，配有红花样。衣前挂海贝，项戴饰圈。男着裤，女着裙。野瓦则无裤无裙，仅以兽皮蔽前体。

噗喇族（Palaungs）肤色较淡白，目睛褐黄。泰拉（Taylor）以此谓含有高加索血素之证。③ 该族头型指数为80.5；鼻型指数为9.16；身长为1.58米。总计为中头，阔鼻，属中等身材之民族。身长较苗族为高，此盖亦可为含有

---

① 花苗、白苗、青苗之各种指数报告见鸟居龙藏前引书。广西苗各种指数报告见哈登（A. C. Haddon）著 *The Races of Man*, 1929. 下仿此。
② 颜复礼、商承祖编：《广西凌云瑶人调查报告》，中央研究院，1929年。
③ Taylor, *History of Mankind*, Vol. III.

高加索血素之证。噗喇衣饰一如僰夷。女子头帕略低，径缠布帛。衣服亦略近开钦（Kachiin）。此皆与苗、瑶异趣者也。唯瓦喇、噗喇诸族之语言，据劳幹等研究，当属于蒙克族。故暂从达卫斯之说，与苗瑶置于同一系族。

　　掸（Shan）或台族（Tai）名称最繁。现所知者有台（Tai or Htai）、僰夷（Pai-I）、汰（Tho or Do）、康蒂（Hkamti）、劳（Lao or Law）、恐（Hkun）、潞（Lu）、蒲蛮（Pu-man）、濮人（Pa）、土人（Tu-jian or Tu-man）、侬人（Nung-jen）、沙人（Sha-jen）、僮人仲家（Chung-chia）、水家（Shui-chia）、民家（Min-chia）诸名，皆为掸或台族。"掸"为缅甸人呼该族之名，该族自称曰"台"。台有自由民族之意。中国"掸"之名始于《后汉书》。云南之掸，中国谓之为蒲蛮、僰夷或摆夷；贵州之掸为仲家或水家；四川、湖广之掸为僮，为僚，为沙，实皆掸族也。人类学者总称中国之掸为"台苗"（Tai-miao）或"中国掸"（Chinese Shan）。掸族体质：眼为正常直线形，鼻小而凸，或以嗜食槟榔齿龈变色之故，口腔特大。发长，直而柔顺，纯黑无杂色。① 哈登（Haddon）记载沙尔文河（Salwin R.）与伊洛瓦底河（Irrawaddy R.）流域东部及西北部之掸族头型指数为80.5，鼻型指数为87.6，身长为1.594米。若此则掸族当为短头（Brachycephalic），阔鼻（Chamaerhine），属中等身材之民族。综合前所云直眼黑发诸型态则掸族尚不失为类蒙古族（Mongoloid）或南蒙古族（Pareaeans）。② 然以但尼克（Deniker）所云，居于东京至红河（Red R.）以东之汰族（Thos）为次短头（指数82.5），中等身材（高1.67米），长面，非蒙古之直眼，且棕色皮肤。若此，则掸族中之汰族与印度种及僳傈相近。但氏又谓暹逻人或即系原始之台族型又混合克麦人（Khmer）、苦人（Kuis）、印度人以及马来人诸族血素而成。其身长为1.61米，头型指数为85.5，皮肤为橄榄色，菱形面，颧骨突出，鼻小而平。至于黔南、粤西与占据桂省2/3之土人，白苗（Pe-miao）、僰夷，以及云南之白人或民家，则系台族略经汉族血统之渲染而成者。③ 但尼克氏此论，由民族学观点言之，非特有可能，且与吾人之结论不相冲突。盖临近种族最易接触交通。其接受方式虽有竞争与和平之不同，然其结果，往往在诸族血统间

---

① 参考 J. George Scott, *Gazetteer of Upper Burma & the Shan States*, Vol. I.
② Haddon, *The Races of Man*, 1929.
③ Daniker 前引书。

发生变化。掸族西与印度、藏缅诸族为邻，东与马来诸族及蒙克族为邻，而北部与西北部又与汉族唇齿相依，习居匿处，则掸族血统之杂糅，自可想见。但尼克氏亦承认中国掸族混合有汉族血素。吾人更进一步言之，掸族与汉族之关系较与其他各族皆为接近。此种理论不难以事实证明。法国拉古柏（Terrien de Lacouperie）谓掸族之策源地在中国陕南、川北之九隆山。① 以吾人考察谓南诏之祖族哀牢夷发源于云南永昌之九隆山为宜。② 拉氏之论似与哀牢夷发生之地望相背谬。详论当于僰族史中明之。即以后者言之，哀牢夷起源于中国境内，即僰族起源于中国境内也。尤有切要于此者，与"僚"同族之"板楯蛮"，于公元一二世纪时即出现于四川之巴郡，与秦族互订诅盟，其酋长且世尚秦女。汉时随汉军北上征伐，至于三秦，数立奇功。僚于四世纪时亦出现于巴西。值五胡十六国之际，与巴中诸族冲出三峡，进窥中原，北至颍洛，南至江汉，蔓延区域达数千里。其与中国习处之深，可以想见。③ 7世纪时，僰夷复在今之云南，建立南诏帝国，凡数百年，其与汉族人种之同化与文化之传播迥非马来、印度诸族可比也。数十年前，法国驻粤领事旁安提（Bons d'Anty）研究龙州、南宁、梧州诸地之掸族，不特见龙州至百色之民族同操掸语，且以中国粤南之客家，虽非台族，而在血统上亦有强烈之混合。④ 我国梁启超氏亦谓广东之中华民族为诸夏与摆夷混血，殆无疑义。⑤ 英国史考特（J. George Scott）由体质与语言之观点研究台族与中国民族关系云："台族与中国民族关系似无问题。其在人形与特质方面较在语言方面尤为显著。"又谓："暹逻掸族之血统虽极复杂，然其族之面型、眼型、与肤色各点与中国人尤不失为同一血族之关系。"此乃就体质方面而言也。至于语言方面，各家所提供之证据尤多。简括言之，可分为三类：第一为语言之假借。如台语谓"马"为"Ma"，谓"平"为"Ping"，谓"早"为"Tsao"或"Sao"，谓"碗"为"Wan"，谓"纸"为"Se"。拉古柏研究台语与中国官话在千字中有325个为相互假借。第二为文句之构造。如动

---

① A. R. Colquhoun, *Amongist the Shans*, 1885 中序引为 T. D. Lacouperie 所作，尝言及此。
② （明）倪辂集、杨慎校《南诏野史》（江苏省图书馆抄本）云："九隆山在永昌府。"谢肇淛《滇略》亦谓"哀牢山在永昌东二十里"。
③ 参考《后汉书·南蛮传》及《魏书》列传第89。
④ 见 J. G. Scott 前引书卷1第1章所引。
⑤ 梁启超：《中国历史与民族之研究》，《梁任公近著》第1集。

词之宾词，与受词之宾词，在台文与中国文中先后位置相同，而在缅文或藏文中则大异。第三为俪字（Couplety Words）之特质。如道路，中国语言曰"路"曰"道"，台语则曰"Tang"—"hsin"。皆字虽不同，含义相类，且"路"（"Lu"）与"hsin"有相通之意义。又如"Ka"，在台语有明洁之意，"ka"之俪字为"ki"，而中国语"洁"（"ki"）亦有明洁之意。由上述诸例可知中国语与掸语相通相同之点最多，故史考特谓之为"姐妹语言"（Sister languages）①。

僰夷约分水僰夷、旱僰夷与花僰夷数种。水僰夷妇女上衣下裳，裙长及地。裙分三段，上段以五色丝麻相间织成，作柳条花；中段用深绿色棉毛植物或者锦缎；最下则用白布镶花边而成。下不御裤。挽髻于顶，饰银花，或包彩帕。旱僰夷妇女蓝衣青裙，御大耳银环，饰银腰带。花僰夷则衣色斑斓，于腰际刺绣花鸟，以为装饰。②僰族之特性：一曰居卑耐湿。旧志谓其"性耐暑热，居多卑湿棘下，故从棘从人"。二曰雕题文身。旧志谓"官民皆髡首黥足。有不髡者则酋长杀之；不黥足者则众皆嗤之曰妇人。"其雕法，约及腓之半，亦有雕至上身者。曩日沙卜文教徒（Sawbwa's followers）由项至踝，皆有黥文。大抵面部手背，黥尚青色，胸、背、臂部，黥尚红色。刺形有鹿、象、龙、塔、花卉、咒语之类，或谓僰夷黥体所以别贵贱：部夷黥至腿，目把黥至腰，土官黥至乳。其色亦分贵贱，大抵贵族尚红，平民以墨。③三曰信仰佛教。四曰组织力强。此皆南诏之遗风也。

蒲蛮或蒲人，一作普蛮，或濮子蛮。居蒙自及教化三部十六砦者，则号野蒲。衣饰男子裹青红布于头，衣花套长衣，膝下系黑藤。妇女挽髻脑后，以花布围腰为裙，上系海贝十数围。古代之蒲曰"濮"，有"文面濮"与"赤口濮"。④可知古代蒲人亦雕题文身也。

仲家，名之来源有二说：一说谓仲家系奉调而来，身穿重甲，因以为名。⑤又说谓仲家为汉人命名。仲者次也。言其次于汉族而高于苗族也。⑥后

---

① 参考 J. G. Scott 前引书卷 1。
② 参考李拂一：《车里》，1933 年。
③ 参考（明）朱梦震：《西南夷风土记》。
④ 见《通典》"南蛮"条。并可参考董难《百濮考》。
⑤ 见《安顺府志》。
⑥ 参考 Samuel R. Clark, *Among the Tribes in South-west China*, 1911。

说较为有力。仲家自称曰僰夷（Pe-yi）或蒲夷（Pu-yiu），汉人称之曰仲家。以其性好水居，一称"水家"；好着青衣，或称"青苗"。中国曩以仲家为苗族之一种，实误。仲家与僰夷相同，盖居于滇者曰僰夷，居于黔者曰仲家，皆属掸族。仲家之特质有四：田雯《黔书》称仲家性险嗜杀，黔之患未有大于此族者。然其他记载则云惟仲家聪慧而能读书。① 由斯知仲家在诸蛮社会中，生存竞争，别具弹性，绝非一般苗蛮可比。此天性之有异于诸苗者一也。法国维尔（P. Vial）著《倮㑩》（Les Lolo）时，因语言习俗之异，常疑仲家与诸苗非出一系族。② 我国《安顺府志》亦云："黔中苗民八十二种，微特仲语与苗语不同，即仲语亦有与仲语不同。"并略举例说明之。然仲语之不同在"语枝"，或因汉语影响而改变。若仲语与苗语或汉语之不同则在"语干"。二者不同不可不语。又仲家与僰夷同族，故仲家不特操僰夷之语，且多识僰文之人。③ 此仲家语言有异于诸苗而同于僰夷者二也。日本鸟居龙藏考证铜鼓之制，始于仲家，而在黔诸苗亦惟仲家用铜鼓为乐器者最多。粤西蛮族习用铜鼓者有俚与僚，在海南岛则有黎。④ 又《云南通志》云："僰人乐有三：曰僰夷乐、缅乐、车里乐。车里乐者，车里人所作，用羊皮蒙三五长鼓，以手拍之，间以铜铙、铜鼓、板拍。"按车里为僰夷屯居，斯僰夷亦以铜鼓为乐矣。由是知铜鼓为西南掸族之通乐。此仲家有异于诸苗而同于僰夷者三也。仲家好水居，故亦名水家。黔中至今尚有"高山苗，水仲家"之谚。云南僰夷也喜居卑湿荆棘之区，平原阴溽之地，以此与山中苗倮，往来不繁。此仲家有异于诸苗而同于僰夷者四也。基此四因，仲家故不为苗族，而为僰夷。仲家，据《黔苗图说》所载，有卡尢仲家、菠笼仲家、青仲家、白仲家、黑仲家、清江仲家之分。大体言之，仲家服饰，男子薙发，以青布裹头。衣服与汉人同。妇人长裙细褶，多至二十余幅。衣甚短。以彩布一幅围腰若绶，复以青布袭之。蒙髻亦喜用青布，该族最喜用青衣，青仲家尤甚。故仲家又有青苗之名。

僮僚诸族出自巴蜀。僚之名初见于《华阳国志》及《魏书》。唐时粤西

---

① 清人这种笔记甚多。如檀萃《说蛮》即其一例。
② 参考 P. Vial, *Les Lolo*, 1898。
③ （清）陈鼎《黔游记》作此语。
④ 参考鸟居龙藏前引书，及《广州记》、《陈书》、《隋书》、《唐书》之《南蛮传》皆有记叙。

有僮，由柳宗元《僮俗诗》可证之。陆祚蕃《粤西偶记》谓僮人出自元至始者，非也。中国古代称奴隶曰僮，如棘僮之类。僮盖僚人之为汉奴隶者。自魏晋以还，僚人即有出卖生口之俗。《魏书》云："大狗一头，买一生口。"《北史》云："每岁命随近州镇出兵讨之（僚），获其生口，以充贱隶，谓之'压僚'焉。后有南旅往来者，亦资以为货。公卿达于庶人之家有僚口者多矣。"此僚之所以为僚之故欤！旧志谓其族"喜冲突攻击，故曰僮"，有误。土佬乃土僚之转，伦佬重切曰僚，皆僚之别名也。侬之名始于宋，《广西通志》谓侬家一曰龙家。清江阴陈鼎赘婚于龙家，著《滇黔土司婚礼记》，谓其妻能操棘语，闺中记室以棘文注其起居。可知侬亦棘夷。又宋时，侬族首领侬智高以西源叛，旋为汉军击溃。智高乃只身西奔南诏。可知智高与南诏亦同族也。沙，疑即掸音之转，为掸族。俍之名，陆祚蕃谓初见于明弘治年间，盖汉族用以抗瑶者也。或谓其族称首领曰"狼火"，故有俍族之名。但，初见于《隋书》，初作蜓。其他㑽、佯、伢等名皆自明清以来始见。诸族语言，约略相同。可以取中国地方志，关于上述各族语言之记载，与棘语对照如次：

汉语	棘语①	仲语②	僚语③	僮语④	侬语⑤	沙语⑥
一	冷	望	流	烈	溜	么
二	算	宋	宋	所	宋	松
三	丧	撒	散	散	散	三
四	细	西	细	西	西	西
五	哈	阿	呵	赫	哈	哈
六	火	绕	车	由	车	六
七	哲	差下去	疽	且	拓	歇
八	别	边	别	别	别	别

① 见《云南通志稿》。
② 见《安顺府志》。
③ 见《云南通志稿》。
④ 见刘锡蕃：《岭表纪蛮》，1934年。
⑤ 见《云南通志稿》。
⑥ 见《云南通志稿》。

续表

汉语	僰语	仲语	僚语	僮语	侬语	沙语
九	苟	姑	勾	久	苟	苟
十	昔	仇	谢	细	谢	十
父	侬博	包	博	博	博	勒布
母	乜	迷	乜	骂	拉迷	勒乜
兄	必侬	哥	鲊	锅	必	
弟	齐	那	鸾,一作隆	糯	侬	侬
鸡	盖	盖	结	该	寨	得盖
鸭	别	聘	白		贝	得布
牛	海	都青	瓦	瓷,一作藕	独歪	犊崖
羊	有	都庸	别		有	的荣
马	骂	都马	磨	骂	地麻	麻
木	煤	乌歪	崖	果肺	煤	煤

由上表知僰夷、仲家、僚、僮、侬、沙诸族语言,略有微异外,大体皆同。可知皆为掸族。又僚在唐时多取汉姓。《唐书·南蛮传》称其族姓有韦、黄、廖、侬、莫、罗、梁诸姓。今据志书所载安顺仲家多姓黄、罗、莫、龙。两粤僮人多姓韦、黄、罗、莫、农、廖,侬人多姓侬。僰夷亦多姓侬。由此一端,亦可证诸族为一族。

僚之旧传,称有飞头、凿齿、鼻饮、白衫、花面、赤裈之类凡二十余种。宋范成大《桂海虞衡志》谓其时江西南一带僚有百余种。今皆不可详。惟言古僚有凿鼻、花面之属,可知古僚亦雕题文身也。《黔苗图说》谓仡佬有剪发仡佬、打牙仡佬、锅圈仡佬、披袍仡佬、红仡佬、土仡佬、花仡佬、水仡佬诸名,分布于贵州。粤僮有南僮、北僮之分。南僮来自贵州,北僮来自两湖。文化约略相同。僮在唐时尚有文身刺绣之习。柳宗元《僮俗》诗云:"饮食行藏总异人,衣襟刺绣作文身。"《皇清职贡图》云:侬人之俗喜以茜草染齿。夫雕题文身、茜齿为掸族之通俗,僚、僮其为掸族益可信矣。

掸族之居海南岛者曰黎。岛上尚有苗。黎与苗之外形与语言均不相同。黎一作俚或里。在隋唐时与僚、僮同时南迁,或即僚、僮之支族。史考特云:"居海南岛之黎人,谓其为纯台族,虽乏直接证据。然由外形观之,为极度可能。"① 岛上黎群可分为三类：一曰纯黎。纯黎可分为二种：与生黎近者为"三差"；与熟黎近者为"四差"。服饰，男椎髻前额，状如犀角，上插寸梳；其纵插者生黎也，横插者熟黎也。衣对襟，束以带。下衣仅以片布护下体，曰小裳；以尺幅蔽前后者曰大裳。妇女率以布帛全幅作黎桶。裙作百褶。椎髻，穿耳，加铜环，重至坠耳及肩。又有绣面雕题之风：有自幼而涅者，有将嫁而雕，花纹一宗祖宗成法者，盖所雕为氏族图腾也。二曰岐，岐一作𪨂，初见于《隋书》。生岐最为犷悍。风俗略如黎人。三曰侾。以居处不同，分为东侾、西侾两种。衣服习俗，皆似黎人。黎、岐、侾三族语言大体相同。②

民家自称曰"白子"或"白儿子"。李宗昉《黔中记》云："白儿子在威宁及滇省有之。各有宗族。男子多汉人风，女子尤苗俗，汉人多赘苗女为家，生子后仍为汉者故名白儿子。"丽江方言讹为"民间人"。③ 其在广西之凤山、那马、东兰者称之曰"那马"（Nama）。其族善汉语，习汉文。清代擢取科名者，颇不乏人。服饰已汉化。惟女子自始不缠足，古风犹存。

藏缅族系之西藏群，指西藏东部，以及川南、滇北之藏族而言。该族在古代为吐蕃，自称曰"伯"（Pe or Po），川人称之曰"蛮子"，或"蛮家"，与倮㑩混为一名；滇人称之曰"古宗"。其人身材高大，孔武有力，皮肤砖红色，躯干直挺，皆可表明其为混合有非蒙古族之血素。族分二类：其散处于么些之间者，称么些古宗。居于奔子栏、阿墩子者称臭古宗。前者服饰与么些同，惟妇女辫发百股，置五寸横木于顶挽而束之。臭古宗盖即原始古宗。该族原始服装，男披发于肩，冠羊皮帽，染黄色为檐，顶缀红线缨。衣则盘领阔袖，束带佩刀。足着茜红革靴，今服虽略改革，然仍长衣围腰，衣之前部高耸，腰带下束，可贮食物、烟袋等物。胸前佩金符，谓可厌胜。头或着软帽，或挽巾帕。足着桶靴。妇女一仍古装。在中甸者分发为辫，拖于身后。衣可盖腹，百褶裙可盖膝。袜单革软底。不着袴屦。他处藏妇发饰稍异。大都盘发为髻，上饰宝石，耀以为荣，宗教皆信喇嘛教。④

---

① J. G. Scott 前引书卷 1。
② 参考谢彬：《云南游记》。
③ 《云南边地问题研究》，昆华民众教育编刊。
④ 参考 Davies, *Yun-nan*, 1909；（清）余庆远：《维西见闻记》。

西番一名巴苴。其族体质：皮肤淡白，较临近部落略带绯红。面部轮廓细致而有规律，无若藏人之粗糙与猓猡之奇峭。① 达卫斯谓其族高不及藏人，而黧黑过之。服饰，男挽总髻，耳戴铜环，自汉化后，亦多剃头辫发者。妇女辫发为缕，披于后，以宝石珠玉绕于顶。有时顶覆青帕，下飘二带。衣盘领及腹。裙如钟形过膝。腿裹以毡。不着裤屦。该族大部分信喇嘛教，间亦有信土巫者。

么些自称曰纳西（Na-shi），或拉西（La-si）。居丽江者汉人称之曰丽家，该族盖屯据丽江最久也。坎能（A. H. Keane）谓么些于公元前 600 年由西藏东北迁此。②《唐书》谓之为"么些兵"。其族，为南诏所并。哈登谓其族在猓猡之中，体躯教大，约系混合他族血统而成。服饰，男多汉化，惟以青布缠头，衣盘领，白绩为之。袴不掩膝。妇髻向前顶，束以布，勒若菱角。衣长及脐。裙可盖膝。腿裹花布，不着裤。信喇嘛教。族性雄悍有为，常统摄维西诸族。文化亦高，有象形文字。

怒子或潞子（Lü-tsö）以居于怒江流域得名。自称曰阿难（A-nung），或梅郎（Melams），身材短小，约 1.56 米。头发卷曲。但尼克谓之为栗粟与印度之中间民族。③ 达卫斯亦谓其族人种与猓猡、么些为近。然其俗男女面刺青文，而由身材短小，疑恐与掸族有关。怒江上游之怒子识藏文，故信喇嘛教。服饰，男子挽髻，高七八寸，衣麻布。女子束帛于发。无裤，仅以围裙遮下体。男女皆穿耳，跣足。

猓猡自称曰乃粟（Nei-su），或纳粟（Ngo-su），或来粟（Lei-su），似与么些自称相同。在川南者，汉人称之曰蛮子，或蛮家。云南猓猡，掸人称之曰梅恩（Myen）。或谓猓猡命名，有其来历。该族信其祖先灵魂藏于编篮中。编篮由碎竹织成，深约四尺，沿宽六七尺。内置竹签，长二三尺。签端束一撮草与羊皮一幅。另竹一枝横穿篮中，可悬梁上。三年一易，旧篮即埋地下。汉人谓此篮为箩，因以猓猡名其族。盖箩箩与猓猡音同也。④ 然以吾人所知，猓猡一词，系由古史卢鹿一词转来，若谓猓猡为竹篮，则不知卢鹿

---

① 参考 P. H. Stevenson, "Chinese-Tibetan Borderland", *Geographical Review*, Oct., 1932。
② 见 A. H. Keane, *Man, Past and Present*, 1920。
③ Deniker 前引书。
④ 参考 S. K. Clark 前引书。

将何以解之。该族在川南有黑夷、白夷，或黑骨头与白骨头之名。在滇中者又有黑白倮㑩、妙倮㑩、阿者倮㑩、乾倮㑩、海倮㑩诸名。倮㑩之本营在川南巴布凉山地，世未臣服于中国，外人故名之曰"独立倮㑩"（Independent Lolo）。该族行族内婚制，故乃保持有原始倮㑩之特质。斯提文森谓其族人种特征为体躯高大，胸膛耸厚，躯干直立，肤色因曝晒而现黄褐，然仍显露黑白色彩。发型直，或微曲，色黑或深褐，硬度较汉人发为细软，常挽角形，弯向前方。面长而尖；鼻长而薄，微似鹰钩鼻，显与汉蒙藏人宽而直之鼻不同；眼平直，无蒙古族眼之特质。颊骨高而小；下颚突出，使颔成圆形。齿坚强而整齐，唇薄而直。① 哈登亦谓其族鼻直而突出，眼直行，无褶叠。肤色棕黑如南欧人。头型指数为 77，鼻型指数为 85，中等身材，为尼色特人（Nesiots）之支族，或其混种。② 丁文江与巴斯顿之意见亦以倮㑩经羌族之介绍，而含有伊兰族之血素。综合诸说似以倮㑩体质含有西方雅里安族血素，而无蒙古族特质。然达卫斯则谓"四川倮㑩身高而肤色淡白，躯干直挺，表明其为蒙古种与直立人种（即雅里安族）之混合种族"③。吾意达氏之说，较为公允。否则倮㑩之黑发黄面，恐将无以解说。此显然蒙古人之特质也。服饰，川南倮㑩男女均着圆领大衣，长拖过膝。男子内着短衣与袴，腰束以带。女子着长裤，头戴方巾。云南黑倮㑩男子挽髻，束以布，耳戴圈坠一只，披毡佩刀；妇女蒙青布，下着桶裙，跣足，为族中之贵种。白倮㑩男女穿两截衣，裹头跣足。妇人耳戴圈环，披衣如袈裟，以革带系腰，为族中之贱种。妙倮㑩，男耳戴圈项，以梭罗布为服。女衣胸背绣花纹，前不卷颈，厚长曳地；衣边弯曲，无襟带，着时，自头笼罩而下。为倮㑩装饰之奇特者。彼族皆土蛮官舍之后，为倮㑩中之贵族阶级。有文字，为"宾姆"阶级所专有。信巫教，宾姆即巫教之执行者，犹道教中道士与回教中阿訇也。

栗粟，一作力些。直眼弓鼻，有类倮㑩。头为中头型，哈登报告为75.5；丁文江报告为74.8。中等身材，丁文江报告为1.598米。服饰，男子挽髻戴簪，编麦草为缨子，缀于发间。耳戴铜环。衣杂锦麻，色尚黑，下掩及袴，袴齐于膝。妇女挽发束箍，耳戴大环。衣盘领，有裙有裤。男女俱跣

---

① Stevenson 前引论文。
② Haddon 前引书。
③ Davies 前引书。

足。语言与倮儸类似。无文字，信巫教。

罗婺，一称倮黑。掸人称之曰姆苴（Mu-hso）或孟姆苴（Myen Mu-hso），盖猎丁之意。丁文江报告，武定、环洲、罗婺头型指数为69.6，身长为1.624米。为长头，中等身材型民族。语言似倮儸。惟该族与瓦喇杂居，或为倮儸与瓦喇之混种，甚为可能。服装，男子汉化。女子衣长衣，达膝。裤过膝，下有扎带。头戴帕。喜着青色或黑色。

窝泥，一作斡泥。包括马黑、卡惰、普特、骠人、阿卡、山苏、苦聪、糯比、黑铺以及其他滇南诸族。窝泥男子环耳跣足，妇人以红白锦绳辫发数绺。衣花衣，裳无襞积。及适人则以藤束膝下。马黑（Ma-hei），自称曰百濣（Pa-hawng）。女衣黑色。短衫遮腰，短裤过膝。婚后，幅布绕胸前，下垂及裤。普特（Pu-tu）与骠人（Pio），女衣及膝，前部分开，别以幅布绕胸间。头帕长布一幅，拖于背后。未嫁女子戴青帽，留发盈尺，披于背后。普特衣色尚青，骠则尚白。卡惰（Kuto），女子无裤，以裙蔽下体。头帕缀金质璎珞，垂向前方。阿卡（A-Ka），一称卡（Ka）。卡妇衣短衣，长不及腰；短裤，长不及膝。头饰最奇，中有竹二束：一束盘头上，一束由头后升起。上覆青布，间插饰品，略如瑶、畲妇女之发装焉。山苏（San-su），男子披发跣足，女子挽髻蒙头，略如窝泥。其他诸族皆类同窝泥。该族无文字，信巫教。①

阿成，一作阿昌或莪菖。掸人谓之曰台蒙沙（Tai-mong-Hsa）或台沙，以居地名之也。服饰男子束发裹头，衣青蓝短衣，披布单。妇女裹头，长衣无襦，跣足。其族服饰宗教皆近掸族，而语言则近于缅人。中国旧志云，其族"杂处山谷间，性畏暑湿"。此盖藏缅族之性，而非掸族之性。马喇（Ma-ru），自称曰龙人（Lawang），阿系称之曰喇龙（La-lang），开钦称之曰马喇。服饰一如开钦。喇俣（La-shi）自称曰来其（Le-shi），开钦称之曰喇奚。相传其祖为汉男与马喇女交配而生，而其语言则与马喇及阿系相同。衣饰习俗亦类开钦。阿系（A-si），一称系（Zie）。自称曰才瓦（Tsai-wa）。开钦称之曰阿其（A-tsi），缅人称之曰系。与喇俣为邻，语言相同。衣饰喜用蓝色，余与开钦同。

---

① 参考《皇清职贡图》，或《云南通志稿》，或（清）鄂尔泰等修：《云南通志·种人篇》。

开钦，自称曰青颇（Ching-paw），缅人称之曰开钦（Kachins），掸人称之曰匡（Hkang），马喇称之曰颇（Pow），喇倮称之曰噗克（P'ok）。汉人称之曰野人，或山头。服饰，男子短衣，大袴，缠头，跣足。近缅甸者亦作缅装。女子短衣着裙。竹环围腰，涂之以漆。嫁后始蓄发缠头。饰品有耳筒，系于耳端。信巫教。族性暴悍，尝取仇族头颅祭神，与瓦族俱为西南仅有之"猎首"民族。

（原载《民族学研究集刊》1936年第1期）

四川古代民族历史考证（上）

作者于5年前尚未至四川考察时，曾编著《中国西南民族研究导论》一书。其第一篇，《中国西南民族分类》，已于《民族学研究集刊》第1期发表。内论"僮僚之由来"一节，误认近世黔、桂、滇南之僚即四川古僚之遗种，此点不幸为厦门林惠祥先生采用，已于前所著《中国民族史》中，略予伸论。而国内民族史学者于此点又未能加以指正，亦一憾事。近年作者足迹踏遍全川，于此问题，略加注意。去年自曲曲乌考察归来，益信四川古僚即今大凉山罗夷之祖宗，而与黔桂滇南今时所云撑犎族系之僚无关。吾人所有之证据，当不仅限于曲曲乌之资料。凡史志之记载，乡土之传说以及今日凉山所通行之罗语，俱引证之。条分缕析，加以说明。在作者之意，原所以补昔年闭户著述尽信史书之过，以求正于当代关心西南民族与西南史地之诸同好耳。

"僚"字在中国语辞中，不甚雅训，有"野狗"意。汉人以此词名一民族，乃由于民族偏见心理，极力形状此民之凶狠野蛮状态。然古代中国人之称呼四裔亦有一惯例，即依裔之本名，从而汉译之，更加以犬虫等字之旁烘托。如南裔自称曰"芈"，汉人则名之曰"蛮"、"苗"或"闽"。西戎以嘉戎为多，自称Rung。汉族则名之曰"戎"。由此例则，推知四川在4世纪之顷必有一种民族自名为Lo者，汉人始名之曰"僚"。僚古读为劳（Lo），此种假设，甚有可能。罗戎自称曰No，川滇汉音常混N为L，故此译为"罗罗"。吾疑僚之音译于No，后始衍为罗耳。自4世纪时僚之名一出，且其种类蔓延四川各地，此名遂衍为四川蛮族之总称。《晋书·苻坚载记》称四川境内之土著曰"巴僚"。萧齐之世，凡非汉族之在蜀境者皆设僚郡。如越巂僚郡（今西昌一带）、沈黎僚郡（今汉源）、东宕僚郡（今合川武胜等地）、甘松僚郡（今松潘一带）、始平僚郡（今昭化以西一带）等名，于是罗番、氐、羌、戎、賨诸族皆为僚矣。寖假一般中国人之观念以为四川境内之人皆为僚人。《宋书·孔觊传》："阮佃夫募得蜀人数百，多壮勇便战。皆著犀皮铠，执短兵，分配任农夫，及战每先登，东人并畏惮之。又怪其形饰殊异。旧传狐僚食人，每见之，辄奔走。"当时蜀之中，固有僚，然不尽为僚。而史书则混称之曰"僚"。于是僚之名以泛。

吾人今日所讨论者为4世纪中叶出现于四川境内之僚。此僚为何系民族，以前学者，未加注意。由其字面言之，此僚最易与今西南僮僚之僚相混，于是有进而推论前为掸楚族系者也。作者昔年论说之误，即基于此。今以种种理由，始肯定四川古僚即今大凉山之罗夷。僚与罗同音，皆译自罗夷自称之No。兹历抒各种考证及实据如下。

一、四川古僚之由来及其地理分布

汉世，中国史中，少僚之名。至晋，僚之名始著。且僚之名初不见于四川，则巴蜀之地本无僚。3世纪及3世纪以前，僚在中国之分布有二区域：一在贵州。《三国志·蜀书·张嶷传》注引《益部耆旧传》云："牂柯与古僚种复反，忠令嶷领诸营往讨，内招降得二千人，悉传诣汉中。"《晋书·武帝纪》：太康四年，牂柯僚二千余落内属。此贵州之僚也。一在云南。《南中志》言，伶丘（约今云南陆良一带）有僚。永昌之僚最蕃。此云南之僚也。然则僚之原始，在四川之西南与东南，至4世纪中叶始出现于四川境内，故史志均定"蜀本无僚"也。

僚之入川，《益州记》及《晋书》言之最详。李膺《益州记》言晋建元元年（343），蜀賨人李寿始纵僚入蜀。《晋书·李势载记》："李奕自晋寿举兵反之……初蜀土无獠，至此始从山而出。"按成汉疆土，并居巴蜀，而无南中。晋咸和八年（333），李寿率兵下朱提，转攻南中，始有其地。賨人李氏以新生种人之姿，统治西南，化外之民，自当帖然臣服。且南中种族，汉积晋之世不能迫，养生休息，其数必滋。成汉李氏，调服此族，由南移此，此外因也。内则自李势建国以来，蜀中土著，连年战役，所存无多。加以桓温誓师，溯江西上。巴蜀精锐，调遣当前。国中土地以虚。此徙族内居之内因也。大约当时都邑之区空虚，则徙傍郡之民实之（《蜀鉴》云：寿既篡位，以郊野未实，都邑空虚，乃徙傍郡户三千以上以实成都）。傍郡之区空虚，则徙南中僚族实之。辗转内向，异族于都邑遂成包围之势。史称成汉不亡于晋而亡于僚，殆由于此。然则此僚出自何郡来自何路耶？此为吾人当前所注意之一问题。

按《益州记》之说，川僚出自牂柯郡，似无问题。然以当时西南诸族争衡之势言之，公元333年为李寿征服南中之时期。尔时敢于抗衡李氏者，唯有牂柯谢恕所统之部族。故常璩《南中志》言："咸和八年，遂为雄弟寿所破获，南中尽为雄所有，惟牂柯谢恕不为寿所用，寿破去，寿去，遂复保郡，独为晋。"斯则牂柯之僚未于此役征服甚明。故吾以4世纪半所徙之僚不在牂柯，或至少不仅在牂柯，而云南为其最大本营。滇省有僚之区亦不一。永昌郡之僚距蜀土辽远，隔山越种而至，似不可能。意者，滇西南之僚在3世纪前已有由南而北之移动。由永昌至陆良，更东北至东川，转至兴古牂柯，其道路固历历可指也。爨族征南中而僚族至，则僚族之由南中而来，乃不成问题。

然僚由何路而至耶？于此问题，可假定为三说，以证明之：

（一）由牂柯路说。《益州记》云："盖李雄据蜀，李寿从牂柯引獠入蜀。"李膺此盖亦揣臆之辞。按牂柯即今贵州旧遵义府以南至思南石阡等府地。依《益州记》说，则僚自遵义通四川之路引入。此为假定路线一。

（二）由楚道说。《蜀鉴》引旧说云："李雄时尝遣李寿攻朱提，遂有南中之地。"朱提即今宜宾屏山以南诸地，与旧时僰道之地相当。李寿由此路征南中，则南中之僚当由此路引入。《蜀中广记》引宁国论云："蜀中本无獠。犍为从阳山谷洞中，嚷嚷而出，转转渐大。自为夫妇而益多。"古犍为郡辖今宜宾、犍为、南溪等地。与古僚道亦相当。此为假定路线二。

（三）由象山路说。《益州记》言僚之分布云："自象山以北，尽为獠居。"按黔川之间无象山，则不指牂柯以北之地也。今四川古道北端有大小相岭，"相"疑即"象"之讹，盖言相岭以北尽为僚居。《魏书》亦言："自汉中达于邛笮川洞之间，所在多有。"斯言僚之分布多在蜀之西陲，牂柯以上之地不与焉。然则僚之分布与僚之由来不无关联。僚由相岭出巢，故分布于相岭以北者为最多也。此为假定路线三。

上列三说，以僚由僰道来之理由最为充分：（一）僚由僰道北来之说与李寿征伐南中之史实可相印证。（二）以作者研究云南罗夷屯聚义滋埠之时期，约在3世纪之顷。以后一部入凉山，一部窜贵州，其中难免有一部由僰道而来四川。详说后陈。亦可为此说之证。（三）秦汉之际，宜宾通云南之路称为僰道。其为僰夷巢穴可知。自僚族北上，蛮夷逐渐敛迹。一部或已汉化。元时云南李京曾记叙南州与乌蒙北皆有土僚，或其遗种。此亦或可为一佐证。唯吾人所当注意者，则一民族之移动并不限于一路。盖人类活动为自由的，其行动往往出他人掌控之外。僚之入蜀虽由于李寿之指引，然入蜀之僚已超出李寿之计划数量，而至于不能控制，不问可知。此种大量之僚，由僰道来蜀者固多，然不能断定牂牁之路与象山之路则无僚来川。盖民族迁徙，除有计划的徙动之外，中间经过许多"试误"，而后能抵达四川。故上述二路，亦为南中僚族入蜀之路，非不可能，唯与僰道相较有多少先后之不同耳。吾人故可云僚族入蜀之路线为多元的，非一元的。否则，四川之僚，何以一时风起云会，如雨后春笋，遍地皆是？又何以僰道所入之僚，不数年而移殖于西陲之邛僚，与川东之涪陵、忠州？由下述古僚分布之现象，亦可断定僚族入蜀道路多元之说为确定无疑。

四川古僚之分布，《益州记》云："自象山以北，尽为僚居。"《晋书·李势载记》："从山而出，北至犍为、梓潼。"此统言也。按晋犍为在今新津、乐山等地，梓潼今川北县名。均在北部，故云北至也。以下分列古僚所在区域：

1. 新津、嘉定、梓潼。《晋书》云："北至犍为、梓潼。"犍为郡今新津至嘉定一带地皆属之。

2. 巴西、阆中、（西充、巴中、苍溪、）宕渠、广汉、阳安、资中。《魏书·獠传》："诸獠出巴西、渠川（今宕渠县）、广汉、阳安、资中。"

3. 涪郡。今涪陵一带。《晋书》："永和中桓温平蜀，涪陵已没于夷。"

4. 江阳（今泸州、富顺、威远等县）、汉安（今内江县）。《旧唐书》："晋时生獠攻江阳郡（领江阳、汉安）破之，中失本土。"龚熙台著《四川郡县志》下云："按即李寿引獠入蜀事。"《元和志·江安县》云："本汉江阳县地也。李雄乱后，没于夷獠。"

5. 资中、资阳。《元和志》：资州自"李雄之乱，夷獠居之"。又《资阳县下》云:"李雄乱蜀,县荒废。"

6. 邛州,临邛。《元和志》:邛州"惟豪家能服僚者名为保主。……梁益州刺史萧范于蒲水口立栅为城,以备生僚,名为蒲口顿"。《四川郡县志》下云:"临邛按因僚乱,徙临邛于江原。"

7. 安岳。《寰宇记》:"李雄乱后,为僚所据。"按此郡名《蜀中广记》谓当今安岳、乐至一带。

8. 宜宾。《元和志》:梁"大同十年使先铁讨定夷僚,乃立戎州"。

9. 巴州、巴中、仪陇、营山。《北史》载巴州之僚。又言立隆城镇以缩僚二十万户(隆城镇在今仪陇、营山间),《元和志·巴州曾口县》云:"宋末于此置归化郡以抚僚户。"归化郡在今巴中县。

10. 遂宁。《寰宇记》:"东晋分置遂宁郡。谯纵乱后,移于石坪。盖此地多僚,官长力弱,不能感摄。"(晋遂宁郡领今遂宁、潼南、蓬溪)

11. 雅安。《蜀中名胜记》云:"李雄窃据,僚人据之。"

12. 成都。《蜀中名胜记》云:"晋太康初乃属王国。永嘉之难,殁于夷僚。"

13. 洪雅。《寰宇记》:"周武帝天和二年攘夷僚,立洪雅镇。"

14. 峨眉。《旧唐书》言隋招致生僚于荣乐城,置绥山县。县在今峨眉东南 40 里。

15. 通江、巫山。《旧唐书》言符阳白石之僚(在今通江)助巴州僚为乱。又贞观十二年巫州僚叛。又言集、壁州僚叛,集、壁二州在今通江、南江、巴东等地。

16. 雅州、芦山。《寰宇记》:"邛雅之夷僚,妇人娠七月而产。"《蜀中广记》云:"今芦山县新安乡五百余户,即其(僚)遗种也。"

17. 忠州。《寰宇记》:"忠州有僚夷,颇类黔中。"

18. 曲曲乌。《清溪县志》:"曲曲乌,僚也。自汉中达于邛笮,所在多有。"

由上古僚在川之分布言之,由宜宾,经嘉定、资中至新津,经内江至安岳,再扑梓潼、阆中为中线,似为僰道入蜀之僚。其次,由曲曲乌,北经雅安,或西至芦山,或北出成都至广汉为西线,似为相岭入蜀之僚。再次,涪陵、忠州之线,或北至宕渠,为东线,似度牂牁入蜀之僚。三线相较,中线最为普遍，东线最稀；然密度则以西线为最多。故《魏书》云："自汉中达于邛（古邛都在今西昌、越嶲一带）、筰（古筰在汉源、雅州一带）川洞之间，所在皆有。"

二、古僚文化特质之分析

记叙古僚之文化特质以《魏书》最为详。其言曰：

> 獠者，盖南蛮之别种。自汉中达于邛筰川洞之间，所在皆有。种类甚多，散居山谷。略无氏族之别，又无名字。所生男女，惟以长幼次第呼之。其丈夫称阿暮、阿段，妇人称阿夷、阿等之类，皆语之次第称谓也。依树积木以居其上，名曰"干兰"，干兰大小随其家口之数。往往推一长者为王，亦不能远相统摄。父死则子继，若中国之贵族也。獠王各有鼓角一双，使其子弟自吹击之。好相杀害，多不敢远行。能卧水底，持刀刺鱼。其口嚼食，并鼻饮。死者竖棺而埋之。性同禽兽。至于忿怒，父子不相避，惟手有兵刃者，先杀之。若杀其父，走避，求得一狗以谢其母。母得狗谢，不复嫌恨。若报怨相攻击，必杀而食之。平常劫掠，卖取猪狗而已。亲戚毗邻，指授相卖；被卖者号哭不服，逃窜避之，乃将买人捕逐，指若亡叛，获便缚之。但经被缚者，即服为贼隶，不敢称良矣。亡失儿女，一哭便止，不复追思。惟执盾持矛，不识弓矢。用竹为簧，众聚鼓之，以为音节。能为细布，色至鲜净。大狗一头，买一生口。其俗畏鬼神，尤尚淫祀。所杀之人，美鬓髯者，必剥其面皮，笼之于竹。及燥，号之曰"鬼"。鼓舞祀之，以求福利。至有卖其昆季妻奴尽者，乃自卖以供祭焉。铸铜为器，大口宽腹，名曰铜爨。既薄且轻，易于熟食。

《唐书》亦记述僚之文化，与《魏书》同异略殊。其言曰：

> 南平獠者东与智州，南与渝州，西与涪州接。部落四千余户。……

人并楼居，登梯而上，号曰"干兰"。男子左衽露发徒跣。妇人横布二幅穿中而贯其首，名为通裙。其人美发，为髻髽垂于后。以竹筒如笔，长三四寸斜贯其耳，贵者亦有珠珰。土多女少男。为婚之法，女氏必先货求男族，贫者无以嫁女，多卖于富人为婢。俗皆妇女执役。

《唐书》之僚似即今云贵之僚。且云有飞头凿齿之俗，其为獠夷之一种无疑。而《魏书》所云之四川古僚，当与此异科。今先剔理川僚之各种文化特质如下：

1. 散居山谷；
2. 无氏族；
3. 以长幼次第为男女之称谓；
4. 积木为干兰以居；
5. 以一长者为主之小部落生活；
6. 王室子弟吹击鼓角；
7. 相杀害不远行；
8. 卧水底刺鱼；
9. 鼻饮；
10. 竖棺而葬；
11. 无孝慈观念；
12. 尊狗；
13. 买卖奴隶制度；
14. 武器有盾矛弓矢；
15. 聚鼓竹簧为乐；
16. 畏鬼尚淫祀；
17. 猎美须髯之头而舞；
18. 铜爨。

古僚之文化特质，吾人已分别为十八种如上。现在之问题，即由上列诸文化特质以判断四川古僚之族系问题。以目下吾人之中国民族学知识，四川古僚之族系当不出两个假定：一为掸台族系之土僚，一为藏缅族系之罗夷。今即依上述二族之文化模式为标准，一一取与前述古僚十八种文化特质比较。其同于罗夷为多者，当即为罗族；其同于僚族为多者，当即为土僚族。设与上述二族均不相同，则当为第三族系之民族。该列论序如下：

1. 古僚之第一种文化特质为散居山谷。按西南民族之散居山谷者以藏缅系民族为最显著。罗夷之高居山岭，不住平原，尤为习性。今罗夷之分布在凉山中者，大致皆在1000公尺以上之山地。而掸僰族群行依山傍水，避居高山，与散居山谷之特性显违。此为古僚同今罗夷证据之一。

2. 第二种特质为无姓氏。按今云南黔桂之掸僰民族大都已接近汉族，冠有汉姓。昔时西南掸僰望族亦多有姓氏。如蒙段赵龙侬韦等姓皆是。惟罗夷自古无姓氏。今时罗夷氏族之名乃以祖宗之名为氏，历久即更易，无类似掸僰之姓至今不变也。

3. 第三种特质为以长幼次第为男女称谓之命名法。按此俗与掸僰命名法全违，而与罗夷之名法相同。罗夷类有二名：一为真名，一即长幼次第之名。真名不外露，平时种人相称罗夷即用长幼次第之名，恐为仇敌诅咒也。《魏书》所载当即种人相称诏之名。书言其丈夫称"阿暮"、"阿段"。按《文献通考》中，"段"作"改"。作者取《通考》说，与今罗夷之名相较全然吻同。今罗夷男姓：长生者名"Amuv"，次生者名"Aga"，幼生者名"Aniu"。其意犹汉语大、中、少也。阿暮当即"Amu"之音译，阿改当即"Aga"之音译。又言妇人称"阿夷"、"阿等"。"等"吾疑为"著"之误。按今罗夷女言长生者名"Aie"，次生者名"Achi"，幼生者名"Aniu"。意亦尤大中少也。阿夷当即"Aie"之音译，阿著当即"Achi"之音译。此种名法，西南民族中惟罗夷为然。

4. 第四种特质为积木以居之"干兰"。何谓干兰？《文献通考》言之详，曰："依树积土以居，即夷之椰盘也。制略如楼，门由侧辟，构梯以上，即为祭所，余即以寝焉。"由此知干兰即楼也。此种原始式之楼，在西南民族中颇为普见。如僰夷僮、嘉戎羌，罗夷皆有之。唯可注意者乃罗语谓楼为Kuo Lo（戈虏），其音与干兰相同。故知干兰为罗语"楼"之译音也。

5. 第五种特质为以一长者为主之小部落生活。明清文人笔记记西南土僚之社会云："山中推一有力曰郎火，余止曰火，最下者曰提陀。"所谓有力者似与《魏书》所云"长者"不同。按今僰夷社会行宗法制。一家以长子为首，一族以长子中之长子为首。此其所谓"长者"乎？又云"不能远相统摄"。按罗夷之宗教部落，首领势力仅及于宗教，非同宗之族不能统摄，且亦父死则子继。与《魏书》所言僚之社会相同。

6. 第六种特质为王室子弟吹击鼓角之俗。按今西南苗瑶之成部落者有此俗。罗夷传号令，亦吹牛角，唯不击鼓，且非王室子弟所为也。掸僰民族亦无此俗，此事或有古今之变，不能一例。

7. 第七种特质为相杀害之不远行。今四川凉山罗夷仍如此。

8. 第八种特质为卧水底刺鱼。按掸僰民族，避山傍水为其习性。因其习于水居，推论古僚之卧水底刺鱼，非不可能。但今河大滨之罗夷，类能泅水捕鱼。唯居于高山者则不识水性耳。吾于凉山中见三河也打及美姑河畔所见之罗夷，皆习刺鱼，但不泅水，因水量甚小，不能过人也。故此俗谓必为罗夷之俗，亦不可通。

9. 第九种特质为鼻饮。按以鼻饮水，当系原始民人饮水时，以面向碗，以口挏水，如鼻饮然，非真鼻饮也。今罗夷仍然。

10. 第十种特质为竖棺之制。按今西南民族无行竖棺制者。元李京《云南志略》记土僚蛮曰："人死则以棺木盛之，置于千仞颠崖之上，以先堕落者为吉。"此悬棺制也。非竖棺，且不葬。《马可波罗游记》记滇北川南间之土佬蛮（The Loman）云："人死焚化，用小匣盛其余骸，携之至高山山腹大洞悬之，俾人兽不能侵犯。"说与李京略同，唯言先行火葬；亦非竖棺制也。罗夷、僰夷皆火葬，无棺制。西南今僚或行火葬，或如汉丧则用棺，然不竖也。此中又有古今之变，俟考古家之掘发，始可确定。

11. 第十一种特质为无孝慈观念。《魏书》所述诸民俗今罗夷已无，僰夷亦无。唯其孝慈观念较汉族为逊，乃无问题。

12. 第十二种特质为尊狗之习。游猎民族，俗皆尊狗，似为成例。罗夷传说，狗为人类所食五谷之祖。人类由彼岸迁来时，曾渡一河，五谷之种由狗尾带来，赖以种植。今罗夷为纪念此事，每年秋季谷熟，有尝新节，必先以谷肉祀狗，食物中忌食狗肉。宾客至门，忌挞主人之狗，否则主人不乐。凡此皆为罗夷今日尊狗之证。但无《魏书》所云"以狗谢母，代偿杀父"；"大狗一头，买一生口"之俗。今罗俗有椎一生狗，悬于村口，诅咒仇敌盗贼之俗。此或即《魏书》误解古僚狗俗之由来耶？抑风俗有古今之变，今日已无此俗耶？今西南僚族及其他掸僰之系族，均无此俗。

13. 第十三种特质为买卖奴隶制度。《魏书》云："亲戚毗邻，指授相卖，被卖者号哭不服，逃窜避之，乃将买人捕逐，指若亡叛。获便缚之。但经被缚者，即服为贱隶，不敢称良矣。"《北史》云："及周文平梁益之后，每岁命随近州镇出兵讨之，获其生口，以充贱隶，谓之压獠焉。后有南旅往来者，亦资以为货，公卿达于庶人之家，有獠口者多矣。"奴隶买卖之俗，今惟罗夷有之。《魏书》所云似恰为今凉山罗俗刻画。《北史》所云当为古代俘虏遗俗及当时官奴制度普遍现象，无足怪异。故与今罗俗，亦不矛盾。

14. 第十四种特质为原始武器之盾矛。按今罗夷武器，无论盾矛弓矢均有之。惟孰为原始的孰为采借的，为吾人所当注意之一问题。罗夷之盾有二：一以护肩；一以护腿。与中国之手盾绝不相同。矛之形似汉族武器，唯干中数处旌节，为其特制。弓矢之形似汉人所制者，唯其用法，有人类学家所谓"地中海式"之射法。此弓矢文明或受东西二大文化潮流之影响，均为可能。

15. 第十五种特质为竹簧。按罗夷惟一之乐器为竹簧。青年少女均佩，聚而以手鼓之为乐。西南民族中，以作者所知，惟罗夷及嘉戎二族有此乐器，余无之。

16. 第十六种特质为畏鬼尚淫祀。按今罗夷崇巫畏鬼，为其特征。故古巫称曰"鬼主"，言能统治诸鬼也。唯无淫祀。

17. 第十七种特质为猎首之制。按今西南民族行此制者仅滇缅间之开钦卡瓦族为然。原始罗族居滇西陲时，或亦有此俗，但今并遗迹亦无矣。

18. 第十八种特质为铜爨。今罗族相用铁爨，但运自汉地。掸僰系族中之僮僚，只闻有铜鼓，无铜爨。

总括言之，吾人由上各节叙述已知第1、2、3、4、5、7、9、12、13、15、16等十一种文化特质，与今罗夷完全相合。第6、8、11、14等四种文化特质，与今罗夷文化无部分相合。第10、17、18等三种文化特质，则与今罗夷文化相关等。反之，若以掸僰系族为标准而衡之，则除第4、8、9、11四种文化与有普遍性之部分相同外，并无任何掸僰特殊文化掺于古僚文化之间。且上述特质，在罗族中所无者，在掸僰系族中亦俱无之。其所云猎首之俗，在西南民族，古今罕见。古有川僚，今有开钦卡瓦。原其系族，卡瓦固语言近蒙克语系，开钦则属藏缅语系。而在掸僰族系中则绝无此俗。且此二今猎首民族之分布地与罗夷之原始分布地相同。当再为文述之。总之，吾人以四川古僚之文化特质与今罗夷文化相契者最多，故断言古僚则今罗夷之祖先。此为作者判断古僚即今罗夷重要论据之一。

三、古僚即今罗夷之史地论证

（一）古僚入蜀之时适当罗夷北渡金沙江之际

余至大凉山考察罗夷时，曾收集罗族系谱三十余种。其族相传古代远祖孤纥、曲聂二氏始北渡金沙江进驻凉山。故今凉山罗族皆为孤纥、曲聂之后。比三十余种族谱皆叙自孤纥、曲聂历代相传而至于今之祖名。此族谱祖宗之名，最多者约70代，最少者约50代，平均60代计之，每代假定为25年，则当在1500年左右之时，北渡金沙江而至凉山。《益州记》言晋建元元年，即民国纪元前1569年，蜀賨人李寿纵僚入蜀。此与罗夷渡江入凉山之时期相近。意者，4世纪中叶之际，四川人口过稀，金沙江南岸之罗族，久蛰口蕃，遂嚷嚷北上，或至凉山，或至蜀土。其居凉山蕃殖至今者即今之罗夷也。其北上而散布于巴蜀山陵川洞之间者，即古之川僚也。然不久或行淹亡，或已汉化，至今遂难以省识矣。幸有古人略记其语言文化，遗传至今，虽不能与今罗语文，若合符节，而马迹蛛丝，不无端倪可寻。此西北罗族入蜀年龄可为古僚即今罗夷之证一也。

（二）古僚入蜀之道路适当古罗巢穴出口之冲

由前考古僚之由来，吾人已知古僚入川有三路可循：由僰道北上，其路一也。汉前僰道以下当为僰夷分布之区，至汉其族则式微。晋常璩撰《蜀志》及《南中志》时，去古未远，而未言僰道有僰，且未言僰道有僚。仅述南中兴古、永昌、谈棻、伶丘有僚。上述四郡县皆在云南南部。然则滇南僚族能越数千里顷刻而至四川，岂非难事？吾故疑滇僚与川僚非为一族。依凉山罗夷经典传说言4世纪以前，即罗夷未到凉山之前，罗夷在云南东北部，即东川、昭通一带，已形成若干部落，最有名者：1. 安者部；2. 乌撒部；3. 乌穆部；4. 孤纥部；5. 曲聂部。此时僰道之下，只有罗夷，并无僚僰。即有若干零星土族，亦不能如史书所言若大巨量之僚，不数载而弥漫全川，故此时迁川者，只有罗，无有僚也。此为僰道罗族之由来。

云南东北之罗族东据贵州之威宁、大定等地，由丁文江氏所集之《大定罗夷族谱》可以证之。此支罗族盘踞牂牁后，循遵义之故，北至四川，遂由泸州北布于涪、忠、阆中诸地。此为牂牁罗族之由来。

罗族孤纥、曲聂二部进驻凉山之后，其中有若干支族挺进西南，占据西昌、越巂等地。更北渡大渡河，过象岭而出雅州，故有邛筰、成都之"僚"。此为象岭以北罗族之由来。

上述三路罗族北迁之史实存在，而后可以解释古代四川僚族分布之状况。因僰道为古僚即今罗族之主要来源，故中路之僚分布较广。象岭为古僚之次要来源，故西陲之僚分布最密。牂牁为古僚之最不重要来源，故东路之僚，分布最少，且最稀。设上述史实不能成立，何以由牂牁所出之僚，分布于叙嘉一带者最广？又何以分布于邛筰一带者最为稠密，而有"自汉中达于邛筰川洞之间，所在皆有"之记载？此由古僚入蜀之道路与在四川之分布可为古僚即今罗夷之证二也。

（三）古代黎州、渝州、晏州等地所统之僚均为罗族

黎州古代称筰都。自汉以还称沈黎郡，至后周始改黎州。统摄自汉源以南各地。《太平寰宇记》云："唐乾封中，黎州所统五十五州，皆徼外生僚，羁縻而已。"此言黎州为僚族矣。然考之史籍，黎州古称筰都。《寰宇记》谓：夷人于大水之上，置藤为桥，谓之筰也。此俗唯今羌族行之。而罗语称稽曰古 Tsie，与筰音同。罗羌二族语言相同者甚多，筰都盖即其文化语言传授之津逮。汉以前，黎州似为羌族所居。《后汉书》云："筰都夷，其人皆披发左衽，言语好譬类，居处略与汶山夷同。"汶山之夷当为羌也。汉后迄于唐宋，羌族之地早为罗夷所侵夺。《宋史》及《宋会要》均言："黎州诸俗尚鬼，以主祭者为鬼主；其酋长号曰都鬼主。"鬼主之制，西南民族中唯罗夷为然。当时郡守余授《朱缨堂记》云："蛮商越驵，毡裘椎髻，交错于阛阓中。"毡裘椎髻之俗，又唯罗夷服饰为然。以此知当时此族业已为罗，而史书仍谓之为"僚"。

不特黎州如此。宋时蜀中所遗之僚，析其文化，皆为罗族。《寰宇记》

云："大凡蜀人风俗一同。然边界乡村，有僚户即异也。今渝之山谷中有狼瑶卿，俗构屋高树，谓之阁阑。不解丝竹，惟坎铜鼓。视木叶以别四时。父子同讳，夫妻共名，祭鬼以祈福，是所异也。"按阁阑祭鬼之俗，罗夷制也。罗名：父承祖名，子承父名，联殊而下，故曰父子同讳。妻随夫而称，故曰夫妻共名。此皆罗俗也。此渝州之僚为罗矣。

今下川南道，唐宋以来称生僚地。然析其种族，多为罗夷。《宋史》称其人"椎髻跣足，或披毡，或衣皮"，此罗俗也。归徕州之酋晏子个恕，清井长宁乌蛮罗氏，统摄晏州山外六姓，纳汉二十四姓，称为鬼主，此皆罗夷也。纳溪之名由于纳水。"纳"之意在罗语为黑，以乌蛮居此而名也。古代纳水沿岸，尽为罗居，可以例知。此下川道之僚为罗矣。

古史误罗为僚之例，当不止此。《宋史·蛮夷传》云："自黔、恭以西，至涪、泸、嘉、叙，自阶又折而东，南至威、茂、黎、雅，被边十余郡，绵亘数千里，刚夷恶獠殆千万计。"威、茂之民，当为羌民嘉、茂之强也，而且误称为獠。黔、恭、泸、嘉、叙、黎、雅之罗，宜乎亦误为僚。此为古僚即今罗夷论据之三。

（四）近代盘踞于曲曲乌之所谓"僚"确为罗夷

前所述者都为古僚即今罗夷之文化论据及史地论据，而阙于实地考察之资料为论证。在南京时，偶检阅《清溪县志》，中有一段记载"曲曲乌，獠也。自汉中达于邛笮，所在多有"云云。志中述番述罗皆甚明晰，而独谓曲曲乌为僚族。得之颇为欣然。及至四川，考察曲曲乌，遂定为工作计划之一。二十六年秋自凉山北返，过越巂，则思往一行，以路途险远作罢。二十八年春至越巂、田坝罗罗区做区域研究，常往来于尼帝、斯补二土司家，始知曲曲乌今尚为尼帝土司之属地。按《越巂县志》载曲曲乌历为岭氏属土。清道光十三年之汉源土司马龙叛变，曾勾合曲曲乌人为内应。岭氏土司并设法抚之，反戈向马，马遂败亡。后此族则永隶于岭氏，每岁规定科征税役不误。余商于岭氏，请至此区一行。乃以道路遥险未果。俟有曲曲乌土族百户名栗利木呷者，率族人来谒土司岭国忠氏。余乘便询其地势风俗语言甚详，而甄录之：

曲曲乌，罗语及土语均称为"克乌"（K'ony），曲曲乌之名译自此。由田坝岭署西北行四日路程即至。北濒大渡河，河北乃为风土语言相同之民族相居。曲曲乌为河南一广大矗立之高山地。上分三层：最下层为"曲乌图级"（K'a ny tno tɕie），有谷兹、许浦、斯格浦、浦兹比藕，诸村落住有土著。第二层为"曲乌粤级"（K'an y o tɕie），有列咢、黑阶、漠布尔、索阿莫浦等村，住有土著。最上一层为"乌格阿且"（Ny a ga tɕie），寒苦无居民。山上道路崎岖，丛棘未辟，且多猿猴，至为难行。行人常持废杆扎地曳根而走。一不经意，即坠崖下。又常以绳系腰间，崖上二三人可拽上一人。故外人至此间颇为不易。且土地瘠石，不能生产，生活故亦困难。

居民性格强悍，残忍好杀。附近汉人遂有"偷牛盗马蛤蟆溪，杀人放火曲曲乌"之谣。清道光十三年，清将杨芳因曲曲乌土著掠杀无常，且助马龙为乱，遂由峨边率兵渡河讨之。杀头颇数百，悬沙谷堆森林上，长达数里。因以降服。民国十四年，峨边可斯家与赈葛家黑夷率兵残杀山下居民殆尽。今所存者：曲乌下中二层栗利家白栗约140家；谢既家白夷130余家；斜马家白夷十余人；普田家白夷二三十人。

曲曲乌土著装饰与田坝罗夷略有异致；男衣服披氅相同，然发无椎髻，而留辫剃围发，一如清制。辫至数十年一梳渥。据栗利百户语余，彼之发辫于25年前始梳渥一次。至今辫油尘凝结盘桓顶际，以帕盖之。妇女衣前短后长，束腰带着裤。古时妇衣前胸外露，有银质胸佩；后衣则覆至臀以下。女发后分二辫结于前，甚类罗妇，唯前发分左右二绪于下，又类番妇。上涂菜油，多日始梳渥一次。妇女头帕较奇特：以布二方半横叠之，为一层。凡十余层累叠头上，以小带束之。发上亦插木梳。额际饰银泡子一串，如番妇然。亦一异也。

风俗与田坝罗夷大致相同，在此不具述。惟居山麓者，夏日脱衣服，不畏人。以滨于河，类能泅水捉鱼。男女之名以行次称：男名阿暮、暮列、暮呷（ga）、暮牛、暮介、牛牛。言男行一、行二、行三、行四、行五、行六也。女名阿宜、阿格、阿介、保介、保罗。言女行一、行二、行三、行四、行五也。与越巂罗名微异。

语言与田坝罗语大都相同。田坝罗夷未至曲曲乌者亦可通语言。在余所集345个单语中仅有22个变异，其相异程度可谓至微。

总观曲曲乌民族之语言文化，除男女发饰略有不同外，其他一切皆为罗夷文化丛体是一支无疑。此又为作者判断古僚即今罗夷重要论据之一。

四、四川今日民间所遗留之罗夷民俗

自川僚销声泯迹之后，今遂无僚之遗物可寻。而红的盆地四周有所谓"僚洞"或"蛮洞"者，详审查之，又均为汉墓，与僚蛮无关。故吾人之研究，除于历史、地理、文化方面加以详尽之探索外，同时须注意四川民俗中僚之遗迹。作者侨居四川各地已四年余。常于今川人之民俗及传说中，闻说或见到有若干类似于罗夷之习俗。骤悉之下，颇为奇异。以为凉山罗夷生活自古与汉族异式。罗夷与川人之交通关系，除历史上有数之若干次侵伐外，平时殆无往还。罗汉既无长时间之接触，何以在川人民俗中留有普遍之罗族遗俗？及吾研究罗夷问题略得端倪，始悟古代之僚即今代之罗。古罗之久居四川乃为今川人有罗民遗俗之原因。否则此一问题，不能解释。明曹学佺《蜀中广记》云："东晋之后，李雄煽乱，衣冠殁于夷獠。开皇混一，俗染犹存。"以吾人所知，夷僚之俗岂仅淹留于隋唐哉？兹综合唐宋以还，川人淹存夷僚夷俗，凡七则。分叙于下：

（一）跳罗罗。每年正月春节，乡人击鼓鸣金，舞蹈间以俚歌，观者夹道数里，穿过村镇，以为祈福，名"跳罗罗"。今自川北盐亭、阆中至川东涪陵一带均有之。

（二）五谷种子由犬尾带来之传说。按犬尾带谷种之说，罗罗（倮倮）盛传之。而今四川各地故老亦传说：太古之时，经洪水期，人间已无谷种。犬自洪水中泳出，翘尾之上，有谷种若干。人利用之，遂传有今之五谷。按此说中原汉人均无之。今四川盛传此说，其非为自有，乃系采借，甚明。吾意此说亦传自罗罗与川人杂居之时。

（三）食烧猪。猪以烧而食，其原始茹莽之态可知。今罗罗通行之。宋时，眉山苏氏喜食烧猪。诗话云：东坡喜食烧猪。佛印驻金山时，每烧猪以待其来。一日为人窃食，东坡戏做诗云："远公沽酒饮陶潜，佛印烧猪待子瞻。"东坡蜀人，故喜食烧猪；佛印其亦蜀僧，故善制烧猪欤！

（四）嚼酒。唐杜甫送从弟亚赴河西判官诗云："黄羊饫不膻，芦酒还多醉。"芦酒，以芦管嚼酒也。白居易《宴春》诗亦云："熏草铺地坐，藤枝注酒尊。"此亦嚼酒也。《图经》释云："蜀地多山，多种黍为酒，民家亦饮粟酒。地产藤枝长十余尺，状如指，中空可吸，谓之引藤。屈其端置醅中，注之为胥漏。本夷俗所尚，土人效之耳。"余按川边民族今盛行嚼酒之俗，罗夷为尤甚。四川内地汉人争仿效之。与古僚入川之事，不无关系。

（五）端公。按端公之制甚行于西南，为中原各地所无。川边民族有端公者为罗与羌二族。而四川内部汉人通行之。吾曾详究其咒语仪式，汉巫与罗巫相同之点甚多。

（六）头帕。西南民族，包头帕之制盛行。所可异者，川南汉人多包青帕或黑帕；川北则多包白帕。此俗与罗夷尚青帕，羌民尚白帕之制可互对照。因使吾人想到其间必有民族文化传播之历程无疑。

（七）语言。罗夷语言与川语相通之处甚多，一时难作系统之说明。兹奉一二例定之。《吴船录》言：西蜀呼人曰叟。罗语称人亦曰 So，有"者"字意，自称为 Noso，即"黑者"之意也。又言：称尊者为"波"。祖及外祖皆曰"波"。按此亦罗语。罗语今称祖及外祖仍曰 A Pu、A Bwa。又蜀人称小女儿皆为"幺"。罗语为 Nio。按中国古音牛由不分，今蜀语仍然。《方舆纪要》引明前史籍，云南罗夷之祖为仲牟由，今罗语作 Chiu mu nio，其意亦言最小之一字名也。

总上述七证都系今日或近代川中所遗留之古代外族民俗，而可与罗夷文化相对证者。史书多言僚族与华夏居。意者此时僚之文化，传播川中，至为普遍，而始有上述诸现象尔！此亦为古僚即今罗夷论据之四。

五、川僚历史总述

巴蜀平原本无僚族。4世纪中叶，賨人李寿攻下南中，以四川郡县空虚，始引僚族入据巴蜀。僚之入川均约分三路：一由僰道，引入最多；一由牂牁，其数颇少；一由象山，盘亘最长。三路之僚，嚷嚷而出。东至渠川、涪郡，北至梓潼，西至邛筰，南接大渡，其间安岳、资中、内江、遂宁、泸州、嘉州、江津、成都诸地，依山傍谷，无处无之。成汉末年，领兵东下，以御桓温。僚之势力，遂益滋大。僚本犷野，与土著参居者尚知赋税，在深山者，不为编户，无法统治。

梁武帝时，梁、益二州，岁岁伐僚。而臣将且以此裨润公私，僚因更猖。

后魏正始初，邢密为梁、益二州刺史，远近僚人，尚称安堵。后以羊祉为梁州刺史。梁将范季旭时通僚王赵清荆为乱，屯兵孝子谷。姜白复引僚入屯南城。一时最为混乱。傅竖眼为益州刺史，僚叛，与梁兵合围晋寿（今川北广元、昭化一带），傅率重兵始平之。巴州之僚旋又猖滋。乃立巴州，专统僚族，此一僚镇也。又立隆城镇（今蓬安、营山、仪陇间）倌僚 20 万户，谓之"北僚"。此二僚镇也。梁大同十年，使先铁讨定夷僚，乃立戎州（今宜宾县）。此三僚镇也。梁武陵王萧纪于邛州蒲水口立栅为城，以备生僚，名"浦口顿"。此四僚镇也。他如普慈（今乐至等地）、归化（今巴中县）、遂宁（今遂宁县）诸地莫不有僚之乱。至于边区，更设为越巂、沈黎、东宕渠、甘松、始平五僚郡。在甘松者虽不为僚，而僚之大亦可想见。故 6 世纪时为僚之极盛时代。

唐世武德、贞观间，剑南诸僚族寇掠州县之事不一。初巴州山僚王多馨叛，符阳、白石（均在今通江县）之僚应之。此一乱也。未久，眉州僚反，洪、雅之僚遥应之。此二乱也。前者为庞玉所破，后者为郭行方所平。贞观七年，东西玉洞僚反，张士贵平之。十二年巫州僚叛，夔州都督平之。同年，巴、洋、集、壁四州（今通江、南江等地；壁州，今通江、巴东等地）山僚叛攻巴州。上官怀仁破之，虏其生口万余。太宗伐高丽时，诏剑南诸僚皆半役，邛、雅、眉三州之僚不堪其扰，相率而叛。诏督陇右峡兵二万，以张士贵统平之。贞元中，嘉州绥山县（在今峨眉东南四十里）、婆笼川生僚首领甫枳兄弟诱生蛮为乱，韦皋遣兵平之。戎、泸间有葛僚，于大中末，由昌、泸二州官吏扰剥而叛。立酋长始艾为王，北掠至梓潼，所过焚杀掠劫。刺史刘成师诱杀首七十余人，余众始遁东川。总之，有唐之世为川僚崩溃时代。

（原载《青年中国季刊》1940 年第 1 卷第 4 期）

四川古代民族历史考证（下）

六、僰夷

僰夷于中国古世称濮。濮古音"卜"（bat），与僰同音。《周书·王会》曰：伊尹为四方献令，曰正南有产里、百濮。《王令》及《尚书·牧誓》亦言"百濮"与"濮人"。濮其族名，百言其种类蕃滋也。濮古居地在楚之西部及西南方。故刘伯庄《史记地名》曰："濮在楚西南。"濮临于楚，濮之开拓亦由于楚。《国语》谓："楚盆冒于是乎启濮。"其时当在平王东迁之世。然其种族繁众，星列棋布，不相统一。故蒍贾言："百濮离居，将各走其邑，谁暇谋人？"濮之一支，于鲁文公十六年，随麋人北上，聚于选，谋将伐楚。斯濮于楚国附叛无定，且时为边患也。

自汉以降，濮之踪迹，显然划分为南北两域。左太冲《蜀都赋》云："于东则左绵巴中百濮所居。"刘逵注："今巴中七姓有濮。"常璩《巴志》亦言："巴子之国有濮、賨、苴、蜑之蛮"，皆掸系民族也。此四川之濮，吾人名之曰"北域川濮"。杜预《左传释例》云："建宁郡南有濮夷。濮夷无君长总统，各以邑落自聚，故称百濮也。"江永注："晋宁故城在石首县，百濮在其南。"常璩《南中志》亦言："建宁郡谈稟县有濮僚；永昌郡有闽濮；兴古郡多鸠僚濮。"此云南之濮，吾人名之曰"南域滇濮"。此汉晋以还濮族之分布也。

僰之名，依章氏考据，初见于《吕氏·恃君览》（《章氏丛书》三编"西南属夷小记"）。《史记·货殖传》言"僰僮"，《司马相如传》言"西僰之长"，其意似指僰道之僰，《说文》亦释"僰，犍为蛮夷也"。此僰当指北域川濮之数，而与南域滇濮无关。汉时南域滇濮，一部称濮外，边徼之濮亦称为"掸",永昌之濮则称"哀牢",而鲜用僰夷之名。明时,记述滇边僰夷者,多称曰"百夷"。以百与僰同音也。后世,顾氏《天下郡国利病书》及师氏《滇系丛书》仍之。今世述西南夷者,始用僰之名。川南之僰,元时李京著《云南志略》,称曰"白人",亦僰音之转也。今加拿大人葛维尔袭译为"White man",盖仿于此。

作者尝论僰夷之南北分段,不相联系,乃由于汉时罗夷北上之故。今贵州与凉山罗夷距其远祖觉穆子之世系约八九十代,距当今在 2000 年左右之汉时,今云南中部之易门县,顾氏《读史方舆纪要》引《古滇志》云:"为乌蛮酋仲磨繇所居地。"仲磨繇者即今世罗夷所云之"觉穆子牛"也。县南之蒙低黎严山,当即罗夷传说中之"勿砥尔曲山"译音。罗夷于汉世为仲磨繇郡;唐世为东爨乌蛮。元时黔滇之乌蒙、乌撒,与夫凉山贵州之罗族,皆其后裔。罗夷以游猎民族之姿,由南中北上,每有阻间,节节击破,则弥留于鲁昆川之僰落,宜乎降灭而为罗族之臣仆也。(云南昭通府一带,于古亦僰道之地。今有若干残颓土垒,矗立平原之上)西人 C. C. Hicks 于其《纪罗夷》一文中云:"有若干堡垒已被开发,其中有粗而未凿之石块,显然垒置如门框。又有特大而异型之烧砖多方。"(载 Chinese Recorder 41, p. 211)冯汉骥先生谓由此推论罗夷之原始未免过早。昭通罗夷有一传说谓此垒为罗夷未至此区时之濮夷所筑。罗夷至后,灭濮毁垒,而有其地。故今昭通一带,多此故垒矗立于平原之上也。(冯与希乐克合著《罗罗历史之起源》,刊于哈佛《亚细亚研究月刊》第 3 卷第 2 期)此说可为罗夷割断南北僰夷联系之证。

按今四川僰夷分布于川南及西北二区。川南之僰即古僰道之僰,川西南之僰,即今会理、盐边之僰也。兹分别论及其历史渊源如次:

汉时僰道,治今宜宾。章氏谓:"大要清时叙州、嘉定、眉州、资州、昭通、东川,四府二州皆其地。"而其分布中心当在僰溪流域,即清时叙州府所属诸地。《南溪县志》云:"僰溪即福溪,发源宜宾县蛮洞乡,南流六十里,绕县西北,经焦沙河、石骨滩,至茹溪,合大江。"此说盖误。《蜀水考》言:"僰溪在南溪南二十里(补注云在县西六十里),源出下界石碑头,下流二十里与九盘溪合流,是为青衣江。"按僰溪当为此流,贯行于庆符、高、珙、筠连诸县,俗名青衣水。自下界石碑头流出,北受长宁北铁顶山之九盘溪,又北入于江。《寰宇记》云"南溪因在僰溪之南而行名"者,或南溪旧治在溪之南滨也。旧志以宜宾、南溪、屏山、庆符、珙、高、修文、筠连及昭通所属各县，均为僰侯古国之地。按宋元以来，僰道之掸族可省识者，在云南东北有土僚蛮。李京《云南志略》云："土僚蛮，叙州南，乌蒙北皆是。男子及十四五属左右击去两齿，然后婚娶。……人死则以棺木盛之，置于千颠岭崖之上，以先堕者为吉。"《马可波罗游记》所云与此略同。今人 H. R. Davies 亦言此区有土僚。当即民间所云之"僰儿子"也。川南之僰，于明代尚有其种。兴文县崇报寺明季李长春撰《巡抚四川都御中确菴曾公平蛮碑》残文云："明兴，洪武二十七年，犍为郡臣以戎僰之变，高皇帝诏设守御所，镇以卫兵。……自昔巴蜀国起，僰夷辫发椎结，鼓舌侏僑，悬崖天堑雄盘……"县志文碑记载李长春《建武厅城碑记》云："建武，故山都地。僰人屯聚寇钞，葆此盖巢穴……"《筠连县志》"边防"条云："明季兵燹频仍，僰爨苗倮之属罹屠戮。所存无几。"《高县县志》"山川"条云："救官坝在祥人甲陡坡。一经曲屈而上，有坪可容万人。前明僰蛮叛，官兵为僰所迫，几危于此。"在为县者，僰人已同为编氓，然以为僰名之遗址特多。县治西南有"僰川沟"；南边洛表镇有"僰人寨"。旧集义乡有"僰人坡"与"僰人坝"；宁泰乡有"僰人湾"；崇礼乡有"僰乡坝"；文聚乡有"僰乡地"。（上述《川南县志》之资料，为华西大学林则原先生历年所集。曾在成都检稿示读。平蛮碑拓本并存华大博物馆）

川西南会理县，古称会无。《蜀志》言为"故濮人邑也。今有濮人冢，冢不闭户，其穴多有碧珠"。然在晋时已无其种。《寰宇记》亦记载"上有深严，远望如窗牖，其棺内多碧骨如珠"。今时会理、盐边之僰皆于明初自云南景东迁来。作者于民国二十六年夏，在马喇长官司，得僰族所传康熙六年祖牒一册，稽述此带僰夷来殖之历史甚详。按牒谓明洪武元年，景东府陶知府（按陶当为僰名 Tai 之译音）舍人令领弟阿哀、汪呼率兵来建昌征剿，因功留居德昌。阿哀改名李伏成，为德昌指挥，并设立昌州土知州长官司。旋以建昌罗夷安氏辖境迫进，乃移盐井与贾指挥协作，招抚西番僰些等民。同年，汪呼改名李伏阳，设立普济州长官司。洪武六年，阿哀之弟阿三八海及其姻亲阿尔圆等，又由景东至迷易垦殖。十八年成立千户所，唯所辖僰人不过八百户三十二旗而已。洪武二十年，阿哀、汪呼移殖马喇。盐井卫割厄的兔瓦等十地与之；迷易千户所割华水塘等四地与之；南都、北胜等司又割丙婆剌落革等地与之，遂得为马喇长官司。此昌州、普济州、迷易、马喇诸地僰夷部落之来源也。

川西南境僰夷，除上述区域外，会理州附近亦有之。明人《九种志》云："白夷人头裹黑帕，戴笋箬尖帽，以佣田为生。无论贵贱，人有数妻妾。初生小儿即抱于河中洗之。男女日日浴于河中。居多近水。死有棺椁葬埋，名坟曰罢休。"此乃僰夷之风俗语言也。右所二千寨、藤桥、赶鱼河、红果、罗果、乌那等地有僰夷四五十家。木里三角垭、白碉、秧掌沟等地亦有僰夷五十余家。此为僰夷分布之最北者。

七、罗夷

罗夷历史，作者尚在研求时期，无十分肯定之结论告于读者。唯有一点可确信者，即罗夷绝非来自西北康藏民族之今所居地，而来自云南。今谨阐明此说。

最早主张罗夷起源于西北方者，为 Terrien de Lacouperie，其谓罗罗为一西北藏地面向东南扩张之民族，与中国古籍上所云之戎羌攸关，然无可靠证据证明之。Paul Vial 亦希由神话与语言之见地证明罗罗出自藏族。惜神话指示，殊为模棱；而语言例证，亦嫌过少。前辈丁在君氏，于由云南至建昌途中，测量罗罗若干，得其头盖指数为长头型，遂进而论"罗罗在历史上与羌民联系，形成在四川西北部、青海及土耳其斯坦南部之主要民族。最后与伊兰系民族之月氏通婚，伊兰血素遂经羌族而传入罗罗"。以作者所知，罗羌语言诚有若干相近程度，然由二族同属于藏缅系族也。罗羌之接触，最多亦仅在古沈黎地带，即清时雅州所属范围。四川西北区并无罗罗，而丁氏所谓白狼、唐菆为古罗国者，由语言之见地，吾人已证明其为嘉戎古国。况由近代罗夷所行之族内婚制言之，谓罗与羌婚姻，殆不可能。且一般主张西北说者，均有解答下列诸问题之困难：（一）由地势言之，康藏居民外徙，以循横断山脉顺谷而下，最合于旅行之经济原则。如近世由康南行之古宗、怒子、阿难等族皆是。设使古代罗夷越无数横岭至凉山，深违原始民族旅行之原则。此为困难问题之一。（二）设使罗夷来自康藏，则由藏至凉山之间当有其种族踪迹。然以吾人所知，建昌罗语为"乌主"，言原始为西番之居地也。一称"达兹"，言又曾为么些之居地。安宁河以西之罗夷均为明清以还凉山罗族之衍支，康南罗夷之迁期尤晚。此罗夷由东而西迁而北迁也，非由西北而迁东南。故谓罗夷为由西北而迁于凉山者，至此又逢此第二困难问题。（三）西番东殖，由康南出盐源、冕宁，前哨至越嶲河西岸。今时尚有其种，隶属于罗夷土司。越嶲出坝东岗，原为"勿斜乌主"所居，自罗夷至后，驱其族而占领之，今为尼帝土司之巫士所居。此为古代西番最东扩拓之地。建昌城中有西番文石刻造像，时代款式均仿之晋魏间制。又有佛寺古碣记载唐代以前汉族向西番侵夺此城之传说。斯建昌古道，原始乃为西番活跃之区。汉族初至古道之时，罗夷尚无踪迹至此。故传说中仅有汉番之争夺也。此为困难问题之三。

凉山罗夷远祖与汉人典籍可印证者，厥为洪水后期之觉穆乌乌。觉穆乌乌一称"觉穆子牛"，言在行次中为最幼者也。"觉穆子牛"即汉族史志中之"仲磨繇"，《方舆纪要》引《旧滇志》云："易门旧为乌蛮酋仲磨繇所居地。"县治南有黎崖，高插云汉，一名"蒙低黎严山"，即罗夷洪水故事中之"勿砥尔曲山"。言山高积白雪也。仲磨繇子孙在滇东一带建设部落，据路南州罗罗言有十八部落，凉山罗夷谓有四十有八部落，盖先后演变之不同也。据明代《滇志》可考核者，乌蛮子孙阿统于云南东北建立乌蒙、芒部二部落。骂弹在东川建立"那扎那"部落。乌些于其西南建乌撒部落。有农落弹于罗次建压磨吕部落。在嵩明境又有瓦氏、积氏、斗氏、么氏等部落。隋时，宜良有啰哀部落，啰哀当即 No-Sn 之音译也。在滇南者，有巴甸部落。云南罗夷于蜀汉时，亦称青羌。常璩《南中志》言"以马忠为牂牁太守，移南中劲卒两万余家于蜀"，是也。《南中志》又称之曰"夷"。谓"夷中有桀黠者能言议屈服种人者，谓之耆老，便为主。论议好譬喻物，谓之夷经。今南人定论，虽学者亦半引夷经"。此当专指罗夷而言，唐时，罗夷为东爨乌蛮。盖罗种有大姓爨氏，统率诸族，其居在东，而俗以乌色为上也。宋时为罗施鬼主。罗施亦 No-Su 之音译，鬼主言其巫政合一之首领也。元时为罗罗斯。今人简称曰"罗罗"。

凉山罗夷自称来自滇之东北之义滋埠。上世有阿国者，盖即阿统姓，移迁于此埠。乌蒙、乌撒、阿者、孤纥、曲聂诸部皆蕃殖于此邦。孤纥、曲聂二族初以凉山为避暑之区。继渡金沙江，沿美姑河北上，孤纥族趋右路，曲聂族趋左路，蔓延为凉山罗夷全体。今日散布于凉山各地之部族，溯其祖源，非为孤纥，即为曲聂。作者在凉山各地工作时，曾收集罗夷族谱五十余种，由孤纥、曲聂至今，世系多者七十余代，少者五十余代。平均以七十代计，则罗夷至凉山已经有一千数百年之历史。作者今年又由罗经研究，知凉山部族每族有一固定之迁徙路线。路上所经村寨山川之名，与所历险阻顺利之实，一一皆笔之于书。且今凉山由东至西，由南至北，各处罗夷，均由此谱祖述而下，尚无例外。

罗夷至建昌，时期或较凉山东部之罗夷为晚。然据作者调查，西昌安土司、越嶲岭土司与凉山南部之阿部土司均为孤纥、曲聂之后，上溯之，亦皆为乌蛮仲磨鼹之后也。元《地理志》云："阔州治密纳甸，古无城邑，乌蒙所居，昔仲蒙由之裔孙名科居此，因以名为部号，后讹为阔。""邛部州，昔磨些蛮居之，后仲牟由之裔夺其地。""姜州，姜者蛮名也。乌蛮仲牟由之裔阿坛绎始居阌畔部。其孙阿罗攻破之，以祖名曰绎部。""会理州，唐名昔陀，有蛮名阿绎亦仲由蒙（当为蒙由）之遗种。其裔罗于则得昔陀之地名之。取祖名曰绎部，尽有四州之地，号蒙。"此乌蛮仲磨鼹后裔之有名可祖述者也。志又云："懿宗时（指唐懿宗），蒙诏立城曰建昌府，以乌白二蛮实之。"此亦迁自云南之族也。元时乌蛮有屈部者，或即其一种，居德昌及昌州。又有落兰部小酋阿部之裔居里州，建阿都部。此或即今阿都土司之起源。若然，则落兰亦为罗罗之转，其族且于僰夷未到盐边前，已先有其地。

大渡河北之罗夷，在清时大田、松坪二司者，亦云南罗夷，经美姑、竹核、越嶲而至此。罗夷称之为"尔知咢甫"家。清末，土千户马龙、马政居富林东十二里之水桶沟，为曲聂族之二分支。今二司所属白夷，西则分布于羊压坪金针凹、杨泗营、紫打地一带；东则赵侯庙与曲曲乌对河沿村皆有之。古时罗夷之最北分布，当在清溪县北，相岭以南。今时此间尚有罗式房屋为土人所居。由清溪至汉源街，旧传唐时有刘、杨、郝三蛮王，凭据于此。今羊圈门及雨路口一带，有"昔年蛮王游师之位"神牌十余尊，当即唐时蛮王之遗征也。

八、么些

么些，晋常璩《蜀志》称为"摩沙夷"，居定筰县，今盐源也。《唐书》及《蛮书》称为"么些兵"或"么些蛮"，与南诏及越析诏世为婚姻之家。盐源么些与丽江么些为同族。自称曰 na zi，称云南么些为 Wo ia 或 wo Iʒ。罗夷称之曰 Na ze，有时讹为 ta ze，一称 Wo tsiu；西番称之曰 nia mi。元初，蒙古军由川康南下，降之。使其种人自称曰"鞑子"，至今犹然。明清时代，盐源一带辟为九所，么些族占其七。分刊如下：

（一）瓜别所。kua pe pwu 土千户已姓，由玉珠迫传至今共十世。

（二）古柏树所。ny pwu tey pwu 土千户郎姓，由朗俊位传至今共九世。

（三）中所。La ze pwu 土千户刺姓，由刺瑞麟传至今共十世。

（四）左所。La ta pwu 土千户刺姓，由刺世英传至今共七世。

（五）右所。Lo wu pwu 土千户八姓，由八玺传至今共十三世。

（六）前所。Wa ziu pwu 土千户阿姓，由阿成福传至今共七世。

（七）后所。La iz pwu 土千户卜姓，一作白姓，由白马塔传至今共九世。

每所百姓有么些、西番、罗夷等族，然以么些为最多。近年么些民族，频为罗夷侵掠，土司不能保护之，故相率至盐边及丽江为生。语言近罗夷。

九、栗粟

栗粟自称曰 Li siu pa，么些称之曰 xa zua，樊夷称之曰 ka Lie，苗人称之曰 Lua。以分布于盐边为最多。分布中心在栗粟湾。其南，毛古厂、外坪子、崖门、海子湾、丁家湾、桃树坪、左家湾诸地有之；其北，海龙蹬、野猪坪、甘家河、团山、蔡家山、大中小巢有之；共二百五十余家。金河南岸，又有大中小巢，亦有其种四十五家。盐源右所乌拉河边亦有三十余家。栗粟均非土著，自言其祖先由云南丽江大云山迁来。栗粟死，始授其子以己之名。使子祈祷，其父之魂，早归雪山。部落均不能自主，依樊夷、么些诸族为民。职业以田猎为主，兼种五谷。语言与么些、罗夷相近。

十、苗人

苗人自称曰 mum；樊夷称之曰 ka Liaon；么些称之曰 ku ei tsi，栗粟称之曰 ka Li pa。汉人与罗夷均呼之曰"苗"。苗在四川分布较广，与湖南、贵州、云南接境诸地多有之。酉阳有冉家及南客，与湖南九溪十八洞蛮同种，约系红苗。秀山、石耶有杨家苗；平茶亦有南客。南川之陈家、万盛，与孝子河外之青山，均有红苗。綦江县青羊场亦有红苗。或谓南川之苗，即由此移往。又闻涪陵人言：二十年前境内有苗人五六家，居石洞，操苗语，吹芦笙，赖乞食为生。今已消亡。下川南与贵州连毗诸县，若永宁、古朱、兴文等县山中，多有花苗。会理罗酋辖境之内亦有苗民。盐边东部广东湾、乾子坪；南部核桃坪、桐子湾等处，有白苗花苗。自言其祖先来自贵州。且谓其祖系逾墙柱逃出，故今其子孙每礼拜柱墙为其想象之祖灵。盐源西北，木里境之格米湾、米垭及雍波等处，亦有其族。Davies 谓雅砻河曲处马头山、毛台口（音译）诸地亦有苗人。此盖苗族分布之最西北者。

十一、西番

川境西番有三种，其语言不同，文化与服饰亦互异。当分别略述之：

（一）松潘西番

松潘之番，昔称七十二部落，至为纷杂。大约关内之番自称曰 be，关外番称之曰 xa ri wa，谓为"东方人"也。可为内番早居松潘之证。《蜀中广记》引《通志》云："潘州初属吐蕃首领潘罗，此潘州之名所由起也。"潘或即 be 之音译。罗乃首领之名也。关内之番，亦可约别为二类。居北寨者，如祈命、塞盼、商巴、川盼、东拜、巴朗诸落为 xa ri wa，即"东方人"；居南寨者，如毛牛、雪昌、小姓、上下泥巴等落为 viuwa 或 Binywa，即农番也。松潘，番语曰 ziuy tez。盖即取诸"农番"之意。按松潘开拓，始于晋。其时汉化不至，常有种族盘踞其间，羌之外，即此内番也。关外之番，曰 tsia xua，或 tsia bwa，言以游牧为生，不同于农番。外番部落蕃滋，最著名者，三包座、三阿坝、三郭罗克及三阿树是也。语言与内番大同小异，文饰亦同，唯职业不同尔。

松潘西番语言与青海番语相近，与康南番语颇有出入。

（二）宁远西番

旧宁远与盐源县北有木里，多为西番种，与康南诸番为同族。自称曰"jarma pwu"。土千户项姓，由雍正时六藏涂都传今，已十二世；为九所之一。盐源其他村落，如西岩、棉垭、坪坝、大平坝、阿地力、尼兹沟等地亦有之。自称曰"Pa Li mi"。而谓冕宁、越嶲之番为"Ls Pwa"。

冕宁多番种，散处于苏州、白露、虚朗。旧设宁番卫以统治之。越嶲广林道土千户王姓，亦西番。清时越境西番均属之。今则或归汉官统率，或依罗夷土司为民，大都懦弱无能矣。

大渡河北，汉源之火厂坝、大小山冲、两洒坪诸地亦有西番。日趋汉化，不易省识。

上述西番，皆自康南九龙一带迁来。语言与康南番语略同，与松潘番语不同。

（三）瓦寺族

瓦寺土司世系，本乌斯藏人。据土司《功勋纪略》云：初有乌斯藏加渴人名"琼布思六本三朗纳思霸"至京献经贡物，赐"崇教翊国师"。正统六年，威州孟、董、九子、黑虎等寨为乱，调琼布兵协征之，因留涂禹山家焉。《蜀中广记》亦记其事云："加渴瓦寺亦董卜韩胡支派。正统中调征草坡，宣慰司遣僧锁南列思巴来赴，赐号'崇教翊善国师'，给敕印，使分管摩多集塔藏里旧寺等十三寨。都纲庆喇者，成化间，董孟梁黄之乱，调发协征，遂就汶川涂山巅居焉。"此二种记载与今瓦寺喇嘛所口述者并异。喇嘛云："瓦寺始祖为 Si ja bun Sam Lis Si bwa。居在雅砻河附近之琼布。"则琼布盖加渴之下邑也。《广记》所云摩多集塔藏里旧寺等十三处，今亦不知何在。调川征讨年代，《纪略》谓为正统六年，《广记》谓为成化间，似当从《纪略》。按喇嘛谓始祖在雅砻河附近，调征汶川，始为近理。若如西人 Edem 所云远在印度者，何能朝发夕至，以救汶川之急耶？瓦寺土司为康番族，其土民则为嘉戎。土司家族以统治土民之故，语言衣饰，皆习嘉戎，此亦同化历程中一异例也。土署及家庙在"涂陵山"（Du Lin）。涂陵者，其地为发现涂经之佛寺也。《通志》作"涂禹"，音误。《广记》作"涂"，当从之。

十二、总结

四川历史上之民族，有名号者，无虑数十种。今仅揭出十余种较著者论之，余可类列也。四川民族虽繁，然大都不出藏、僰、苗三系。其中以藏族最多，僰族次之，苗族最少。藏族 Tibet 一词，似不能包括与缅族相近之罗族，可易为藏缅族"Tibeto-Burma"。兹罗列其系统如下：

（一）藏缅族系（Tibeto-Burmese System）

1. 藏系民族。

  （1）西番或吐番。

   ①松番，包括农番（或东方番）与牧番（或西方番）二种。

   ②宁番，包括大西番（Pa Li mi）与小西番（Ls Pwu）二种。

   ③瓦寺土司世系。

  （2）羌民。

   ①汉化羌，包括汶川羌、黑虎七族、大小姓、巴豬、三溪、九枯、十寨等羌。

   ②嘉戎化羌，即芦花黑水部。

   ③傅倮羌，包括剌版、杂木林、乌木苏、俄鲁、阔哈等部落。

  （3）嘉戎，即冉駹，或嘉良。

   ①四屯：杂谷、甘堡、上孟董、下孟董。

   ②四土：梭磨、绰克基、松岗、党坝。

   ③金川：促浸、赞拉。

   ④其他五司：绰斯甲、木坪、鄂克什、巴底、巴旺。

2. 缅系民族。

（1）罗夷，即四川古"僚"。

①孤纥部。

②曲聂部。

（2）么些。

七所：前所、中所、左所、右所、后所、瓜别所、古柏树所。

（3）栗粟。

（二）僰人或泰族系（Tai or Shan System）

1. 僰，即濮。

（1）北僰。

① "巴"：包括"巴"、"賨"，即"巴氐"，今亡。"賨"今亡号。

② "苴徒"：今徙，或亡。

③僰人或白人。

（2）南僰。

①僰夷：包括由景东迁来之马喇、普济、迷易、昌州诸僰夷。

②佫㑩即仡佬，会理、盐边有之，亦由云南迁入。

（三）苗或懵克猛族系（Mon-Khmer System）

1. 红苗，居秀山、酉阳。
2. 花苗，居叙永、古宋等地。
3. 白苗，居会理、盐边、盐源、康南等地。

总括言之，在上古之世，川西为藏系民族所盘踞，川东则为僰系民族。中古时期，蜀巴民族汉化；缅系罗族北上，蔓延全川。然仅为昙花一现，不久消亡。唯盘桓于凉山中者，蕃殖至今。当时西南民族，势力敢与中国抗衡者，西为吐蕃，南为南诏。西方吐蕃更盛时，东接凉、松、茂州；南至婆罗门（今印度），西攻陷新疆龟兹、疏勒等镇；北抵突厥地方万余里。隋唐之际，屡为边患。介居汉、蕃之间者，有羌、氐、嘉戎、么些、栗粟等族。此等中间民族，忽臣于汉，忽归于蕃。汉攻蕃则倚之为堵寨；蕃攻汉则任之为前驱。故流离颠覆死亡者，多为此中间民族。设使汉、蕃二大帝国之间，直接交战，而无羌戎诸族为之缓冲，则汉、蕃之祸，不知伊于胡底；而康藏民族，更无养生休息之时，以缔造光明灿烂之佛教文化也。南诏疆域，南至交趾，东并黔桂，西达缅印，此则隔川南罗夷、么些诸族，与中国对峙。唐时中国、南诏、吐蕃适成鼎足之势。南诏盛时，僰罗军民直趋北上，侵入成都。设无吐蕃断其归路之险，则四川之不亡，恐亦不绝如缕矣。吐蕃西峙以制南诏，而汉、蕃之间，又有诸浅化民族为均势之钧，故西南民族终底华化于中国民族之统一洪炉也。

（原载《青年中国季刊》1941 年第 2 卷第 2 期）

嘉戎民族社会史

一、嘉戎名称及其沿革之考证

嘉戎之名，昉于其民族自称之直译而成。顾其族部落繁复，自称之名，往往因语音之变化而异。例如瓦寺土民自称曰"tɕa run"或"ȵia run"；扣山沟八角碉土名自称曰"Ka re"；理番杂谷河流域四屯之人民自称曰"Ka ru"；自马塘至党坝一带四土之人民自称曰"tɕa run"或"Ka run"；巴底嘉戎则自称曰"ʒtɕar ʒun"。按四土之称最为精确，其他各处均有演变。而康藏人民普通亦称之曰"tɕa run"。实为吾人取译嘉戎之所由昉。盖此名不但为其族自称，且为康藏人名一般之称语也。其东邻羌民则称之曰"ts'a spu"或"ts'a pə"或"ma se"，译之，即"蛮部"或"生羌"也。当代汉人统称之曰"番"，与康藏之民无别矣。二百数十年前，乾隆时代，有大小金川之役。举国上下，只知此族为番，而不知为嘉戎。民族常识，于时最替。故今世君子有闻名而瞠目咋舌者矣。故作嘉戎民族社会史。

藏语语义，"tɕa"为汉族，"run"为山间河谷之地；无论其为峡谷、圆谷，凡溪谷之地皆是。合言之，"tɕa run"即近于汉族之溪谷区域也。居于此区域之番族则为嘉戎。此由地理之名引申为民族之名。此第一义也。

其次，居于溪谷之民，大抵土质腴沃，水源昌茂，宜于稼穑。故嘉戎之民多业农。而"run"音又易转为"ʒun"，巴底嘉戎自称曰"ʒ. tɕar ʒun"。"ʒun"有农业之义。换言之，嘉戎又为近于汉地之农业番民也。此由地理之名又转变为农业民族之名。此第二义也。

又据西藏佛经载记，全藏重要溪谷有四，皆以"run"名。在北方者，曰阿斯多克谷；在西方者，曰史公包谷；在南方者，曰查瓦谷；在东方者，曰嘉穆谷，简言之则嘉谷也。嘉谷之地，由西康东北之摩尔多山脉延伸而出，其形势多种，纵横不一，所包括之土地亦颇广。循此，则嘉戎之范围包括明清间所谓十八土司之地。所谓十八土司者，说各不同。以余所考，下说较确：

一曰明正司（tɕa la or r tɕak lɛ），在今康定。

二曰冷边司，在今泸定县东北冷迹等十八砦。

三曰沈边司，在今泸定县。

四曰鱼通司，在泸定瓦斯沟。

五曰穆坪司（mo p e），在今宝兴县。

六曰革什咱司（r ga ɕias dziɛ），在今丹巴县西。

七曰巴旺司（ba wuam），在今丹巴县北。

八曰巴底司（bra s ti），同上，在巴旺司北。

九曰绰斯甲（k'ra s dɕiɛɛ），原属于靖化县，今划归西康。在巴底司北。

十曰大金司，或促浸（ts'a tɕin），在靖化县。

十一曰小金司，或儹拉，在懋功县。

十二曰沃日，或鄂什克司（wok'ə），在懋功县东北。

十三曰党坝司（dəm ba），在靖化县北。

十四曰松岗司（zən Gak），在理番县西北，党坝司东。

十五曰卓克基司（tsuk dze），同上，松岗司东。

十六曰梭磨司（so mo），同上，卓克基司东。

十七曰杂谷司（tɕaḷ k aḷ），在理番县杂谷脑一带。

十八曰瓦寺司（la r gu），在汶川县涂禹山、草坡等地。

以上十八土司，在公元十七八世纪间曾全部臣服于中国皇室，故其政教文物，大致统一。所不同者厥维语言。例如明正司土民语言操"仑靡语"（run mi ge），与康定官话为近。沈边、冷边、鱼通三司人民之语言皆为康定官话。在康人语区与嘉戎语区之间，由西北方古霍尔部落突然伸入一臂势力，而成为一弓形狭长河谷之特殊语言区域，即"道孚语"（da wu ge）区，占今自丹东、革什咱,至巴旺之地。此种语言一称"尔龚语"(r guan),与嘉戎语不同,盖出于古霍尔语系,今则称为"道孚语"也。由此言之,即此所谓嘉谷之人实包括有三种语言各异之民族,则嘉戎语族,仑靡语族(或康定语族)及道孚语族是也。然吾人由人类学或语言学之见地言之,此说困难颇多。若嘉戎与康族及仑靡语族之不同,凡身历其地者,虽非专家,由其语言衣饰,一望而知,无庸多述。唯巴底、巴旺、革什咱三土之民,相距仅数十里,同处于一弓形长谷之内。且衣饰同一,文化同一,风习同一。又无论贵族平民皆相为婚媾,互传顶嗣。所不同者,只有语言。此种现象,在川康民族中,甚为罕见;然亦颇费解释。意者,此种突变情况,盖军事或政治之原因多于其他原因。惜霍尔王国之历史,今已无人知悉。非然者,设能证明霍尔蛮族曾由丹东侵入,止于巴旺,则此问题可迎刃而解。在此问题解决之前,丹东、革什咱、巴旺之民,至多吾人只能目之为霍尔族与嘉戎之混血族,而不能谓之曰嘉戎。盖其语言不同故也。

作者此时所叙述之嘉戎,乃一语言范畴之民族,非以地理为范畴也。析言之,凡操"tɕa ruŋ"或"ka ru"语之民族乃为叙述之对象。在此语言范畴内之民族,不能尽包括十八土司之人民,只能陈述其中之穆坪、巴底、绰斯甲、促浸、赞拉、沃日、党坝、松岗、卓克基、梭磨、杂谷、瓦寺等十二部落之操嘉戎官话民族。他若丹东、巴旺等准嘉戎民族以及嘉戎政教所及之其他部族,如杂谷司之九子羌、前番羌、后番羌,梭磨司之芦花黑水羌,瓦寺司之簇头羌,以及卓克基、松岗、绰斯甲等所属之西番,皆不在主要叙述范围之内。惟其间有重大关系者,则附带涉及之。

依嘉戎本族之说法,上述诸嘉戎部落可总分为二部:自马塘以西,大小金川流域之民族,如(一)四土部,梭磨、卓克基、松岗、党坝属之;(二)大金部,促浸、绰斯甲、巴底属之;(三)小金部,赞拉、沃日、穆坪属之。此十部落,总称为嘉戎本部。自鹧鸪山以南以西之民族,如(一)扣山部,冕罗、八角碉、转经楼之嘉戎属之;(二)杂谷部,杂谷、甘堡、上下孟董之嘉戎属之;(三)瓦寺部,涂禹山、草坡等地之嘉戎属之。总称曰"汉冲部"(tta k'a pu),言居于汉地之冲口也。马塘,嘉戎语曰,"k'a r gu"言"冲口之顶"。由此可为本部与冲部之分界。

余当论今之嘉戎即汉前之冉駹,唐之嘉良夷。去岁,余费半载之力考察于此，仍信余说为不谬。兹引原文于此：

> 按冉駹在古代为二族。《史记·大宛列传》："乃令骞因蜀、犍为发间使，四道并出；出駹，出冉，出徙，出邛、僰，皆各行一二千里。"此冉駹颠倒分举，当非一族。汉司马相如传蜀檄云："因朝冉从駹，定筰存邛。"此亦冉駹分举也。《汉书·西南夷传》："自冉以东北，君长以十数，白马最大。"此则独举冉无駹。冉与駹古似为二部落，至《后汉书》乃为冉駹夷立传而并称之。冉或即《魏略》中之"蚺氏"，为一部族。駹又为一部族。二族居相近，故并为一族而称冉駹。亦犹今凉山罗族之有"阿禄、马"及"过暨、马羌"也。此例在民族志上甚多，无足异者。欧洲之"安格鲁、萨克逊"与"捷克、斯拉夫"固人所尽知也。于此然有一问题焉，而冉駹何以则为嘉戎耶？

冉音读为那 nia，或变为嘉 tea，或葛 ka，此例易明，无庸引释。

駹，前人音作龙 muan 或 p'uan，盖误。駹古龙声，与庞同音。《说文》：庞从龙声。庞当与龙同音。经典释文诗音义，庞鹿同反。四牡庞庞与攻同东谐。盖庞或駹，古读龙，犹江古读泽也。龙与駹在古籍中又常互通。易说卦，"震为龙"，下释文"虞"。"龙虞"，干宝作"駹虞"。又《周礼》"巾车革路龙勒"。注，龙駹也。冉駹古音当读为冉龙。龙又何以读为 p'uan？疑龙庞为古复纽语。西方语言学家固曾言之。龙 luan 庞 p'uan 古复纽当为 pluan。例如俗语"翻弄"，古重唇音为"播弄"。其他 pl 俪声之字颇多。如粗蠃，《周礼》，蜃也。蒲卢，《中庸》，螺也。霹雳，《说文》，雷声。不律，《说文》，笔也。朸联，《说文》，榴也。披离，《楚辞》，析也。毗刘暴乐，《尔雅》，剥落也。拨拉，《淮南子》，不正也。樽栌，《淮南子》，檐柱头。斑斓，《后汉书》，彩色也。四裔语言中 pl 俪声，如觱篥；《说文》，羌乐器也。氀毹，《字汇》，番绒。颇黎，《唐诗》，玻璃也。又如藏语龙曰 Hbrug，Ahom 语曰 Plok，暹逻语曰 plieu，亦俪声也。均可为龙庞为复纽之证。惟龙在番语之义为山谷。嘉戎之居地即如此。

冉駹为嘉戎之证据尚不只此。《后汉书·西南夷传》云："冉駹夷者，武帝所开。元鼎六年，以为汶山郡。……其山有六夷、七羌、九氐，各有部落。其王侯颇知文书。而法严重。贵妇人，党母族。死则烧其尸。土气多寒，在盛夏冰犹不释。故夷人冬则避寒，入蜀为佣，夏则畏暑返其邑。皆依山居止，累石为室。高者至十余丈，为邛笼。又土地刚卤，不生谷粟麻菽，唯以麦为资，而宜畜牧。有牦牛，无角，一名童牛，肉重千斤，毛可为毦。出名马。有灵羊，可疗毒。……其西有三河、盘于虖，北有黄石、北地、卢水胡，其表为徼外。"

上述冉駹地理环境，与今嘉戎区全合。其西有三河，盘于虖北者，盖言金川、雅砻、金沙江也。金沙江即卢水，亦称诺水。故有卢水胡。其次，审察其文化与今嘉戎相同者：（一）其王侯颇知文书。按此所谓文书，未明言其为汉文，抑夷文。若为夷文，按今西陲民族，唯西番与嘉戎用番文，羌无文。然嘉语在藏语中之年龄最久，语首语尾最复，而藏文则创自晚世，单语较多。故今日嘉戎所用之藏文，只能读经。若以传达语言，则有扞格之患。此所谓文书，当指汉文。（二）贵妇人，党母族，为藏系民族之通俗，嘉戎亦然。近世四土诸地常有女王。夫有爵者死，妻则继之。盖贵妇人之俗也。（以作者所知，梭磨曾有女王；党坝亦有女王；绰斯甲近拟遣土司之妹为松岗女王。女王之下，各头人亦可以女子承之，招夫生子，其权仍在女子之手中）（三）火葬，今藏系民族皆然，嘉戎亦如之。（四）汉佣之制，"夷人冬则避寒入蜀为佣，夏则畏暑返其邑"。此说常璩《蜀志》亦言之。今日嘉戎尚多如此。每年秋后，嘉戎之民，褐衣左袒，氆冠佩刀，背绳负锤，出灌县西来成都平原。询之，皆为汉人做临时佣工也。其中虽有黑水羌民，然为数无多。按嘉戎佣工精二术，莫与来者：一为凿井，一为砌壁。成都、崇庆、郫、灌之井，大都为此辈凿成。盖成都平原，土质甚厚。井浅则易淤，以深为佳。汉工淘凿无此勇毅，故须嘉戎任之。砌壁更为此族绝技。嘉戎居地无陶砖，屋壁皆以石砌。石片厚一二寸，虽不规则，而嘉戎能斫制契合，辗转调度。故所砌壁，坚固整齐，如笔削然。汉匠不能也。（五）邛笼为室之制始于嘉戎。汉人误以为邛人之笼。此屋非仅藏栖居处，且以防敌。有敌来攻，居高远瞩，可以下击。且笼笼相通，宜于守望相助，即汉人所云"石碉"是也。《寰宇记》纪茂威之人云：垒石为巢以居，如浮图数重。门内以梯上下。货藏于上，人居其下；畜圈于下。高二三丈者谓之"鸡笼"；十余丈者谓之"碉"。此邛笼也，鸡笼也，碉也，皆汉人之名。嘉戎语为"达宇"

或"达盔"。今茂、汶、理区，岷江以东多屋宇，以西多碉楼。且愈西而愈多，直至金川两岸。无嘉戎之区，则为西番之板屋篷帐矣。此种情况，自宋已然。《寰宇记》言此时之建筑最审，云："自汶川以东，皆有屋宇，不立碉巢。豹岭以西，皆织氁毡，盖屋如穹庐。"穹庐盖西番所居，屋宇为羌民居处。屋宇之西，穹庐以南，则为上述之嘉戎碉巢矣。察其演进之迹，盖岷江以西原有碉，以东则模仿之。故羌民之在渭门关以上者亦有碉矣。寝假而四川各地亦有碉也。故吾人可云：中国之碉，仿之四川；四川之碉，仿之嘉戎。由上述各例亦不难知嘉戎则为冉駹。

《隋书》言去蜀郡西北二千余里有附国。附国之东部为嘉良夷。冉駹至唐转为嘉良，即嘉戎也。隋大业五年附国遣其子弟率嘉良夷等六十人朝贡，即为此族。《隋书》纪嘉良夷（附国）之碉制云："无城栅，近川谷，傍山险。俗好复仇，故垒石为碉而居，以避其患。其碉高至十余丈，下至五六丈，每级丈余，以木隔之。基方三四步。碉上方二三步，状似浮图。于下级开小门，从内上通，夜必关闭……"又记其俗云：俗有重罪，止于罚牛。妻其群母及嫂。儿弟死，父兄亦纳其妻。好歌舞，鼓簧吹长笛，有死者无服制，置尸于高床上，沐浴衣服，被以牟甲，覆以战皮。子孙不哭，戴甲舞剑而呼云"我父为鬼所取，我愿报冤杀鬼"，其人轻击便捷，便击剑。漆皮为牟甲。为弓长六尺，以竹为弦，以皮为帽，形圆如钵。或戴幂䍦，衣多毛毡，全剥牛脚皮为靴。项系铁钱，首贯铁钏。王与酋帅，金为首饰。胸悬一金花，径三寸（金花三寸当即佛匣，所谓"笃"也）。其俗至今，大体犹然。

此三年前余之论说，至今仍以为颠扑不灭。顾嘉戎之为国，处于西康之边陲，"康"在藏卫之位置已为边陲，"康"（K'am）在藏语为边陲之意。"卫"（u）则为中央之意。斯嘉戎在边陲之边矣。其在中国之位置亦然。且其地理环境，居林谷间，非沃非瘠，粮食不足以自给，毛麻不足以护体，故其部落产业介于行国与农业之间。以言农业，山险石多，万莽丛生，而耕耘工具又极粗浅幼稚。以言牧畜，川谷虽多水草，然森林阴密，石乱崖险，控制牛羊，颇为不易。故其人民难专一业以为生。大抵夏秋二季，人民多尽力于农业，冬春二季，则兼顾运输事业，以维生活。所运之物，由北方草地与西方康藏运于汉地者，为牛羊毛、药材及毛织物。由汉地运往草地康藏者，为布匹、锦帛及茶。嘉戎于其间博运输之利，由汉地运入粮食，以补农牧之不足。若运输犹不足，则或至成都平原为汉人凿井砌垣；或制皮靴及腰刀、佛匣、经包、首饰销于番地，以博余利。皆由其经济不能自给之故也。今时如此，想古代亦然。故历史极难建立一独立不倚之国家。当藏番盛时，嘉戎则附于藏，任其驱策以攻汉。如 7 世纪时，松赞干布之侵松州，禄东赞之侵诸羌；9 世纪时，乞悉莅之侵威州诸役，考当时形势，嘉戎之兵皆当与焉。至 14 世纪，中国实力达及康藏，嘉戎诸部落遂首先称臣纳贡，求为附庸。且随中国之兵，平定西藏之乱。故嘉戎历史终如首鼠两端，周旋于两大国之间也。

吾人寻绎嘉戎史之困难，与藏史同，而尤过之。西藏有佛教史，少政治史，无社会史。嘉戎则并佛教史亦无之。作者前后与嘉戎部落贵族平民相处约半载，除于传闻及典籍载记略有所获，又复于其他汉藏史志中，披沙拣金，拾得若干，综合著嘉戎社会史。自知遗漏甚多，然在今日民族史料缺乏时代，或于修国史者略有裨益也。《史记》言"自笮以东北，君长以十数，（冉）駹最大。其俗或土著，或移徙，在蜀之西"。此中国文献记载嘉戎之最早者。公元前一百余年顷，中国汉武帝始开拓西陲。元鼎六年，即西历纪元前 111 年，开冉駹夷为汶山郡，斯为嘉戎并入中国版图之始。考当时所谓汶山郡者，盖指岷江下流近于汶山（即岷山）之地，而徼外之戎则为西山所隔。《后汉书》言汶山之民"有六夷、七羌、九氐，各有部落"。《唐书》又言其地"西山八国"。

藏史言当 7 世纪藏王松赞干布之世，佛教始倡明普行。然此亦仅指乌斯藏本部而言，今日西康诸地尚不在松赞王统摄之内也。据藏文《格萨传奇》言，康南、康东之地当时曾建一巍然帝国曰"林"，都于巴塘南部之"猛共"（Mang Kar n）地方。林国之古，史渺不可述。惟其末叶帝王名格萨（ga sə）者最为雄才大略。赖传奇小说之势力，至今传诵于康藏民间。格萨之时代约与松赞干布同时，即唐之初世。藏经《法王世代明镜》一书言：中国唐太宗之时，格萨武王遣使百骑至西安，与松赞王使争尚文成公主。且言"初文成公主喜嫁一容颜俊美者，向皇帝云：'终身伴侣，最当详慎。'意在适格萨英武之王也"。此英武之格萨林君，初与北方霍尔国战，歼灭其国；继与南方姜国战，降服其民；三与东方中国战，蹂躏及当时华西诸地，并驱逐噬人之女魔多名。其东征之路线，据今嘉戎传说，系溯大小金川而止，出于今杂谷脑区域。中国历史未载格萨之名，且无明文记载唐初西番出兵保、霸二州之事。揆其原因，不外二端：一则唐初实力未能抵达川康边境；二则中国历史重正统，历世以拉萨之聂直赞布王朝为正系，故不及林、姜、霍尔诸国也。考当时部落分据之势，松赞居拉萨，故绕道北藏而出松州；格萨居巴塘，故取道金川而至理番。嘉戎历史由此遂永镌格萨出兵过境之事。然其详情已不可得而闻矣。以著者目下所知，革什咱、巴旺之民语言，同于道孚，则此一带土地似曾沦于古代之霍尔王国。及林之灭霍尔也，嘉戎遂又臣服于格萨。拉萨武力敉平林国，嘉戎又转为聂直赞布王朝所辖。中国势力之兼并嘉戎，虽发动于纪元前一百余年，而其成功，则在元、明、清之世。此嘉戎政治史轮廓之大势也。

由宗教史言之，嘉戎最初信钵教。古代之林国及霍尔国似皆为钵教势力所弥漫（参考马长寿：《钵教源流》，中山文化教育馆《民族学研究集刊》1943年第3期），西藏之佛教自难越过中间地带而至金川流域。红教入嘉戎之历史不可考。黄教之入境则始鄂旺热巴（nga wuan tsa ba）。鄂旺为宗喀巴之弟子，为小金川之木域人。其房名曰"察各家"（ts'a ka tɕam）。故西藏一称嘉戎为"察各娃"（ts'a ka wa）云。

汉族自汉武辟汶山郡后，3世纪顷，蜀汉姜维尝溯岷江而上，转理番，逾朴头山而略嘉戎。理番有维州维关，相传其名始于姜维之西征。史言建兴九年，汶山羌叛，马忠、张嶷督兵马300人讨之，下他里邑，或即此役。6世纪末，隋开皇九年，会州刺史姜须达复发丁夫，治辟旧道，勒石于朴头山岭以记之。文曰：

通道记

自蜀相姜维尝于此行。尔来三百余年，更不修理。山则松草荒芜，江则汹洄出岸。猿怯高拔，鸟嗟地险。公私往还，并由山上。人疲马乏，筋力顿尽。大将军开府仪同三司总管二州五镇诸军事会州刺史永安郡开国公姜须达，悯人生之荼苦，报委寄之天恩。差发丁夫，遂治旧道。开山伐木，不易其功。遣司户参军事元博之、县丞郭子坚（？）、王文诚、吴荣、邓仲景监督。大隋开皇九年九月二十三日记。

由此记载，吾人不难推知蜀汉、隋间汉族嘉戎交通之梗概。

《隋书》又载隋大业五年附国遣其子弟率嘉良夷等六十人朝贡。附国今不详为何族，按"附"于古重唇音读"包"，或即以包巴自称之番族也。《通鉴》亦言是年"蛮夷使者陪阶庭者二十余国"。又言六年"帝以诸蕃酋长毕集洛阳，于端门街盛陈百戏。戏场周圆五千步，执丝竹者万八千人，声闻数十里。自昏至旦，灯火光烛天地，终月而罢"。又"诸蕃请入丰都市贸易，帝许之。胡客或过酒食店，悉令邀延就坐，醉饱而散，不取其直"。诸蕃之中，或有嘉戎。以其与朝贡之年相近也。嘉戎入朝之事，史未详言。以情揆之，当如尔时吏部侍郎所云"并因商人密送诚款"，或"陷之以利，劝令入朝"，故凡蕃、戎、羌、胡莫不"引领翘首，愿为臣妾"。今嘉戎绰斯甲土司世系图说，亦言其四十代远祖之时，印度国王遣使来劝投降印度为臣；中国皇帝亦遣使来劝投降中国为臣。绰斯甲土司于权衡轻重审计利害之后，决计输诚中国为臣。是为绰斯甲归服中国之始。由四十世代之年数计之，亦适在中国隋唐之世。《四川通志》言杂谷、梭磨、松岗诸土司，其远祖并在唐世投诚，封置司目。意者，隋代建国未久，即为唐代。诸嘉戎既在隋时随附国入觐，则其安土设司，当然在隋唐之际也。

二、嘉戎土司世系及其起源神话

嘉戎之古代历史既属渺茫，则吾人欲其古代史之重造，不可不注意各地之传说、图画、谱牒，有以补救之。

绰斯甲土司纳坚赞（a ga ʒən ʒtcan ts'æ）公廨办公室内，有一自清代传下之油漆彩色壁画一幅，高七尺，宽四尺许。上绘自悠古以来之历史人物及事实，并各段系以藏文之说明。其最上一段，陈述上古时代远祖起源与土司原由，次说明列祖列宗之名及行事，最后迄于近世。兹分别述之如次：

> 远古之世，天下有人民而无土司。天上降一虹，落于奥尔卯隆仁地方（Or Mo run ʒən）。虹内出一星，直射于儴戎（ʒæn ʒən）。其地有一仙女名喀木茹芈（k'am ʒu me），感星光而孕。后生三卵，飞至琼部

（tɕon Po）山上，各生一子。一卵之子，腹上有文曰"k'ras tɕiam"。此子年长，东行，依腹文觅地，遂至绰斯甲为王。人民奉之如神明，莫敢越违。传三四世，独立自尊。绰斯甲王者三卵中花卵所出之子也。其余二卵，一白一黄，各出一子，留琼部为上下土司。绰斯甲王出三子：长曰绰斯甲（k'ras tɕiam），为绰斯甲之土司；次曰旺甲（wuan tɕiam），为沃日之土司；三曰葛许甲（ʒgə ey tɕiam），为革什咱之土司。

绰斯甲土司初独立为落。传数世，印度王遣使劝之投降印度为臣；中国亦遣使劝之投降中国为臣。土司详加考虑之后，决投降中国皇帝，仍为土司。至三十三世，传于资立（tsi li），时值清初，于康熙三十九年投北京皇帝。四十一年受封为安抚司。乾隆年间值金川之乱。促浸土司索诺木原与绰斯甲世为婚姻，此时不顾私情，出兵攻之，并派人为官兵指路设防。北京皇帝遂晋封为安抚司。传至今土司斯葛绒甲穆参，即纳坚赞，为第四十一世。

清时规定每十二年进贡一次。贡物：哈达二方，藏香二把，银罐二个，屯枪二枝，蛮刀二把，彪皮二张，豹皮二张。民国初年，拉旺纳尔武遣头人及随从赍贡品至京，至陕西潼关，闻变而返，死于成都。

绰斯甲土司世系四十一代之系谱如下：

1. 克罗斯甲布　　　　　2. 绰斯甲
3. 琼帕克武　　　　　　4. 阿尔世居
5. 木赖克　　　　　　　6. 弥克什
7. 斯道克拉甲布　　　　8. 克武钵
9. 阿葛尔氏　　　　　　10. 美旺攸拍
11. 加葛尔　　　　　　 12. 班氏日加尔
13. 绰武日加尔　　　　 14. 旺普
15. 斯丹增日加尔　　　 16. 杂可穆纳尔武
17. 葛拉白　　　　　　 18. 雍中钵
19. 斯丹增纳尔武　　　 20. 葛尔纳尔武
21. 兹格拉穆　　　　　 22. 南木喀斯丹增

23. 葛拉些日加尔　　　　24. 思纳穆雍中
25. 纳武日加尔　　　　　26. 南木喀日加尔
27. 雍中斯丹增　　　　　28. 执喀日加尔
29. 拉旺斯丹增　　　　　30. 南木喀旺执克
31. 思纳穆斯加布　　　　32. 鄂松
33. 资立　　　　　　　　34. 泚日丹卜麦尔
35. 雍中旺尔极　　　　　36. 纳尔武斯丹增
37. 工噶旺尔极　　　　　38. 苍旺南木喀
39. 斯噶绒纳木加尔　　　40. 拉旺纳尔武
41. 斯葛绒甲穆参

以作者调查所及，绰斯甲土司之世系最长，故首列之。并见西方嘉戎部落之成立年代最久。

其次，可以东方嘉戎瓦寺土司之传说及世系为例。述之可与绰斯甲互为比较。

汶川涂禹山瓦寺土司官廨，龙书喇嘛告余，以瓦寺土司之起源神话，与绰斯甲所闻者略同。照录如下：

天上普贤菩萨（Sən la wa gar）化身为大鹏金翅鸟曰"琼"，降于乌斯藏之琼部。首生二角，额上发光。额光与日光相映，人莫敢近之。迨琼鸟飞去，人至山上，见有遗卵三只：一白，一黄，一黑。僧巫取置庙内，诵经供养。三卵产生三子，育于山上。三子长大，黄卵之子至丹东、巴底为土司；黑卵之子至绰斯甲为土司；白卵之子至涂禹山为瓦寺土司。

又言：

远祖名克罗乌（k ru u）者由琼部移至杜空公珠地方，渐事开辟。后归本部取经，灌输于人民，始渐佛化。明幽共安，家足国富。克罗乌生登太尔，坐镇于满那笨拉地方，取迦尔那兹尔地方之女名仪本玛者为妻。生思纳穆文登。文登生六子：三子入寺为僧，三子东行觅地开拓为王。长子克拉斯甲,在绰斯甲为王;次子革什咱,在丹东为王;三子索纳木列巴,则来涂禹山,为瓦寺土司之祖。初居数载运经二百四十部至北京朝贡。明朝皇帝深嘉纳之。赐以茶,泼之地;易以乳浆,又泼之。皇帝问其故。答曰:"窃知京都近有火灾,泼此茶乳以灭火也。"不日,京郭果有大火,旋天降巨雨泼息之。皇帝遂知索纳木列巴为异人,赐以衣冠,封崇教翊善国师,原遣而还。正统六年,威州、孟董、九子、黑虎等寨为乱,调瓦寺雍中罗洛思征之,因留头目四十三名,番兵三千一百五十人,屯驻涂禹山。是为瓦寺官民屯殖之始。

龙书喇嘛口述之时,以手持之藏文瓦寺土司源流为张本,当非全为神话。绰斯甲人民信钵教,故其神话之钵教色彩颇重。钵教之言"奥尔卯隆仁",犹佛教之言"香巴拉"也。又言"儴戎",犹佛教之言"印度"也。皆不可为据。瓦寺人民信黄教,故又有普贤之说。亦不可为据。惟传说中,文登世代以前之史实,可补绰斯甲传说之不足。明代以后之历史,更见于该司《世袭功勋宗图全集》(原为木刻,刻板残幅存中央博物院。世传有抄本。二十六年夏,索观瀛土司抄赠一册)。兹摘录与上传说有关之一段如下:

> 一世祖讳雍中罗洛思,其先原籍乌斯藏加渴人也。生而颖悟,智勇绝伦,博览梵经,夷属畏服。自伯世祖琼部思六本三朗纳思霸,倾诚夏区,归化遐方。进献直经二百四十部,并贡土仪各物。召见,特赉予甚厚。赐茶及宴,并敕书、诰命各六道。……奉旨驰驿归藏,永绥南荒。正统六年,威茂汶保生番跳梁,即今孟董、九子、黑虎、龙溪等寨也。屡征不服,州县戒严。旋有命调我伯世祖统兵出藏,相机进剿等语。伯世祖因年老多疾,恐负朝廷委任,敬遣我一世祖亲领头目四十三名,番兵三千一百五十余人,分路进剿。凯旋日,百姓欢声若雷。……随奉旨留住汶川县之涂禹山控制西沟北路羌夷及威、茂、保、灌等处地方。钦颁宣慰使司,银印一颗,重四十八两,敕书一道,另都纲敕书一道,……以板桥、碉头、克约、六荡、大坪、小坪等处山箐,令其开耕住牧。其余不足安插土兵者,查自涂禹山而下,白土坎、河坪、高东、低纳等寨地方,汶民无力开耕者,俱饬部番垦荒报粮。

顾炎武氏《天下郡国利病书》亦载瓦寺土司之事。云：

> 加渴瓦寺亦董卜韩胡支派。正统间，调征草坡。宣慰司僧锁南列思巴来赴。赐号"崇教翊善国师"，给敕印，使分管摩多集塔藏里旧寺等十三寨。都纲喇嘛者，成化间，孟董、梁黄之乱，调发协征，遂就汶川涂里山巅居焉。国师久未承袭，以土舍护印而已。獠泽等关，是其忍守。（卷67）

顾氏之言本于明代旧志，当较可信。二者皆可为传说资料之补证也。
《宗图全集》载瓦寺世系，由雍中罗洛思至索观瀛共二十余代：

1. 雍中罗洛思
2. 克罗俄坚灿
3. 真巴札什
4. 满葛剌
5. 舍纳雍中
6. 占叫加
7. 喃葛
8. 亦舍雍中
9. 甲思巴
10. 南吉儿贾思巴
11. 南吉二朋
12. 舍躬
13. 山查儿加
14. 曲沃太
15. 曲翊伸
16. 坦朋吉巴
17. 桑朗温恺
18. 桑朗雍中
19. 索永弼
20. 索衍传
21. 索世蕃
22. 索代兴
23. 索代赓（代兴弟）
24. 索观瀛（世蕃子）

此由明正统年间至今一千四百余年间之瓦寺系谱也。

嘉戎土司，其远祖降自琼鸟之说，类皆有之。巴底土司王寿昌亦为余言其祖降自琼鸟之说云：

> 荒古之世，有巨鸟，曰"琼"者降生于琼部。琼部之得名由于此，译言则"琼鸟之族"也。生五卵：一红、一绿、一白、一黑，一花。花

卵出一人，熊首人身，衍生子孙，迁于泰宁（nar tar），旋又移迁巴底。后生兄弟二人，分辖巴底、巴旺二司。

丹东之革什咱土司邓坤山亦向人谈：

丹东远祖乃由三十九族之琼部迁来。琼部昔为琼鸟所止之地也。由始迁祖至今已有三十五代。初迁之时有兄弟四人：一至绰斯甲，一至杂谷，一至汶川，一至丹东。

巴旺与革什咱，论其语言为道孚语民族。然论土司世系，则同为嘉戎，而起自琼部。革什咱之建设部落，在三十五代之前，为时颇早，与绰斯甲约为同时。巴旺由巴底衍出，据巴旺土妇登风台抄示余之谱牒，由道克日则至其子王福元共历十九代。道克日则以上，则与巴底土司同谱。其为一族也，甚明。

他如梭磨、卓克基、松岗、党坝、沃日、穆坪诸土司均有此说。凡嘉戎土司之门额俱雕有大鹏式之琼鸟。形状：鸟首、人身、兽爪，额有二角，鸟啄，背张二翼，矗立欲飞。此鸟本为西藏佛教徒所崇拜，指为神鸟，常于神坛供之。然奉供最虔者则为嘉戎。吾常于涂禹山土署见一木雕琼鸟高三尺余，在一屋中供养，视同祖宗。梭磨、松岗、党坝、绰斯甲等官廨亦有之。其他土署，多所焚毁，旧制不可复观。想原时皆有供设也。

土司世系，修短不一。其间以绰斯甲为最长，得四十一代。革什咱相传有三十五代，详谱未能抄录。巴底王寿昌言祖牒可溯三十余代，惜吾等于抵巴之次日，值黑经寺大火，系谱底本，尽遭回禄。巴旺之谱则由巴底系谱分出，迄今只十九代。照列如下：

1. 道克日则　　　　　　2. 卜鲁日则
3. 拉戎　　　　　　　　4. 贾楚巴
5. 阿巴　　　　　　　　6. 孙给日则
7. 苍旺甲布　　　　　　8. 孙则钵
9. 曲帕尔　　　　　　　10. 笃尔基日则

11. 绰罗鸟日则
12. 散甲孙给
13. 雍中日则
14. 路绒
15. 公朝日旦
16. 彭楚
17. 杜丹汪浸
18. 南木赛班巴
19. 年执喃日几即王福元

卓克基土司之系谱亦只能溯自乾隆之时至今，凡八世：

1. 聂尔吉（《四川通志》作良尔吉）
2. 孙嘉奔
3. 嘉格尔奔
4. 索诺木介
5. 葛孙奔
6. 恩部索诺木
7. 钦若璞斯登比年参
8. 索诺木察梭（即今土司索观瀛，瓦寺土司裔）

此外，若杂谷、促浸、瓒拉三司于清乾隆年间已改流；若梭磨，于宣统二年绝嗣，松岗于民国二十二年绝嗣，无谱传今；沃日、木坪二司，作者未历其地；党坝居留时间过短，未得要领。故仅能陈述如上也。

三、嘉戎民族近代史

作者于第一章，由语言学之观点，以为绰斯甲、巴底、促浸、瓒拉、沃日、木坪、党坝、松岗、卓克基、梭磨、杂谷、瓦寺等十二部落为嘉戎语系民族。于第二章，由传说或历史之观点，以为除上述十二部落之外，革什咱（即丹东，一作单东）与巴旺二部落，至少其土司贵族部分，亦当列入嘉戎系统之中，则嘉戎实包括共十四部落。嘉戎之上古史部分，前已略述。此章只陈述嘉戎之近代史。近代史之资料，除中国史志之外，尤重各土司之片断档案，与边民耆老之口头传说。一般口头传说，固多猥琐不足压缙绅之听闻者。然恐移时而降，今日之以为不足道者，而后世以为奇瑰珍璧，求之不得。故立此篇什，以为研究清代民族史者之臂助。

（一）绰斯甲

绰斯甲嘉戎语曰"k'ros tɕap"，原为该部落始祖之名，引为部落之名。藏语曰"k'ra tɕin"，有"广土众民"之义。土司世系由绰斯甲布至纳坚赞凡四十一世，约于隋唐之际臣服于中国。然唐宋以来，中国实力未能达于金川徼外，仅依臣服之名而羁縻之。清康熙三十九年其三十三世祖资立（张海《西藏纪述》中一作索朗罗布）至京投诚。四十一年授安抚司。管辖人民七千八百户（依张海说，《通志》作一千一百三十户）。生子泚日丹巴麦尔，承土司位。有女名克朗月蛾，嫁促浸土司郎卡为妻，生索诺木，为金川之乱肇祸之首。又生女嫁瓒拉土司僧格桑，亦金川之役之祸首也。金川之役，清兵分五路攻金川。北路之兵假道绰斯甲，循日旁山脉而下，势如破竹，先占阿尔古（今靖化县城），对岸之勒乌围始下。事前，绰斯甲派人迎接克朗月蛾归寨，未助促浸为乱。故乾隆三十七年，赏绰斯甲土司二品顶戴；四十一年，颁给宣抚司印信号纸，嘉其不助逆为乱也。今土司纳坚赞，年33岁。其父拉旺纳尔武为逊清以来最后朝贡之一土司。宣统三年，纳尔武遣头人赍贡由蓉转陕，至潼关闻变乃返，死于成都。

绰斯甲官寨有三：一曰周伞（dsak zər），在日旁山北麓，距靖化县城约八十里。居民约三四十家，汉商四五家。一曰巴莱，由周伞沟西进约五十里，其寨居民最多，官廨亦宏壮。一曰木池，在巴莱西南七十里，规模最小。大抵东边无事之秋则居周伞，以与党坝、松岗诸司取得联系。有警则移巴莱。若值与道孚、丹东有交涉之时，则移居木池。

绰斯甲历以产金著名。二凯之金名震遐迩。沿河而下，俄热、烧日、娃枯、鱼别、鱼坝、观音普萨等地，延长百余里皆产沙金。司地以产金，遂为远近商贾、官僚、军阀所觊觎：初，松、理、汶、茂屯殖督署派员调查，议开未果。西康建省委员会私人集资继其后，获利甚厚。民国二十八年，西康改省，继请中枢划绰斯甲隶康省，原因基此。嘉戎人于金矿兴趣较少，且无法经营之。近年以采金汉人至者日多，汉军为保护金厂至者亦益众。绰司之牧场农田，多受损害；且其人民，有不经烦扰，逃奔野番为生者。故该司上下于采金及改省二事反对甚力。然政府命令既出，反对亦无效也。民国二十八年，绰司派代表赴渝请愿，中途为人所邀，转至康定献旗。纳坚赞尚不知此事之经过也。

纳氏有姐妹六人，分适于党坝、松岗、卓克基、巴底诸司，戚党势力颇为雄众，为诸司冠。松岗自高襄死后，土妇苍旺拉母，即纳氏之二妹，亦寻卒。土妇弥留时，曾议迎其六妹察棱巴色珠为承继者。死后，头人等往迎之。绰司提出条件若干条：（一）松岗之将来土司，须得绰司之承认；（二）并须得中央政府之许可；（三）日后对其妹为土妇之事如有异议或不服从者，松岗须割全土之半，并银千两，金百两，谢失言之罪；（四）其妹至松岗之日，绰司派头人一名辅导之，察棱今年16岁矣，方从僧读经。此一事件成为今日嘉戎土司政治一重要问题。

绰司自达拉伯家头人绝嗣后，即立陕西商人李炳兴之第六子秉华为头人，并以其七弟为总管。此为汉人在嘉戎争得政治地位之始。纳氏至今尚无子。土舍有二家：一曰鄂朗土舍（no ləan）；一曰鄂蒋土舍（na tɕan），与绰司土司家世为宗室而兼婚姻之家。

（二）促浸、儹拉

促浸（ts'e tɕən）译言"大河之滨"也。大河指金川江。巴底人称之曰"阿拉旦"（a rap ᴣdæn），义为坚美之地；即汉人所谓"大金川"也。大金区域指由日旁山南麓之新咱至空卡山沿河两岸之地。地为狭谷，虽长仅百余里，而土质肥美，气候温和，全流精华，尽在此段。物产种类亦颇丰富。近年种稻，颇获成功。不久又兼倡种棉。促浸土司未亡时，其主要官寨有二：一曰勒乌围（在今靖化治东隔河相望），一曰噶拉依（在今靖化所属之崇化镇南里许）。勒乌围形势颇为险要，东扼线碉沟之胜，北制日旁河之冲，西望阿尔古（即今靖化县治），河水深涨，难以飞渡。北二十里为哥尔但斯，为"原始祖地"之谓。平畴数百亩，皆黄土层，宜农宜牧，曩时有规模宏壮之喇嘛寺在焉。现只余一碉临河，可挹对岸沙尔泥、庆林诸寨。哥尔但斯山顶有姑姑庵，传为莎罗奔之妹修行之所。其北为得失梯，为莎罗奔之仓库旧地，周围筑碉保护之。地势险要，可挹格尔危山达大金之路。阿尔古传亦为喇嘛寺所在，在山顶上，靖化县府在焉。阿尔古北三里为丹泽穆，一名千家寨，清初人烟稠密之一村落也。今纯为汉族居地。逾此则为沙尔泥及庆林。此二村落亦平畴各百亩，庆林为"河滨古寺"之遗址，沙尔泥之义言地产金，今则俱为汉族种稻、麦、梨、枣之膏原矣。

促浸土司之祖，有哈伊拉木者于明代封演化禅师。传至清初康熙五年，其后嘉勒塔尔巴（从赵翼《平定金川述略》）至京求附，仍给演化禅师印。嘉勒塔尔巴之庶孙名莎罗奔者，以土舍率兵从清将岳钟琪征羊峒番有功，雍正元年授金川安抚司。莎罗奔既得封，自称促浸土司，以旧土司泽旺为儹拉土司，是为大小金川分置之始。嘉戎婚俗不忌同姓，而重阶级。莎罗奔以女阿扣妻泽旺，盖觊觎儹拉之土地也。

儹拉（tse lɛ）土司为嘉勒塔尔巴之嫡系后裔，官寨在美诺，今懋功县治也。土司泽旺既娶莎罗奔女阿扣，莎罗奔于儹拉之虚实既得，遂遣兵逾控卡山占据儹拉大牛厂，又进袭小牛厂。乾隆十一年劫泽旺归，而夺其印。泽旺臣民诉于四川总督，檄谕乃迁还。

乾隆十二年促浸又攻革什咱。初，莎罗奔之兄勒尔日尔以重金密赂革什咱土司左右，悉土司偕妻子沐于热水塘，勒尔日尔率轻骑袭之，杀土司及其头人，并俘虏其妇，以此遂进据革什咱官寨。巴底、巴旺诸司闻风震悚，咸求纳女以自固。继而进袭党坝。党坝不能支，允为臣属。年贡猪肉于促浸，乃罢。故今有"党坝土司为大金牧猪人"之谣。

同年莎罗奔又攻沃日鄂克什，儹拉土舍良尔吉助之。威茂协副将马良柱率兵来击，驻兵丕达。儹拉土司泽旺等先投诚，官兵遂进驻美诺。旋莎罗奔又攻明正土司之辖地。四川巡抚纪山遣兵弹压之，不服，反伤官兵。纪山请进剿，遂调黔督张广泗为四川总督，进兵美诺。初分两翼进兵：一由川西入，分四路：以二路攻勒乌围，二路攻噶拉依。一由川南入，分三路，攻庚特额等山。进兵年余未能进展。清廷逮张广泗斩之，并赐剑经略纳亲，罢其无功，命自杀。十三年，命傅恒为经略，与岳钟琪合兵大进，降莎罗奔父子，令归各土司侵地，献凶首，纳军械，供徭役，始罢兵而返。是为第一次金川之役。初，金川之乱乃启于促浸、儹拉之联合攻沃日。今大小金川人传说：沃日土司属地龙登碉之对岸有沃田二毗，产麦成双穗，胡豆巨如卵，故为促浸、儹拉二司所羡有，力谋占据之。又美诺北山阴塘产龙驹，为土司所得，故能驰骋指挥，坚抗清军。又传张广泗与纳经略相互猜忌，屯兵不进，此为要因。

乾隆二十三年，莎罗奔传位于其兄之子郎卡，郎卡阴结革什咱臣民，驱逐其土司色楞敦多布，与泽旺之子僧格桑，于革什咱之吉地官寨，且围攻之，并扬言将攻巴旺及瓒拉。明年，促浸人民在明正司地方纵事杀人。明正土司获之。郎卡因又扬言欲攻明正土司。二十八年，阿尔泰为四川总督。沃日、绰斯甲、党坝、革什咱、瓒拉、巴旺、梭磨、卓克基、松岗等九土司上书请剿促浸。清廷派阿桂统军，会同阿尔泰兵震慑之。三十年，郎卡攻陷党坝额碉山梁，阿尔泰亲往巡镇。三十五年，泽旺以沃日土色达克拉用钵僧邪术咒己，发兵攻之。阿尔泰闻讯，亲往达木巴宗晓谕之，并命瓒拉退还所侵沃日墨穆吉尔诸地。议未浃旬，瓒拉又攻沃日，并侵明正属地河西纳顶诸寨。三十六年，郎卡逊位于其子索诺木。索诺木凶悍异常，初及位，即袭杀革什咱土司色楞敦多布于热水塘。清廷以大小金川连年不靖，震慑无效，且二土司谣言有抢至维州桥之语，遂命阿尔泰等由南路进兵。以按兵打箭炉不进，赐死。又命阿桂、温福、桂林等率兵进剿。阿桂由灌县进兵美诺，为东路；温福由汶川进兵抚边，为西路；桂林由箭炉进兵章谷，为西南路。三十七年，西南路桂林所统之军，于墨陇沟失利，革职。阿桂遂转赴南路。斯年十二月，东路军破美诺官寨，僧格桑逃美卧沟，转至促浸。官军于底木达（即抚边）擒其父泽旺。同年，丰升额等由绰斯甲南攻勒乌围，为北路。三十八年，西路温福占据木果木山梁，拟督攻昔岭。以土兵诈降，纵酒阵陷被杀。美诺诸地，遂得而复失。传说温福之占领木果木也，将士欢欣异常，宰牲备自犒。土酋潜遣兵丁百名，藏刃化装，担肉壶酒以献。又遣美女十余名，至军中献歌舞。同时，伏兵山谷，以俟内应。温福不知，启栅纳之。当日欢娱至夜，将士大半泥醉。土兵、妇女尽出刃斩军领，然后鼓噪与伏兵相合，营阵尽乱，死伤无数。温福闻变，自杀于向阳坪；后人于旁筑美人坟以掩将士骨骸。阿桂闻讯由南路北上，遄赴西路；明亮赴南路。阿桂由鄂克什入，转战五昼夜，始复美诺。明亮复由玛尔里北攻，所向皆克，始尽复瓒拉诸地。美诺既定，于是始移师北攻促浸。

促浸官寨有四：一曰勒乌围；二曰噶拉依；三曰马尔邦；四曰独松。独松傍大金川在噶拉依北四十里。马尔邦在其西境。索诺木常驻噶拉依。该地南有控卡之险，高4600米，天然障屏，兵所难攻。故清兵转由北路南攻，于美诺则派重兵守之，以防索酋南窜。

阿桂之督师攻促浸也，派海兰察攻谷噶山，额森特攻色依谷山，是为西路。派丰升额绕党坝至卓克基之孟拜拉进兵，占领萨尔赤鄂罗山；舒常由日旁山之宜喜南下，是为北路。派明亮进兵马尔邦马奈，再移师北进，是为南路。阿桂与丰升额会师叶立凯，攻罗卜瓦、逊克尔宗、日尔巴当噶诸峰，遂拊有勒乌围后山之背。四十年八月，下哥尔但斯，直追勒乌围官寨。此金川东岸之师也。明亮由马奈进，转俄坡至宜喜，与舒常会师南下，于斯年十一月，至阿尔古，隔河与阿桂之师相望。此为金川西岸之师。时索酋早已闻讯，已南逃于噶拉依官寨。南岸之师遂分道搜索前进，促浸头人望风投降者甚多。四十一年一月，两路官兵会迫噶拉依。

噶拉依东有昔岭刮耳崖之险，西有鹁鸪崖之危，官寨则建于其间牧马山之麓。相传当时，仅于山洼砌碉筑寨，既乏城壕，又鲜街道，仅有居民二三百户而已。沿山而下为牧猪坡，传为索酋牧豕之围。距坡一二里，则为官寨。引水自山涧，通入寨中。官军至其地，先于八郎山上下等筑炮台4座，准对官寨西南二方。又于牧马山筑炮台三座，可击官寨之背。山之对面为八景多山（即今关帝庙至义冢、官山及大桥），清军总营建置于此，居高临下，俯对官寨。四十一年二月八日下令总攻。索酋事先虽移置金银室，藏于八角碉沟之览哨，而至期寨粮告罄，且水源又为官军掘断，故惊恐异常。官兵又以重炮日夜轰击，所至重垒坚碉，摧为沙砾。索酋不得已，遣其母阿仓，姑阿青，妹得什安木楚及僧格桑妻得失尔章，与索酋庶兄莎罗奔冈达克、索诺木彭楚等诣军营乞降。阿桂先于山上建受降坛，高3.65尺，纵横10倍之。建阶十八重，以象征十八土司之就范也。索酋之母等至，不纳，以索酋亲降为辞。翌日，索诺木捧印跪降，囚之，解京献俘。是为第二次金川之役。

促浸、赞拉既定，乃改称其地曰"新疆"，去土为屯。美诺改懋功厅，设同知。底木达改抚边，设屯员。噶拉依改崇化，设屯员。阿尔古改绥靖，设屯员。雍中寺改广法寺，革钵教为黄教。又择金川之役随征有功之嘉戎，设屯番，立守备千把总外委诸名。（计河东屯守备一员，辖屯千总二员，屯把总二员，外委十一员。河西屯守备一员，辖屯千总三员，屯把总六员，外委十四员。此在今靖化县境内者也。又八角碉屯守备一员，屯千总一员，屯把总一员，外委四员。汗牛屯守备一员，辖屯千总一员，屯把总二员，外委三员。别思满屯守备一员，辖屯千总二员，屯把总二员，外委五员。此在懋功县境内者也。宅垄屯守备一员，辖屯千总一员，屯把总一员，外委六员。此在今丹巴县境内者也）

（三）巴底（附巴旺）

巴底原名"巴拉斯底"（brak s de）。"巴拉"，山也。"斯底"，巅也。言其地在山之巅。建落于墨尔多山之西麓，与巴旺为毗邻。巴旺（ba wuan）之意不明，无论由宗派或土地言，与巴底自古为兄弟之邦，惟语言不同。其共同祖曰绰布木凌，于康熙四十一年投诚于中国，授巴底安抚司。绰布木凌生二子：长曰囊索，袭土司，住牧巴旺。次曰旺查尔，分防巴底。乾隆二十三年，促浸与革什咱因婚姻构衅，促浸、革什咱臣民兵联攻革什咱土司于吉地，巴底土司附促浸，巴旺土司则与绰斯甲、明正二司联合救革什咱土司。此时巴底、巴旺已有分裂之象。迨二十八年，嘉戎九司共请清廷讨伐促浸，巴底不与焉。揆其原因，盖以巴底纳女于索诺木之故。三十六年，嘉戎诸司多促清兵攻金川，巴底、巴旺亦攻金川。乾隆三十九年，巴底、巴旺并封为宣慰司。巴底官寨有二：一在巴拉古（bra ku）；一在琼山（tɕyan səam）。巴旺官寨只一，在巴旺。巴底今土司王寿昌（nima wuin ʒdæn），其祖工噶纳包生二子：一曰斯丹增汪参，袭巴底土司；一曰斯道日丹，袭巴旺土司。清末宣统三年，奉命改土归流。事办未竣，革命军起。当改土时，二司印信交西康，而由四川节制。四川派关符盛为屯官，住章谷。民国初年，川边总指挥陈遐龄，遣卿德云率兵接收丹巴。关屯官以未奉命令，延抗不交。时值丹东、巴底、巴旺三土司在章谷会议。川边军疑诸土司拒绝归顺，开枪击之，遂酿民变。陈遐龄率一团来剿。巴底土司先遣人求降，巴旺、丹东随亦应命改县。取丹东、巴底、巴旺之名，联名而称曰丹巴县。各土司任总保之名。每年总集税收，交于县署，且办理各土徭役。至今改联保主任或乡长，一仍旧制。巴旺土司王福元，于民国二十五年至京请愿，返康定病故。其子不久亦死。现由其母登风台氏以土妇摄七职。三十年，以年老目盲，拟让位于巴底王寿昌兼摄之。作者三十年秒至巴旺时，正在进行此项逊位事件也。

（四）附丹东革什咱

丹东原音"m-da m-du"，言革什咱河与格生利龙巴河二水之上游间尾区域，且相互交错也。下游有革什咱官寨，故世以"丹东革什咱"并称之。清代封印文亦曰"丹东革什咱"。地居嘉戎诸部之最西，其始祖来此亦最早。革什咱之名盖始于其始祖名"革须节"（ʒgə cy tsie）之故。其后孳衍为丹东、杂谷、卓克基、松岗、党坝诸土司贵族。诸戎之中，此族繁荣最烈。清康熙三十九年，其祖魏珠布策投诚，授安抚司。乾隆年间，屡与促浸土司相龃龉，而为所凌虐。丹东、促浸本世为婚姻。自土司遭热水塘之袭，二族以交恶。乾隆二十三年，土司色楞敦多布被困于吉地。僜拉土兵救僧格桑，色楞敦多布亦乘间逃沙中。促浸兵会巴底兵及色楞土司叔父庸中嘉勒围据吉地，并谋立促浸女为丹东土司。经绰斯甲等司出兵反抗，始焚吉地官寨而去。三十六年，色楞妻促浸女所带之头人被害，疑色楞所为，索诺木发兵袭杀色楞，遂启金川之役。四十一年，官兵平复丹东诸地，搜索土舍庸中旺加勒及袭杀色楞之首领甲木参，解京伏诛。初热水塘之役，革什咱土妇扎什纳木被困于索诺木官寨。及噶拉依陷落，扎氏乃逃出诣阿桂。阿桂令仍归本土，以其子湛都尔承袭丹东土司。清末，土司权力日削。近道孚之人民，首宣独立。光绪二十三年，头人甲木楚罗布又据革什咱叛变。土司发兵讨之。甲木楚罗布遁走鲁密地方。宣统三年，奉命改土，归章谷辖。民国初年，陈遐龄率兵征丹巴，甲木楚罗布为先导。事平，遂委之为革什咱总管。近年，罗布无后，革什咱为巴朗头人所辖。丹东土司思以女妻之，谋重振旧势，然已无能为力矣。

（五）沃日（wo ri）

沃日，一名鄂克什。鄂克什其官寨名也。清顺治十五年，巴碧太投诚，封"沃日贯顶净慈妙智国师"。乾隆十二年，大小金川合攻鄂克什官寨，岳钟琪率兵讨伐之，逐至卡撒输款悔过，并退还所掳沃日男女四十余人，乃止。二十年，晋色达克拉为安抚司。三十五年，僜拉土司泽旺以色达克拉用钵教黑术咒己，发兵攻陷墨穆尔吉等处。四川总督阿尔泰率兵镇压，令返侵地。已而背盟复攻沃日，并与官兵拒战，遂启金川之役。详细经过，已志前节。二十九年，清廷以沃日土司随征金川有功，赏二品顶戴，易沃日为鄂克什，辖于维州协。五十年，改隶懋功协。民国五年，懋功县委其土司为区长。今土司杨春辅，于十七年嗾土兵扰乱县城及新桥、石灰窑沟、龙沙沟等处。十八年被免职。政府仍起其伯父杨全忠为土司。全忠死，仍由春辅袭位。今改为乡长。

（六）穆坪

穆坪（mu pe）土司，世称为穆坪董卜韩瑚宣慰司，其来源甚古。按中国史志，董卜韩瑚之名见于历史者，一在理番，一在宝兴县。考其源流当为一族。顾炎武《天下郡国利病书》云：董卜韩瑚原居于宝兴县穆坪一带之小铁围山，去理番约七八日路程。此其本部也。天宝中，其国王请内附，韦皋处其众于维、霸等州。此则东殖之董卜韩瑚也。按古维州在今杂谷，古霸州在今理番、龙溪、木上诸寨之山麓。此理番东区之殖民也。又《利病书》引旧志云："孟董番亦董卜韩瑚。"当在今上下孟董。此理番西区之殖民也。《唐书》载贞元中，哥邻国王董卧庭诣剑南西川乞内附。天宝中，韦皋处其众于维、霸等州，给以粮种耕牛，咸乐生业，云云。按哥邻当即嘉戎（ka ru）之译音。《利病书》引《旧保县志》言："唐保、霸二州，天宝中所置。酋董氏世有其地。"又言："按《宋史》董氏世知保州。"故今理番县治及通化等地，董氏仍为望族。此皆理番嘉戎之与穆坪有关者。本部民族于明永乐八年，酋长南葛来贡，授宣慰使司都指挥同知。终明之世，屡代未渝。明末，庆符恭僖王朱奉锜倡义讨张献忠，穆坪出兵雅州助之。献忠之兵，故未过雅州。清康熙初年，土司坚参喃喀仍袭原职。乾隆时代金川之役，清兵由穆坪趋沃日为中路。穆坪司民出兵运粮，且赴各土游说归清，其功颇著。土司世与明正土司为婚。自康熙至清中叶，常由一土司兼挑二司之职，明正并举金汤一带土地予之。民国十七年，穆坪土司无后，明正后裔甲联芳至穆坪争袭，为土民击毙。建昌道尹黄昌煦呈请改土，分为宝兴县及金汤设治局二部。

（七）杂谷

《通志》言，杂谷于唐世归化中国。然以《方舆纪要》所考，当年杂谷官寨当在今杂谷脑一带。所谓无忧城似在今2300米高度之朴头山上。（《方舆纪要》引明旧志云："出保县南岸行一日，又北渡沱江，至杂谷安抚司。

又八十里。又十里有故城，相传即无忧城也。其地有十上碉下碉，前临沱水，后倚高山。"）若此，再以隋开皇九年《通道记》征之，其归中土，至少亦在蜀汉之世。明永乐初年，杂谷酋首阿漂者，以捍羌之功，授杂谷安抚同知。岁输薄粮于维州番仓，三年一贡。其东北境上有八棱碉，与鞑靼密迩相接。岁终发番兵万余，备粮入碉，以资防守。至翌年除夕，始准更班。此制清仍之。乾隆十七年，以土司苍旺与梭磨卓克基构衅，四川提督岳钟琪发兵剿除之。因地设置五屯，以各寨头人选补为屯守备。计杂谷脑屯守备阿咱纳一员，驻格山寨。乾堡屯守备阿忠、阿忠保二员，驻甘堡。上孟董屯守备美诺更噶豆耳日一员，驻上孟董沟。下孟董屯守备班马一员，驻下孟董沟。九子屯守备阿太一员，驻九子寨。前四屯之人民为嘉戎。后一屯之人民则羌民也。按今杂谷守备改汉姓为高氏、包氏。高氏无后，包氏亦仅留一女，赘九子屯守备杨继盛之弟继祖为夫，挑高、包二氏之业，驻丹泽木沟。甘堡屯仅留一支，其后裔名桑子候，驻甘堡屯。上孟董今守备苍鸿恩，驻日卜寨；增设守备王运昌，驻老鸦寨。下孟董守备沙润源，驻子达寨。增设守备杨庆云，驻甲米寨。九子屯守备杨继盛驻二瓦寨。增设守备王贵顺，驻水塘寨。

（八）梭磨、卓克基、松岗、党坝四土司

梭磨（so mo），藏语作"sa moun"，言"广大土地"也。卓克基（tsuok tsis），藏语作"m tsuok ʒtsie"，言"最高之善"矣。松岗（zun gak），藏语作"r zuan"，为"宏壮之屋宇"也。党坝（dæm ba），藏语作"lek dɛ"，言"富福之地"也。以上四司皆祖述于杂谷，而原为杂谷土司之土舍。四司之中，梭磨之祖辈齿最长，其土地亦最宽；其次为卓克基、松岗；最幼而封土最狭者则为党坝。此四司分布于金川上游之马塘与绰斯甲之间，各依河谷平衍腴美之区建立官寨。又于各处封建头人寨首。骎骎乎有扩拓至草地高原之势，降伏野番，为其臣民。然其主要民族仍为嘉戎也。

梭磨始祖囊索沙甲布，为杂谷土目。于唐时投诚中国，无印信号纸。其后于清雍正元年，以征廓尔克番有功，给副长官司印。乾隆十五年，改授安抚司。三十六年，以随剿大小金川有功，升宣慰司。咸丰初年，土司郎卡斯丹增无子，以女苍旺格什为继，赘党坝土司子工噶甲穆参为婿，土舍朗孙随来佐之。土妇生二子：长曰班马汪札；次曰青目仁增。咸丰十年，芦花人民

卜什哈珠聚众为乱，土妇偕其夫往抚之。其夫被戕，土妇及二子则被幽禁。党坝遂命土舍朗孙主松岗事。同治三年，官兵至芦花、黑水平乱，土妇及二子始归梭磨。旋土妇病故。五年，长子班马汪札始袭位。汪札死，由其族思良刚王平继之。宣统二年，王平死，无嗣，由土妇摄政，大权则为芦花大头人达尔王珍所操。芦花在黑水流域之上游，其民为生羌，与嘉戎语言不通。且地距梭磨土署甚远。故其头人多专横异常。当思良刚王平土司之执政也，达尔王珍随侍其侧，足智多谋，故权力颇大。及土司死，其权益彰。土妇不久亦卒，印信号纸为王珍所执，遂篡土司位而代之。初，黑水流源设大头人二：一在芦花，一在麻窝。二族常互婚媾，而势亦相埒。王珍篡土司位，恐麻窝头人不服，遣人撒痘苗于麻窝河井中谋毒之。麻窝头人觉知，发兵与战，追王珍于瓦卜梁子杀之。王珍之子达图，不能御众。生贡达尔，娶麻窝头人苏永和之长姊为妻。不久即死。妻妹往吊，留以为妻。即今所谓"芦花太太"也。永和有兄曰永清。永清曾许其妹（即芦花太太）与杂窝小头人公高羊平为妻，而己则易娶公高羊平之妹。及贡达尔强其妹为妻，遂为公高羊平所衔恨。时以势力不敌，无可如何。已而芦花小头人查思加杀贡达尔，芦花太太遂招公高羊平为夫。苏永清以兵抗川军。事平，至成都谢罪，归则病死。其妻（公高羊平之妹）则转嫁于其弟永和为妾。今永和势力日益张大，嗾其姊交出梭磨印信，谋梭磨土司位。以梭磨人民未能尽服，且地方政府不敢信任之，故至今尚未成功。

卓克基始祖聂尔吉，亦杂谷土舍。以乾隆十三年随征金川有功，授长官司。乾隆二十三年死，其子松嘉奔继之。三十二年松嘉奔死，其子加格尔奔继之。嘉庆六年，加格尔奔死，其子索诺木介继之。二十二年，索诺木介死，无子，以其妻雍中哈母土妇摄政，引党坝土司子葛孙奔为嗣，于咸丰九年袭位。同治十二年，葛孙奔死。葛孙奔原有一子，名钦若璞斯比登年参，已出家为僧，至藏学经未归，故未承位。初由其母仁真旺母摄政。光绪十七年，仁真旺母土妇亦死。人民以土内不可一日无司，遂请阿坝土司子恩部索诺木嗣位。二十三年，斯比登年参自藏归来。公议以喇嘛兼土司袭位。恩部索诺木遂退还阿坝。宣统元年，斯比登年参死，无后。民国元年，人民请汶川瓦寺土司索诺木察棱为嗣袭位。即今在位之索观瀛也。

松岗始祖亦杂谷土目也。清康熙二十三年给安抚司印。乾隆十七年，杂谷土司苍旺伏诛，委梭磨土司勒尔悟之胞弟根濯斯甲承袭土司位。传子纳穆尔，于嘉庆五年病故，无子。其妻索朗谷色尔满土妇摄位。清之季世，土司思高让龙珠，娶绰斯甲女察旺拉母为妻。民国二十二年，思高让被狙而死，无后，由其妻摄位。临死时，议引其妹察棱巴珠为女，承袭土妇，再赘其他土司之后为土司。此议一出，当时逐鹿者有二：一为卓克基今土司长子察棱龙珠；一为黑水头人苏永和之侄。前后各以赞成与反对者参半而未成。刻下，察棱龙珠已学喇嘛；苏永和之活动则固方兴未艾也。

党坝之祖阿丕亦杂谷土舍。乾隆十三年，土舍杂旺随征金川有功，授长官司。以住地与促浸毗连常为所凌虐。乾隆二十三年并为巴底所侵，进据马让。党坝官寨有二：一在盘龙河坝；一在马让。有土舍一家则居于格尔危山上噶斯泰克。传至清季无嗣，以女察朗海为土妇摄位，赘梭磨土司之子为夫。无嗣先亡。土妇与头人恩保彭楚合，始生色楞乌，为今土司。

（九）瓦寺

瓦寺始祖雍中罗洛思事，已见前章。清顺治九年，土司曲翊伸投诚；授安抚司。康熙五十七年随征西藏，升宣慰司。乾隆十七年土司桑朗雍中奉命讨苍旺土司，下杂谷喇嘛寺日猪卜等寨。三十二年，促浸兵至巴郎山，瓦寺出兵御之。其后并奉调建昌，征罗夷；又调浙江，助征台湾。民国以来，土司索世藩于二十年随二十八军征黑水，死于维鼓。生子二人：长曰观瀛，至卓克基承嗣为土司；次曰观瀛，袭瓦寺土司。

四、嘉戎诸部落联系史

嘉戎诸部落之关系，可由历史上之宗族联系与婚姻联系二层研究之。前者多为纵的关系；后者多为横的关系。此二种关系一明，嘉戎民族之社会历史约可明了其大概。惟此种关系见于历史志者极少，或以其不关重要而漠置之。不知嘉戎部落之分离联合、捭阖纵横诸事实皆发生于此二种关系中也。兹先明其宗族之关系：

按前章明述，嘉戎土司之祖出自琼部。琼鸟乃其族之族徽，似即人类学家所谓"图腾"（Totemism）者。嘉戎无不崇拜琼鸟，且无不言其远祖来自琼部。以义相绳，可知嘉戎土司贵族之迁自乌斯藏之琼部，乃不成问题。琼部在拉萨西北18日路程。其地有日乌嶙朱、格日那日诸山。居民尚多，传说古时有三十九族。唯土地贫瘠，故东殖至康北者颇众。嘉戎之来，亦由此故。惟其迁徙，以时间言，有前有后；以所至地言，先殖何地，为其主系？后衍何地，为其分衍？皆为吾人今日所愿解答之问题。

绰斯甲土司世系图谱言：最初由琼部迁出之土司，生三子，为绰斯甲、沃日、革什咱三土司之祖。瓦寺土司传说则言由琼部迁出之土司，最初衍派者为巴底、丹东、绰斯甲、瓦寺诸土司之祖。巴底传说，巴底土司为最早由琼部至泰宁再转巴底之一族。由巴底始衍为巴旺土司贵族。丹东土司亦言其族为最早迁出之一族，此外尚有三支移殖于绰斯甲、杂谷、汶川诸地。征于以上诸说，再由作者考订，大抵由琼部直接到西康东北与四川西北间之部落，若绰斯甲、沃日、丹东、巴底诸贵族，似无问题。此外尚有穆坪一司，亦似直接迁来。瓦寺则由穆坪衍派而出者。而其人民，由瓦寺宗图所述，大部系由诸贵族直接带出之土民所衍生，然后吸收远近之其他游离分子而融之。否则嘉戎语言之成立与诸土语言一致之事实，恐无法解释。又由初民之旅行原则而言，茧茧种人，向东迁徙，初遇丰谷沃野，必罗布而居之，俾生活早得安定，以减少疲劳。故早期迁出之民族多为距离所迁地较近之地带。此种地带自然须合适其生活条件为第一要件。嘉戎由乌斯藏琼部东迁，至金川流域，无论物产、气候、牧场及食水来源诸方面，皆为极理想之地区。如绰斯甲、巴底（巴旺在内）、丹东、沃日、穆坪诸地皆为金川丰美之区，且距离琼部较近。在原则上当为此族先所占据。又如促浸、瓒拉亦极合上述旅行原则。惟以该二司遭金川之变，中国政府草薙而禽猕之。亲者不敢引为亲，族者不敢系为族，故于诸土司今日传说中失其脉络耳。以上所言者为西部嘉戎。

东部嘉戎世以杂谷土司为最大部落，所辖区域亦至广泛，且多肥谷沃野。西有梭磨、卓克基、松岗、党坝，东有甘堡、孟董、九子诸营。东北之新番、旧番、三溪番以及黑水流域以西之诸羌，皆在杂谷领域之内。民国二十六年，余至三溪番考察时，土人言：元明间其地喇嘛寺甚多。又今新旧番及黑缽寨以上诸羌，以及黑水羌至今仍着嘉戎衣冠及装饰。又今黑水以东之博猓羌尚称黑水西部之人曰"杂谷"，则其初为杂谷之属土甚为明显。杂谷土司之世系，由其分布所在地及初民旅行原则言，其为后期由西部嘉戎分派而出甚明。三十年，余在卓克基晤索观瀛土司，彼为余言："杂谷土司及其土舍皆由丹东分派而来。由杂谷又衍生为梭磨始祖诺达工朝尔极。工朝尔极生三子一女。一子名囊索沙甲坚木灿（当即《四川通志》之囊索沙甲布）分留梭磨，为本土之祖。一子名聂尔吉（《通志》作良尔吉）分派于卓克基，为该司之祖。一子名松纪尔甲，分派于党坝，为该司之祖。一女名噶尔玛，分派于松岗，为土妇。赘夫生子，为松岗土司之祖。"索氏此言本于祖上传闻，且与史志吻合，自当可信。由此不特可证明杂谷土司世系确由西部嘉戎衍出，且四土列祖亦由杂谷分派之说，于此得一有力旁证。俱可补《四川通志》之不足。于此或有人疑问，杂谷始祖既由丹东而至，何以不先占据松岗、卓克基、梭磨等地方，而乃于扩拓丹东之后，始转向西北分衍？余于此问题之解答有二：（一）杂谷东迁路线有二：一由丹东，经促浸（靖化）、底木达（抚边）、沃日（鄂克什），东出两河口由芦干桥转杂谷，为南路。一由丹东，经党坝、松岗、卓克基、梭磨，逾鹧鸪山，随扣山沟南下至杂谷，为北路。二路大致以南路为捷径。其若由南路而来，经过促浸、沃日之领土，自然以杂谷为最合人类居住之河谷。（二）若趋北路，党坝贫瘠之地，无可留恋。卓克基仅一官寨河坝，堪称肥壤；四周皆为高山。梭磨河谷，长而不宽，皆不足远来移民羡慕之的。其逾高山，再至杂谷，亦属可能。然不如趋南路之为捷径也。

杂谷东迁之事至少亦在隋唐之世，较董卜韩瑚之东迁为早。瓦寺土司世系之东迁则为时甚晚。顾炎武《天下郡国利病书》引明人笔录云："加渴瓦寺亦董卜韩瑚支派。"又云："明正统间，调董卜韩瑚征草坡，宣慰司（当即董卜韩瑚或穆坪宣慰司）遣僧锁南列思巴来赴"云云。则瓦寺之祖来自穆坪甚明。

由以上考证，嘉戎土司世系之渊源可列表如下：

由乌斯藏琼部三十九族东移所建之嘉戎部落	（1）绰斯甲 （2）沃日（鄂克什） （3）丹东（革什咱）——（8）杂谷——（9）梭磨 （4）穆坪（董卜韩瑚）——（13）瓦寺 （5）巴底（巴拉斯底）——（14）巴旺 （6）促浸 （7）僜拉	（10）卓克基 （11）松　岗 （12）党　坝

其次，再述明其婚姻关系。

试先以绰斯甲土司纳坚赞之世代为例。纳坚赞之夫人为本司鄂朗土舍之女。土舍本其宗族也。嘉戎婚姻不避同姓。由血统言，土舍似即为土司世代持续之机构。平时供给婚姻之配偶；绝嗣时，则纳子息为承继司位之人。故其作用，兼如中国之皇室与皇戚，而有之也。纳氏有姐妹六人。长姊曰穆特钦（m-t'a tɕin），适卓克基土司索观瀛为妇，生二子。长曰察棱龙珠，曾有承袭松岗土司之议，未洽。前年在查理寺受戒为僧，今驻马尔康寺修持。二曰察旺彭楚，已定为索司之承继者，现居官廨学礼读经。娶苏永和女为妇。纳坚赞二姊曰苍旺拉母，适松岗故土司思高让龙珠。龙珠早死，无子。议以杂谷高守备之子高襄承土司位。高襄既至，因头人不服，被狙而死。土妇遂与头人议迎其六妹察棱巴色珠为继女，即将来之土妇，而招赘他土司后裔为土司。议未行，即死。松岗头人百姓，践言至绰斯甲迎女。三年前，绰斯甲女始13岁也。纳坚赞诺之。并结言如有异议，或不服从之事，愿割松土之半并纳款以谢。纳坚赞之三妹曰雍中巴色珠，适巴底土司王寿昌。寿昌有兄，与雍中不睦。雍中邀绰斯甲力士多人格杀之。前年，雍中亦死，留一子。四妹曰彭楚巴色珠，适同族鄂朗土舍工噶纳尔武。五妹曰沙珑巴色珠，适党坝今土司色楞乌为妇。色楞乌者即前章所述土妇察朗海之子也。

次以金川之役中促浸及儹拉二土司为例。清雍正年间，促浸莎罗奔以女阿扣妻儹拉泽旺，为侵袭小金川之备，遂启第一次金川之役。已而莎罗奔之侄郎卡迎绰斯甲女克朗月蛾为妇，生一女，嫁儹拉僧格桑为妻。

再次，以晚近巴底、巴旺、丹东三司之婚姻关系为例。清末巴底工噶诺尔布生二子：长曰斯丹增汪钦，娶绰斯甲头人张庚之妹慈旺拉母为妇，生王寿昌，袭土司位。次曰斯多丹汪钦，出承袭巴旺土司，娶巴底民女阿巍为妇。生南赛柏巴，娶丹东土司女登凤台为妇。南赛柏巴生王福元，娶王寿昌之二姊雍潜珠玛为妻。由同族之谊言，雍潜珠玛固王福元之姑母也。

丹东土司登坤山共姊弟五人。姊登凤台适巴旺南赛柏巴。兄登龙初承土司职，娶明正土司女为妻。不久，登龙即死。坤山既得土司位，遂娶其嫂氏。原嫂氏本生一女，年15岁。拟嫁与巴底新鳏土司王寿昌。继以王氏庸弱，作罢。而欲嫁与革什咱青年头人巴登。今时三方仍在争执中也。

最后一述代表嘉戎贵族婚制式微时代现象之沃日土司。沃日土司杨全忠娶大金河西守备阿庆丰之姑为妻，死；继娶官寨头人女为妻，所属百姓头人数有烦言。全忠无子，仅与阿氏生一女，配与其三弟之子春辅为妻。此乃堂兄妹婚姻也。春辅遂嗣全忠，袭土司职。春辅素与全忠之后妻不睦。全忠之妹，今宅垄守备雍和林之母，亦素嫌全忠妻，遂与春辅谋，遣人谋杀之。未几，春辅之妻亦以患花柳病，不治而死。春辅遂癫狂。后以无嗣，纳本司小头人女为妻。百姓不服。懋功县长乐某往和解，认头人女为义女，此案始平。春辅之三弟穆缉熙往八角碉为守备。娶雍和林之妹为妻，实姑母之女也。嘉戎土司婚姻，至如今日之鄂克什贵族，而称最滥。

嘉戎之行族内婚制，本与其阶级婚姻有关。顾有时，土司亦降级与头人以下阶级为婚者，其原因有四：（一）在同级诸土司家一时无相当配偶；（二）土司之势力式微；（三）爱情关系；（四）头人势力嚣张，赖此以羁縻之。属于（一）种之例，如巴底斯丹增汪钦土司娶绰斯甲张庚头人之妹慈汪拉母是。属于（二）种之例，如沃日土司杨春辅之纳小头人女是。属于（三）种之例，如沃日土司杨全忠之民女；巴旺斯多丹汪钦土司之娶巴底女阿巍是。属于（四）种之例，如丹东登坤山土司兄女之嫁巴登头人；索观瀛子察旺彭楚之娶苏永和女是。

于此吾人所当注意者，则嘉戎婚制，并不限于其本族，如康族、羌族、番族之贵族皆可附为婚姻，以相交好。前在卓克基近世史中已述一段可注意之事，即清代光绪年间卓司曾一度无执政人选，公议迎阿坝土司子恩部索诺木承嗣司位。此西番贵族之婚偶为谁，卓司谱牒中未曾明言，或为嘉戎女亦未可知。汶川瓦寺土司自清末以来，常与灌县、崇庆一带之汉人通婚。如索观瀛之继母则为纯粹汉人女子。瓦寺土司血统早已难称为纯嘉戎民族。索观瀛今又入卓克基承嗣，则汉人血液带入其中，故其子弟，在体质形态上，与汉人曾无少异。又如卓克基少土司察旺彭楚今又与苏永和之女为婚。吾人已知，苏氏为羌民，非嘉戎也。且苏氏女之血液亦不为纯羌，而有嘉戎血统之半。盖黑水麻窝头人，在苏永和世代以前，其族血统已不可考。在苏永和世代，其姊适芦花头人贡达尔，其兄永清娶新房子公高羊平之妹邓峨兹葛尔玛，固皆为羌民。然永和之妻则生于扣山沟猛古地方，为一嘉戎女子。察旺彭楚之妻即系此嘉戎女所生。故其女于至卓克基后，在语言上丝毫未感觉困难。以上所述，皆嘉戎与汉羌西番混合同化之证也。

与嘉戎血统交混最烈者，似尚非汉、羌，而为康族。巴底处大金川上游，与康族相距甚远。而王寿昌之姊旺钦色尔玛竟嫁康定明正土司阿贾彭楚为妻。然则历史上嘉、康二族之婚姻交错，可以推想。至于与明正接壤之穆坪，此二部落之贵族，由清以来，已成一而二，二而一，不可分离之关系。以吾人所知，清初康熙四十九年之时，穆坪土司雍中七立阵亡于建昌，其子坚赞达结尚幼，即由其妻桑结护理。桑结者明正土司工噶侄保女之第四女也。五十七年，明正无后，桑结故又返明正袭土职。雍正三年，坚赞达结出兼明正、穆坪二土司职。相传而下，二化为一。故民国十七年，明正土司后裔甲联芳，至穆坪争袭未遂而死。由血统与封建之观点言，甲氏之争袭穆坪，颇有理由。惜此一段历史背景为一般人所不知耳。

　　由上述种种事实，可鉴嘉戎血统日在变化之中。

（原载《民族学研究集刊》1944年第4期）

凉山罗夷的族谱

一、系谱的源渊

　　系谱之产生与阶级（Classes）或种级（Castes）的社会有关，凡是阶级社会或种级社会固未必都有系谱。例如欧洲英、法、荷等国在海外统治有许多殖民地，若干殖民地的长官与本地土著都无系谱可述，然有系谱的民族大都为阶级社会或种级社会。例如古代的埃及王朝，印卡王朝，中国的六朝门第以及印度的"喀斯特"组织都是如此。且系谱大抵是贵族的意识产品。凡阶级社会的人无不对于贵族发生优越感。这种优越形势本来由贵族踏在贱民的梯阶上形成的。但贵族不承认这个铁一般的事实，以为贵族之所以贵乃由于他们是贵胄，由优越的祖先才传下来他们那种优越的骨头与血液。此种伪的事实，经过合理化的思想之渲染，便成为一种阶级理论。合理化的历程：第一必先认定贵族的祖先是优越的，或是天帝，或是神，至少也是盖世的英雄或伟人。第二，祖先的优越传给子孙，所以子孙能成为优越。什么原因呢？因为他们承继了祖先的骨头与血液。于是"血统"与"骨族"之名产生。第三，凡同祖衍生之子孙为"我群"，异祖之子孙为"尔群"。每群有一共名，即所谓"姓氏"。凡同一姓氏之族人谓之"氏族"，氏族的首领是神的苗裔，神的代表，遂以统治氏族全体，包括本族所管治的一切异族。但在全历程中有一重要问题，即绝对承认骨头与血液是可以遗传的，但何以知那位优越的神的祖先便是你们祖先呢？设使他们数典而忘祖，则姓氏之立如无根之树，无源之泉，不能使人相信了。反之，他们若能由远祖及于近祖，近祖及于本身历历陈述，如数家珍，使自始祖至子孙，无论直系旁系，都是原原本本，条理分明，自成系统，此即我们现在所说的系谱。如此，贵族的身份始能确定，于人可以翔然自炫，不受挑剔；于己可以心安理得，贵得有头有尾。贵族的系谱一经成立，平民贱族跟着起而模仿，于是全社会的各阶级皆有系谱。由社会的意义来说，平民或贱族系谱成立的意义与贵族的不同。贵族成立系谱对于贵族绝对有利。平民贱族成立系谱对于他们则利益浅鲜，而弊害丛生。平民贱族之中产生一位英雄的能臣良仆，于他们的系谱固增光荣不少，但贵族对之，虽为赏识，论及门第，而仍羞与并肩为伍。贵族对于臣仆之有系谱在原则上亦颇赞同。主要原因由于臣仆系谱可以确定历代臣仆家族对于贵族的义务。譬如古代一臣仆领主人一份田，每年对主人须服一个月徭役。日后此臣仆的后人如有异议，主人提到他的系谱那便可妥帖无话了。所以系谱可以决定他们的社会关系。其次，由心理的意义来说，平民贱族之于系谱并没有多少兴趣。主要原因，在于系谱对于他们没有利益。《晋书·阮咸传》言："咸与籍居道南，诸阮居道北。北阮富而南阮贫。七月七日，北阮盛晒衣服，皆锦绮灿目。咸以竿挂大布犊鼻于庭。人咸怪之。答曰：'未能免俗，聊复尔耳！'"平民贱族之有系谱和阮咸之晒布犊鼻裤的心理一样，亦不过是"未能免俗，聊复尔耳"。所以，贵族的系谱是原始的，平民贱族的系谱乃派生的。

在大地上，最讲究系谱的民族有二系：一为波里尼细亚人（Polynesians），一为东南亚洲的缅系民族。前者可以新西兰的毛利人（Maori）为代表，后者可以凉山的罗夷为代表。罗夷社会是一个父系宗族社会，所以系谱计算亦由父系一面计起。毛利人的妇女地位颇高，他们的系谱计算方法，父系之外还要兼顾到母系。因而毛利人的系谱较罗夷的系谱还要繁复。不过，据我所知，中国汉人算最重姓氏族谱了，然试执一名家宦子孙而询其祖牒，如果他不查看谱牒，少有人能背诵五代以上的祖名的。若到凉山执一黑夷而询之，则他不独能背诵自己的族谱，同时还能告诉你他所熟悉的几族系谱。因此之故，在亚洲境内，不能不说罗夷是一个最讲究系谱的民族。但是罗夷为什么讲究系谱而娴熟祖牒呢？

原来罗夷是一个游牧而善战的民族。以游牧为业，所以他们不能艺五谷。他们所需要的粮秣必须取自以农业为生的定居农民。战争是掠夺粮秣的方法，同时也是掳获农民的手段。据历史记述，这种工作，他们在云南山地生活时，业经在不断实行了。在《唐书》上他们被称为"乌蛮"，被掠掳者被称为"白蛮"。及至迁往凉山以后，直到现在，这种传统工作仍在继续进行。凉山一带的土著以及凉山以东以北的汉人都是要掠掳的目标。凡掠掳来者皆为被统治阶级，为贱者，名之曰"白夷"。自己为掠夺者，为统治阶级，为贵族，名之曰"黑夷"。黑夷为甄别贵族与贱族之分于是产生系谱制度。凉山的黑夷、白夷都有系谱。但白夷的系谱，简短零落，不特不成系统，而且很少多到二十代以上。这种系谱当然不会引人注意。所以许多白夷，弃置自己的家谱，而去叙述黑夷的族谱。为什么如此？原因殊为简单，即系谱原来是黑夷的产品，白夷不过模仿黑夷而已。反之，黑夷的系谱则颇为完备。黑夷的系谱虽较毛利人远逊一筹，但此由于社会制度的原因，而不能责备罗夷系本身。由系谱的纵的叙述来说，据美国人类学家罗维（R. H. Lowie）的记述，近代有一位有名的毛利军人，他可以追溯他的世系，上推六十五世，直到天与地位为止（罗维著《初民社会》）。但我所知道的凉山罗夷堪与这位毛利军人比拟者至少在千百以上。而且黑夷的系谱，由现生者上溯，由近祖及于远祖，由远祖及于迁徙始祖，再由迁徙始祖及于洪水时代的以及创天辟地时代的最初人类祖先。所以，罗夷系谱在人类系谱史上是一个最值研究的奇迹。由系谱的横的叙述来说，罗夷人中擅长辞令的人能背诵凉山中所有族支的系谱。由此系谱便可看到罗夷诸族之横的血统之联系。不过它的正确性到什么程度，须多方调查，才可校正。我在凉山中部八千罗遇到一位阿禄族的老夷，他能指陈阿禄族中尼区家古今内外的全部系谱。此所谓内的，指尼区家一族中的古今所有的男子与女子。所谓外的，包括尼区家本族男子所娶的妇女，与本族妇女所嫁的男子及至所生的第一代子女。作者虽费一日半之力把它记载下来，证明在该老夷的记忆中居然能有一个五百个人名以上的系谱知识。

　　保存系谱而使之持续的方法有两种：一为文字记载，一为口头传诵。凉山罗夷虽有文字，但记载系谱的经典，除巫谱及一二家土司世系外，可云绝无仅有。罗夷系谱之保存与持续主要由口头传诵，而后由于文字记载。口头传诵的基础在于记忆。凡听过罗夷背诵家谱的情态，那种滔滔不竭、娴熟无滞的能力，无人不惊叹其记忆力之坚强。然此种记忆能力是天生的吗？否否。经我考察之后，始知并非罗夷之记忆力与众不同，乃他们练习此种记忆之机会尝试独多罢了。他们有些什么尝试呢？据我所知有下述五种机会：

（一）罗夷为一崇拜祖先的民族，父母死亡，子女必供立灵牌（a pu kua or ma du）于屋角壁上岁时祭之三年乃除灵，送置山崖。《训世经》（hma mu teu ie）云："巫智而祭祀，三年一白枒，三月一黑豕，三代一迁灵。人性光光亮，善智代代行，子孙天地智，衍生者皆善。"又云："祭灵之乐者，智与善明修，物与人长清。田与园荣生，祭家清且吉。"由此知罗夷祭祖之意义所在。罗夷尊祖故不忘祖名，重祀故望祖名流传于永久。此为罗夷记忆祖名重要原因之一。

（二）罗夷婚礼举行之日，或其他重要集团聚会之时，酒酣耳热，各族男子有集体"口赛"（k'e zi）之举。口赛目的在于稠人广众之中夸口才而耀族德。故口赛内容以族谱为多。例如阿禄族青年述阿禄家系谱之如何完备，人物如何琦玮，以及阿素老籍毕母如何神秘有为时，马族青年立起而述马家系谱是何光荣，土司有好多，地方有好大，如何丰美，以及由孤纥以来历代所产生的能战英雄。每人口赛之后，旁听的族人一如我们赛球时所组织的拉拉队然，要随机应变地喝彩。胜者，群起举杯或觞贺之，主人或首领以红布一束，挽于顶上，以为殊荣。罗夷既重视口赛，故于非正式集会之时，或于日光下，或于炉火边，三五为群，练习口赛，以备将来正式竞争。此为罗夷娴熟祖名重要原因之二。

（三）罗夷命名之法，子前父名，孙前子名，父子相衔，贯珠而下。例如父名 ABCD，子即名 CDEF，孙则名 EFGH……如此嬗变，至于无穷。罗谚有云："父名不出，子名无有。"盖即言此种父子连名方法也。此种名法，颇便记忆。只提前者，后者则随口脱出。此为罗夷记忆祖名重要原因之三。

（四）罗夷是一个最讲究"起源"（origin）的民族。宇宙有起源，人类有起源，庶物有起源……推而至于每一个人，于他的祖先亦必打破砂锅问到底，由始祖说起，及于远祖、近祖，然后才到他的本身。凡属于此种故事的攀谈，罗语谓之"ngo ho"，最好译作"起源的故事"。吾人每到凉山，在日光下，田野中，道途上，以及炉火旁边，到处都可听到此种攀谈。遇到毕母，你若请他写"ngo ho"，他能给你写几卷书。氏族长老为人家解决纠纷时，大致和西藏人的决讼一样，要由头说起，呶呶不休，你可以记成一个小册，是一册绝好的标准的历史个案研究。其中的特点在于援引祖先的此类案件如何起因，如何解决，因而推论到现在的案件亦当如何解决。由此种陈述，祖先之名既熟，而祖宗之德亦由此知道大概。于此，罗夷的系谱知识自然又增加了许多。此为罗夷娴熟祖名重要原因之四。

（五）凉山罗夷间常有战争发生。当山下有一簇敌人在挑战的时候，山上应战的武士则接二连三地跑下。最能战的武士临阵之时必先来一个"来将通名"。通名的方式颇为有趣。他不是先把本人的名提出，他由祖先中比较有声名的说起，由此而下，列祖列宗，都要提出，然后拍拍胸脯，说到本身。所以如此是因为祖先的威名可以增高应战者的身价。又如二族口赛，或闲话"ngo ho"，例须对答如流。一祖之名不知，一族之辱则难赎。听说有人因受辱能致自杀的，于情于理，他们以为都有必要。且广众之前切记勿侮辱对方的祖名，偶尔不慎，可以引起氏族战争。至于挥拳相加，挺身而斗，还是小事。所以在二族间交涉之时，熟悉祖牒，在事实上颇有必要。此为罗夷娴熟祖名重要原因之五。

罗夷系谱产生的原因与其持续存在的理由既如上述，现在再将与罗夷系谱相关的一个重要问题讨论一下。普通以为系谱与姓氏有必然的连带关系，是很大的错误。这种错误在我们中国人的观念里很易存在。姓氏在汉人系谱上乃普遍存在，而罗夷系谱则只有人名，没有姓氏。中国汉族自周代起，姓氏为先在的，人名为后起的。反之，罗夷则初时只有人名，由人名而产生氏族，直到近代始模仿汉族而有姓氏。且姓氏只限于凉山边缘汉化罗夷部分，其他凉山内部的罗族至今还有不知姓氏是什么东西。已故的陶云逵先生曾云，云南罗夷的姓氏与其所信仰的图腾有关，但我在凉山并没有遇见过这种事实。据我所知，凉山罗夷因模仿汉族而有姓氏者，约有五类：

（一）有依祖名音译而为姓氏者，如凉山东部的"a chou"族之姓朱，与黄螂马边"a lu"族之姓卢是。

（二）有依祖名义译而为姓氏者，如滇北"ba ha"族与雷波"a lu"族之姓龙；雷波"a ny"族之姓侯（由猴转音，白夷）；"gue L"族之姓李（白夷）；越嶲"a chih"族之姓羊（白夷）是。

（三）有由汉官赐姓者，如凉山东部"a chou"族之姓杨；南部沙马"sha ma"族之姓安；越嶲"Cie dzi"族之姓岭；西昌"Li Li"族之姓安是。

（四）有依氏族之所在地，而为氏族之名或姓氏者，如"hma"族以原居

"hma pu le t'ueu"而姓马。甘尔蒲田族之一部分原居于"ngo dza wa ci"而为恩札家，姓亦为"恩札"。

（五）有毫无理由随择一汉姓为姓者，如雷波小凉山"a t'u"族之姓徐，乌脚"L geu"族之姓白是。

上述罗夷之姓既漫无准则，故有原为一族而姓氏不同者，如"a chou"族（白夷）有姓赵（乌脚）、朱（小凉山）、杨（雷波城）之不同。"ni tsi"族（白夷）有姓贾（乌脚）、丁（小凉山）之不同。"a ch'ih"（白夷）族有姓羊（越巂城）、陈（越巂田坝）之不同。反之，同一汉姓之罗族，溯其祖源实为异族。如雷波黑夷"a chou"、白夷"a ehou"以及白夷"nie lu"、"su go"、"ngo lu"、"Mo shi"等族皆姓杨，凉山东部"a lu"族与会理土司"a lu"家皆姓卢，乌脚"ma sha"族（白夷）与凉山"hma"族（黑夷）皆姓马，沙土土司与 Li Li 土司皆姓安。俱属此类。此种姓氏错乱现象充分表明罗夷姓氏与其族谱全不调和。换言之，罗夷乃姓自为姓，谱自为谱，二者之间没有连带关系。

与罗夷系谱相关的问题是他的社会组织问题。罗夷原是个游牧民族，当他们在云南山地游牧时期，部落氏族颇为繁多。进殖凉山的部族，据他们的传说与他们经典所记载者有二个分族：一为孤纥（gu heu）族，一为曲聂（ch'y ni）族。据说此二分族原为两个敌对的团体，相互竞争，冲突，战斗，最后始化干戈为玉帛，而成为二个婚姻半体（moities）。由此二族逐渐演进，每一分族演化为许多氏族（clans）。由一个氏族后又分裂为几个胞族（Sub-clans）。罗语一氏族为"ts'i l"；胞族为"ts'i ue"。边区汉人则混称之为"一家"或"一支"。此氏族与胞族是凉山罗夷的主要单位，所有的政治、军事、社会，以及一部分的婚姻与经济关系都以此二单位为决定标准。在氏族与胞族之内本来还有一个最小社会单位，即家庭，语为"ts'i ie"，但它除了有部分的经济作用之外，其他的社会活动都不以之为决定的条件。

凉山所有的黑夷推其原始，不属孤纥，则属曲聂，总不出此二个系统。一切罗族初都由此二部族繁殖下来，然后始分化为许多氏族、胞族与家庭。孤纥与曲聂原是二个同时代的并行人物，罗夷叙述他们的系谱时无不由此二人物叙起，所以此二人物至少可以说是凉山黑夷的系谱的始祖。凉山黑夷除有这两位系谱始祖外，还有一位氏族的始祖。系谱始祖与氏族始祖的代数距离，诸氏族间互有不同。有的氏族二者间的距离颇近，这种氏族当然是年老的氏族，很容易分裂为许多胞族，不过年老氏族之一支仍与他同时存在。有的氏族，二者间的距离颇远，这种氏族当然是年幼的氏族，他们的年龄与年老氏族所分出的胞族相错不远，所以尚无胞族分裂出来。不论何种氏族，由其系谱相互距离的远近，便可以决定他们社会距离的远近。试先以战争为例。同一分族所衍生的氏族之间固然不能没有战争，但彼等间的战争机会绝对没有发生于孤纥、曲聂二分族间者为多。譬如凉山东部的战争，除汉夷战争外，十之七八的战事乃由阿禄（alu）诸胞族与甘尔蒲田（ga L p'u t'ie）十二族交恶而起。反之，阿禄诸胞族，如吴奇、尼区、磨石、补支诸族之间，或甘尔蒲田诸族，如吼补、峨烈、尔图、木抛、甘家等族之间，则很少有战争发生。再以婚姻为例言之，罗族婚姻初时以孤纥、曲聂二分族为界，实行其族外婚制。现在罗夷婚姻大体尚是如此。不过因为诸氏族间的家族关系太疏远了，彼此之间亦有互婚。例如孤纥衍生的阿侯家与恩札家有时互婚；曲聂衍生的沙马家与新基家有时为婚。但阿侯、素格二民族之间，甘尔蒲田十二族之间，阿禄诸族之间，以及新基利利二族之间，都还严格地禁止互婚。再以立嗣制度为例言之。立嗣普通以同一氏族为限，因为立嗣制度与财产制度攸关，罗俗是不容许氏族财产外溢的，因而立嗣范围亦以氏族为限。但若氏族无人，则可于分族中求之。分族众多，则以系谱间之横的距离远近为断。例如利利土司绝嗣后，利利族无人可立，遂由分族中距离最近之氏族新基家择嗣立之。不特战争、婚姻、立嗣等重要社会制度与系谱有关，即日常之语言、态度与行为亦莫不因系谱关系而表示不同。试举一例便可充分说明此语非虚。二十六年春，我领导中央研究院与中央博物院合组的民族考察团深入大凉山内，行次黄毛顷以西三日路程之八千罗。八千罗今为尼区族居地。主人为黑夷足实。吾等原西经牛牛坝、昭觉等地而至西昌，足实以西进冤家过多，遂托其妹夫苏格玛玛护送到思穆补瑶。一日，由玛玛接吾等至其族居地之城子尔哈。足实偕其子送达其地。尼区族为曲聂之后，苏格族为孤纥之后，二族互为姻戚，历有年所。以足实与玛玛一家关系言之，足实之姑母为玛玛之母，玛玛之姊又为足实之妻。由此知二家之感情应当融洽无间，而我们的旅行安全自当毫无问题了。孰知事殊有不然者。当日薄暮之时，吾人在玛玛家围炉饮酒消遣。尔时，我正当心考察孤纥、曲聂的历史，因而笑着询问足实关于孤纥、曲聂的盛衰兴亡历史。足实酒酣耳热，急不择言盛称曲聂诸族之土地沃美发愤有为，而于孤纥诸族则鄙言之。时玛玛于招待宾客之后，独进饮食，闻之大怒，咆哮而起，肆口谩骂，意责足实登门辱祖，有意挑衅。言毕，直奔里室拟取枪剑，击杀足实。其母起而拦之，始未兆祸。吾闻此变，急拽足实，劝彼外出略避其锋。足实非但不去，亦咆哮而起，踊跃三尺，骂曰："汝玛玛在家欺客，吾命一条，木柴亦可致死，何用枪剑为耶？四十年后，我又是一个足实！"后经多人劝告，风波始平。由此一事不难窥之系谱对于彼等语言、态度、行为影响之巨大。

二、孤纥曲聂二分族之比较

上节说过，凉山所有的黑夷氏族都不出孤纥与曲聂二系。现在略为叙述关于此二分族几种历史与现实，以资比较。

先述孤纥、曲聂以前，罗夷有没有系谱？

凉山各地流行着罗夷的创世神话。神话里有开天辟地的神，造风作雨的仙，说到人类的始祖则莫不以洪水时代的觉穆乌乌（tey mu wu wu）或觉穆幼子（tey mu zeuno）为起端。由觉穆乌乌以下的最近几代，有人说有系谱可述，有人说年代久远，尚无系谱。而主张有系谱的几种说法，彼此不同，不能以此为推论罗夷系谱的根据（详论见拙著《凉山罗夷古史钩沉》，未出版，现存中央博物院）。洪水时代以后，罗夷最有名的始祖为阿图（a t'u）。阿图也许即是明清人著录（如《读史方舆纪要》等）中的"阿统"。他是一位跋涉万里的游牧酋长。阿禄族罗夷传说，阿图以前尚有三代人名可考：

1. mu a wu
  2. wu lo lo
   3. lo lo beu
    4. beu a t'u

"mu a wu"释义为"天"，"wu lo lo"释义为"天亮"，"lo lo beu"释义为"亮生"。此三代为神化的人呢，抑人化的神？不得而知。相传阿图兄弟三人，骑马服牛，并牵猎犬，在云南山地内到处游牧，寻觅固定的栖所。中间经过许多有名可纪的地方,最后才到云南东北部昭通一带的嵫滋埠(dzi dzi po)区域(参考拙著,上引书)。

近年,读越巂田坝新补土司岭光电著《倮情述论》说:阿图就是孤纥,其大弟阿止为曲聂,幼弟阿仇留守云南,未到凉山。他此说根据什么经典,我不知道。我曾读过田坝一带流行的创世经书,据说是暖带密已故土司岭镇荣手订过的,内述凉山罗夷三个始祖为阿图、阿季与几弥。岭光电氏的说法或本于此。但几弥亦为凉山罗夷之祖,且与阿仇译音完全不合。我怀疑此说的主要理由在无论古今罗夷并无二个罗名的事实。所以既名一人为阿图,何以又名孤纥?一人名阿止,何以又名曲聂?而阿仇则只有一名,而无别名,又是何故?所以,我不相信此说。民国三十年,四川省边区施教团所编的《雷马屏峨纪略》附录毛筠如氏一倮倮家支系统表云:觉穆略勒与黑头女配生孤纥,与花头女配生曲聂。与白头女配生盘长。盘长留守滇省,大小凉山及雷马、屏峨之夷族则均为孤纥、曲聂之后。此说当有所本,非毛君自造。然无论如何,若谓孤纥、曲聂为觉穆略勒之子,则上推孤纥、曲聂于洪水时代,则未免缩短了觉穆乌乌与孤纥、曲聂间之历史。正确的解释最好引昭觉八千族一夷老所藏的《孤纥分派经书》为证。该书所述阿图以前的系谱比阿禄族传述者略详。经云:

1. mu a wu
2. wu li lo
3. li lo beu
4. beu a ngeu
5. ngeu a heu

由鄂阿和之世便开始往各地游牧。经言"鄂阿和之世,转向上路行。白日骑骏马,星夜牵猎犬"。中间经过许多山地,建立了许多部落。又说鄂阿和有三个儿子:"和阿图为君,和阿什为臣,和阿乌为巫。"此所谓"和阿图"盖即阿禄家所述之"卜阿图"也。然则阿图为孤纥、曲聂之共祖可知。故阿图不得认为即是孤纥。

然则孤纥与曲聂之关系如何耶?一般罗夷传说,孤纥为兄,曲聂为弟,二人乃是同族的兄弟关系。因此之故,罗夷述曲聂之名时前面加"a ga"二字,译言即"叔祖"或"叔父"也。至于二人之乃父乃祖为谁,则俱不得其详。

原来住在嶍滋埠的罗夷，因为夏日暑溽，常以凉山为避暑之地，罗语凉山为"ngo ha"则言其寒而高也。因为时来避暑，所以凉山内的路线与地势都很详悉。一到嶍滋埠人似达饱和的时期，一部分罗夷遂由嶍滋埠迁到凉山。迁徙的部族主要有二个，由二个酋长率领着：一个叫呃阿孤纥（ngo a gu heu），一个叫宜阿曲聂（ie a tc'y ni）。由他们的名字来看，当时父母连名字既已通行，则二人纵为兄弟，其非同父兄弟明甚。

二人各率所部渡过金沙江（罗语为 no ie，义为黑水）之后，孤纥循右路前进，曲聂循左路前进，辗转迁徙，二部在凉山中心的利米马姑（在竹核以南，一说为沮沮何浦）相遇。尔时二人因相违日久，不相认识，所以发生战争。至今凉山各地尚流行着下述韵语谚词：

　　孤纥曲聂呢，二部各自封，二封相攘夺。
　　为疆为界争，为牛越圈争，为猪抢食争。
　　尔大我小争，尔卑我高争。

同时还有传说，说第一次孤纥变为山上之白雪，曲聂变为天上之日光，融消而克服之。第二次，曲聂变为河滨二姑娘，孤纥变为二青年男子，挞之供耕作。如此三变四变，各显神通，相互不下。结果在阿何女宜、历历世芜、沙库等相互厮杀，罗夷之被牺牲于此役者颇多：

　　沙库山上三日战，
　　一日千人奔，一日百人溃；
　　沙库山下三日战，
　　一日千人屠，一日千人绝。

战争消息传到金沙江彼岸后，同族阿者、乌撒、阿乌等族皆为之担忧，遂派了代表二人前来和解：一名兹柯（tsi K'eu），一名妇格（fa ga），衔命前来调停。原来孤纥有一子曰尼古（ni gu），一女曰世哈（shih ha）；曲聂有一子曰阿介（a dzie），一女曰曲烈（tc'y hle）。上述子女之名，各地互有不同，此乃取阿禄家毕母说。妇格介绍阿介与世哈为婚，尼古与曲烈为婚。于是始化干戈为玉帛，变冤家为姻戚。后人为纪念妇格的功绩，所以罗语称媒妁仍为"妇格"。

二族和好如初之后，又分头向各处繁殖。孤纥部族是由右路前进，右路在东，至今孤纥氏族的分布仍以凉山东部为多。最东南者有阿都族、阿苏族、阿著族、聂劭族——再次为甘尔蒲田十二族，略西北如阿侯素格族。凉山西部之孤纥氏族则由上述后二巨族所分衍。曲聂部族是由左路前进，左路在西，至今曲聂氏族的分布仍以凉山西部为多。最南者有沙马族、阿禄族，西方者为利利族，西北者为斯基族。分布于上述诸族之内缘者有罗洪、洛五、洛米、八千、戈鸡、尔哀诸族。凉山中心则为阿禄族与马族交错相居，正确地表明此中心地带乃孤纥、曲聂二分族分向东西的民族分水岭区域。

孤纥、曲聂二分族今日虽互为婚姻之家，但他们的民族偏见仍然不能消灭，例如孤纥族嘲笑曲聂族的话有：

　　孤纥九颗印，曲聂一颗印。
　　孤纥九道场，曲聂一道场。
　　孤纥马食稻，曲聂马食草。

这种说法显然为曲聂所不平，所以回头制造了许多词句来为自己辩护说：

　　贵胄之长子，尔智咢富宗。
　　贵胄之次子，穆乌新基宗。
　　贵胄之少子，利穆利利宗。
　　名扬四方者，为穆武新基。

最近岭光电氏在《倮情述论》中云："后者（曲聂）受封虽少，而名望高，区域大，非前者（孤纥）所及也。"无意中亦表明自为辩护的意见。平心而论，以政治地位言，当清初以前罗夷安氏（a cheu）坐镇马湖府时，屏山之泥溪、蛮夷、沐川，雷波之千万贯等土司皆为孤纥之后。在凉山内部者尚有阿都土司等。故一时有孤纥九印之说。清时马湖土知府安鳌被杀，曲聂族之土司渐多。在凉山东部者有沙马土司，在西部者有西昌安土司、越嶲岭土司等，势力略与孤纥族平衡。洎乎今日屏山诸土司皆多无后；阿都土司绝嗣，由沙马族承继之；仅千万贯之杨土司遗有一弱女。然则今日孤纥土司之苗裔斩绝尽矣。曲聂族之土司则尚有沙马土司及岭土司等。故孤纥九印、曲聂一印之说已不适用于今日。而且，土司的多少与氏族的强弱，至少在现代说乃毫无关系。凡为土司者，往往对内则仗官府，对外则仗士族，究其实际，不过一空架子而已。凉山有土司之地，则黑夷少，而白夷多。土司以门第之见又少与黑夷为婚，故土司完全不能代表黑夷的实力，而黑夷的心目中实在亦没有土司。其次，以氏族实力言，孤纥氏族多，人口众，且团集的力量强。尚武力而喜滋事，犹不脱原始民族的犷野性质。反之曲聂则氏族少，人口稀，不相团集。然其所长，在喜进取而尚竞争，易与汉人融洽，故吸收汉文化特多。且其族多自古为历代著名巫之后，故多好巫术，喜读书。前暖代密土司岭镇荣，虽非毕母，然通罗文，著书籍，为罗夷中空前之非巫术经典的文学创作者。晚年与西昌天主教法国神父游，获得现代科学知识甚富。归而著为地理新书，训世经，新增广，并补订创世经书等。并立学教，亲身教育罗童读书。今日田坝附近罗夷，非毕母而能识字读书者大率皆为岭氏之门人也。又如岭光电先生，原为斯补岭土千户之后，少以多难，出外读书。先在成都中等学校毕业，又到南京军官学校读书。毕业后，立志改进本族文化，设立斯补小学，前后毕业此校者已百余人。如此二人实可为曲聂族之模范代表人物，在孤纥族中所不可寻得者也。

三、孤纥的族谱

　　孤纥、曲聂二族在凉山所衍生的氏族共若干个？这个问题与凉山罗夷的人口数目一样，说各不同，而所说都没有实行过确实调查，都是错误。对于凉山罗夷支派比较熟悉的，据我知道，甘相营的邓文富先生是第一个。他因为治夷职务的关系，对于支派不能无详切的认识。据他说宁属各县——西昌、昭觉、会理、宁南、越岭、冕宁、盐源、盐边的罗夷共四百余支，此所谓"支"乃合指罗夷氏族与胞族而言。宁属为凉山罗夷的新殖民地。一家黑夷领导几家白夷，便算一个胞族，如此，说宁属共有四百余支，并不过分。

但如果只计算集团而居的氏族，恐怕只有几十个罢了。我的估计，凉山及其边缘诸县的罗夷氏族，约有一百个以上，最多不过二百个单位。

我所收集的族谱大体是关于上述的集团而居的有名氏族与胞族。那些胞族，例如我收集的阿禄诸胞族，他们每一个胞族的家数普通都在百家以上，比一个破落的氏族家数还多。这种氏族与胞族的系谱，总计孤纥、曲聂二族言，我共收集到一百零一个，约有凉山氏族全数五分之三。而且，他们都是著名的，大致可以代表罗夷氏族系谱的全貌。

我所收集的系谱资料约可分为族谱、土司世系谱、巫谱，以及人类学研究上所用系谱四种。此篇所述者只是族谱。此族谱的叙述方法乃由孤纥、曲聂二系谱的始祖始，到各氏族或胞族的氏族始祖止，从此可以明白凉山罗夷氏族之来源，及其相互的血统关系。至于由氏族始祖起到现代的氏族人一段，因为与本文关系不大，便删去了。

兹先述孤纥分族内所包括各族之系谱：

1. ngo a gu heu
 2. gu heu p'u la
  3. p'u la he la
   4. he la a du（1）（阿都族，住西罗，谱乌嶷石夹谷）
 2. gu heu ni niu
  3. ni niu aso（2）（阿苏族，住龙头山麓）
 2. gu heu ma bi
  3. ma bi so gu
   4. so gu a hle
    5. ……
     la wu a chou（3）（阿著族，住雷波、千万贯、小凉山、黄茅梗东西山上，及普姑列沮）
 2. gu heu a ve
  3. a ve mo tsu
   4. mo tsu ni ie
    5. ni ie ni lu
     6. ni lu ni sa

7. ni sa peu heu
8. peu heu ba ha
9. ba ha bi chih
10. bi chih bi mo
11. bi mo ni cheu
12. ni cheu a fu
13. a fu bi zi
14. bi zi hu pu
15. hu pu nie she（4）（聂劭族，汉姓胡，住雷波、爬哈、梢上等地）

2. gu heu ni gu
3. ni gu beu li
4. beu li ga ha
5. ga ha shih mi
6. shih mi gu nga
7. gu nga a chih
8. a chih a lu
9. a lu a chia
10. a chia o dzo
11. o dzo heu ga
12. heu ga heu tie
13. heu tie tci tie
14. tci tie mo eu
15. mo eu mi cheu
16. mi cheu ve tci
17. ve tci a mi
18. a mi pu yu
19. pu yu eu t'eu
20. eu t'eu ve ku
21. ve ku mi ie

韦古弥衣生二个著名的儿子：一个弥衣弥籍（mi ie mi tcie），为马边屏山、雷波、黄茅顿以西以北的甘尔蒲田十二氏族，以后蔓延于峨边、越嶲的阿籍尼蒲（a tcie ni p'u）诸族的祖宗。一曰弥衣氏歌（mi ie tie geu），为大凉山中北部及峨边、越嶲等地阿侯素格诸族之祖宗。兹分述于下：

　　　　　　（A）22. mi ie mi tcie

　　　　　　　　23. mi tcie ga l

　　　　　　　　24. ga l p'u t'ie 蒲田生二子：曰维尼、哈补。

　　　　（a）25. p'u t'ie ve ndie

　　　　　　　　26. ve ndie ve t'cia

维卡生四子，衍为十余氏族：

　　　　　　　　27.（一）ve tcia a pu 衍一族：

　　　　　　　　28. a pu ngo hle（5）（峨烈家，住雷马屏间）

　　　　　　　　27.（二）ve tcia ʒhih deu 衍八族

　　　　　　　　28. ʒhih deu mo leu

　　　　　　　　29. mo leu wa ch'eu

　　　　　　　　30. wa ch'eu pu tie 又生二子

　　　　（i）31. pu tie shih ie

　　　　　　　　32. shih ie a shua 阿述生二子

　　　　（甲）33. a shua heu ngo

　　　　　　　　34. heu ngo ngu o（6）（暖峨族）

　　　　（乙）33. a shua a ch'eu 阿车生四子：

（子）34. a ch'eu l tiu（7）（尔图族或石图族，住屏马间）

（丑）34. a ch'eu a nie

　　　　　　　　35. a nie ni bi（8）（尼别族，住马边等地）

（寅）34. a ch'eu l p'u

　　　　　　　　35. l p'u hu pu（9）（吼补族，住黄茅梗以西以北各地）

（卯）34. a ch'eu l mo

　　　　　　　　35. l mo a p'i

　　　　　　　　36. a p'l ni eu（10）（尼峨族，住同上）

　　　　　　　　35. L mo ni t'eu（11）（尼兔族，住雷马间）

（ii）31. pu tie hu tci

32. hu tci na tci

33. na tci a hu

34. a hu a ma 生二子，衍三族：

（甲）35. a ma ni t'eu

36. ni t'eu a chih（12）（阿知族）

（乙）35. a ma cheu p'o（13）（蛇坡族）

27.（三）ve tc'ia cheu teu 衍一族

28. cheu teu ngo p'o

29. ngo p'o ngo niu

30. ngo niu shu a

31. shu a ni shua

32. ni shua t'ie ku

33. t'ie ku a cheu

34. a cheu a hni

35. a hni ni cheu

36. ni cheu hu pu

37. hu pu bi go

38. bi go bi wu（14）（木抛族）

木抛族之名，非为人名，或谓以其祖先畜马而得名。此族之始祖，一说自三十二世之点姑起即名木抛；一说自三十八世之比勿起始名为木抛。

（b）25. p'u t'ie ha pu 生二子各衍一族：

26.（一）ha pu heu k'o

27. heu k'o o wu

28. o wu shu tie

29. shu tie ngo o

30. ngo o a ga

31. a ga shua dzu

32. shua dzu ni o

33. ni o ti beu

34. ti beu p'u a

35. p'u a pu t'ie

36. pu t'ie bi cheu

37. bi cheu bi ku（15）（甘族）

甘族命名之由不详。分三支：一、bi ku 甘族；二、lu ni 甘族；三、lu niu 甘族。俗称"甘家三支"。皆为 bi cheu 所衍生。

26.（二）ha pu ha chia

27. ha chia li ni

28. li ni djie chu

29. djie chu ngo o

30. ngo o a niu

31. a niu a hlo

32. a hlo bi k'eu

33. bi k'eu bi zeu

34. bi zeu pu ie

35. pu ie a L

36. a L lo chia

37. lo chia so heu

38. so heu L ts'u

39. L ts'u ts'i tci

40. ts'i tci a pu（16）（水陆族）

以上由峨列族至水陆族共十二族，世所谓"甘尔蒲田十二支"是也。其后主要分布于凉山之东北部（分布详细地名，请参考常隆庆等著《雷马屏峨调查报告》）。然甘尔蒲田之子孙实不止此。其族西迁于峨边及越巂之间者则不称"甘尔蒲田"族，而称为"阿介尼普"族，盖由其近祖阿介尼普所衍生，遂不记远祖之名矣。前言维卡生四子，上已述其三，其四则为阿介尼普之衍生者。系谱如下：

27.（四）ve t'cia shu fe

28. shu fe ga niu

29. ga niu a ga

30. a ga a tcie

31. a tcie ni p'u

峨边罗夷传言阿介尼普壮年无子，至 77 岁时娶 hma hma a ku 为妻，连生七子，衍为阿介尼普之十余族。其衍生世系如次：

（ⅰ）32. ni p'u bi sa 生三子：

33. bi sa L tie（17）（尔底族）

33. bi sa neu tie（18）（那底族）

33. bi sa a chiu

34. a chiu L ga

35. L ga mo ga

36. mo ga p'u ch'eu 生二子：

（甲）37. p'u ch'eu sa tci

38. sa tci ngo tie（19）（阿氏族，住蒲蒲勒陀）

38. sa tci geu geu（20）（哥戈族）

（乙）37. p'u cheu tcy ku

38. tcy ku tci shih（21）（鸡什族，住思布夹谷）

38. tcy ku a tsiu（22）（阿邾族，住且马夹谷）

（ⅱ）32. ni p'u zeu hueu（23）（子和族）

子和族在越嶲河东岸为一大家族。子和生五子，一子仍继承本族名，余四子各衍为一族：

33. zeu hueu tci shih

34. tci shih leu mi

35. leu mi bi L（24）（倍尔族，住开夹埠）

33. zeu hueu ma k'a（25）（马克家，住葛都）

33. zeu hueu tci t'ueu（26）（鸡陀家，住格日拉打）

33. zeu hueu tcy tsiu（27）（觉诸家）

（ⅲ）32. ni p'u a ngeu

33. a ngeu a fu

34. a fu a tsu

35. a tsu tcie ba（28）（介八族）

（iv）32. ni p'u a ka（29）（阿卡族）

（v）32. ni p'u ha zeu（30）（哈子族）

（vi）32. ni p'u L ga

　　33. L ga mo ga（31）（毛格族）

（vii）32. ni p'u L ie

　　33. L ie p'u tsiu（32）（普祖族）

以上为阿介尼普之十六族，皆由甘尔浦田系统下所衍生也。此外，孤纥分族之重要氏族尚有二群：一为阿侯素格族群；一为马家族群。阿侯素格族群与甘尔蒲田族群相近，皆由前述之韦古弥衣衍出。其系谱如下：

（B）22. mi ie tie geu

　　23. tie geu tie nie

　　24. tie nie su du

　　25. su du p'u zeu

　　26. p'u zeu p'u wu

蒲子原为孤纥中著名的一族，分布在雷波蒲子夹谷附近，雷波罗夷所说"蒲田平夷司，蒲子蛮夷司"，然则蒲田、蒲子二族在往昔地理分布之广，可以想见。蒲子之子蒲乌生三子：一曰意儿，为阿侯族之祖；二曰雷波，为素格族之祖；三曰海列，为莫谢族之组。其系谱如次：

（a）27. p'u wu ie L

　　28. ie L ie tci

　　29. ie tci ie wu

　　30. ie wu a heu（33）（阿侯族，住几鄂勒乌等地）

阿侯家为凉山罗夷一著名氏族，分布中心在凉山北部。阿侯之孙曰阿举，阿举生三子：一曰拉马；二曰蒲鞮；三曰何鹗。各衍支族，而何鹗之宗派尤繁。兹分述之。

　　31. a heu a tcy

（i）32. a tcy la ma

　　33.（一）la ma L dzi（34）（尔兹族，住羊何勒乌）

　　33.（二）la ma a tsu（35）（阿走族，住姑勿勒乌）

（ii）32. a tcy p'u tie

33.（一）p'u tie eu tie（36）（厄田族，住几穆浇维）

34.（a）eu t'ie a ve（37）（阿维族，兹马尔库或河道）

34.（b）eu t'ie chia L（38）（执尔族，住普陀年杂罗）

33.（二）p'u tie dzi tie（39）（兹铁族，住年杂罗）

（iii）32. a tcy heu ngeu

33. heu ngeu p'u gu

普始生五子，所衍氏族最繁：

34.（一）p'u gu a dzi（40）（阿兹族，住拉曲夹谷）

阿兹之子孙一部分迁于越嶲；普雄与瓜罗者有下述诸族：

35.（a）a dzi L zeu

36.（一）L zeu a geu（41）（阿戈族，住普雄）

36.（二）L zeu a gu（42）（阿古族，住瓜罗）

35.（b）a dzi tcie no

36.（一）tcie no shih geu（43）（世戈族，同上）

36.（二）tcie no beu gu（44）（播古族，同上）

36.（三）tcie no bi ie（45）（比浇族，同上）

阿兹之胞族则仍留在年杂罗。

34.（二）p'u gu tcl zi（46）（几义族）

34.（三）p'u gu tci yo（47）（几要族）

34.（四）p'u gu a cheu（48）（阿者族）

以上三族仍居年杂罗。

普古阿者之一支及普古第五子几可之子孙则移居于峨边者颇多。

35. a cheu tcie zi（49）（介义族，住峨边模罗多）

34.（五）pu gu tei k'eu

35. tei k'eu a dza（50）（雅札族，住峨边雅札尔哈）

阿侯族之系谱叙述止于此，其次，述素格族。素格族之分布中心与阿侯族相若，皆在凉山之北部，年杂罗山脉之山阳。其北为阿侯族，其南为阿禄族，素格介居其间，以制作木碗，马鞍，弓箭驰名凉山。其族与阿侯族由普子普乌传下，故世人以"阿侯素格"合称之。言其实力或较阿侯族为逊，然此与阿侯有胞族之盟，南与阿禄有婚姻之盟，故其社会地位与阿侯无大轩轾也。惜作者在凉山素格族区域逗留时，每日风声鹤唳，心情不安，故其族之详细分支，终莫能详，现时所述，只能知其大概。

  （b）27. p'u wu a niu

    28. a niu djie mo

    29. djie mo eu ga（51）（素格族住鄂普、初乌、年杂罗、素格罗等地）

此外尚有莫谢族，与阿侯素格族同族，以其势力不强，故外人鲜称道之，实一巨族也。其系谱如次：

  （c）27. p'u wu ie tci

    28. ie tci he lle

    29. he lle mo cie（52）（莫谢族，住几卜沙菲）

上述阿侯素格等族既终，最后一述马家族群之系谱。

关于马氏族谱，余所调查者得二种系谱：一为越巂瓜罗一黑夷所口述；一为龙头山下阿禄族之一毕母所笔录。二者所述之前半段祖名颇有不同。孰是孰非，无从校订。兹兼录之，以俟校正于将来。兹先述前者：

 2. gu heu ha tsi

 3. ha tsi ha da

  4. ha da ma wu

   5. ma wu wu ba

    6. wu ba wu ma

     7. wu ma neu ha

      8. neu ha wa tsi

       9. wa tsi mo li

        10. mo li neu du

        11. neu du ba gu

         12. ba gu ha tcie

         13. ha tcie wa ie

          14. wa ie wa p'u

口述所言，瓦普原住马卜勒陀，故称马族。瓦普生七子，衍为七支，世称"七支马家"。然可考者仅知下述四支：

15. wa p'u a ku（53）（阿枯马族）

15. wa p'u bi t'eu（比陀马族）

15. wa p'u zeu heu（子和马族）

15. wa p'u no du（54）（脑都马族）

15. wa p'u……

阿禄毕母之所述则异于是：

2. gu heu mo ni

3. mo ni t'u L

4. t'u L L L

5. L L zi wu

6. zi wu hle wu

7. hle wu ma wu

8. ma wu wu p'u

9. wu p'u wu ma

10. wu ma li ie

11. li ie mo ni

12. mo ni bi geu（55）（毕歌马族，住尔什乌库）

相传毕歌有五子，衍为五大族系。然阿禄毕母所述只有三子之名。

（a）13. bi geu tcy du

14. tcy du la ni

15. la ni ie L

16. ie L ie ni

17. ie ni ie ch'ih

18. ie ch'ih Ke'u neu

19. Ke'u neu bi k'u

20. bi k'u bi lo

21. bi lo bi tcie

22. bi tcie p'u wu

23. p'u wu a yo

24. a yo ngeu p'u

鄂普生五子，衍为五族：

  25.（一）ngeu p'u a k'a

  26. a k'a lu tis（56）（路子马族，住竹核夹谷）

  25.（二）ngeu p'u a k'e（57）（阿开马族，住葛何兹危）

  25.（三）ngeu p'u zeu heu（58）（子和马族，住竹核山上）

  25.（四）ngeu p'u bi t'eu（59）（比陀马族，住烈格）

  25.（五）ngeu p'u gu gi（60）（古兹马族，住补瑶）

（b）13. bi geu tie wu

 14. tie wu O dzo

  15. O dzo a shih

   16. a shih lu ga（61）（路葛马族，住奥马波拉）

（c）13. bi geu ngeu ts'u（62）（鄂楚马族，住利米夹谷）

  今姑从此说，然昭觉以西之马氏诸族之系谱未能详也。近闻西昌、昭觉二县志，于马族支系，略有记述。其言昭觉以西之马族大致不外那兹与拉古之子孙。岂非二人即是阿禄毕母所遗忘的毕歌另二子耶？愿今后到昭觉调查者注意及之。因暂为刊列如次：

（d）13. bi geu? la zi 分三支：

  14. la zi a ch'ih（63）（阿撒马族，住阿拉米）

  14. la zi tci L（64）（鸡尔马族，住碗厂河）

  14. la zi a tsi（65）（阿兹马族，住衫木树）

（e）13. bi gu la gu 分四支：

  14. la gu a chih（66）（阿什马族，住滥坝）

  14. la gu bi li（67）（比里马族，住燕子罗）

  14. la gu ie deu（68）（己得马族，住四块坝）

  14. la gu a ga（69）（阿更马族，住阿拉米）

  以上述马族系谱尽。总计孤纥族系谱共得六十九族。

  然于此当注意者，相传孤纥之子或二或三，虽无定说，而上述各谱乃列孤纥之子有五乃至六者，显系今世陈述者信口传说，无所张本，遂至数典忘祖，由少元之始祖成为多元之始祖矣。由此知口头之记诵不若文字之记载者在此。

四、曲聂的系谱

我们关于曲聂系谱的知识比较信而有征，原因有二：（一）曲聂族中的毕母最多，他们都能读经写字。凡记忆不到的祖名很容易地把它记录下来，以便日后检查。而且，毕母的巫谱（bi tsi）纪述多自曲聂说起，说到阿素老籍。因此这段的系谱大致不会差远。（二）现今曲聂族的土司比较多些。这些土司因为办理承袭的关系，对于祖先系谱必须知道其梗概。就是一般人民，因为他们是统治阶级的高峰，对于他们的系谱比较愿意记识，有的简直把它抄录下来。例如我在昭觉民间所收集到的西昌安氏、越巂岭氏、沙乌安氏，以及阿都氏的土司系谱，便是最好的证明。

话虽如此，曲聂族的前段系谱仍有问题。盖普通人的心理于古代的朝代、祖代，或纪年，都容易把它们缩短，而于近代的记录则比较详细。各国历史都如此，因不只罗夷之族谱为然。例如说由曲聂至尔普一段的代数，据岭光电的记载共有九代，毛筠如的记载共有二十代；我根据阿禄族人所述则有二十五代。我相信我的资料比较正确，而且与毛氏所记者略同。至于岭氏说法，盖取诸自远方播迁而来的罗洪族人口述，恐怕遗落很多了。

兹将我的资料罗列如次：

1. ie a tc'y ni

曲聂的前名，有几种说法：（一）有称为"a ga tc'y ni"者"此译为叔祖曲聂"，大致不错。（二）ie a tc'y ni 之"ie a"，无可为解，或即为曲聂父亲的后名。上二说行于凉山东部。（三）有称"wa sa tc'y ni"者越巂田坝罗夷言之。按"wa sa"当即滇省东北的古国乌撒、罗夷之一部落也。若然，曲聂岂非乌撒之后，而由乌撒迁来耶？此为西南民族史上一很值得注意之问题。

2. tc'y ni tc'y pu

3. tc'y pu shih dzo

4. shih dzo bi ndie

5. bi ndie bi p'u

　　6. bi p'u geu wa（or a）

　　　7. geu wa ve wa

　　　8. ve wa ie wa

　　　9. ie wa lo geu

　　　10. lo geu a sheu

　　　11. a sheu bi tie

　　　12. bi tie ve a

　　　13. ve a deu pu

　　　14. deu pu t'eu shih

　　　15. t'eu shih a tcie

　　　16. a tcie la ma

　　　17. la ma niu tci

　　　18. niu tci heu tci

　　　19. heu tci ngo tci

　　　20. ngo tci mo wa

　　　21. mo wa zi wa

　　　22. zi wa lie wa

　　　23. lie wa a cie

　　　24. a cie a du

　　　25. a du L p'u

阿都尔普是曲聂世系中一重要人物。据现在所知，凉山内外的曲聂子孙都是阿都尔普的后裔。所以可说，曲聂是他们的远祖，阿都尔普是他们的次远祖，与中国古代的周民族的祖黄帝与后稷约略类似。阿都尔普有若干儿子，今不可知。所能考者只有二子：一曰普能，为西昌安土司与越嶲岭土司之共祖；二曰几弥，为龙头山麓沙马土司及其他曲聂子孙之共祖。兹分述之：

　　　　（A）26. L p'u p'u neu

　　　　　27. p'u neu eu eu（呃呃生二子，衍为二宗）

　　　　（a）28. eu eu a shih

29. a shih a gu

30. a gu wu ts'i

31. wu ts'i leu eu

32. leu eu a tsie

33. a tsie ngeu L

34. ngeu L fu du

35. fu du a tc'y

36. a tc'y ngo（or he）ts'i

37. ngo ts'i a nie

38. a nie ngo sa

39. ngo sa la chih

40. la chih chih mi

41. chih mi bo heu

42. bo heu li li（1）（利利族，即安家，居西昌，后移溜姑）

（b）28. eu eu a sa

29. a sa cie dzie（2）（新基族，即岭家，住鸡打谷、斯补、以白等地）

岭氏改故土司岭镇荣所校订之《创世经书》言："古有兄弟三人，长曰阿图，为新基家之祖。"又在其他著作中译"mo wa cie dzie"为"天生新基"也。凡此皆岭氏夸大之词，多不可靠。余曾到岭家考察，与现土司岭邦正、岭光电、岭光瀛诸先生往还甚密，彼等皆不知其族谱，及拿出昭觉民间所传抄之谱示之，惊为稀有，亦"礼失而求诸野"之一例也。

兹再说尔普之二子几弥所衍分之氏族：

（B）26. L p'u tei mi

相传几弥生七子，衍生之氏族最为繁多。分述如下：

（a）27. tei mi wu sha

28. wu sha O dzo

29. O dzo la ma（3）（喇马族，住奥马波罗）

（b）27. tei mi beu heu

28.（一）beu heu a wu

29. a wu a cheu

30. a cheu sha ma（4）（沙马族，一名安家，住节哈格、汉河鄯、美姑、阿兹姑觉、阿吐什罗等地）

按今沙马族分五支：一曰 sha ni，即土司家；二曰 ga tu；三曰 t'ic k'a；四曰 hua t'u；五曰 ve ku。

28.（二）beu heu ba ha 分衍二百支：

（i）29. ba ha ie wu

30. ie wu ie tie

31. ie tie a shih（5）（阿什族，住昭觉一带）

按今阿什族有六支，亦为凉山罗夷巨族。

（ii）29. ba ha a lu（6）（阿禄族，住凉山南北中各部）

阿禄族为凉山罗夷巨族，且宗派繁多，尽人知之。越巂田坝之《创世经书》述其族谱为"tci mi beu heu, beu heu heu chih, heu chih lu ngo, lu ngo a lu"。与上述阿禄毕母所言者有异。此则经多方证明，以阿禄氏 ba ba 所衍为确。阿禄支族颇多，其著者以补支、磨石、尼区、吴奇、毕兹、拉界等族驰名，其系统源渊如次：

30. a lu k'e k'e

31. k'e k'e a p'u

32. a p'u he ia

33. he ia he cie

34. he cie bi wu

35. bi wu bi tie

36. bi tie bi k'u

37. bi k'u bi so

38. bi so Lo djie

39. Lo djie ge ts'u

40. ge ts'u ge ie

41. ge ie ge ngo

42. ge ngo a dzi

43. a dzi ie L

上述系谱中毕素老籍，一作阿素老籍，是一位空前绝后的名巫，凉山中关于他的神话颇多，固尽人知之。而阿兹察儿却是一位繁殖能力很强的人物，知者甚鲜。他生四个儿子，传为九门氏族，大都在凉山东部很活跃倔强，凡到过雷波的人，都可听到他们的威名。其传代如下：

44.（一）ie L ch'eu tsi 生四子：

（甲）45. ch'eu tsi sua p'u（7）（补支族，住补支勒陀等地）

（乙）45. ch'eu tsi djio ngo（8）（磨石族，住沙比勒乌）

（丙）45. ch'eu tsi he ie

46. he ie a du（9）（吴奇族，住瓦曲勒乌）

46. he ie lu tsi（10）（尼区族，住三河渭打、尼区瓦陀）

44.（二）ie L pi tsi（11）（比兹族，住车兹宜朱等地）

45. pi tsi zhih ba

46. zhih ba ie wa（12）（月勿族，住牛牛坝）

44.（三）ie L tei p'i（13）（介拉族，住鸡哈勒乌）

44.（四）ie L li p'i

45. li pi l'i mu

46. li mu L geu

47. L geu bi tc'y

48. bi tc'y ngeu gu

49. ngeu gu ti wa（14）（的勿族，住牛牛坝）

（c）27. tei mi ie wu 生三子，衍三族：

28.（一）ie wu ie weu

29. ie weu so hni

30. so hni ni L

31. ni L hni sa

32. hni sa a djie

33. a djie nie tcie（15）（尼介族，住阿觉山下）

28.（二）ie wu ie nie 生二子

29.（一）ie nie a so（16）（阿觉族）

29.（二）ie nie a sheu

30. a sheu ba tc'i

31. ba tc'i a iy（17）（阿予族）

（d）27. tei mi p'o heu

28. p'o heu ndie tsi（18）（尼兹族，住罗米书罗）

（e）27. tei mi hu cheu

28. hu cheu l ngo（19）（尔哀族，或李家，住滥坝）

（f）27. tei mi sa tci

28. sa tci sa niu

29. sa niu ni ie

30. ni ie ma he（20）（马海族，住路曲勒乌）

上所述 tei mi 之子为 sa tci 此乃据阿路毕母之说，田坝《创世经书》则曰 sa tei 为 ni gu 之子，ni gu 为 tei mi 之子。不知何者为然。兹从前说。以凑 tei mi 七子之数。最后一子则下之 ni gu，所衍生之氏族亦颇繁盛。

（g）27. tei mi ni gu 尼古生子六人，衍生十二氏族：

28.（一）ni gu la p'i 腊皮生二子：

29.（一）la p'i ti heu

30. ti heu tie nie

31. tie nie k'e mu

32. k'e mu lu nie

33. lu nie leu cie

34. leu cie na geu

35. na geu a mu

36. a mu leu heu hu（21）（罗洪族）

29.（二）la p'i sa tc'y 衍三族：

30. sa tc'y geu tci（22）（戈鸡族）

30. sa tc'y wa hia（23）（瓦泽族）

30. sa tc'y sa tcie

31. sa tcie a beu

32. a beu a da

33. a da tcye chih

34. tcye chih tcye ga

35. tcye ga beu bi

36. beu bi wu niu

37. wu niu wu hu

38. wu hu tc'y ch'eu

39. tc'y ch'eu L t'u

40. L t'u ti nie

41. ti nie a ni

42. a ni la ni

43. la ni a dza

44. a dza a he

45. a he a ie

46. a ie ts'u p'i

47. ts'u p'i ba tc'ie（24）（八千族，住昭觉、八千夹谷、甘相营等地）

  28.（二）ni gu ni tsie 衍一族

  29. ni tsie o L

  30. o L pu tie（25）（补氏族）

  28.（三）ni gu pu cie

  29. pu cie ni mu

  30. ni mu li li（26）（栗栗族，与西昌利利族不同）

  28.（四）ni gu tcye lo 衍三族：

  29. tcye lo tcye to 生二子

  30.（一）tcye yo mu tie（27）（穆底族）

  30.（二）tcye yo L tei（28）（尔极族）

  28.（五）ni gu ts'o mo

  29. ts'o mo djie yo 衍四族：

  30. djie yo sha ga（29）（傻格族）

  28.（六）ni gu ti wo 生三子：

  29.（一）ti wo a lu（30）（阿卢族，与阿禄族不同）

  29.（二）ti wo ni so

30. ni so mo shih（31）(莫什族，与磨石族不同）

29.（三）ti wo wu pu

30. wu pu wu ma

31. wu ma a li

32. a li shih tc'ie（32）(世且族。以上诸族多住越嶲境内）

以上述曲聂族系谱终。总计曲聂族系谱共得三十二族。

五、孤纥曲聂二谱之系列

由上二节所述，凉山罗族系谱考知者，孤纥系中得六十九族，曲聂系中得三十二族，都计共一百零一族。此一百零一族的系谱，精确程度虽不齐一，然大体言之，尚无过分之错误。吾人于此，第一，可以明了凉山罗夷氏族的概括历史。第二，若再知氏族始祖以下迄于现在的罗夷之代数，与由孤纥、曲聂至氏族始祖之代数合并计算，可以推算罗夷迁进凉山的年代。第三，明白罗夷系谱之后，再明白他们的地理分布，便可明了罗夷在凉山中的移动情形。第四，近年深入凉山的人虽多，但都不于罗夷系谱多下工夫。因之，更深一层的人类学上之系谱法（genealogical method）全然不能应用，今此凉山罗夷系谱的概括结果，可以作为日后入凉山的人类学家之研究梯航。第五，推开学术的研究不讲，单就应用上来说，我希望办理凉山政务与军务的人员都有熟背上述系谱的必要。以前甘相营的邓文富氏号称治夷能手，凉山各部罗夷都畏之甚于虎狼，原因当然不只一个，但最重要的原因是他能明白凉山罗夷之纵的与横的关系。纵的关系固由系谱之追溯而得，而横的关系，除婚姻不见于系谱外，氏族间的联系亦可由系谱上推算而得。明白这个道理而治夷犹如庖丁宰牛识到肌理骨文一样，自然可以迎刃而解。

此外，我觉到明白了上述罗夷系谱还有一个学术上的重要益处，即由此可以把凉山罗夷的氏族根据系谱作一系统的科学系刊。凡研究人类学的人一定知道种族分类是根据体质的，民族分类是根据语言的。而氏族的分类根据什么最好，我还没有听过关于此问题的理论。现在我提议氏族的分类最好根据他们的系谱。在一个性的关系比较严格的社会，系谱便是氏族成员体质测量的指数。在性交随便的民族，这种方法自然不能充分应用，但在罗夷民族，我敢十分担保它比较正确。凉山罗夷对于外族是行族内婚制的；同时，其在本族阶级之间又实行严格的族内婚制。氏族经此二重的内婚制之洗炼，自然不会有外族的血统混合入内了。罗夷自古以来，孤纥与曲聂二分族则互为婚姻，所以，姑不论孤纥、曲聂是否兄弟的关系，在体质上很难测量出他们的重大差别。因此，我主张分类氏族以系谱为最可靠的资料。

现在，我根据上述原理，把凉山罗夷的氏族系统，按照系谱，拟刊其系列如下，作为此篇的结论。

凉山罗夷氏族系统

I. 孤纥系族（gu heu clans system）

  1. 阿都族（a du clan）

  2. 阿苏族（a so clan）

  3. 阿著族（a chon clan）

  4. 聂劭族（nie sho clan）

  5. 甘尔蒲田诸族（ga L p'u tie clans）

    a. 峨烈族（ngo hle clan or sub-clan）

    b. 暖峨族（ngo O clan or sub-clan）

    c. 尔图族（L t'u clan or sub-clan）

    d. 尼别族（ni bi clan or sub-clan）

    e. 吼补族（hu pu clan or sub-clan）

    f. 尼峨族（ni eu clan or sub-clan）

    g. 尼兔族（ni t'eu clan or sub-clan）

    h. 阿知族（a chih clan or sub-clan）

    i. 蛇坡族（sheu p'e clan or sub-clan）

    j. 木抛族（mu p'o clan or sub-clan）

    k. 甘族（ga clan or sub-clan）

      （i）比古甘家（bi ku sub-clan or family）

      （ii）尔尼甘家（L ni sub-clan or family）

      （iii）路牛路家（Lu niu sub-clan or family）

    l. 水陆族（shih L clan or sub-clan）

6. 阿介尼普诸族（a tcie ni p'u clans）

    a. 尔底族（L tie clan or sub-clan）

    b. 那底族（neu tie clan or sub-clan）

    c. 阿氏族（ngo tie clan or sub-clan）

    d. 哥戈族（geu geu clan or sub-clan）

    e. 鸡什族（tei shih clan or sub-clan）

    f. 阿邾族（a tsiu clan or sub-clan）

    g. 子和族（zeu heu clan or sub-clan）

        （i）倍尔家（bi L sub-clan or family）

        （ii）马克家（ma k'a sub-clan or family）

        （iii）鸡陀家（tci t'eu sub-clan or family）

        （iv）觉朱家（tcy tsiu sub-clan or family）

    h. 阿卡族（a k'a clan or sub-clan）

    i. 哈子族（ha zeu clan or sub-clan）

    j. 毛格族（mo ga clan or sub-clan）

    k. 蒲祖族（P'u tsiu clan or sub-clan）

7. 阿侯族（a heu clan）

    （A）拉马阿侯支系（La ma branch）

    a. 尔兹族（L dzi sub-clan）

    b. 阿走族（a tsu sub-clan）

    （B）蒲鞮阿侯一系（p'u t'ie a heu branch）

    a. 厄田族（eu t'ie sub-clan）

    b. 阿维族（a ve sub-clan）

    c. 执尔族（chia L sub-clan）

    d. 兹铁族（clzi t'ie sub-clan）

    （C）何鹗阿侯支系（heu ngeu a heu branch）

    a. 阿兹族（a dzi sub-clan）

    b. 阿戈族（a geu sub-clan）

    c. 阿古族（a gu sub-clan）

    d. 比夜族（bi ie sub-clan）

  e. 世戈族（shih geu sub-clan）

  f. 播古族（beu gu sub-clan）

  g. 几义族（tci zi sub-clan）

  h. 几要族（tci yo sub-clan）

  i. 阿者族（a cheu sub-clan）

  j. 介义族（tcie zi sub-clan）

  k. 雅札族（a dza sub-clan）

8. 素格族（so ga clans）

9. 莫谢族（mo cie clan）

10. 马族（hma clan）

  a. 毕歌马族（bi geu sub-clan）

  b. 路子马族（lu tsi sub-clan）

  c. 阿开马族（a k'e sub-clan）

  d. 子和马族（zeu heu sub-clan）

  e. 比陀马族（bi t'eu sub-clan）

  f. 古兹马族（gu zi sub-clan）

  g. 脑都马族（no du sub-clan）

  h. 路葛马族（lu ga sub-clan）

  i. 鄂楚马族（ngeu ts'e sub-clan）

  j. 阿撤马族（a ch'ih sub-clan）

  k. 鸡尔马族（tci L sub-clan）

  l. 阿兹马族（a tsi sub-clan）

  m. 阿什马族（a shih sub-clan）

  n. 比里马族（bi li sub-clan）

  o. 己得马族（ie deu sub-clan）

  p. 阿更马族（a ga sub-clan）

II. 曲聂系族（tc'y ni clans system）

（I）尔普普能所衍氏族（clans derived from L p'u p'u neu）

  1. 利利族（li li clan）

  2. 新基族（cie dzie clan）

a. 暖带密土司家（no ti mi zi mo family）

　　b. 洟日土司家（ie zhih zi mo family）

　　c. 斯补土司家（si pu zi mo family）

（Ⅱ）尔普几弥所衍氏族（clans derived from L p'u tei mi）

1. 喇马族（la ma clan）

2. 沙马族（sha ma clan）

　　a. 沙尼土司家（sha ni zi mo family）

　　b. 葛都家（ga tu family）

　　c. 提克家（t'i k'a family）

　　d. 韦古家（ve ku family）

3. 阿什族（a shih clan）

4. 阿禄族（a L clan）

　　a. 补支族（pu tsi sub-clan）

　　b. 磨石族（mo shih sub-clan）

　　c. 吴奇族（wu tcie sub-clan）

　　d. 尼区族（ni tc'y or djie tc'y）

　　e. 比兹族（bi tsi sub-clan）

　　f. 介拉族（tcie la sub-clan）

　　g. 的瓦族（ti wa sub-clan）

　　h. 月瓦族（ie wa sub-clan）

5. 尼介族（ni tcie clan）

6. 阿书族（a so clan）

7. 阿予族（a iy clan）

8. 尼兹族（ndie tsi clan）

9. 耳哀族（L ngo clan）

10. 马海族（ma he clan）

11. 罗洪族（leu heu clan）

12. 戈鸡族（geu tcie clan）

13. 瓦泽族（wa chia clan）

14. 八千族（ba tcie clan）

15. 补氏族（pu tie clan）

16. 栗栗族（li li clan）

17. 穆底族（mu ti clan）

18. 尔极族（L tci clan）

19. 傻格族（sha go clan）

20. 阿卢族（a lu clan）

21. 莫什族（mo shih clan）

22. 世且族（shih tcie clan）

  最后作者当声明者，以上凉山罗夷系谱之资料，原为作者奉中央博物院之命领导中央博物院与中央研究院合组之川康民族调查团在民国二十六年时所收集。收集者即作者本人。其全部资料以及土司系谱、巫谱，与尼区族全谱已经著作成帙，题曰《凉山罗夷之系谱》，中央博物院收藏之。其中四分之一的资料则为作者近年调查所得。且此篇中间之陈述，以及研究之结论，大部为前文所未载录。理合声明如上。民国三十四年二月十日旧除夕前二日，记于成都华西后坝寓所。

（原载《民族学研究集刊》1946 年第 5 期）

康藏民族之分类体质种属及其社会组织

一、民族之分类

藏系民族，无论分布于何处，自称皆曰"Bod Pa"，"Bod"为其专名，"Pa"言其"人"或"民族"也。中国于唐宋之际，称之曰"吐蕃"，"蕃"乃"Bod"之音译（中国古无轻唇音，蕃读鄙），"吐"据张煦氏释为"大"。盖唐时中国称"大唐"，蕃亦称"大蕃"（语见拉萨大昭寺唐蕃会盟碑）。中国之吐蕃乃音译Ten-Bod而来。清时称其地为"西藏"，其人当即为西藏人。藏之音由于其地有藏布。"藏"（Tsang），意为"清洁"，"布"（Po）为大江。此常为西藏政教之中心，故举以概名其全部之疆域与人民。今世称西藏之人为藏人，适当于藏语之"Tsang Pa"，及其声教所及之蕃民；称东藏之人为唐人，这当于藏语之"Kam Pa"，康之义则为边陲也。蒙古人称之曰"唐古忒"（Tangut or Tangut Katzar），言藏蕃为屋居部落，与蒙古鞑靼之帐居或幕居部落相对而言（从Franoesco Penna说）。同时，蒙古鞑靼人亦称之曰"Thobot"。此语传播至欧洲，故意、法、德13世纪之学者著书，称藏地藏人为Thabet、Tobbat、Tubet等音，马可波罗著述中称"Tebet"。后世欧美人遂称之为"Tibet"。总之，与中国古时吐蕃一语同出一源也。藏族名闻于世虽早，然其实际情况，直至现在，尚不为外人所洞悉。推其原因约有三端：（一）藏人信佛好静，不愿向外发展。同时亦惧外人向其地侵略，甚至厌恶与不相干之外人接触。因而产生政治上之闭关主义。（二）藏人虽然酷好著述，然其全力乃倾注于宗教方面。注意来世，忽略现代。因此，其历史地理以及民族观念颇不发达。有之，亦各被以神秘宗教之色彩。

（三）最后一个重要原因，康藏地理，高峻崎岖，气候寒冷，外人旅行调查，至感不便。例如 1906 至 1908 年，斯文赫定（Seven Hedin）在宁青唐喇山之西北与阿陵冈里山之南发现一高峻庞大之山脉，为南印度洋与北内陆诸分水岭所在，名之曰"外喜马拉雅山"（Trans-Himalaya Mr.）。夫以一目所睹之高山尚为世人所曾忽略，然则需要专门新技术而调查之民族问题，就以往所知者，岂不太有限乎，故一切西藏问题在今日仍一谜也。虽然，另一方面，吾人不能不承认近 50 年来世人对于康藏知识之进步，其最努力者首先为英国人士，英人对于西藏之注意自然与其印度殖民地有关。其次，俄国以防止英人北侵之故，对西藏也颇瞩目。日本在宗教研究与寻觅市场之二种企图上，亦时派人至西藏考察。总上述东西人士以及中国人士之系统著作可资参考者，至少百种以上。吾人在此浩瀚之资料中，披沙拣金，于藏族活动之真实，似不无系统可寻。于民族分类一项亦然，惟于叙述民族分类之前当先说明二事，即自然区域与政治区域之划分，而二者彼此本为息息相关的；同时与民族之分布又相互关联，故先合并自然区域与政治区域言之，再叙及此二种区域中之民族。

康藏之自然区域有四，政治区域大体与之相吻合：（一）藏布江之流域区。此区高出海面 4000 米以上，大部为藏布江横贯其间。土地肥沃，生产大麦、小麦、玉蜀黍、豆类等物，以此人口颇为集中。藏人划分自羊卓克湖西滨以西为藏（Tsang）；以东为"卫"（ü）。"藏"意为清洁首善之区，由班禅喇嘛治之，驻于首府日喀则（Shi-ga-tse）之扎什伦布寺（Tashi-Lhumpo），为康藏一宗教中心。"卫"意为中心区域，一切政教命令由此外发，乃康藏一政治之中心也，首府为拉萨（Lha-sa），有布达拉宫（Po-ta-la），达赖喇嘛居之。今时，则全藏之政治宗教权力握于达赖喇嘛之手，故至少在名义上，达赖喇嘛为康藏政教之最高首领。清时，中国划卫于"前藏"，划藏于"后藏"。而康藏人合藏与卫而称之为"乌故斯藏"（ü-sTang），且有时外人以此词代表藏土之全部。因其信佛，与印度斯坦蒙古人亦称之曰"Butant"，意言其为"崇拜偶像之国"也。（二）羌塘区。羌塘（Chang-tong）之意为北高原。此区北起昆仑山南麓，南至藏布江流域，高出海面 6000 米。以地势过高，气候寒冷，故树木五谷不生，只有浅草湖泊，宜于游牧生活。此区面积辽阔，人口殊少。清时，划其地为甲地三十九族与玉树二十五族之牧地，各封土司，属于汉官。至今大体仍之，然汉族势力往往不能达到，任其自治或向拉萨朝贡而已。（三）拉达克区。此区在卫藏之西北，为冈底斯山、柴斯克山与拉达克山三脉并行盘踞，印度河上游与苏特里日河流经其间，构成若干星罗棋布之高原湿地，对于农牧颇为有利。此区之北部，为"巴尔提斯坦"（Baltistan），一称"小藏"。其南列城（Leh）一带称"拉达国"（Lbata yul），一称"大藏"。在10世纪以前，其国归西藏政府管辖，此后600年顷独立称王。宗教虽听命于拉萨之大喇嘛，而政治则与之脱节。17世纪时，蒙藏军由卫藏西行进攻，克什米尔政府出兵助之，败于藏军。由此，拉达克遂向克什米尔纳贡称臣，并以其王之妻子为质。克什人为回教信徒，因禁止拉达克人信喇嘛教，改信回教。19世纪中叶，拉达克谋独立未成，克什人进兵取巴尔提斯坦，并服拉达克南部之柴斯克尔（Znnskar）与庐卜楚（Ruppchu or Rupshu）等地。列城之佛寺仍在，最近克什政府交还于喇嘛，故其地佛教徒仍众。至于庐卜楚西南之拉胡尔（Lahoul）与史俾提（Spiti）诸地则归属于英属之印度政府。（参考 A. Francke, *A History of Western Tibet*, 1907；Ch. A. Sherring, *Western Tibet and The British Borderland*, 1906）其地昔称"阿里"（Nga-ri），今称为"宏德斯"（Hundes）。（四）康区。康之意义边陲，卫藏以东之地属之。康与藏之分界，或谓以昌都为准，西人著作多依之，盖循藏人之私意也。今人任乃强氏谓当以丹达山为界。康之领域可以分广狭二义。狭义指今西康省之地，广义则指西康以外嘉戎西番之区皆属之，故至少可包括四川之西北部与云南之西北部。前者为政治之分区，后者则为民族之分区也。此区大体为一向东南倾斜之地带，自始至终，山脉与河流并行而下，结果构成康南之三条并行的峡谷。凡河流所经之地多有或宽或狭之冲积平原，城镇村落多建筑其上，故人口颇能平均发展。然以区域过大，地势不齐，故民族语言亦颇为复杂。清时，自金沙江以西原划归四川。民国二十八年，西康正式建省，疆域划过太昭县以西。此康藏自然区域与政治区域划分之大略也。

康藏上述二种区域之划分既明，更一步则可讨论康藏民族之分类。历来学者对于康藏民族作系统的分类者约可分为五派：

（一）以体质或者头盖骨为分类之标准者，前有端纳（W. Turner），后有毛仑特（G. Morin）。端纳于19世纪末测量康藏人头盖骨若干，分其民族为长头的与蒙古类型的圆头的二种。前者谓之为武装的善战的阶级，大部分布于西康各地。后者多被寺院招征而为僧侣，为西藏民族之主要构成部分（Craniometiy, Trans Roy. soc, 1899-1901-1906, 1913）。继端纳而研究者为毛仑特，毛氏于西藏之西南地方，测量37个男头骨，谓之"藏族A型"；又在西康测量15个男头骨，谓之"藏族B型"（Graniometiy, "A First Study of the Tibetan, Skull", *Biometrika*, 1923）。毛仑特之分类于此暂不置论。端纳之分类，巴克斯顿（L. H. D. Buxton）在所著《亚洲人民》（*The People of Asia*, 1925）中已略加非难。盖康藏寺院之僧侣，无论长头的，圆头的，实兼罗并有。而长头之僧侣尤易为人所注意。贝尔（C. Bell）说："现时有一趋向，即资格较老之贵族，其面容之发展自成一种，形态与常人迥异。"此形态如何？即指其为长面也。又言："西藏种族之侨寓锡金者，恒认长脸为贵人之特点。其言曰：其面长，此贵相也。"（*The People of Tibet*, 1928）西藏之贵族固有不少为喇嘛者。而人类之长面者又恒为长头。然则长头之僧侣不特拉萨有之，即在锡金亦固有不少矣。故长头、圆头不得为武士与僧侣之分野，更不得为康人与藏人之不同。

（二）以语言为康藏民族之分类者为李方桂氏。李氏于英文《中国年鉴》（*Chinese Year Folk, 1936-1939*）分藏语群为三大系：1. 西方藏语系，包括巴尔提语、拉达克语等。其语言之特质保持有词头（Prefixes）、发音辅音丛（the initial consonant clusters），与韵尾顿音（the final stops）-b, -d, -g。2. 中央藏语系，包括拉萨方言等。其语言之特点为无词头，发音辅音丛的简单化，与韵尾辅音之衰落。3. 东方藏语系，即康语。其语言之特点保存有完善之词头与韵尾辅音。李氏著此论文所以论藏族之语言，然由此语言之尺度，可以表明康藏民族之不同。

（三）以地理区域为康藏民族之分类者为贝尔氏。贝尔著书时似无民族分类之观念，故对此问题无具体的说法。惟当其叙述西藏之自然区域时，表示在不同的自然区域内有不同的民族生息其间。在藏布江流域者为卫巴与藏巴；在羌塘高原者为牧番；在东藏区者为康巴（C. Bell, *Tibet, Past and Present*, 1924; *People of Tibet*, 1928）。其分类虽简，实无可非议。

（四）以历史部落为康藏民族之分类者为氏西达里（Desideri）。氏西达里亦无民族分类企图，惟其历史分区，对于吾人之民族分类关系至巨，故趁此机会叙述之。氏氏言藏于昔时者为若干小国所构成：一曰"藏"，首府为日喀则，包括以西各地，南至尼泊尔，北至大漠。二曰"卫"，首府在拉萨，包括藏中部各地。三曰"霍尔"（Hor），包括北方各地及东北通中国之沙漠。四曰"康"，包括中国以西各地与鞑靼南部以及工部（Kon-po）、洛巴（Lho-po）之地。五曰"蒙"（Mon），包括南方及锡金（Bree-me-jon）之地。（F. de Filippi, *Desideri's An Account of Tibet*, Book II, 1932, chap. IX）此段叙述虽不完全，然由此吾人可鉴历史因素对于现代民族分类之影响。

（五）综合生活方式与分布区域为康藏民族分类者为哈登（A. C. Haddon）。哈氏于1925年所著《人类种族》（*The Races of Man*）中分藏族为三种：1. 鄱巴（Bod-pa），分布于藏南养沃之区，生活定居而较文明。2. 牧番（Dru pa）分布于北部高原，和平而经营半游牧生活。3. 唐古忒（Tangut），分布于西北边之青海与甘肃间。同时，氏又谓由人种质素言，藏人只有两种：一种为圆头的南蒙类型（Pareooan），鄱巴属之。一种为长头型，康人属之。其说盖本于毛仑特也。此点容于下文详论之。前述哈氏之综合分类于族名之采用误点有二：1. "鄱巴"为藏族之普称，不当用以代表藏布江流域之民族；2. "唐古特"为蒙古鞑靼对于藏人之普称，此在《清史纪事本末》中言之颇详，不当只限于青、甘间之藏人。

综上所述，知历来学者于康藏民族之分类，或精确简当，而失诸略；或名错其实，而待修正。故作者参考中外学者之调查，以及自己在康东调查之所得，为之作较翔实之分类如次。

康藏民族，吾人依其语言、政教、文化、地理分布以及有关之几种体质资料分为六个部族：

（一）卫藏或乌斯藏部族（ü-Tsang or ü-sTsasng tribes）或藏中部族（the central Tibetans）。此部族分布于藏布江流域。体质：头型圆头型（W. Turner），或次圆头型（G. M. Morant, C. I. 72.9）。体高中等身材（Haddon, 1.64m）；鼻形狭鼻（Haddon, N. I. 74.1）。发黑色直形或波状。睛褐黑色，小而微斜。颧骨突出；肤黄色，少毛须。语言：拉萨方言，语音无词头，词首附着辅音与词尾附着辅音有简化或衰落之趋势（李方桂说）。人民以农业为生，笃信喇嘛教。康藏之统治阶级多出于此族。其地遂为西藏政教之中心。此部族文化之同质成分较多，然按其政教风俗尚可分为下述六部：

1. 卫巴部（ü-pa）。此部包括綦河（Kyi R.）流域之拉萨居民及卫东南之特克包（Tak-po）居民。

2. 藏巴部（Tsang-pa）。此部在卫巴之西，藏布江上游自羊卓克湖以西，经日喀则至三桑一带之居民。

3. 工波部（Kong-Po. pa）。此部在卫巴之东，白拉马曲河弯地。分上下两部。下工波昔为一独立国，今附于藏。

4. 波密部（Poma-pa）。此部在工波之北。或谓波分上、下二部，波密其下部也。昔其间小部林立，总摄于朗噶大酋。民族剽悍好劫，屡侵邻落。藏军征之，不胜。清末，汉军始平定。人民亦信喇嘛教。至此则为卫藏民族之边缘。

5. 拉仑部（Lharing-po-pa）。此部在工波之北。

6. 阿里格部（Arig-Pa）。此部在工波、波密二部之北。

（二）阿里或宏得斯部族（Nga-ri-Praor Huades tribes）或藏西部族（Western Tibetans）。此部族分布于西藏西部之印度河上游及苏特里河（Sutrij R.）流域。体质为中头型（Haddon, C. L. 1168-81.6），中等及低等身材（Haddon n, 1.570-1.669），中鼻型（Haddon, N. I. 67. 2-78.5. 注意上述诸数字包括康人在内）。此部族体材之低矮，系受克什米尔人（Kashmiri）与巴尔提人（Balti）血统之影响。自拉达克以北之人民受克什米尔政府统治甚久，北方及西方之回教徒常至列域贸易，遂娶藏妇为妻。回教之父与藏族之母所生子女谓之"Argon"，在此地带颇多，民族交混既久，遂发生体质变化。语言以拉达克语为流行。语音有词头，词首附着辅音与词尾顿音 -b, e, g（李方桂说）。人民生活以农业为主，同时兼营半畜牧经济。宗教则回教与喇嘛教并行。其地政治主权，虽或属英，或属于克什米尔，或属于藏，而人民之属于藏系民族者可仍照旧史出屈（H. Strache, "Physical Geography of Western Tibet", *J. R. G. S.*, XXIII, 1853）之说法，分阿里部族为三部：

1. 蛮部（Mang yul）。分布于最南，与尼泊尔接境。全部接受佛教文化。

2. 考萨部（Ngavi-Khorsum）。包括蒲兰（Purang）、曼纳萨罗瓦湖（Lake Manasavewar）、凯拉山（Mt. Kallas）、噶葡克（Gartok）、庐道克（Rudok）以及古基（Guge）等地之人民。大部接受佛教文化。

3. 马尔部（Mar-yul）。包括拉达克人与巴尔提斯坦人。回教文化与佛教文化并行。

（三）牧番或"卓克"部族（Drok-pa tribes）或北高原部族（Chang-ang Tibetans）。此部族分布于西藏北部之羌塘高原。其族之来源颇杂。阿马夏（Rev. Ahmad Shah）在其《旅藏四年纪》（Four Years in Tibet, 1906）分析康藏之牧番有四种人：1. 羌巴（Champa），住牧于北高原之外围；2. 康巴（Kam-pa），住牧藏地之东北方，其人来自康省；3. 道克巴（Dok pa；疑即 Drok pa 之误），其人披发游牧，较前二种人为强悍；4. 楚克巴（Chuk-pa），即牧匪，在牧野以掠夺为生。阿氏所言之羌巴乃指藏卫人畜牧于羌塘南部者，与康人俱不能谓之为标准牧番。此所谓牧番乃指羌塘之披发土著以及果罗克一带之半牧半劫为生之人民。体质为圆头型，头指数 71.7 至 80.3。鼻为中长型，鼻指数为 71.7 至 74.1。体高为中等身材，高 1.603 米至 1.622 米。（Haddon，其中有一部分尼泊尔人体质在内）哈登为此族立一体质的种名曰 "Tibetanus biach ymorphus"，主要指其头为圆型也。洛克希尔在其《西藏的民族学》（W. W. Rockhill, Notes on Ethnology of Tibet, 1895）中云："西藏种族之最纯粹的代表可在游牧部族（Diupa or Hprog-pa）内找到。此族或居青海四围，或居藏地东西中各部，有统一特质，可名之曰：'牧番型'（Drums type）。在牧番内，男子高度为五尺五吋，妇女略低之。头为圆头型，发式近波状，睛为浅棕色，有时淡灰色。颧高虽不如蒙古人高，但亦颇突出。鼻厚，有时鼻根低下，其他部分突出。鼻虽为弯曲的，但多狭鼻，而鼻孔则宽大。齿强而不整齐，耳叶颇大，自头部突出。口宽，唇不甚丰。低地之民，其唇即薄。胡须甚薄，上须则以镊拔之。"此段描述颇为重要。语言保持词首附着辅音与词尾附着辅音极为完善。宗教乃信喇嘛教。装饰朴野而披发，犹有古羌之遗风。生活游牧无定居，故无屋宇而住帐幕；无村落而依部落。人民有名而无姓，故无宗族，婚姻，除酋长外，行有限制地族内婚制。即同一祖先以下之子孙，三代或四代以后，则可互婚。与外部族通婚之例殊少。酋长与酋长之女婚，原亦出自同祖，惟相隔较远，故屡世互为婚族。地高民苦，则以抢劫为业；其中以果洛克为最烈。析其部族可分为三：

1. 西部牧番（Drok-pa or Dru-pa or Drogba）。分布于卫藏之北，昆仑山之南。然昆仑南麓一带多旷野无人，故其主要分布区在北纬 34° 以南之高原。此带牧番可枚举者有下述 11 部：

（1）丹木番（Dam-pa）。丹木部亦称丹木嘉劭部（Dam-ja-shok or Dam-gya-gtrgak），在宁青唐喇山之南麓，为最接近拉萨之一游牧部落，其地殊小，多产牦牛及马。

（2）诺楚克番（Nag-chu-ka）。一称"羌诺楚克巴"（Chang Nagchaka），在宁青唐喇山之北，译言"此高原之黑水部落"也。与丹木巴常输送牦牛、羊、黄羊、乳酪、乳油至拉萨，由拉萨即运回米麦布匹等物。其衣饰大致与藏人同。

（3）诺鲁玛番（Namrama）。分布于宁青唐喇山北麓，南穆湖（Namtso）之滨，但一部分亦分散于北方。

（4）班巴拜养番（Bangba-bayang pa）。一称"拜养番"，分布在丹木与诺楚克之西，其生活方式与习惯，与丹木番及诺楚克番同。户口约一百家至二百家。

（5）羊班成番（Yang-gba-chen-pa）。分布在多仑楚尔布寺（DöLimg Taurbu）之西北。户口近百家。

（6）诺格增番（Nktsang-pa）。此番分上下二部：上部曰"Naktsang-gomnak"，下部曰"Naktsong doba"，均在嘉梭湖（Kyaring Lake）之西南。牧野颇广，民无殷富。惟民性懦弱，不特不敢为强盗，且时为强盗所扰。

（7）楚克诸番（Chug-dsu-pa）。分布于诺格增西北、邓格拉湖（Dangra）之南达尔高山地（Dargo ints）中。信钵教，与上述诸番之信佛教不同。

（8）荣除登格番（Yönehole gga）。在达尔高山之南，亦信钵教。户口约二十家。

（9）戎葛鲁番（Zhungru-pa）。在 Namjel Lhadse 萨迦寺之东，牧户二三十家，历世达赖喇嘛之财产，但不属于拉萨政府也。

（10）卓书番（Dro-shö-pa）。在麦云母山（Mayum La）附近。分上下二部。所占地区皆大。常与尼泊尔人及印度人交易。

（11）达里特布里番（Dretaburi-pa）。在苏特里日河滨，只有少数牧番。此为羌塘牧番之最后分布者。

2. 中部牧番。分布于萨尔温河上游与雅砻江上游间之北高原地带。普通又分：

（1）甲地三十九族（Jyade or Dzade Tribes）。在喀拉乌苏河流域以北。

（2）玉树二十五族或南青土官属族（Nan-chen-gya po tribes）。在甲地之北，湄公河上游宗河（Drang R.）之南。其地部落甚多（参考 Combe, *A Tibetan on Tibet*, chap. IX），然主要有二部：①甲格纳牧番（Dzagarnag），西与甲楚克部（Dzacuka）接，西南与甲地三十九族地接，由格色土官（Gedse Bön）治之。其民主要以射猎为生，鹿茸狐皮售于结古多（Jye gundo）之汉南，肉则留为食用。人民装饰，戴饰物于发上，与一般康藏不同。同时，又男子辫发。与果洛克及甲楚克人不同。②阿卓甲玛牧番（Adia Dsamar or Adea Meimmar），在甲格纳之西，由阿卓土官（Aara Bön）治之。人民生计维艰，衣食贫困，多为盗贼。

3. 东部牧番或果洛克甲楚喀牧番（Go-lok-Dsachuka-pa）。东部牧番主要为果洛克（Go-Lok）与甲楚喀（Dsachu-ka）二部，其语言衣饰大致相同。Combe《藏人论藏》（*A Tibetan on Tibet*）中引谢国安谓此二牧番之语言皆为"卓克语"（Drog-ge），然则与其他羌塘之牧番语言固同属一系也。兹分述之：

（1）果洛克牧番。"果洛克"亦简译作"俄洛"，"go-Lok"藏语意为"强项"，即不服王化之意。其人以游牧为主，并兼营强盗生涯（谢氏云果洛克皆为强盗）。分三大部分，总称为"三果洛克"或"三俄洛"，各有土官（Bön）治理之。此土官之来源，或谓即土著，乃银部叶尔羌之女神与西藏神山之男神交配而生三子，后遂分为三部（庄学本《俄洛初步介绍》，《西南边疆》第13期）。或谓乃迁自藏部之拉孜（La-tse）（葛赤峰《藏边采风记》）。信红教与格鲁教。装饰除头饰与耳环外，与其他牧番同。所谓"三果洛克"：①汪钦本（Wang-chen pön）即上果洛克，由汪钦土官治之。在西部，与甲楚喀地相接。②白马本（Ba-ma Bön）即中果洛克，由白马土官治之。在汪钦部东南。③阿穹本（a-chuang Bön）即下果洛克，原由阿穹土官治之，现则分为五部：康萨部（Kong-ser）、康格部（Kor-gan）、贡马桑（Kungnasm）（或以上述三部即为三果洛克者实误）、惹落（Zalo）、万撒斯（Wa. Sas）。谢国安谓果洛克分五部盖指此。然诸部皆出阿穹本。此五部之外尚有其他果洛克人也。

（2）甲楚喀牧番（Ja-chu-ka or Dzachuka Pa）。甲楚乃言雅砻江之上游，甲楚喀乃言雅砻江上游河口之地。其他北部属甘肃，南部属德格。各部有土官治理之。北部之土官属于甘肃甲孔多（Jyekundo）之汉官。南部之土官属于德格土司（Derge Conbhne）。北部之牧番，皆与果洛克同化，凡宗教、帐幕生活、衣饰，以及一夫一妻制皆与果洛克人相同。南部之牧番生活近于德格人，然语言宗教北部牧番并与果洛克语相同。

（四）霍尔部族（Hor-pa-tribes）。藏人谓北方有二种游牧民族：一曰霍尔巴（Hor-pa）；一曰索尔巴（sor-pa）。关于此二种民族之区分，以英人魏赛罗斯（C. Weseels, S. J.）言之最审。罗氏于所著 Notes to Desideri's An Account of Tibet（1932）之索引中云："霍尔索克（Hor-sok）在藏之北方；霍尔巴为西北的游牧民族；索尔巴为东北的游牧民族。"按霍尔人盖指蒙古鞑靼族，从汉人"胡"之音译也。索尔人盖指鲜卑族，从汉人"索头"或"索虏"之音译也。霍尔索克或指鞑靼、鲜卑之混合血统民族。霍尔已于唐初及唐以前在康藏中为一强有力之独立部落。其最有名之一国曰林国。林国最擅盛名之一个国王为格萨（ge-ser），与松赞干布齐名，至今尚有藏文说部述其事，虽妇人孺子皆能道其端倪。古霍尔巴虽为一游牧之黑帐幕民族，然亦有其边界。以吾人所考，除格萨王世系之并吞疆域不计外，其原始部落系建立于今西康省之东北与青海之南部一带。或谓凡历世蒙古人所统治之区域皆曰"霍尔巴"者恐非事实。此族分布在今西康省东北部邓柯、甘孜、炉霍、道孚与丹巴西部以及青海南部紫龙关（Zulunu pass）以南一带。其主要分布为雅砻江流域之上游。体质至今无人调查，或谓其族为蒙藏混种，俱不可知。惟其语言与康语、藏语、嘉戎语皆不同，然与之皆有关系，可谓藏语、康语之"姐妹语言"。语言有词首附着音 m-, n-, s-, z-, r-, ʒ-, v-, 词尾附着辅音，除 -r, -n 外，殊不多见（据作者在丹巴巴旺调查之道孚语）。其族多信钵教，兼营农牧为生。霍尔部族，按其政治区域可分三部：

1. 霍尔呃部（Hor-nga）。分布于甘孜、炉霍、道孚等地者旧有霍尔五部，藏人谓之"霍尔呃"。今则演派为八部，各有土司治理，自改土后，各土司则分属于各县县长。八部之名称及分布如下：

（1）霍尔咱部，分布于邓轲东边、德格北边，与甘孜杂科等地。

（2）霍尔东科部，分布于甘孜之东科。

（3）霍尔白利部，分布于甘孜之白利。

（4）霍尔孔撒部，分布于甘孜之孔撒、科则、图根等地。

（5）霍尔麻书部，分布于甘孜之麻书。

（6）霍尔竹窝部，分布于甘孜之贡雅与炉霍之竹窝。

（7）霍尔章谷部，分布于炉霍之县城及斯木宜木等地。

（8）霍尔丹东巴旺部，分布于丹巴之丹东及巴旺。

2. 霍尔琼部（Hor-chong）。分布于谢河（She R.）上源与雅砻江间由紫龙关至甘孜之地。

3. 西藏霍尔部（Tibetan Hor-pa）。分布于宁青唐喇山之北，南木湖以东之地。盖昔时由霍尔地徙居于此者，其人数较少。乃霍尔部最西分布之民族。

（五）康番部族（Kam-pa-tribes）或东康部族（Eastern Tibetan tribes）。"康"（Kam）原为边区之意，非民族之词。惟自有史以来，最早自成一落或数落，语言政教与西藏不同。且与汉族接近之故，其人体质亦有特异。康番体质，头为长头型（Turner; G. M. Morant），或长中头型（Haddon）；或中头型（Stevenson）。身材在中等以上（Haddon），为长躯干类（Stevenson）。面为狭面型，鼻亦为狭鼻型（Stevenson）。语言，方言名词与其他藏语略有不同。语音保有极完善之词头与词尾附着辅音。宗教东北、东南二隅多奉行钵教，中部则信喇嘛教，与卫藏同。衣饰虽为藏式，但有汉化之倾向。生活以农业为主，兼营牧畜。在北方草地高原之上间亦有游牧民族，但少数而已。按其语言、生活模式以及地理分布可分为康、松潘与嘉戎三部：

1. 康语系或康巴部族（Kam-pa）。分布于萨尔温河流域以东与四川省以西之地。语言语音已如上述。其间又可分为五部：

（1）卡拉（Cha-La）或康定部，包括打箭炉或康定，雅江以北、霍尔地以南之康人。

（2）德格部（Der-ge-pa），包括德格一带之康人。

（3）猛康部（Mang-Kam-pa），包括宁静、巴塘、理塘一带之康人。

（4）昌都部（Chiam-do-wa），包括昌都一带之康人。

（5）定乡稻城部（Ting Hsiang-Ta cheng-wa），包括定乡、稻城、木里（M-Li）人及云南西北之古宗。

2. 阿不多松潘部族（Amdo-suso. pan tribes），分布于四川西北部松潘及青海以南之高原内。松潘番族系由青海阿木多（Amdo）徙来，故语言属于同系。在松潘一带者以农为业。在其北或其西之草地者以游牧为生。在阿木多者则兼营农牧。此系部族可分为四部：

（1）松潘农番（rog-pa of san-pan），包括黄胜关以南、毛尔盖以东各地之西番。各由土官治之。

（2）阿坝牧番（Dru-pa of nga-Ba），分布于果洛克牧番之东。分上、中、下三部，分治于三土官。

（3）座包牧番，分布于阿坝牧番之东，亦分上、中、下三部，分治于三土官。

（4）阿木多（Amdo）或西宁番二十八族，分布于青海察棱湖以南之地，旧称西宁番二十八族。藏语为"阿木多"。

3. 嘉戎部族（Ka-rong tribes）。"嘉戎"（Ka-or-teia-rong）原为一地理上名词，指诸山间之溪谷。藏人所谓嘉戎包括康定以北、果洛克草地以南、道孚以东、羌民以西诸山谷间之人民。然其间除一小部分操康定语与道孚霍尔语之人民外，其他民族有一种语言与其周围之民族语言颇有分别。其分别之点，不仅为语汇之不同，语音有词头 ta, la，词首附着辅音 h-, g-, m-, ʒ-, s- 及词尾附着辅音 m-, n-, -t。凡此诸点，知其与康定语虽为接近，实有分别。故可自成一种部族。人民以农业为主，兼营畜牧。宗教多信钵教，间信喇嘛教。按其政治与地理分布可分为三部：

（1）口外嘉戎，嘉戎以四川理番县之马塘为口，在马塘以东者为"口外嘉戎"。其中杂谷、甘堡、上下孟董之戎昔称为"四屯"。四屯以西北为扣山戎；以东南为瓦寺戎。

（2）四土嘉戎，马塘河流之梭磨、卓克基、松岗、党坝之人为四土戎。

（3）金川嘉戎，大金川流域有绰斯甲、巴底、促浸三部戎；小金川流域有儹拉、鄂克什、穆坪三部戎。

（六）珞圉部族（Lho-yu）或藏南部族（Southern Tibetan tribes）。"珞"（Lho）在藏语为野人之意。此系部族分布于中藏区之南，白拉马布曲河之北。其族体质：阿保尔人（Abors）头指数为 77，鼻指数为 81.6，体高为 1.579 米。达夫拉斯（Dafflas）头指数为 77，鼻指数为 84.1，体高为 1.606 米。（Haddon；其他有关系之民族分布于喜马拉雅山者，尚有 Gurund, C.I. 81.6, N.I. 78.5; M Grmi, C. I. 79.5, N. I. 57.2; Limbu, C. I. 84.3, N. I.74; Gurkha, C. I. 78.9, St. 1.679; Rongpa or Le ha, C. I. 79.9, N. I. 67.2; M Butia, C. I. 80.3, N.

I. 77, St. 1. 672）总之，为长头、中鼻与中等身材之民族。语言与藏语为一系，但其详情不明。此族原不信佛教，或以抢劫射猎为生，故藏人目之为"野人"。18世纪时，Desideri 叙述珞巴（Lho-pa）之生活状态云："Lho ba 意为南疆之人，其性嚣张不文而野蛮。普通居森林中，以弓箭射猎野兽，生吞或半煮而食之。有时且食人肉，目睹人之年青肥胖而美貌者，则扑杀之。行时常佩弓箭，喜行射击。尚有一种野蛮风俗，即当人之将死时，其亲友告曰：死后勿惧孤独，将送伙伴随从之。死后，亲友则杀若干人以殉。殉者佩以齿做项圈，齿之数目与其在生前所屠杀之人数相等。"（An Account of Tibet, 1712-1727）由此段记载，不难窥知珞圉民族之原始生活方式。近世因汉藏军之征伐，此族不特信佛教，且多听命于拉萨政府。其部族共分三部，在东南者为"杂圉"；在南者为"珞圉"；在西南者为"蒙圉"。兹分述之：

1. 杂圉部（za-yul pa），分布于波密之东南与利班河（L. i. bang R.）以西之地。其地现已设县名"察隅"，然其族在邻封山中多有之。藏人亦称之曰"珞巴"（Lho. pa）或"珞卡子"（Lho-ka-tse）。以其居于藏卫之冲口，故亦称之曰"门口的野人"（Kha-Lho）。

2. 珞圉部（Lho-yul pa），分布于白拉马布曲河以北之西藏境内。记分：

（1）阿保尔族（Abors），与不丹人为同族，故为不丹人之分布在西藏境内者。此族分布于北纬28°至29°，与经度94°至95°之间，斜跨于苏班士累河（Subansiri R.）与底班河（Dibang R.）之上，人口颇多。

（2）弥里族（Miris），分布于阿保尔族之南，底卜路改地方（Diblugnih）之北。人口甚少。

（3）达夫拉族（Daphlas），分布于阿保尔、弥里二族之西南。

（4）弥世弥族（Mishimis），分布于底班河与白拉马布曲路特河（Prehmoputr Lauhit R.）汇流之三角地内。人口亦颇繁多。

以上诸族，藏人总名曰："洞底的野人"（Ting. lho）。

3. 蒙圉部（Mon-Yul pa），在卫南年互河（Nyangang R.）与巴累里河（Peiahrali R.）二流域之间，其东南即为不丹。其地产稻棉，故人颇殷富。相传藏王祖先则发祥于此。其民类不丹人，最著名者为达旺族（Ta-wang），分布于年互河之右岸。

二、体质种属问题

体质研究在人类学体系上占一重要部门。此学者尽知，无待赘述。惟其价值如何，说各不相同。一派以种族体质与民族心理有并行的关系，因而由体质的不同决定品德的高下。此种意见自18世纪迄今日时见流行。另一派则反对上述意见，以为体质与心理无关。今日人类体质的研究只在人种学上有分类的价值，而无原始的价值。盖今日人类已无纯粹之种型。其体质型态常随环境而变迁故也。二派意见相较，后者以立论不偏，证据确凿，颇为有力。不幸，此一结论又被一般野心家与偏见的学者所利用。其利用方法，即在研究一种民族体质时，早已胸有成竹。此民族于己有利，则于体质特素中抓着一点谓与我族相同；其他特素虽皆不相同，亦谓之同。反之，此民族于己有损，即于体质特素中抓着一点谓与我族不同，其他特素虽皆相同，亦谓之不同。于是，科学成为人类之婢仆，野心家遂以体质人类学家为争取或排斥民族之工具。康藏民族之种属问题目下即陷于如此的困难。

英国端纳氏谓康藏民族体质可分为长头的与圆头的两种。前者为武士阶级，大致分布于西康，后者为僧侣阶级，大致分布于西藏。此节英人巴克斯顿虽曾批评之，然终接受端纳之意见，谓长头民族可名为"武士型"（Warrior type），圆头民族可名为"僧侣型"（Priestly type）。与上述意见相同进一步加以阐明者为毛仑特氏，氏谓在康藏至少有二种不同的人种：一种来自锡金毗邻的南方各地，毛氏谓之"藏族A型"（Tibetan A）。此人种分布于西藏南方，与南部汉人、马来人及缅甸人有密切关系。又一种即西康的藏人，用种族系数的方法比较之，此种人与东方人无明显的类似，而与台斯莱（Tildealey）所谓"缅甸B与C"，即喀仑人（Ka-luns）与混血的喀族人，有许多体质上的类似。毛氏称此种人为"藏族B型"。以后毛氏又扩大此种概念，谓藏族A型为尼泊尔人与南方汉人之中间型。在另一方面，案高拱尼（Koganni）测量北方汉人体质的结果，谓与理想的汉人型大相悬殊，而为藏族B型与纯汉人的中间血族。总之，毛仑特之最后结论，谓藏族A型与尼泊尔有连带关系，而尼泊尔人与印度人为同种。此点与吾人知识的藏印历史关系并不冲突。又谓藏族B型与中国的北方汉人有连带关系，此与中国古代历史记载及近代之民族混合事实尤相符合。最近毛仑特与我国中央研究院吴定良合著《亚洲人种初步分类》("A Preliminary Classification of Asiatic Races Based on Cranial Measurements", *Monograh of Soci. Scien. of Academia Sinica*, No. VII, 1933）所得结论，更较中肯，云："藏族 A 型之头骨采集自与尼泊尔毗连之南藏。尼泊尔人与一种印度种有深切的联系，而藏族与一种东方种有深切之联系。藏族 B 型之头骨采集自西康省，与采集自藏西南之 B 型为不同一种族。然前者包括 15 个男头骨，标本太少，殊难得可靠之结论。在一切汉人型中皆较疏远，惟与史前系列相关最为切近。藏族 A 型则相去仍远。"于此吾人当注意者，即藏族 A 型之头骨，采自西藏之西南部，并非得自卫藏，且其数目仅有 37 个，标本并不为多。然则所谓 A 型仍不能代表典型之西藏人甚明。

上述诸氏之意见虽不能认为绝对正确，然去事实或不过远。此外，尚有二种毫无根据之怪论与上述意义颇为抵牾者，一为焦一士（T. A. Joyce），一为前所提及之巴克斯顿（L. H. D. Buxton）。焦一士在其所著之《民族志收集手册》(*Handbook to the Ethnographical Collection*, 1910）中谓藏族之特质乃以南蒙古利亚血族为主，而混有相当的印度欧罗巴血统者。巴克斯顿在《亚洲人民》(*The Peoples of Asia*，1925）中亦有类似的论调，理由在表面上似颇为充足。巴氏谓康藏种族有武士型、僧侣型，与第三种血统阿尔卑体型（Alpine）三种。巴氏于最后一种体型自感证据太薄，未深论列。至于武士型与僧侣型之种属，巴氏谓在远古时代有一种躯干颇高的长头人种出现于亚洲各部，名"原诺狄克种"（Proto-Nordics）。康藏的武士阶级当属于此类。彼等皆高躯干，长头，大骨架，与黄种人显然不同。因此，巴氏谓藏族的武士型为原诺狄克种，僧侣型为黄种的"南蒙古利亚种"（Southern Mongoloid race）或"盘利奥安种"（Panteooanm race）。至于蒙古人与汉人对于康藏民族之影响，巴氏以为殊微渺不足道。巴氏云："西藏北部的藏族无疑的受蒙古人很大的影响，但因二族间以沙漠隔离之故，使他们不能起很大的血族混合。"至于汉族与藏族之关系，巴氏亦承认，"在数世纪前，藏族虽受汉族之影响，但此影响很少能改变藏族的体型，使之与汉人相同"。什么理由，巴氏未说明。总之，上述二氏之意见以为康藏民族之体质乃由南蒙古利亚种与印度欧罗巴种二种血统所构成，与蒙古人及汉人的血统关系殊少，乃至于以为没有关系。这种意见，在无论对于康藏民族体质有无研究的人们看来，似皆难首肯。例如端纳所说的长头型武士阶级与圆头僧侣阶级，就是对于体质测量技术不能运用的人，他们在僧侣中可以看到有许多长头的藏人，在武士中又可看到许多圆头的藏人。因此，通俗的人，即对体质问题无研究者，决不会迷信其说。反之，研究体质的学者，如法国孟当东（D. G. Mortandon）之类，因为急于取材充实篇幅之故，却上了端纳的当，将其说编入他们的人类种族著作中。又如吴定良与毛仑特（莫仁德）谓藏族 B 型与西伯利亚的区克奇人（Chukchis）的体质类似程度为高。除他们认为藏族 B 型的标本太少，资料本身即有问题外，在西藏与西伯利亚的辽阔地域间并无连锁型体质可寻。然则吾人与其说之为血统的传播，勿宁说之为头盖骨的偶合。这种偶合与倭奴尼格罗之同为体毛丰富，诺狄克人与阿尔美尼人（Armenians）之同为高鼻长面相似，因此，体质人类学者决不能只抓着一点，便以一概全。否则这种研究，不特无原始的价值，且无分类的价值了。不过，上述诸例，他们的结论是由实际资料观察或计算而来，并非海市蜃楼，随意自造的。只是所根据的资料本身有问题未曾解决而已。因此，我们对于此等理论，须要慎重地引用，否则便被他们"欺以其方"了。至于焦一士、巴克斯顿的理论，从头至尾，无论他们说康藏人种混有印度人的血统也好，属于原诺狄克血统也好，盘利奥安种也好，甚至于混有阿尔卑体型也好，全然没有根据。反之，巴克斯顿则谓康藏人种与蒙古人及北方汉族关系殊少，或没有关系，这种偏见，若非他不懂中国民族历史与现状，则其为恶意的宣传，企图离间藏族和我国其他各族之关系，而使西藏接近英印之意甚明。这一类的意见与前一类的意见不同。前者之理论设吾人谓之曰"可欺以其方"，后者之理论则为"难罔以非其道"。而且心怀叵测，其罪难恕。中国的体质人类学家应当针对这种理论加以研究和剖白。

  康藏民族之体质属于蒙古类族，不特中国史志一套传统的说法如此，即许多无偏见或有偏见的欧美人与康藏人，亦多有如此的理论。美国研究西藏的权威学者马克当纳（D. Macdonald）说："藏民乃属于蒙古类种。虽在今日，蒙古类种与西藏种无论在外表上与体质特素上几不能分别清楚。"（*The Land of Lama*, 1929）英国贝尔（C. Bell）是最含有政治意味而研究西藏的一位政治家，然于其《西藏人民》（*The People of Tibet*, 1928）中首言英藏人民之美感不同，此为二民族体质不同的主要鸿沟。云："若干英人均否认西藏女人之美；斜眼，直鼻，高颧骨，皆足以引起反感。而欧洲人在多数藏人看来，亦认为奇丑异常。"因此氏之结论谓："大多数藏人，无论男女，具斜眼、直鼻，及凸出之颧骨，与中国人（汉人）及其他东亚民族无异。"在又一书《西藏之过去与现在》（Tibet, Past Present, 1921）中亦云："西藏之天然亲属自乃为中国联邦中之各种族。其宗教伦理及社会礼仪风俗皆有公共基础。历史亦自始联络。"

西康妇女仁钦拉姆（Rin-Chen-Lha-mo），嫁英国金路易斯（Louis King）为妻，著《我们藏人》（We Tibetans, 1929）一书，于中国汉人亦多诋毁，然论及欧洲人之相貌，则言："照吾人意见，欧人平均殊非美丽。吾人觉其鼻太丰，突如壶嘴；耳太大，无殊猪耳。眼睛蓝色，似孩子所玩之石球。眼眶凹过深，睫毛太长，过为猕猴化。"

康人詈欧人之高鼻，大耳，眼深，睛蓝，睫毛长如猕猴，证明其与欧人之体型不同也。其论与蒙古人之关系，则云："此时之西藏佛教已成为蒙古宗教，所以能达到此地步者，半由于蒙古与西藏人种上本为同气连枝，半由于蒙古政治权利之帮助。西藏与蒙古人种原为一家，所不同者只为环境各别，行为举动因之而异趣。"此种意见可以代表整个康藏民族之意见，实通论也。

对于上述意见予以体质人类学的证明者当以北平协和医院史蒂文生（Stevenson）在西康之测量；中央研究院吴定良氏从而整理之，其全部著作虽未发表，但一部分已著于报章论文曰《国族融和性在人类学上之证明》（重庆，中央日报，民国三十二年）。其计算康族之头指数为79.9，面指数为90.1；鼻指数为65.1；身长为1.679米；身长与坐高之比值为53.2。总之，康族为一中头型，狭面型，狭鼻型，中等身材及高躯干之民族。史氏测量结果，康人为中头型。然则前述英国端纳所谓西康人为长头武士阶级之说，根本须待修正。西康之长头人民或较西南西藏为多，但其数目与长度仍不能影响康人头指数之降低。前所提及之巴克斯顿，因端纳报告所引出之推论，主要前提，即为长头型民族在康藏民族中占主要成分。至此，巴氏理论遂失一重要根据。以头指数论，据吴氏计算的结果，康族与汉族最为相近，康族头指数为79.9，在马丁分类中型标准之上极；汉族头指数为81.2，在马丁分类图形标准之下极；二者相去仅一单位而已。故汉族当称为近中头型之圆头型；康族为近圆头型之中头型。据哈登氏搜索的综合，汉族头指数为76.5至80.2，谓"汉族全部殆属于中头型"（The Races of Man, p. 32）。藏族头指数当包括于此类。它如日本小金井（Koganei）测量942个汉族，平均其头指数为80.2，德国高朴（Ganpp）测量北京汉人头骨亦属于中头型，法国瓦仑特（Vaillant）研究安南东京之客家人头指数为80.5，皆与史蒂文生的康人头指数更为接近。以身长论，康族之体高与汉人颇为接近，尤与华北汉人相似。哈登上引书谓汉人身长为1.612至1.676米，小金井氏与高朴氏皆谓平均汉人体高为1.670米。与康人体高1.679米，相去不远。华北汉人与康族身长相去在14厘米以内者以山西人（1.468—1.688米）、陕西人（1.665米）、甘肃人（1.673米）、徐海州人（1.688米）、淮北人（1.689米）最为显著。身长与坐高之比值，康族为53.2，汉族为54.0，相去亦只一单位而已。如面指数、鼻指数皆与华北汉人相近。依吴氏公布结果如下表：

民族	面指数	鼻指数
康族	90.1	65.1
华北汉人	88.5	68.8
华中汉人	86.0	72.0
华南汉人	85.8	70.2

总之，康人体型与汉人相似，尤与华北汉人最为接近。吴氏且进一步用波尔生的种族类似系数比较中国各民族的面部与体部20种特征之类似程度，结果发现河北汉族与康族之类似系数为15，与满族为16，与蒙古族为35，与突厥族为39。其系数值愈小，表示两族体质愈为接近，反之，则愈为疏远。换言之，华北汉族与北方东北西北民族体质之类似程度皆不及与康族类似程度为大。此研究康藏民族之体质者所最当注意者也。

卫藏人与北高原牧番以及尼泊尔之林巴（Limba）人之体质，据哈登之系统记录：头指数为83.3至84.3；鼻指数为71.7至74.1；身长为1.54至1.597米。哈登谓之"Tibetanus brach ymorphus"。即端纳所谓"蒙古类型的圆头民族"，毛仑特所谓"藏族A型"。此种体质之形成，毛仑特谓为尼泊尔人与中国南方汉族混合的中间型。其与吴定良合著之《亚洲人种初步分类》

中谓藏族 A 型与其他民族之种族类似系数，与戴亚克人（Dayaks）为 6.21，与尼泊尔人为 12.60，与鞑格尔人（Taguls）为 16.68，与爪哇人为 16.72。换言之，西藏族 A 型与南蒙古利亚族及尼泊尔人之体质最为类似。至于藏族与康族以及各地汉族之关系如何，惜至今尚无论体质研究报告说明之。

　　以种族或民族混合历史言，汉藏二族之交涉最多，关系最切，故其血统混合最烈。藏族之史前部分，至今尚不十分明了。姑以传说及中国史载记言之，藏人乃前述蒙国妇人与野猴相合而生子孙。此说近于神话，可信与否为另一问题，然由此证明藏地与外族往来前，即有土著甚明。藏僧布敦（Bu-ston）著《西藏宗教史》（*Bod-Chos byan*）云："关于人类如何始见于吐蕃，据 Devaticayasto'ra 疏，五班达巴之高拉婆十二军战斗时，国王噜巴迪（Rupati）偕战士千人，乔装妇女，逃入雪山（Himalaya）地域，吐蕃即其后裔也。"此说一出，在信仰佛教之西藏，于土著说有喧宾夺主之势。以常识判之，战士千人无有眷属，何能衍生子孙，即有之，亦不过与土著起部分之血统混合耳。研究 "Bod-pa" 一名之所由始，似以《后汉书》之发羌说最有力量。近人论之者颇多，兹不烦引。此发羌原居于青海南部，进而征服西藏土著，遂以战胜者之名广被于西藏诸族，皆自称为 "Bod-pa" 矣。当疑古代康藏民族大体分为南北二部：南部之名如何，今不可考；北部之名为羌，则不成问题。羌之意从中国，为牧羊人；羌之音则从康藏民族，意为北方也。至今藏语北方仍曰 "羌"（"dʒaŋ"）。发羌为羌之一部。羌族统治康藏之前，已入中国北方三次，与北方民族在血统上起很大的混合。当纪元前 3 世纪顷，禹生于西羌。夏民族中有不少羌族随禹同至中原，构成后世周代申、吕、许所谓诸羌姓之国。周民族起于陕西北部，世与羌氏互为婚姻。其入主中国，又有一批羌族同来中原。平王东迁之后，甘肃敦煌羌姓之戎，又大举而入徙中原，与早期入徙申、吕、许诸国互结颠覆周室，造成春秋时代戎狄乱华的局面。由当时周代历史的记载，知其时羌族之建国于中国北方者有齐、申、许、吕诸国，世与周室姬姓之族为婚。此为汉、藏血统混合之第一波澜，亦即北方汉族混有藏族血统之第一原因。纪元一二世纪顷，中国东汉时代首要的边疆问题便是羌患。当时西羌势力不仅越过甘肃而至陕西，且进一步占据山西东南部与河南北部。东汉之羌虽平，但羌人之血液因而亦遗留北方汉族血统之中。此谓汉藏血统混合之第二波澜，亦即北方汉族混有藏族血统之第二原因。纪元 4 世纪顷，中国五胡十六国时代，羌族是五胡中一重要分子。姚苌的羌世曾经率领羌族兵丁在河南、山东、安徽各地流徙盘踞。最后，代氏秦而于陕西、河南一带建立后秦帝国。史称"关中之人，戎狄居半"。此为汉藏血统混合之第三波澜，亦即北方汉族混有藏族血统之第三原因。以上为藏族血统输入中国北方之史实。

当晋代"五胡乱华"之际，羌族势力东迁，中国北方诸族的势力同时亦逐渐西拓。《旧唐书》所记鲜卑秃发樊尼西迁建国故事，虽然不能认为藏族始祖，然一定有一段鲜卑秃发氏西迁于羌地的史实。鲜卑之一支曰慕容氏在青海建立吐谷浑帝国，统治诸羌。此为北族鲜卑血统输入康藏之史实一也。纪元七八世纪顷，唐代中国与康藏吐蕃战争最烈，拉萨蕃兵之一部曾经占据唐都长安一次，中国使者王玄策亦曾率兵到达西藏、尼泊尔、天竺等地。当时汉藏二族交涉所被区域之广可见一斑。由贵族阶级言，641 年，唐宗室女文成公主嫁于吐蕃王松赞干布（赞普弃宗弄赞），同时，吐蕃使臣噶（禄东赞）在长安亦娶唐室姻戚段氏为妻。708 年，唐宗室雍王守礼之女金城公主又嫁吐蕃王室弃德祖登，生赤德松赞，为吐蕃英武君王之一。由平民阶级言有汉军被虏而为蕃者，自瀚海以东，神鸟、敦煌、张掖、酒泉，东至于金城、会宁，再东至于上邽、清水，凡五十郡六镇十五军，皆唐子孙，生为戎婢（《唐书·沈下贤传》）。有蕃人投降而为汉者，长庆四年，王振元送到投降吐蕃一十九人是也（《册府元龟·外臣部》附）。又有汉人沦陷于吐蕃，后又由汉军缚归，诏徙东南者，白居易《缚戎人》诗即咏此事，云："自云乡贯本凉原，大历年中没落蕃。一落蕃中四十载，遗著皮裘系毛带。誓心密定还乡记，不使蕃中妻子知。"而民族迁徙流动如此，于血统上遂生互婚交流之现象。此为汉族血统输入康藏之史实二也。由蒙元统治东亚迄于清初，康藏区域直接经蒙古人之统治可分三期：（一）明嘉靖间，厄鲁特部蒙藏阿尔坦汗（Altan Khan）侵至青海河湟间，因而臣服康藏诸部落。隆庆中（1576），封格鲁巴三纳木嘉错为"达赖喇嘛"。以后之达赖系出蒙古者代有其人。此为阿尔坦汗统治时期。（二）万历间，新疆蒙古族和硕特部进据青海，适卫藏有宗教之争，蒙酋固始汗（Gusri Khan）出兵尽有康藏，广设官治之。既而平后藏阿里拉达克地，以太鄂祁尔汗总前后藏务，称为藏王。此为和硕特部统治时期。（三）清康熙五十五年，新疆准噶尔部酋首遣兵六千袭拉萨，杀藏王，据其地。至五十九年始退出。此为准噶尔部统治时期。康藏经此三次蒙古人之直接统治，于北部所谓"霍尔地"统治最烈，至今一般人犹以其族为蒙藏之混合人种。由此知巴克斯顿所云蒙、藏二族以隔于沙漠不能发生血统之混合者盖不明此段历史也。此为北族蒙古血统输入藏族之史实三也。康熙五十九年，清兵分四路攻拉萨，准噶尔兵北退新疆，清帝命蒙古川滇兵一千四百名镇之，此为华兵驻藏之始。雍正五年，清派驻藏大臣长期驻藏，增兵为二千名，以川陕人为最多。乾隆十五年，又增兵一千五百名，规定汉蕃互市于打箭炉。五十六年，清兵剿平廓尔喀之乱，并留兵督护之。自此，中国兵民驻扎于拉萨及交通孔道之区，或军或商，类娶藏妇为妻，所生子女，称为"扯格娃"。美国马克当纳记其事云："许多中国汉人的兵丁由藏徙居印度北边的村落，组成若干小的社区，从事商业、艺术及手工业等。因此之故，现在遂在藏地产生多数汉族血统之半的混合杂种。盖此辈汉人当遣发为藏地兵戍时，从不致携带家室，而常与该地妇女为暂时之联合。"（The Land of Lama）英国贝尔云："聚居拉萨之外国人或半外国人，以汉人与藏人之混合种，蒙古人及尼泊尔人为最多。此种汉人、蒙古人及尼泊尔人皆会影响西藏历史及其日常生活，前二种人尤甚，尼泊尔人次之。"（Tibet, Past and Present）当为西藏拉萨及其西南一带人口成分之重要写实也。至于康省人口成分，今人任乃强《西康图经》民族部分所记篇谓全康三十二县共有番民六十八万二千余，汉民二十一万五千。除泸定全属汉人不计外，约有汉人四万五千，"扯格娃"作汉人计算。"自打箭炉至拉萨一带，城市村落多为汉人。查其祖先率皆军台吏工之落户者也。""康藏全部共驻文武员弁二千余名，承平之世，多娶番妇，或设商店，或垦荒土，次兴家立业，繁衍子孙。"总之，"西康住民，什八九为番，什一为汉人，百分之五六为其他民族。汉人之中，什九为'扯格娃'，什一为纯粹汉人而已"。任氏之估计，当系粗略之辞。然由此可知汉蕃血统混合之烈。

康藏民族与南蒙古利亚族或盘利奥安族之关系，以其分布区域相近，由此而起一种血统混合，则不可能。但由历史言之，南方汉族与藏族之关系至为浅鲜。中国古史言，三苗之国原居于中国南方洞庭、彭蠡之间，于纪元前3世纪以前徙一部于三危，即甘肃敦煌一带。范史以三危为汉代西羌分布之区，遂谓三苗为西羌之始祖。关于此点，可证实之史料殊少。吾人只知古代之苗设为其族自称之间，则今日川北甘南之羌自称为"芈"或"马"（Z-ωi or ʒ-ma）而藏族称人亦曰"芈"（mi or ʒ-mi or ta ʒ-mi），可印证者，仅如此而已。至于其他语言，则无论苗系或台掸系与藏语系之关系均甚疏远。至于有史可征时期，南方汉族与西方康藏族之间常有一系民族横亘其间，使上述二系民族不得交通接触。此一系民族则缅系民族是也。缅系民族所包括之部族有缅人、卡仑人、罗罗、么些等。此数部族隔于汉、蕃之间，分别与汉、蕃二族发生关系。藏缅二种民族在语言上为同系的，但宗教则不甚相同。罗罗、么些不信佛教，尽人皆知。而缅人、卡仑人，以及一部分么些人，其所奉佛教与康藏喇嘛教有大乘、小乘之别，故今日康藏民族类以野蛮人目之。故吾以为此二族纵有血液关系，至少亦在康藏人接受佛教文化之前。

至于与尼泊尔人之关系，因其宗教同一，故由王室以下，时通婚姻。古代松赞干布于迎娶文成公主之前，即娶尼泊尔王德瓦拉之女赤尊公主为后。近代尼泊尔人侨居拉萨者率聚族而居，为数颇多。在日喀则、孜塘、江孜、拉孜及工部各地，皆多以商为业，常娶藏女为妇（C. Bell, *Tibet, Present and Past*）。不丹人在血统上与藏人最近，且宗教相同。故西藏之若干贵族皆来自不丹（如贝尔在《西藏人民》中所记之帕拉贵族即为一例）。

总之，由史实之载记，康藏民族与汉族、蒙古族之血统关系最深，与不丹、尼泊尔人次之。至于与印度及欧洲人之关系，纵有一二相互婚姻之事件，可谓绝无仅有。此研究康藏民族之体质及种属者所当首先注意者也。

三、康藏民族的社会组织

（一）绪言

康藏民族与我们中原民族一样，由许多社会行为规则集合而为社会制度，再由社会制度集合而为社会组织。由横的观点去看，许多社会制度，不特彼此间有相互关系，彼此间不断的相互发生作用，而且社会制度本身，同时又受自然环境与经济基础的影响。例如他们的政治制度与宗教制度彼此息息相关：政治的首领同时亦是宗教的首领；政治变迁同时亦引起宗教权力的变迁。吾人又知康藏的政体与宗教派别都是多元的，此多元的政体与教派虽原因颇多，不能谓与康藏的地理环境与经济基础无关。又如他们的家庭一度最鲜明的有三种特征：小家庭，多夫制与妇女地位重要而却卑下的不自然状态。这种情况如果只由家庭本身来解释始终不会得到圆满的说明的。康藏人的家庭如果照正常的发展一定长育成和汉人一样的大家庭。但是他们的对于佛教的信仰偏与汉人的不同。汉人只是信，他们却信之外还要行。每家少年男女，有二人则一人出家为僧或尼，若有二人以上，则二人或三人出家为僧或尼。如此，他们的家庭自然不会扩大，而趋于家小人缺的形态。同时，他们的许多家庭又行一妻多夫制，无论农牧家庭皆然，如此当然会使家庭的人口减缩。此种为僧为尼与一妻多夫的动机虽多，而最显露者，其天然的地瘠财穷之环境；每家所受于统治者之耕地与牧场又皆有限；而统治者或地主更对之诛求无厌，层层剥削。此三种原因包括康藏民族之政治制度、经济制度以及自然环境，最后乃至产生多夫制及小家庭制度。迨至这种多夫制及小家庭制实行了，佛教的喇嘛制度又加强此多夫制及小家庭制，使之稳固。喇嘛教的信徒大都对于妻妾子孙的观念颇为淡薄。淡薄至于极度则脱身妻孥，出家为僧，根本观念中没有家庭。如此，兄弟数人共娶一妻，乃极为便利。无论于出家的僧侣，与在家的妇女生活都极和谐。出家的僧侣由此可安心出家，同时对于潜修时期，家庭还可供给他在寺院中消费的财物。在家的妇女，不说一个丈夫出家了，就是再死亡一个，仍有第三个丈夫在维护她，再陪凑她的生活的经济与兴趣。多夫制与小家庭制既形成一种社会制度，所以他们又转而影响社会，即社会中不特农牧之家如此，即官宦人家亦行多夫制与小家庭制二种风俗。如果你问官宦之家他们亦为何如此，他们的答复与农牧之家不同。他们一定说，历史的传统上有这种习惯，或者说和他们的喇嘛教的措施合适。因此，我们谓农牧之家的实行为一种原始制度；官宦人家的实行为一种派生制度。至于妇女地位之低落乃与佛教以及中国与印度之传统社会制度有关。美国的洛克希尔（W. W. Rockhill）与英国的贝尔（C. Bell），虽然都说佛教使康藏妇女为尼乃系抬高她们的身价，然中国的史乘明白记载：佛教入藏之前时期，康藏有许多妇女统治的国家或部落。自佛教入藏，妇女地位犹如原始的钵教势力，江河日下，成为今日妇女之工作繁重而地位反卑下的不自然状态。由纵的观点去看，康藏的许多社会制度又都有他们的历史背景。此种历史背景，论时期有先后之分，论史实有繁简之别。因时期先后不同，故古代的社会制度与近代的社会制度不同；近代的社会制度又与今日的社会制度不同。因史实有繁简之别，故康藏的社会制度，不只会吸收中国诸民族文化，而且曾吸收有印度诸民族文化。又不只如此，更有曾吸收克什米尔附近诸民族文化。因此现在的康藏社会组织乃是一诸民族文化累积的丛体。试以宗教制度为例：原始时代康藏早有一种黑的巫术，以人畜为牺牲，上媚鬼神，旁诅仇敌。大约与罗夷的"毕母"（Bi-mo），羌民的端公及嘉戎的共伯（Kuny-po）类似。魏晋之际由西域攘戎国，经过阿里，传入一种钵教（Bonism），于是成为一种黑教。唐时，印度佛教由尼泊尔传入。最初得势者为所谓红教的"宁马巴"（Nying-ma-Pa），传教者之首领为乌尔金（Urghion）人，其经过之路线为拉达克路。以后各派佛教乃多由尼泊尔路线传入。最后宗教改革家宗喀巴大师（T'sing Kha-pa）乃汇通各派，精研显密，创造新派佛教的格鲁巴派（Ge-lu-pa）。可见今日之黄教乃采集众长，别具范畴的一种综合性的新教。又如政治制度，初时只为一种部落政治与氏族政治相参合的统治方式。后以农业发达，贵族同时即为地主，于是产生封建制度。近代因接受中国文化，于原有的氏族封建制度之中，又加入一种郡县制度。于是成为一种四不像的政制。然由康藏政治本身言，它仍为一种正常发育，自然逐渐累积的一种结果。再如社会制度，我不相信佛教入藏之前，锻冶匠、矿工、屠夫、渔人及渡船者成为社会的下层阶级。在原始民族中，渡船、渔猎乃日常习为之事。锻冶之术大致皆为初民所重。今日缅系各族仍然。何况屠夫、渔夫为生活资料的采制者，有何低下之言？但佛教以慈悲为怀之故，因忌杀生，怨及屠夫与渔人。屠夫恃以杀者为刀，渔人恃以钓者为钩、为船。以推理的结果，所在把锻冶匠、矿工、渡船夫，一概列入下层的可恶阶级之中。妇女的地位自然亦由佛教之故，日见低下。男女相处一室之内，本无所谓高，亦无所谓低。但佛教经典却告人民说：人类的男祖为观世音菩萨所化身的猴，女祖为石精女妖。石妖的地位并不低，但与观世音比，自然会有"所生子女，肖父者忠信温良，肖母者贪婪妒忌"之结论。总之，社会阶级有职业之分，性别之分以及宗教血族之分，自与印度佛教文明有不可分离的因果关系。

以下我将分章叙述康藏民族之社会阶级、妇女地位、政治制度、宗教制度、法律与军政以及其他社会生活，由此则可明了康藏民族社会组织之大概。我所根据的资料，一部分为英美人士的记载，一部分为中国的史志，一部分为日本人的叙述，一部分为藏人的自述与作者的调查所得。其中最缺乏者为关于康藏民族的亲属称谓，各家记载皆零星简阙，不成体系。两年前作者至西康时以时间仓促，失之交臂，至今引为憾事。此稿原为作者在国立东北大学与私立金陵大学中国民族学班上之讲稿，略加整理，希凡我同好予以更正及补充。

（二）社会阶级

康藏社会阶级的性质，虽有血族的因素参与其间，但血族的阶层并不十分固定。血族权势之传递依于世袭。康藏贵族之世袭分为真伪二种。真的世袭如王公宦族，自获得王公之后，其子子孙孙世为王公，此为真的世袭。但王公之起源，或由于对国家有汗马功劳，或由于对国库输财靖难，则此第一世王公之祖先不是王公，乃为昭然。又达赖班禅及其他呼图克图，其本身根本为不婚姻生育的，但以活佛转世之法，托言投胎永生。由其转世之男童袭其法王之位。此男童之家世，虽不能出身于贱族，但亦不是尽出身于贵胄，而多产生于平民的农牧之家。以农牧之家的男孩承继法王之位，此非伪的世袭而何？但一经承袭之后，不特可下启后裔世袭王公之端，即其父母兄弟也突然晋爵于王公之列。故世俗王公的前一代，由血族的意义绳之，非为真的世袭。僧侣法王的后一代，由血族的意义绳之，亦非真的世袭。因此，吾人即知康藏的社会阶级与印度的社会族级（Castes）不同。藏族人民的社会地位并不全由血统来定，血统之外，个人的努力，无论由文的或武的一途力争上流，还是可以爬上阶级上层。商贾发了财便称作"商官"（Tsung-pon），读书人得到"格什"（Ge-she）学位，便有希望做到"根登珠巴"（Gan-den-Thri-Rinpoche）。即使贱族之子，有意上进，逃出本籍，仍然可以入寺为僧，学到喇嘛（La-ma）地位。除血族与努力上进之外，第三条上进之路即全靠运气。一个贫苦的农夫或牧人之妇，如有转世活佛投胎，所生之子而即为活佛。由此不特全家衣食问题解决，父母兄弟皆为贵族，即其下代子孙亦可世袭为王公，永为贵族。故由社会变动（social Mbi it）的观点言，康藏人民社会地位的升降机会，虽不比汉族的变动大，然比印度之族级社会要活动许多倍了。

关于康藏社会阶级的划分，在过去有几种说法。日本山县初男著《西藏通览》（光绪三十四年成都译本），分康藏社会阶级为上、中、下三等，每等之中又分为三级。（一）上等为"那补"（na-r-pu），其中分为三级：（1）"那补几那补"为上上级，由达赖、班禅、噶伦卜及噶布伦等及其家属组成之。（2）"那补几领"为上中级，由喇嘛大臣、参议官、硕德僧侣、大博士及大寺院之法王组成之。（3）"那补几达鲁"为上下级，由书记官、戴琫、营官、院主及寻常喇嘛组成之。（二）中等为"公"（Knug），其中又分为三级：（1）"公几那补"为中上级，包括累世财阀或地主而非古代英雄之后裔者，营官候补者、新起的财阀而为国家尽力者等。（2）"公几领"为中中级，包括书记、传令、司庖者及其他官衙小吏等。（3）"公几达马"为中下级，包括兵卒及一般国民。（三）下等为"达马"（da-ma），其中亦分为三级：（1）"达马以那补"为下上级，包括官仆、巨族奴婢及其他雇人等。（2）"达马以领"为下中级，包括无妻、无家、无夫、无籍者以及贫而无告、乞丐为生者。（3）"达马以达马"为下下级，包括屠牛者、扫除人、铁工、金工及办理丧事人等。（成都译本第1编第6章第13节第58页）上述山县氏之分类，整齐刻划，过于人工化，凡曾至康藏作实际考察者则知其与实际社会情况不合。在山县执笔之顷，日本僧人河口慧海之《西藏旅行记》（明治三十七年版，其英文本为 Shramana Pkai Kawanguchi, *Three Years in Tibet*, 1909）业经出版，河口慧海氏曾于藏居行三年，其所叙述之西藏社会阶级当较山县氏之所叙为真实。河氏于上述书中分西藏之社会族级为三等。于此可注意者，即河氏谓此种阶层为"族级"（Castes），含有一种种族或血统之意在内。但有时河氏又用"阶级"（class）一语，此或亦由于氏不知二者在民族上有严格之分辨。此三等族级之第一级为"华族"，言其可以参加政府机构者。此等族级共有四种：（一）贵族（Ger-pa or peers），包括古代大臣或将军之子孙，以及历世达赖之家族，如所谓"雅卜希族"（Yabshi），第一世藏王后裔之"提琴拉珈皇族"（Tichen Lha-Kyari）。凡此诸族皆属公爵。它如国史上之靖难兴邦改革者之后裔，以及对国家有功劳的大臣之后裔，其爵虽在上述诸公爵之下，然其子孙有特殊能力亦可选为总理大臣。（二）真言族（Ngak-pas or Miracle Word Rers），为具有不可思议法力之喇嘛之后裔。此种喇嘛，精通密术，娶妻生子，传有后裔。待圆寂以前，即授其术于其子，故得世袭密术。此种人不特在社会上潜势极大，且于夏日向人民征收"霰税"，人民或常对之贡献礼物，虽贵族遇彼于街头，亦下马顶礼为敬。然其生活常陷于困穷，有时褴褛街头，行如乞丐。（三）钵教徒（Bon-po），钵教为佛教入藏以前之宗教。供祀土神，善诅咒术。彼常为婚姻之家祈福，或为人诅咒仇敌。此辈类娶妻生子，古代钵教之真言密咒遂由父祖传授于其子孙。其徒虽人数不多，但到处可见。在喜马拉雅山中之杂喀村（Tsar-ka），据云全村之人皆为此徒。其他各地，多有一二家钵教徒，以祈福诅仇为业。因此，钵教徒常为一般人民尊敬，有时他们的行动犹如行政司法长官。（四）古豪族（Shal-ngo），包括古代豪农或豪商之子孙，至今尚保持有多量之财产与土地而握有地方之权力者。此等种族虽有时沦为穷民，亦常为社会人民所尊敬。以上俱为社会之上层族级。第二级为"平民"。平民之中又可分为"同巴"（Tong-ba）与"同阇"（Tong-du）两种。前者之地位较高，包括人民之拥有相当自给之土地与财产，而未落泊为他人之奴隶的家族。同阇之义为"细民"，其地位居同巴之下，而专指类奴隶之佃农、农奴、牧奴等人。康藏古代社会多由地主与佃农两种关系构成。今则"同巴"之无土地与财产者亦可沦为同阇。但无论"同巴"如何困穷与"同阇"如何昌荣，社会对于二者间之划分仍颇严格。例如一般人不愿与"同阇"人民共食，且不愿与之互为婚姻。第三级或最下级之族级包括之人民有四种：渡船夫、渔人、锻冶匠与屠夫。四者之中，前二者较其他种之社会地位略高。锻冶匠与屠夫不能与平民同屋而食，渡船夫与渔人则可，但不能与平民同席而坐，同皿而饮食，须自备食皿。此级人民不能与平民相为婚姻。平民以上之人民与此四种下级人民结婚，上级社会之男女则降落为所婚下级者之地位。即人民阶级不同因野合而生子女者，虽生于上等家庭之子女亦必降而为下族。此等越级而生之子女，藏语为"Tak-ta-ril"，意为"黑白混合之血族"。此种人自为一级，又在上述四种下民的社会地位之下，实为西藏社会之最下级。（《西藏旅行记》下卷，第88—95页；*Three Years in Tibet*, pp. 436-441）河口慧海之叙述大体完善，其于平民以下各阶级分析，尤为详尽，为中西人士之研究康藏社会阶级者所不曾顾及。所可议者，河氏将真言族与钵教徒列于"华族"之林，吾人固不能非难此二种人在社会上之势力，然其势力，与其名曰"显势"不如名曰"潜势"，充其量亦如道教徒之在中国内地，然吾人不能谓道教徒为江西龙虎山张天师之后裔，自成一族，而谓之华族贵胄也。且贵族与平民之分多少须顾及其生活之高下。此种真言族与钵教徒，虽可向人民直接取得"霰税"与酬金，实于其生活无大补益，故常穷困成为乞食之丐僧。因此，其社会地位决不会太高，而在拥有大量土地与财产的古豪族之上。今康藏各地皆奉佛教为正教，对于钵教，以为异端，排斥甚烈。其地之高级僧正所谓喇嘛者（Lha-ma），其社会地位当在钵教徒之上。而河口慧海氏不列于上等阶级，而以少数所谓真言族地位不及喇嘛之钵教徒代之。故学者多云河口慧海之书多有偏见也。

美国马克当纳（D. Macdonald）于其1929年所著《喇嘛地域》（*The Land of Lama*）中分西藏之非官阶级为四个等阶：第一个阶级由活佛之喇嘛，前世帝王与贵胄巨族之后裔与国家高级官吏之家族组成，为西藏之贵族阶级。此等藏人拥有大量财产与土地，自以高贵于一般人民。第二级包括小的地主、政府田产之耕营者、富商大贾、田产管家、较大村落之头人等。第三阶级包括小的农牧人户、裁缝、匠人、石工及小本商贾等。第四即最下阶级包括金银铜铁匠、矿夫、屠户、金属补修匠等。此级人民不准入寺为僧。（上引书第120—121页）马克当纳此种分类法殊为简明可喜，但于实际情况，遗留颇多。兹参考各书分别康藏之社会阶级如下。

康藏社会之第一阶级为贵族阶级。贵族之来源有三：（一）古代藏王有后裔留于藏土者例为贵族。如拉珈里贵族（Lha-kya-ri）为第一世藏王光明王（O-Sel）之子孙；拉喀夏贵族（Ra-Ka-Shar）为藏王鸟王之后裔。此类帝王皆在7世纪松赞干布王以前。但今日此种家族为数极少。（二）历代达赖喇嘛或班禅喇嘛之家族后裔亦例为贵族。藏语谓之"新世袭贵族"（Yap-shi-Sar-Pa）。今达赖十四在位，凡达赖十四及其以前诸达赖兄弟之子孙留后于今者皆为新世袭家族。如"三图部充"贵族（Sam-trup potrang）为达赖七世兄弟之裔，"蓬康"贵族（Punkang）为达赖十世兄弟之裔，拉鲁贵族（Lha-Lu）为达赖八世与十二世兄弟之裔。此等家族于活佛发现以前均不过为一散居各处之普通农家或牧家，但一为达赖，则移居拉萨，由政府给予大宗土地，一跃而为贵族家庭。现在西藏许多贵族由此出身。（三）古代之大臣或将军曾有功于国家者，其家族则封为贵族，世袭不替。例如帕拉贵族（Pa-Lha）为17世纪帕雀寺僧之后。该僧由不丹至藏，还俗为政，劳绩至多，遂由政府赐与田庄130处，传至于今，仍为著名贵族。又如努玛贵族（Na-ma），为七世松赞王朝噶勿大臣（Ga-wo）之后，与帕拉族为婚，今且遣子入赘，承继帕拉族之世业。此等贵族为数最多，西藏政府权位多操彼辈为官吏者之手。凡贵族子弟，除拥有旧给及新置之土地及财产外，又享有特殊勋爵，如公（Kung）、扎萨（Dza-so）及台奇（Te-ci）等爵。凡有特殊勋爵者固不必授有实职，然有勋爵之贵族若能发愤有为，较无勋爵者每易扶摇直上，出人头地。以前规定，达赖之父兄皆不准做官，只于宫中做一有名无实之私职。此种规定，近年似不实用。如达赖十三之表侄尧杞冷青公爵，选为"司伦"；又有一侄，任为陆军司令之"马基"。故由诸贵族之权位言，达赖家族之权位常随在任达赖能力之强弱而定；至于其他诸贵族之权位升降程度则比较固定不变。公爵较高可任政府一二品官吏；扎萨与台奇较低，在内可授三品官，在外可任州长与较大之县长。上述三爵位尚有一点分别，公与扎萨可授予僧侣或俗人，台奇则便可授予俗人，前二种之授予限制较严，后一种则凡大地主及富商皆可由输财或贿赂中得来。据传统说法：资格较老之贵族，其面相自成一种长形发展，而平民之面相，以屡代转运重物，遂被压成为扁平状态（见于贝尔所著 *The People of Tibet*, 1982, Chap. VII）。论者遂以此为藏族为日耳曼人种之证。然历代达赖等法王都由平民家庭转世而来，而各级贵族又由鬻爵贿赂中获利不少，因此所谓贵族长面、平民圆面之说至少于近 500 年来，自有达赖王朝以后，则难维持旧说。此种贵族普遍分布于康藏各地，拉萨固为一分布中心，卫省之外，藏省有贵族八九家，拉达克有王室苗裔及隆布（Lon-po）之家族，南藏有锡金王室，康地各县诸呼图克图（Hutu-katu）或特鲁尔古（Trul-Ku）之出生家族，较达赖、班禅之家族实为具体而微的贵族，又如碟巴（De-be）家族亦贵族之类也。诸未曾改流之土司亦当属于此类。其权力及社会地位常较西藏之州长或县长不相上下。

第二阶级为豪族及普通僧侣阶级。所谓豪族（Shal-ngo）包括大农与巨商二种。此种大农不指贵族阶级之大地主，而指各地非贵族之地主而握有地方权力者。西藏各县之较大村长与土司制度下之头人皆为此辈地主之一种。康藏人民最富有保守性，一部分人之田产既逐年积累，而婚姻中之多夫制又供一家之田产不至分散，故其财产每为有增无减。康藏之小型地主乃由此形成。此种地主之下有佃农，有奴婢以及雇工。而且上可结纳官吏土司，下可鱼肉平民。故其地位较贵族为低，较平民为高。其次，商人在藏语为"充琫"（Tsung-pon），意为商官。此辈在政治上原无权力，每年除纳商税于政府外，所获得利益既丰，生活自然优裕，且其行动极为自由。商人之地位提高，一半由于此辈之经济条件优裕，一半由于官商、贵族商及僧商等将一般商人地位衬托而高。拉萨政府每年派官商至印度、蒙古等采办货物，贵族之家亦派经纪人至北京、蒙古各地采买用品。寺院中类有拉浪喇嘛（Lab-rang）兼营商业。普通僧侣忌讳做自农耕以下诸事，经商之事则为习惯所优为之。以此，商贾在康藏习惯上认为一种高尚职业。商家类有仆役奴隶，供其驱使。康定为汉藏贸易之一大商埠，吾人时见此辈结队成群，骑马驮牛，由西北二路络绎而至。此辈衣食既丰，前呼后应，皆为从仆。所至之地，亦颇为一般平民尊敬。再次，普通僧侣本身则可免供徭役。若能称为喇嘛，则更受一般平民之崇敬。喇嘛中有所谓"鄂克巴"（Ngak-pa）或"真言僧"者，以家传密术符咒最为社会人士所畏敬。拉萨政府任命鄂克巴二人以阻止冰雹，皆赐以土地为一部分之报酬。同样，各村亦有鄂克巴，村民于夏季向之贡"雹税"，谓彼辈能呼风唤雨，呵止雹霰。钵教徒之地位亦与之相似，皆以擅长黑的巫术而见重于社会，故社会目之为特权阶级也。上述各种人民，或于田产上占有优势，或于经济上握有特权，或于信仰上具有潜势，总之，其社会地位乃次于贵族，而在一般平民之上。

　　第三阶级为平民阶级。此平民阶级包括一般农民、牧民及小本商贾等人。平民约可分为自由民与细民二种。自由民藏语为"同巴"（Tong-pa），指农牧商民之有自给财产而未沦为奴隶者，其社会地位高于细民。康藏农民每家皆受国家一份田产，每年除供给政府以规定赋税及徭役外，可以自由生活。牧人于指定牧场之内，自备牛羊牧畜，每年给政府或酋长以规定之贡物外，亦可不受任何限制。细民藏语为"同阁"（Tong-du），指地主之佃农、农奴，贵族之牧奴、皂隶、奴婢等，其自由皆有相当之限度。佃农之报酬率为土地出产之半数，农奴之所得仅能维持其本身与家庭之衣食而已。牧奴除由主人供给衣食外，所得亦极有限。皂隶、奴婢更为低下。凡佃农及其他奴役，不得主人之许可，不准离职。康藏以人口缺乏，请假颇为不易。有时准假，亦需缴付巨款，以为抵押。设有擅自潜逃，主人除被迫补偿逋欠外，并须受罚款、笞责或其他处分。康藏地主可以任意毒笞佃农、农奴,惟不能致之死地。刑罚之具有重枷、铁镣。若得政府许可,地主且可施断腕、割膝、挖目、劓鼻等恶刑。贵族之于皂隶、奴婢亦有重罚、毒笞及处死之权。以此,其社会地位不如自由平民远甚。一般社会人士对于上述二种平民之态度行为亦有不同。普通人不愿与细民同席而食,至于相互婚姻,更属稀有。

第四阶级为贱民阶级。贱民种类,除河口氏所述之船户、渔户、铁冶匠、屠户外,尚有矿夫、扫除夫及助葬之家族。康藏人民厌恶杀生,所以鄙弃渔户与屠户,又因船户是助渔夫为虐,锻冶匠供给屠户以刀剑,矿夫又供给锻冶匠以矿苗,因为他们择术不慎,所以都置于贱民之列。康藏人之葬法或为火葬、水葬,或为天葬。由其天葬之时,尸之脑部、膝部例须经助葬者击碎之后,始为群鸟啄食。因此,助葬者亦列于贱民。在上述诸贱民之中,铁匠、屠户之社会地位较其他各种人为低。凡以打铁或杀牛羊为业者照例不能与一般人士同屋而食。其他各种贱民与平民同屋而食是可以的,但不能同席而坐,传器而饮,故于饮食时须自为一席,自用皿器。上述诸种贱民有一共同之点则凡属此阶级者照例自相婚配,而不能与平民以上诸阶级人民高攀婚姻。贱民阶级与平民以上阶级婚姻者,社会对之处置方法即从速迫之相互离异。否则高于贱民阶级之男女,使之沦为贱族,永不上升。又贱民与平民以上阶级之男女因私通而生之子女,其本身自为一阶级,曰"Tak-ta-ril",意为黑白混合之血族。其地位更在上述贱民阶级之下。

上述四种阶级之区别可由语言、态度、行为、婚姻诸方面表示出来。例如平民称"他将至",于平辈曰"Yong-ki-ti",于小地主曰"Pe-Ki-ri",于贵族则曰"Chhip-gyu-nang-ki-ri"。于公文或信札上之言语,更为恭维备至。平民在路上遇到贵族或大喇嘛时,照例下马回避路旁,或脱帽下辫,或伸舌于外,以示敬礼。上级之人如有垂问,平民必谦辞息气以对,若不胜惶恐之至然。平民儿童与贵族儿童游戏,处处须敬让贵族之子女。平民自忘其身分,而与贵族子女口角或争斗时,平民儿童虽有理由,亦必立受责罚。平民杀害平民一命,例由罚款谢罪了案。若杀贵族一命,类加倍其罪,除处凶手以死刑外,并罪及其家属,而收没其财产。在婚姻方面,阶级限制更为森严。贵族例与贵族婚姻,贱族例与贱族婚姻,在此二族间之两种中间阶级,婚姻虽无严格限制,但因为职业与生活方式不同之故,大致仍为各阶级人民自为婚姻。由整个"社会距离"（Social distances）言，平民与豪族及普通僧侣阶级距离尚近。因为豪族乃由平民递升，僧侣亦多出身自平民，所以彼此间的社会地位尚无不可逾越的鸿沟可言。至于平民与贵族及贱族之间，于前者认为高不可攀，于后者认为低不屑就，因此彼此间的隔阂颇深。例如一个富商或一个喇嘛可以在一平民屋内同坐而谈，同皿而食，就是一个真言喇嘛或钵教徒亦可如此，彼此间并无任何所谓"族级之感"（Caste feeling，用 Dsbr 的术语），但于贵族或贱族则不然。平民对于真有贵族血胤的官长固觉其与自己不同，对于伪的血胤的转生活佛，更认为有一种神秘的超越力量驾乎自己的身份上。因此，对于他们的命令、诺言以及一切举动，都以为有一种超人的力量，自己必须服从与崇拜。平民对于贱族，由经济的观察言，认为他是乞丐，由伦理的观点言，认为他们是罪人。其中尤以屠户、铁匠及助葬者三种人使一般人生厌恶、羞鄙及卑污之感。屠夫不但屠牛羊，有时兼为刽子手。在一个以仁慈为本的佛教地域里，自然会让人深恶痛绝的。铁匠以择术不慎为渔者造钩，为屠夫造刀，为战士造枪矛矢镞，一切恶的工具俱由彼兴，所以便成为罪恶之母了。助葬者穷如乞丐，溷如犬豕，或背尸投河，或碎脑饲鹰，或剥皮献巫，凡此皆为慈悲为怀之藏族所不忍，故亦黜之于下层阶级。

（三）妇女在社会中地位

康藏人民除极小一部分贵族外，大体皆为小家庭的生活。据中外著述家宣称，每家人口平均都在五人以下。家庭人口稀少之原因有三：1. 宗教的原因，康藏家庭每家至少有一二人为僧或尼。此种僧尼多不生育。纵有例外，亦极少数。2. 经济的原因，农家每家受田一份，只能供给三四人的粮食。因为如此所以实行一妻多夫制来限制人口，牧人牧场有定，资本不裕，所以亦不能发达人口。3. 人口本身的原因，洛克希尔谓西藏妇女看来并没有十分的繁殖力；任何一个家庭没有多过六个或七个儿童的，有些还是不育的（W. W. Rockhill, *Notes on the Ethnology of Tibet*, 1895, p. 674）。而且，妇女孕育年龄很迟，至少要在 35 岁左右（同上书 p. 675）。儿童生育率既小，而死亡率又很大。同时，天花与花柳病又盛行（C. Bell, *The People of Tibet*, 1928），所以一家人的人口不会过多。康藏的标准家庭，如为一夫一妻制的，普通则为一夫一妻及子女各一人。若多子则送入寺院为僧。如为一妻多夫制的，一妻二夫及子女各一人。若夫与子有更多之兄弟亦送入寺院为僧。于此，吾人应将康藏之一妻多夫制加以叙说。

　　世界民族实行一妻多夫制的没有很多。最著名者除非洲乌干达的安靠尔族（Ankole）及北罗德塞一部分族外，即为康藏及印度之阿萨密人（Assameses）、纳尔人（Nairs）及吠陀人（Veddas）（其他民族可参考林惠祥的《文化人类学》）。印度东南马拉苏的纳尔人之多夫制为非兄弟共妻的，吾人称之曰"纳尔式的多夫制"（Polyandry of Nair type）。西藏人的多夫制为兄弟共妻的，他们叫作"Sa-sum"，吾人称之曰"沙苏式的多夫制"（Polyandry of Sa-sum type）。至于吠陀等族的多夫制则为兼有上述二式的婚姻。康藏人的此种婚姻不特只限于兄弟，且又限于同胞兄弟。而同胞以同母为原则，虽异母同父之兄弟亦不能共妻，必须分别另娶（根据日本青木氏《西藏游记》所述）。妻之名义上的丈夫只有一人，为诸兄弟之长兄，而实际之丈夫则为多个，即长兄之诸弟。平时，妻呼此长兄为夫（Khyo-K'a），夫之诸弟为夫的兄弟（Khyo-K'a pun-chung-nga）。所生之子女，呼此长兄为父（a-Pa），其他诸弟为叔父（a-Ku）。又此长兄为僧不能娶妻或业已娶妻时，则由另一兄弟娶妻，大底常为出生次第较早之人，为妻之名义上的丈夫，凡年幼之诸弟皆为妻之实际的丈夫，而年长于名义上的丈夫之兄不与焉。婚姻仪式由名义上的丈夫行之，其他诸弟与嫂氏有无婚姻仪式则视各地习惯及家庭情况而定。有的地方，当新妇与长兄行婚礼后，新妇再历与诸弟行九次酒杯交接礼，即表示与诸弟亦同时结婚（青木所述）。有的地方，新妇婚后，约隔一年与大弟结婚，再隔一年，与二弟结婚。婚仪只在家内私自举行，外人不往参加。此时其他昆仲则藉故外出，或商或牧，俟相当时期再返（马克当纳所述）。河口慧海氏的《旅藏三年记》于此点略有补充。谓："丈夫有兄弟则须于结婚后六月或一年与夫弟结婚。仪式只在夫家举行。夫的母亲权作媒人。丈夫藉故外出，或作事或玩，让空与其弟为婚。如丈夫有三个或更多的兄弟，亦需如法结婚。有时，新妇与夫弟共居一室，不经什么正式仪式的。此种婚姻，藏人名之曰：'Sa-sum'。"（前引书 p. 372）实际上，康藏的多夫制没有上述情形的泥板。当新妇嫁丈夫正在成年时期，夫之诸弟大都幼稚有时或有仍在襁褓中的，如此，则何能逾年或半年与诸弟轮次结婚。此时，新妇对于叔尚有看护责任。待长大时，兄妻将彼等依次收房。故嫂氏年龄与幼弟相隔颇大。有时，兄死之后，夫弟又成为嫂氏之名义上的丈夫。固然亦有兄弟皆达成年，兄始行结婚仪式的。此时，在外无事可做的兄弟仍然同处一家。以作者在西康及松潘调查所知，家内妻的住房为固定的，兄弟可轮留在此住宿。至于如何支配，始能供诸弟兄同得满意，无生怨言，一半靠传统的成法，一半靠妇人的调度。所以康藏多夫家庭之妇女，以能调度有方，能供诸弟满意，而致一家男女老幼融洽无间者，为无上美德。妇人当有一夫在室为避免其他夫婿进扰时，中国地方志多言悬女裙、衣带或衣服于门首；康人谢国安（Paul Sherap）则谓挂念珠一串于门外。总之，在于设法作一标号告说他人此时有一兄弟与嫂氏在内。此种一妻多夫制在今日多实行于康藏之农民与牧人家庭内，贵族阶级行此制度亦为数不鲜。英国金路易（King Louis）夫人仁钦拉姆（Rin-Chen Lha-mo）虽然反对西康省有多夫制之存在（见其所著 We Tibetans, p. 128），然谢国安氏则谓此制在西康亦颇为流行（G. A. Combe, A Tibetan on Tibet, 1926, pp. 73, 109）。谢氏所说与吾人在西康所见之情形相合。美国洛克希尔与谢氏之意相同，皆谓东藏多夫制大多盛行于农民间，但游牧之民则行一夫一妻制之婚姻。其主要原因为农民耕地有限，所得产物仅能维持一小家庭。如一家数子各娶一妻，则家庭不和，势必分爨。故多夫制可供家庭团结。至于牧人则不赖土地生产品为生，故无不分家庭之必要（W. W. Rockhill, The Land of Lama, 1891）。关于此点，久驻康定牧师 J. H. Edgar 谓"理塘周围之牧人似特别通行多夫婚制"（Combe 前引书第 73 页注 4 内引）。贝尔于所著《西藏人民》内引达赖之主任秘书库肖氏云："藏北高原与藏西之民大多以游牧为生，皆盛行多夫婚制。"又引一藏省地主谓"此制在农民牧人间同样流行"。牧人亦行此制之理由，库肖氏谓因"牧人每年赴平原购谷，又赴高原取盐，以自给或出售他人，以此每人娶妇生子，当感不便"。贝尔则谓以彼经验所及，牧人所凭以生活之"草地早以仔细划分停当。草既无多，群羊所需牧地又甚大，故无论何家欲大事增加牛羊必为该草地之共有者所反对"。因此，牧人多夫制亦与农家多夫制之原因相同，皆为一种缩小家庭人口的办法。可注意后来这种婚制又推行到藏人的上层阶级了，虽官宦之家亦行多夫婚姻。英国的贾泊门（F. S. Champman）在其所著《拉萨圣城记》（Lhasa, The Holy City）中有一段可贵的记录，云："多夫制的盛行并不限于较低的阶级中。我有一次去为一位青年俗官的夫人和小孩子拍照。他告诉我,小孩子并不确定是他的,因为他们的两位昆仲也是这位夫人的丈夫,这孩子是他的介弟的儿子,这位介弟却是一位僧官。另外一位朋友被询问着某一小孩是谁的,答道:这种问题实无法回答。即以他自己的情形来说,他有三位父亲,而感觉辨别血统的关系太困难了。"(依《边政公论》第 1 卷第 2 期《拉萨的素描》,彭国元译文)此制在康藏之分布,以北方高原为最多,几占全家庭数之一半,卫省占全家庭二十分之三,藏省较卫省为贫,其比率较卫要大几倍。藏西拉达克地方亦行此制,惟其比率数目不明。康省多夫之制颇为流行,惜其比率数目没有经人调查,作有报告。以作者所知青海南部阿木多及四川松潘等地都有多夫制度。在松潘者,其近城各寨之农番大都皆行此制。询其原因,皆异口同声谓为防止家庭分爨,粮食不足,为其主要原因。

于此,吾人当进一步研究者,康藏民族之多夫制除上述之经济原因外,是否尚有历史的背景。该民族之历史全部至今吾人尚不甚明了。然可异者,此种婚制自古至今从未闻,无论在宗教方面或法律方面加以限制,则此制自有历史根深蒂固之原因不问可知。中外学者对于此点加以考虑者甚少。惟法国葛朗纳(F. Grenard)于所著《西藏》(*Le Tibet, Le Pays et les Habitans*, 1904)中谓西藏的多夫制为绝对父权制度之一种形式,家权全然集中于长子身上,自然产生此种婚姻式。葛朗纳氏之注意点在于前面吾人所述名义上的丈夫一点。但吾人所知世界民族所谓父权集中之家庭,长子于婚姻固有优权。然此权常为一种积极的发展,即设法增多其夫人之数量,换言之,即实行一夫多妻制,而非消极的限制其他昆仲之婚姻权力,致有一妻多夫制之产生。设葛氏此论,在理论上与事实上都无依据。反之,吾人于中国史籍中所述西藏及其西部之嚈哒等国民俗,则往往见到古时之多夫婚制与妇女地位之崇高常有相互依存之关系。《北史》与《隋书》均记载在 7 世纪前,康藏之间有女国。"其国世以女为王,女王夫号曰金聚,不知政事。国内丈夫惟以征伐为务。其俗妇女轻丈夫,而性不妒忌。其女王死,国中厚敛金钱求死者族中之贤女二人,一为女王,次为小王。"(上述二史之《西域列传》)《新唐书》记载有东女国,盖即女国,以当时于西域发现有西女,故以东女区别之也;东女以女为君,王号宾就。官在外者率男子为之。凡号令女官自内传,男官受而行。王死国人以金钱数万纳王族,求淑女二立之,次为小王。

王死因以为嗣。或姑死妇继，无篡夺。俗轻男子，女贵者咸有侍男。被发以青涂面，惟务战与耕而已，子从母姓。女国或东女世以女为王。王夫不知政事，国内男子惟务战争。女王死于王族中求二女继之。民俗重女轻男，子从母姓。凡此皆为女权的女系社会之特征。而《唐书》云"女贵者咸有男侍"；《北史》云"妇人轻丈夫，而性不妒忌"。则其婚制盖为一妻多夫。女国之北有"嚈哒"，称滑国。即西域史中之 Ephthalites 也。《北史》称"其俗兄弟共一妻"，《南史》称"少女子，兄弟共妻"。即嚈哒亦行多夫制之婚俗。上述二史虽未言其国为女权或女系社会，然《南史》言"其王坐金帐，与妻并坐接客"。然则妇女之地位并不为低。康藏于唐初遣使来中国，唐封女王之夫为王。后并于吐蕃。吐蕃在唐时之已为男权之男系社会，故松赞干布所颁之法律有"勿听汝妻之言"一条。然则女国乃因中国与吐蕃二国之影响，乃由女权社会改为男权社会。然其遗风流俗固未能尽泯也。充分能表现此一俗之力量为传统之亲属承继制度。康藏有一不成文法之承继法，即夫死无子，妻可承继其夫位；财产亦然。普通家庭，父死，财产传于子，女亦有份。无子则传于女。设并无子女，则传于其妻。酋长土司之爵位亦然。因此之故，遂产生下述诸社会现象：

（一）赘婿制度。仁钦拉姆于其所著《我们藏人》（*We Tibetans*）中云："王，亲王酋长之后妃则分任国事。亦有膝下无儿，只有一女。如此则虽嫁不离家庭，而招夫入室。及父故，而女继承首领，夫不与焉。及儿长大，委政于儿。孀妇当儿年事未长，大抵身任处置事务之责。故常见夫人管理伟大财产，身躬一切事务。聪明才智，大获成功。"贝尔在其著《西藏人民》云："女家仅有一女，女之地位即较为强固。因其夫必须入赘其家，依妻子之产业为生，取妻族之名字。妻本人，据藏人言，实为一家之根。父母死后有主管家务之权。"不特如此，设一藏妇之夫死后儿女俱无，并可招夫入室为前夫生子，以绵延其爵位与产业。例如嘉戎地方今日党坝土司夫人察梭海则为一例。

（二）女酋制度。男酋早亡，其妻有能力智慧，即可自摄夫事，行使酋权。贝尔上引书言："古时西藏分裂为无数部落，由许多酋长筑垒治理之。其中有若干堡垒即为妇女所统治。距离拉萨下至吉楚河数里即有此种堡垒之一座。又拉萨邻邑南卡子县（Nam-Kar-tse Dzong）与丕地县（Pe-de Dzong）

俱有以妇女为统治人者。其他地方，自然有之。"马尔斯顿（A. W. Maston）亦言："松潘附近有潘木地方（Po-mo），其政权在妇女手中。南方几省亦以女子为酋长。"（*The Great Closed Land*）以吾人所知，嘉戎梭摩土司之始祖"纳德更祖史加"生三子一女，三子分出为卓克基、松岗、党坝三土司之建立者，一女名意尔玛者留本土为梭摩土司之继承者。此后梭摩、党坝时有"女王"出现，著录于《理番厅志》。康定明正土司，于康熙四十三年，以土妇工喀继位。五十六年死，以侄之第四女桑结摄政（见张海《西藏纪述》）。其他康地土司亦多有此事（参考《四川通志·土司志》）。

这些现象对于妇女地位显然有利，而此现象之形成乃系由古传屡今世未变之传统继承制度。故与一妻多夫之女权女系社会彼此互有联连关系。不特上述几种现象如此，即日常生活，凡一妻多夫之家庭妇女地位显然与一夫多妻或一夫一妻家庭为有利。其有利原因：第一，由于妇女在家庭中之地位重要。妻之诸夫既常不住守家庭，其家政及经济之权势须握于妇女掌中，因此之故妇女成为家庭之中心，诸男成为众星拱北辰之现象。第二，多夫则夫权分散，少有虐待妇人之事件产生。第三，妇女无孀居之恐怖。原始社会欺侮孀妇乃常有之现象。而多夫之家无此威胁。马尔斯顿于所著《闭关巨邦》中记录一多夫之藏妇对一主教夫人云："如吾有一夫而死，吾则为孀妇。吾有三四夫，则吾永不为孀妇。"著者谓此言有傲倒它国妇女之概。此与藏族妇女地位之崇高不无关系也。故吾谓多夫制与妇女地位之崇高有互存之关系。

然则今日康藏妇女之地位果为崇高耶？曰否。虽女权思想极为发达之仁钦拉姆亦只承认男女平等。仁钦氏于所著上引书云："无论谁何，一律平等。无所谓高，无所谓低，男女两性，彼此相待平行。"实际情况吾当分职业分工与社会活动二面叙述之。由职业分工言，妇女主持家政，保管锁匙，处理家政财政。庖房烹煮，屋内洒扫，负水，纺纱，织布缝衽之事，多妇女为之。如逢宴客嘉会，始以男子为庖厨，妇女仅备茶汤。缝衽男子亦参加之。尤以缝缀皮革乃男子之专职。此外，挤牛乳、制酥油为妇女专业。有时亦牧牛羊、支乌拉（差徭）或经营商店。总之，由分工言，妇女所不做之工作仅为耕耘、田猎、宰牲、制革、冶金、作官及战争之事。妇工与男工相较，不特不为轻松，且反较为重要。整个家庭殆由妇女处理之。于家庭外更兼营商业。妇女在经济上之收入并不较男子为低。由此点言，男女固为职业平等或经济平等也。然此二种平等不能跻康藏妇女于政治平等之地位。例如政府官吏，除各地土司或土酋妇女，代夫或父行使政权外，普通西藏行政机关实无妇女任职其间者，此种苦闷尤为受欧化教育之女子所难忍。由社会活动言之，康藏妇女除不能参加行政活动外，一般社交机会亦不易得。康藏未婚男女之接触机会虽较汉族之旧式家庭为优，然较其他西南民族皆有逊色。即接触多者，恋爱亦非婚姻成立之原则。康藏习惯，婚姻之权操于父母。父母略加考虑之后则请教于占卜。女子本人往往于出嫁之前夕始知其事，然祸福莫详也。宗教集会固少有妇女参加，即世俗之观剧、宴客等事，妇女亦照例不与男子同席。虽王公大人之妻女亦罕与男客周旋之。于必要时，主人另设一席招待来宾妇孺，此时主妇与女郎始出而周旋之。平时，家有宾客，除至亲者外，妇女不与同席而食。因此，藏人于重要宴会时有女招待员及艺妓制度之产生。女招待员多为中上阶级之名门闺秀，年青而美貌者名曰"Gyen-sang-ma"，意即装饰较好之少女也。主人请此招待员之用意在于代主人劝酒。藏俗以宾客多饮为主人之荣幸。宾客多饮而至于沉醉者，招待员则以哈达绕其颈，表示敬意而去。主人为酬谢此种女郎之劳，常酬以金钱或其他衣物谢之。艺妓则于平民妇女中选出，其地位较招待员为低。主人于欢宴宾客时，恒延此等妇女歌舞，以娱宾。其中固无淫邪之意，如日本人之所谓"艺妓"也。康藏妇女之受教育亦为数颇少。富官之家及商业阶级之妇女有入学校学习初步之诵读、缮写及算术，藉此以便于家务管理及商业经营。此等女子如不进一步入寺为尼，类即不求深造，中途辍学。此等女生之名额仅占全体学生四分之一尚弱，其余四分之三以上之儿童则为男子。较贫及农牧家庭之女子则类无机会入校读书。妇女之教育程度如此，其社会活动之限制又如彼，故康藏妇女之地位显然不如男子。平时居家，夫妻二人平坐，男位在左，女位在右。藏俗尚左而贱右，故佛龛皆在左，薪粪皆在右。此家庭地位女不如男也。藏俗格杀斗死者例由凶手偿还命价。男子之命价值40匹牛马时，女子命价只折半计算（葛赤峰《藏边采风记》）。在霍尔巴部落，中等阶级男子之命价值120个砖茶，女子则只值40个砖茶（A. W. Marston, *The Great Closed Land*）。此法律地位女不如男也。且康藏男子普通称妻曰"Kye-men"，意言乃"下贱的东西"。

前节言妇女之地位在古代为如何的崇高，此节言妇女地位在今代为如何的低下，而多夫制由古至今乃不断地维持着在流行，此在康藏社会组织中宁非一不解之谜？因此，吾人须进一步翻阅康藏之历史。古代康藏妇女地位之所以崇高，虽然不能说多夫制是它的原因，也须是它的结果，然至少可以说二者彼此保存着一种共存的关系。而多夫制本身与贫瘠的地理环境有关。贫瘠的土地限制生存于此土地上的人口，人口的限制所以产生多夫制来限制家庭范围的扩大。这种地理环境由古至今没有改变多少，因而多夫制在现代仍然在维持进行。但社会环境却与自然环境不同，由古至今期间起了很复杂而巨大的变化。中国历史记载康藏女国与唐代中国政府往来之时，唐代君主即封其女王之夫为王，因此康藏的女权社会便开始发生动摇。以后女国的版图为松赞干布兼并了，松赞王朝自来是以男权当国的，因而进一步破坏了女国苏毗王朝的女系政治制度。在此时期，女国因东方汉族文化破坏了她们的女权制度，又因西方的拉萨文化破坏了她们的女系政体，此后如再没有第三种势力侵入，我想她们的整个社会组织还不至瓦解，换言之，即其妇女地位不至坠下如现代的沉落。不幸，随松赞王朝俱来的乃一种摧残女权的宗教，即佛教。英国贝尔认为佛教于妇女地位之提高亦有一部分力量。其主要论据即佛教准许妇女入教。吾人如以允许入教为佛教对妇女提携之功，则此外沉陷妇女之过实十倍于其功不止。贝尔叙述佛教入藏之初，妇女颇占势力。此占势力之妇女乃由于康藏妇女原来地位即占优势，并非因佛教入藏而将其地位提高。以吾人所知，佛教一至西藏，即将西藏之古代史改造，将佛教神名加于藏族之原始神话，此种改造对于康藏妇女之地位至为不利。关于藏族起源的神话，说各不同。一说比较近于原始的：

  藏南印度毗连之地有国曰蒙（Mon）。一妇人在山中失路，苦楚号哭。遇一巨猴，引路觅食，享以野果，遂合生数子。后行至一石山，即后世拉萨布达拉宫之所在，遇观音菩萨（Che-re-zi; Avalokitesvara），告伊彼即此山之护神，授以麦米菜蔬，使之种植而食，即为后世粮食之来源。数世之后，数子之子孙遂殖民于康藏。（De Filippi, *Desideri's An Account of Tibet*, 1932）

据洛克希尔在《喇嘛之邦》中引藏经 *Mani Kambum* 云此蒙国妇人乃一石妖名"Dras-rin-mo",所遇合者乃一猴王名"Hilumandju",生子经数世后始成人形。观音菩萨给彼等以种子,始从猴学得农业及其他文明生活之要素。此神话之一变也。至马克当纳(Macdonald)、康比(Combe)及贝尔(Bell)等之所述,则以此猴王即为观世音菩萨,其所根据者约为藏经 *Chö-chung*(Pu-ton 著)及《正法源流与法王世代明镜》(沈浪绛村著)等书。神话至此又一变化。今日康藏民族既为观世音菩萨所变之父与石妖之母相配而生,其当然结论,当如藏经 *Pa-Wo Tsuk-lak-re cholchun* 所云:

子女似父者皆忠勤爱敬,辩给温良;似母者骄妒贪贼,罪恶甚多。(从宫廷璋《西藏史》译文)

或如《正法源流与法王世代明镜》所云:

此雪国人种父为猿猴,母为石妖,出自二者,故可分为二类。父猴菩萨所生之种性情驯良,信心坚固,富悲悯心,极能勤奋,心喜善品,出语柔和,善于辞说,此皆父性也。母石妖所成之种,贪欲嗔恚都极强烈,营计商贾,心在赢利,仇心极甚,喜于讥笑,身强勇敢,意不坚持,刹那易变,思虑烦多,动作敏捷,五毒增甚,喜窥人过,轻易恼怒,此皆母性也。(从刘立千《西藏政教史鉴》译文)

由此神话演变及其推论,吾人不难知原始神话中的猴与石妖本无善恶之意,后经观音菩萨参入,更进而代替猴的位置。佛教徒为尊观音则不能不牺牲石妖。于是得一结论:凡诸善行皆为菩萨所遗传之品性;凡诸恶业皆为妖女所遗传之品性。因此,更易有一观念深印人心,即凡妇女皆为妖,皆为恶的化身。由此,康藏妇女遂打入万劫不复之地狱。西藏贫苦阶级之男,左手拇指皆御一象牙戒指,谓此戒指能御松勒玛妖妇。松勒玛(Söndra-ma)常于晚间出没于荒野,自远望之,俨然姣女,逼视之,即一凶恶垂胸狞牙特出之老妖。若以象牙戒指触之,即可免害。(C. Bell, *The People of Tibet*)又康藏妇女常于面上敷树胶薄液,一说为防冷风侵吹;一说乃为避免引诱僧侣想入非非。二说皆有根据。盖康藏人民之观念，女人、妖怪、危险物三者时常联合在一起。此上述二例之所由于也，康藏寺院固不拒绝女子为尼，然女尼之数甚少。据贝尔估计，男僧与女尼之比例不过三十或四十与一之比。女尼之最成功者为驻锡于羊卓湖附近桑亭寺之笃尔基帕玛（Dor-ji Pa-mo），以活佛转世因袭此位。然此女僧至达赖喇嘛之前，仅能得一手置顶上祝福之赐，与普通宗教官吏无少异也。康藏寺院所供奉之神龛或神案，约可分为佛、菩萨、神、护法等级。自菩萨以上无女性者。惟神之一级，罗汉以下有坤殊玛（k'ung dzu-ma）13 名，再下即为妖鬼成道之诸护法。所谓"帕登拉姆"（Pa-da Lha-mo），即西藏政府之护法也。大抵信佛教之国，不特相信妇女不能成佛，即死后升天亦颇困难。哈尔（F. Hall）于所著《缅甸人之精神》（*The Soul of People*），谓缅人相信妇女升进天堂须先转生为男。康藏民间亦流行着与此相同的语句（Rin-chen Tha-mö, *We Tibetan*）。康藏人民死时，请喇嘛为之诵经开路。喇嘛告死者之灵魂云："如不能进入极乐世界，即当设法仍归人世。生为男身，勿生为女。因为女人一半像人，不能做工，不能做官，永远被丈夫看管"云云（Combe, *A Tibetan on Tibet*）。然则生前与死后妇女皆不如男子。佛教遗弃妇女之事实，最明显者为康藏若干寺院禁止妇女参拜，甚至禁止她们在寺内瞭望。拉萨北 50 里有它伦寺（Ta-lung），自 15 世纪迄今禁止妇女入内，虽有妇女自远瞻仰者亦被呵止，或驱逐。康省理塘县之大寺情况与此相类似。此外，尚有若干寺院区域，每年除规定节期外，不准妇女入内或盘桓。而男子则无论僧俗皆可任意出入。凡此种种皆为佛教歧视妇女之铁证。康藏妇女地位之沉落，其最大原因乃由于佛教之传入。

总之，康藏妇女在唐代以前其社会地位颇为崇高。彼时，有若干区域女权制度与多夫制度相互有关系的在平行发展，其影响于整个康藏妇女之地位颇为重要。唐时，中国文化与吐蕃文化侵入康藏各地，妇女之女权制度因而崩溃。不过，当时妇女势力仍然极有力量。松赞王朝的法律规定勿听妇人之言。可知尔时妇人的言论尚可左右一切。以后佛教盛行于康藏，妇女地位乃逐渐沉落。当佛教初入时代，由妇女参加宗教活动之多，可以证明当时的妇女势力犹盛。藏经《青史》（*Tep-ter Ngön-Po*）内述 11 世纪印度阿提夏大师（A-ti-San）抵拉萨时，一女子倾其所有献于教寺，女之父母加以谴责，乃投河自尽。贝尔引 15 世纪时之一藏经，言藏中一女子反抗它伦寺之歧视妇女行为，曾赤身奔立于寺内一沙弥之前。以上二种记载，对于佛教无论其为肯定的或否定的表示，皆十足表明古代妇女对于佛教之努力奋斗。换言之，即自 15 世纪以前之康藏妇女，并非如今日之销声匿迹，而乃不断为其社会地位而奋斗也。直至今日，康藏之多夫制仍在农牧阶级间流行。多夫制对于妇女地位有利业如前述。然多夫制的力量无论如何不能与深入人心之佛教相抗。何况又演生一种多夫制对抗的多妻制度。一方面多夫制在提高妇女的地位，而佛教、多妻制以及政治等力量却在使妇女之地位下降。势力不均，显而易见。将来康藏妇女的地位似乎悲观之成分仍多。

（四）婚姻与亲属制度

康藏婚姻形式除上述之多夫制外，尚有多妻制与一夫一妻制两种。多妻制只实行于中产阶级以上之家庭，盖经济充足始能供养一个以上之妻房也。此制之起因：第一，由于大妇无子，多妻以广生育，则其爵禄不至中断，田产不至外溢。第二，贵族藉此为夸耀富贵。贝尔言拉萨一贵族闻英皇只有一妻时，叹为惊奇之事。第三，即性欲关系。男子与妻以外之妇女有染生育子女，如其财产丰富而社会亦不反对此举，自然会将此情妇迎至家中。谢国安氏在《藏人论藏》中言："假使小姨长得漂亮，因到姐夫家中工作而与之同居。如此则为一夫二妻。同居继续二三年，尤其于生子之后，姐夫则取得夫权，同时亦为社会承认。又如男子一人无子，只有二女。他通过一子，以长女嫁之为妻。次女长成之后，亦可嫁给姐夫，但无正式婚礼。亦有姐妹三人嫁给一丈夫者。"最后尚有一夫一妻制，此制在康藏中颇为流行。贝尔《西藏人民》一书中引西藏政府首席秘书估计，在卫省每二十家内采一夫一妻制者十五家，多夫制者三家，多妻制者二家。在北方高原，则行多夫制者十家，一夫一妻制者七家，多妻制者三家。西康的情形则从来没有人估计。此外，尚有几种特殊的婚姻形式，但皆为数甚少。马克当纳谓："有父子共娶一妻者，但此妇须不为此子之母。叔侄亦可共娶一妻，但此妇与叔侄从前没有亲属的关系。"（*The Land of Lama*）马克当纳之所述未知是言指藏人之父死，子妻后母；叔死，侄妻其婶母。若然，则其渊源颇早。《北史》谓党项羌"淫秽蒸报，于诸夷中为甚"。《新唐书》言其族"妻其庶母,伯叔母,兄嫂,弟妇,惟不娶同姓"。盖皆指此。现代西藏更有一种婚式,乃行于高级社会者,即二男子同意可以交换妻室(Macdonald 上引书)。在甘孜、康定、江孜、大吉岭等地亦有一男与其异姓密友共娶一妻者(Combe, *A Tibetan on Tibet*),如此,康藏之多夫制且兼有印度之纳尔型(The Nair Type)者矣。最后康藏尚有一特殊之婚式,即僧侣可以娶妇。钵教徒与红教徒之娶妇生子,尽人皆知,而黄教以教律森严闻名,然其密宗中纳举居与拉靡居二派皆娶妇或近妇人,主张只迷恋于妇人而已。最奇者则僧侣与尼姑常有婚配之事,而以红教徒行之者为多。印度人达斯(S. C. Das)在所著《拉萨及中藏旅行记》(*Journey to Lhasa Central Tibet*, ed. by Rockiee, 1904)言在尼泊尔西部一寺院有 15 僧侣与 7 个女尼同居一处。又在雅尔仑地方(Yarlung)一寺院,有 40 僧侣与若干女尼同居杂交,并产生子女继其父母之业。意大利人彭纳(Orazia della Ponna)于 1730 年在乌尔金地方见到其地之尼即为僧侣之妻,且常生子女(C. Wessels, *Notes to Desideri's An Account of Tibet*)。羊卓湖畔山上的桑亭寺主持者为女活佛笃尔基帕玛,上节业已提及,在 18 世纪时,她曾统治一男僧寺院。此女活佛为独身者,是发愿为贞洁而牺牲的。但彼时一意大利旅行家比利盖提(Beligatti)至其地,言约于彼等至此地之前 5 年,此活佛忽生一小女喇嘛。因此人民对彼之信仰减低不少。(A. Magnaghi, *Relalione indio di un Viaggio al Tibet de F. C. Beligatti*, 1901)仅由此婚姻形式一端,即知康藏区域,面积辽阔,文化辐辏,遂有许多分歧现象发生。

不仅婚姻形式如此,即婚姻方法(即结婚的历程)各地亦不相同。最正式的婚礼,在拉萨的,当以河口慧海的叙述最为详细。在西康的,不用说以谢国安的《藏人论藏》最为标准。这里,不必逐一叙述,读者可以检读原著一遍。而有几点可以提出注意的,即新娘在佳期前夕或当日离家以前照例要哭泣悲哀。上马之前,新娘头上要蒙布,在拉萨,所蒙者更为厚密而别致。上马后,新娘即为许多男家之骑士引去。此时,女家的人在门口挥动"吉祥箭",高呼"幸福回转来"——骑士则报以"幸福随我们走"!彼此争执颇烈。至夫家之门,西康人男家的人对新妇抛掷石子,拉萨人则多投掷"密符镖"(Torma),同时则双门紧闭。待女党说明吉利颂语后,男门始为之洞开。这些动作,在现在看来,似乎毫无意义。习俗对此举动的解释,我们都觉到不对题。最可靠的说明，即此些动作是古代男女二系斗争之下的掠夺婚姻之遗蜕。真正的掠夺婚姻，一直到现在仍然流行于康藏的边缘地带。洛克希尔谓在西藏西部，在斯比提（Spiti），在锡金与不丹，其地新郎常约其友至岳家劫夺新娘。但中途往往为新娘亲友拦住去路，于此则有一场恶战。新郎等在通过此路之前，照例为对方人痛殴一顿。（*Ethnology of Tibet*）山伯格（Sanberg）于其《藏与藏族》（*Tibet of Tibetans*, 1916）中谓东北的霍尔人（Hor-pa）是行一夫一妻制的，所得妻的方法或为诱拐，或为压迫的掠夺。（并参考 S. C. Das, *Marriage Customs of Tibet*, 1893）谢国安述："北部的游牧民族常有掠夺的办法。甘孜、理塘亦多如此。一俄洛青年向女子求爱时要每夕去会她，以至有时留到天亮。如果女子之父亲不满意，此青年即纠合朋党，荷枪持矛，骑马来家，劫夺女子而去，有时还便劫其牛马。岳党追来，可能时，即杀死青年，将女夺回。死者之弟兄甥侄，为报仇计，至于门杀相寻，无有已时，有时被劫者为有夫之妇，一经夺回，则将伊断发剀鼻，然后逐出。"（Combe, *A Tibetan on Tibet*）

由婚姻的范围言，吾人可分为民族、阶级与宗族三方面去研究。先言民族。康藏民族虽然多自相配合，但无论古今，他们是不反对族外婚姻的。从可靠的历史记录，在中国隋唐之际，拉萨王松赞干布便娶中国的文成公主与尼泊尔的赤尊公主为妃，此乃尽人皆知，不必考据。其大臣禄东赞即藏名所谓"噶"，又与唐皇戚段氏妍合，其后事如何已不可考。唐中宗时，金城公主嫁拉萨王赤德祖赞，生赤德松赞，为吐蕃著名的英武国王之一。自 13 世纪至 18 世纪，500 年间，康藏大致为蒙古族所统治，历史记载蒙古人直接侵入康藏之役凡三次：（一）阿尔坦可汗之役；（二）和硕特之役；（三）准噶尔之役。经此三役，蒙藏血统之混合在霍尔巴境内留下不可磨灭的痕迹。自 18 世纪后迄于今日，为满族与汉族统治康藏时期，此 300 年间，藏人与汉人婚，与蒙古人婚，与满人婚，与不丹、尼泊尔人婚，甚至与西洋人婚，皆有例可举，屈指难数。与蒙古人婚，如本文内所常提到之谢国安氏则为蒙父藏母所生之子。与西洋人婚，如本文提到之仁钦拉姆即嫁与英人金路易氏（King Louis）。与满人婚，如今明正土司世系外传为土妇与东亲王之后裔。与汉人婚，其例更多。逊清时代，康藏全部常驻文武官兵员二千余名，此等满族兵员从不携带家室，故常与番女结合，所生之子曰"扯格娃"。据曾在康娶嫁生子之任乃强氏估计，在西康之四万五千汉人之中，此种扯格娃占十分之九（《西康图经》民俗篇，汉人数目以西康旧境为限，且泸定除外不计）。然由中华国族之立场言，此接受族外婚制之习惯固康藏民族无上之美德也。次言阶级。康藏习惯婚姻多依职业阶级而行。如贵族多与贵族婚，农民多与农民婚，牧人多与牧人婚，屠户多与屠夫婚等。此乃生活习惯关系，固不独康藏家庭为然也。达斯于所著《羊卓湖畔园行琐谈》（*Narrative of A Journey Round Lake Yamdo*）中云："在西藏对婚姻没有社会的限制。富人可以讨穷人的女儿，一个穷人的女儿可以成为国内最骄傲的贵族之新娘。"其言颇近事实。惟此所谓穷人亦必须其家世清白，不属于前章所谓贱民阶级。康藏习惯，凡平民以上子女皆不愿与贱民之子女为婚。若有冒此不韪者，照例要降黜在上一阶级的社会地位。所生子女名之"黑白混合种"，尤为下贱（参考社会阶级章）。最后言宗族。于此当先略述康藏的宗族制度。大体言之，宗族制度在农业民族内较为发达，他们有宗名，有家名，有人名。尤是酋长或贵族阶级，此种分别更为明显。游牧民族，部族的观念比较发达，宗族与家族的观念比较次要，所以他们大致只有部族名与人名，宗名与家名都很少见。例如羌塘的牧人名叫"梭罗"（So-lo），他没有家名。如果强问他的儿子巴登（Purdung）说：你是谁家的？他只好提出父亲的人名说是梭罗家的，但他不能称为"梭罗巴登"。因为梭罗死后，他的家便成为巴登的家了。但他的部族是"康萨"部（Kon sa），你却可呼他为"康萨巴登"。或他的酋长名"南木楚"（Nam-tso），你亦可称他为"南木楚巴登"。酋长或贵族的宗名与家名，在起初或者以他们祖先的名字名其宗或家。这种命名的历史很早，《后汉书·西羌传》即言"其俗氏无名，或以父名母姓为种号"。今藏族中之南木楚族、苏族、纳族盖由于此。或者亦由其祖先的所自地名其家族的，例如拉萨的帕拉家，则因其祖自不丹西部雀拉康寺而来。或者亦由其宗族迁徙状况以名其家族的，例如中俄洛为"康格宗"，言为旧账房也。下俄洛"康萨宗"，言为新账房也。上俄洛为"贡马桑宗"，言为上账房也。宗名与家名之分，前者乃由后者扩充而来，与汉人的家族繁衍而为宗没有两样。明乎此，然后可以进一步说明宗族与婚姻的关系。凡分别宗族与家族的人民，即贵族、酋长族以及农业民族，他们禁止同族结婚。他们把亲属关系分为骨头亲属与血肉亲属两种。骨头的亲属指同一祖先的后裔，无论远近，离多少代，都为骨亲；相当于吾人所谓族亲；藏语称之为 "Kurpa Chak"。血肉的亲属指曾经与骨亲发生过血缘关系的亲属，相当于吾人所谓姻亲；藏语称之为 "Scha Chak"。凡为骨亲者都禁止婚姻。若想婚配，即认之为乱伦。凡为血亲者皆可婚。然若越级而婚，如舅父与甥女结婚，认为不祥。至于姑表与舅表为婚，则认为理所当然，数见不怪。（参考 De Fillippi, *Desideri's An Ancount of Tibet*, p. 102）佛兰开（H. Francke）研究西藏六个骨头亲族的来源，而从事于考古工作有多年，他也说每个藏人有三个名字：他的人名、家名与族名。后者名之曰"佛斯彭家属"（Pha-spun-ship），即"父兄亲属"（father-brother-ship）。凡属于同一父兄亲属的人们不能结婚的（Anticuitions of Indian Tibet part I, 1914），就是西藏也有同一禁忌。谢国安说："乱伦为藏人禁忌。凡同一血族者不准互相结婚。"（Combe, *A Tibetan on Tibet*）佛兰开所云之"父兄亲属"与藏人所谓"骨头亲属"相同。康藏人民为实行骨头族的外婚制起见：一面以社会的裁制，对冒此不韪者嘲笑、鄙视、唾弃，甚至不与之联婚；对此行为不检之游牧人民则目之为野蛮民族。一面又以宗教的警告提示于一般人民，谓若犯此禁，不但死后要受到极大残酷的惩罚，而且祸及四邻（参看 Combe 上引书第三章）。此种同族不婚与汉族的同姓不婚很相类似。

　　但上述风俗不能行之羌塘等地之游牧民族。主要原因由于一般牧民没有家名、族名，而只有一个人名。有时在人名之前，冠以部族名或酋长名，例如"康萨、巴登"，"南木楚、梭罗"以及"卡木里、阿拉里"之类，前面的头衔乃是酋长的族名或者酋长人名，仅表明自己乃统治于此部落或酋长之下，完全没有血统的意义在内。他们既无家族之名，而自己的人名又往往是非常泛滥的佛教名词，如"南木楚"、"罗卜增"（Lobzaġ）、"笃尔基"、"珠尔玛"（Dml-ma）、"白马"、"雍中"之称，在应用上重复不穷，彼此分别不清，因此平时很少有呼人名的习惯。在这种情况之下，愿同族不婚是非常困难的。所以他们宗族内婚与外婚，以及部族内婚与外婚往往在同时并行。不过说到家族，因为世代相隔不远。比较相近的几代是可以追溯的，所以同一祖先以下的三代之内，他们不通婚姻。再远，出乎他们的记忆之外，则不管三七二十一了。而且，他们还流行着赘婿与过继的制度。罗卜增无子可以过继梭罗之子为继子。此时小梭罗成为罗卜增家的儿子了，小梭罗的女儿便可以嫁给梭罗的孩儿为妻。赘婚之制亦相仿佛，这样，即同祖以下的三代之内不婚之俗亦破坏了。可见游牧民族婚姻限制的松懈与其无固定的族名及家名很有关系。这种原始的婚姻制度，在俄洛、嘉戎等族之人民内颇为通行。据洛克希尔的意见，这种婚制可以代表藏族文化的最早形态（*Ethnology of Tibet*, chap. Id）。

无论如何，亲属制度与康藏人民的婚姻制度是有关的，因而我们当一述藏民的亲属称谓系统。亲属名称的资料，据现在所有很不完全。洛克希尔曾经收集一点很不完全。兹据贝尔的《英藏土语字典》（C. A. Bell, *English-Tibetan Colloqnial Dictionary*, 1920）与贾希洛克的《藏英辞典》（Jaesclike, *Tibetan-English Dictionary*），寻绎其端绪分列四表如下（二氏语言记录皆以拉萨语为主）：

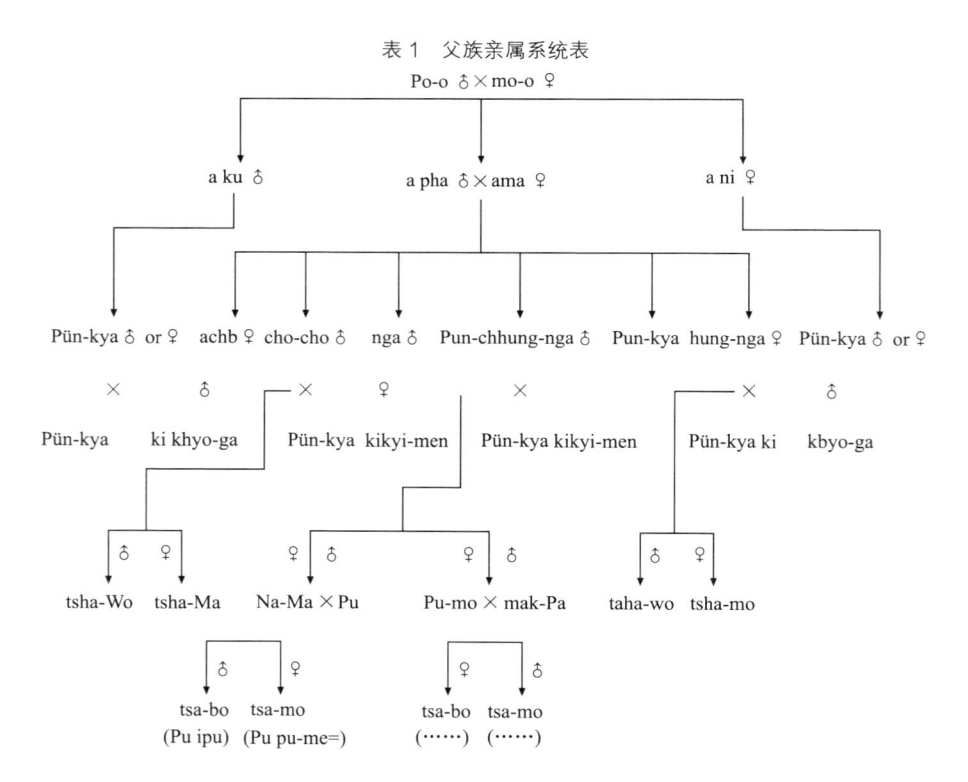

表 1 父族亲属系统表

```
                        Po-o ♂ × mo-o ♀
          ┌───────────────┼───────────────┐
        a ku ♂      a pha ♂ × ama ♀      a ni ♀
          │        ┌───┬───┬───┬───┐        │
          ↓        ↓   ↓   ↓   ↓   ↓        ↓
     Pün-kya ♂or♀ achb♀ cho-cho♂ nga♂ Pun-chhung-nga♂ Pun-kya hung-nga♀ Pün-kya ♂or♀
          ×         ♂    ×    ♀         ×                  ×           ♂
     Pün-kya   ki khyo-ga  Pün-kya kikyi-men  Pün-kya kikyi-men  Pün-kya ki  kbyo-ga
       ♂   ♀              ♂    ♀                                  ♂    ♀
     tsha-Wo tsha-Ma    Na-Ma × Pu      Pu-mo × mak-Pa         taha-wo tsha-mo
                          ♂    ♀           ♀    ♂
                       tsa-bo tsa-mo    tsa-bo tsa-mo
                       (Pu ipu)(Pu pu-me=) (……)  (……)
```

表 2　母族亲属称谓表

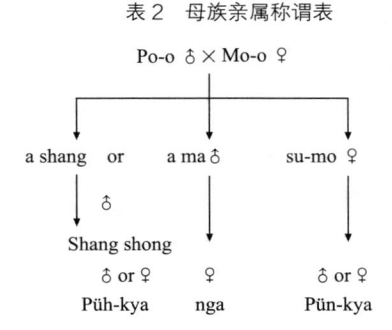

Po-o ♂ × Mo-o ♀
↓　　↓　　↓
a shang　or　a ma ♂　su-mo ♀
↓♂　　↓　　↓
Shang shong
♂ or ♀　　♀　　♂ or ♀
Püh-kya　nga　Pün-kya

表 3　妻族亲属称谓表

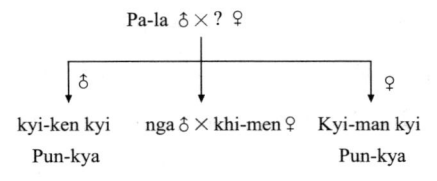

Pa-la ♂ × ? ♀
↓♂　　↓　　↓♀
kyi-ken kyi　nga ♂ × khi-men ♀　Kyi-man kyi
Pun-kya　　　　　　　　　　　Pun-kya

表 4　夫族亲属称谓表

Kyo-po ♂
│
nga ♀ × khyo-ga ♂

　　吾人观察上列四表，知藏人之亲属称谓殊为简单。凡与其同辈者无论远近兄弟姐妹都曰"Pün-Kya"。惟有时兄呼为"Cho-cho"，弟为"Pün-chhung-nga"，姊为"a chhe"，妹为"Pün-Kya chuny-nga"而已。康语：兄为"Bui"，弟为"Lo-ch'ung"。在我之下辈，直系者皆称"Pu"，旁者皆称"tsha"，再下一辈则皆称"tsa"。我之上一辈，除父"a Pha"，母"a ma"外，伯叔为"a ku"，舅父为"a shang"，姑母为"a mi"，姨母为"sa-mo"，康语则概为"Ku-Wo ch'e-We"。再上一辈，无论祖或外祖为"Po-o"，祖母或外祖母皆为"m-o"，母族之表兄弟姊妹亦皆为"Pün-Kya"，与兄弟姊妹同。其他如兄弟之妻，姊妹之夫，妻之兄妹，及夫之兄妹则皆用叙述式的称谓，无专门称谓也。侄男女与甥男女皆称之"tsha"，只分别其性别而已。

　　至于康藏民族亲属称谓的性质，由上述的破碎资料上加以判断，似颇危险。然大体言之，他们的亲属制度是合于莫尔干（L. H. Morgan）所说的阶级制度（Classi actory system）。换言之，即凡属于同一阶层亲属便适用同一亲属关系的称谓。例如上述康藏民族的称谓，凡在我同一阶层之亲属，不论性别远近，皆称之曰"Pün-kya"；凡在我下一阶层之亲属，不论性别，近者称之曰"pa"，远者称"tsha"。再下一层则不论性别远近皆称之曰"tsa"，在我之上一阶层，拉萨语则有性别之分，年龄之分，而康定语则除父母外皆称之曰"Ku-Wo Cha-Wa"，再上一辈，则不论远近，只论被称者之性别，而称之曰Po-o♂，Mo-o♀。然则拉萨与康定二地之亲属称谓孰为近古耶？以作者判断，以康定的为近古。何以知之？吾人一视保存藏族语言原始成分最多的嘉戎亲属称谓，可作一有力之旁证。嘉戎语我上一辈，凡父、伯叔父、姑夫、姨夫、岳父皆称曰"ta tsi"，母、伯叔母、姑母、舅母、姨母、岳母皆称曰"ta mi or a ni"。所可异者只舅父一词耳。再上一辈，则概称曰"a Wu"，由此言之，康藏民族之原始亲属制度固为阶别制度也。若以罗维（R. H. Lowie）之术语衡之，拉萨之亲属称谓自我同一阶层以下为无歧的混同式（The Unforked Merging）或海威夷系式（The Hawaüan Piacide）制度。自我同一阶层以上为有歧的混同式（The Forked Merging）或达考它系式（The Dakota Principle）。由康定语以及嘉戎语言之，则其全部似皆为无歧的混同式或达考它系式矣。由此点言，康定民族的现存亲属关系称谓的确有一部民族是在行阶别制度的，行此制度的民族固然有一部分人民是"外婚宗族"，然仍然有一部分人民并不能由此即建设一种完全的外婚宗族制度。因此，我们对于素佛士（W. H. R. Rivers）所谓阶别制度与外婚宗族制度伴生之说还须保留，不能给以肯定的承受。

（五）政治制度

康藏的政治制度，一如其社会制度然，是一种复杂的或不统一的文化丛体。美国洛克希尔按其统治民族不同分为三种：一为直接统治于拉萨政府者；二为统治于汉人政府之下者；三为统治于英国及其他势力之下者。第一部分包括西康之中部、西部、北部大部，及东部之马尔康、雅砻、杂龙等地。第二部分包括西藏东北部、西康大部，以及自腾格里湖以东之"甲地"（Jade）一条狭长地带。第三部分指锡金、不丹及拉达克等地（Rockhill, *Ethnology of Tibet*）。现在除锡金、不丹不计外，拉达克自17世纪以来曾为回教徒所统治，今则直接由克什米尔政府统治之，间接统治于英国之驻印殖民地长官。只宗教一项，一半仍受拉萨势力所支配。故言康藏政治制度大致可分为西藏拉萨政治制度与西康土司制度二者说明之。

拉萨政府统治下之政治，按其系统，分为三级：最高级为拉萨政府，中级为州政府，低级为县或营政府。拉萨政府由达赖喇嘛与其以下之大臣官吏及行政会议与国民会议组成之。州政府十三，由州长或总督与其下属官吏组成之。县或营政府原数为五十三，近或略有增加，由县长或营长各一人与以下官吏组成之，自县或营以下至人民，尚有村长寨首等公务人员介居其间，然彼等无形式的办公处所，并无特别权势，实可以视为县或营之附属官吏也。

西藏官制共分七品：第一品为达赖喇嘛（Da-lai Lha-ma）。"达赖"为蒙古语，意言"包罗美众之慧海"，乃明时蒙古阿尔坦汗（Altan Khan）所封也。一名"大宝护法"或"大宝法王"，人民亦简称之曰"陛下"；居布达拉宫（Potala）。其次为班禅喇嘛（Pan-Chen, Lha-ma），亦一品官。班禅一名"大宝智慧"；居日喀则（Sho-ga-ts）之扎什伦布寺（Ta-Ski-Lhum-po）。原来达赖、班禅俱为黄教创始者宗喀巴大师（Trong-kha-pa Rin-o-che）之转世承袭弟子，地位不相上下。且藏人传统说法，班禅为阿弥陀佛（A-mi-ta-ba，即无限光明佛）之化身，达赖为观世音菩萨（A-wa-lo-ki-ta，即慈悲之王）之化身，后者在佛神排列上之地位显然不如前者。但因为班禅只管宗教，不理俗政，所以他的实权日趋下落，不如达赖。不过，在达赖七世圆寂时，班禅亦曾一度代理达赖法王行政。吾人于此当注意者，即前清雍正五年（1727）中国政府统治康藏之时，曾遣派驻藏大臣，驻节拉萨，监督并指导康藏之行政，其地位与达赖等齐。此制至民国初年始废。故今日西藏之一品官吏实际上只达赖法王一人。法王之位非世袭的，乃以转世活佛继承王位。

第二品官为司伦（Si-Lon），一名笛西（D'sri），或"噶伦卜"，汉人称之曰"藏王"，然不如译之为"摄政王"为妥也。达赖以一身兼理政教，原以禅定明心为主，一切俗教，由司伦代理之。又达赖以活佛继承王位，当旧达赖圆寂，新达赖以冲龄坐床之际，政权则委之司伦。迨新达赖满18岁，司伦则交出政权，退居辅佐地位。昔时，司伦在噶尔丹、色拉、别蚌、桑鸢四大寺之转世喇嘛中选出，经噶布伦诸大臣会议通过，并将神明之诺言及中国政府之允许，始得代理达赖摄政。自达赖十三世，改由其侄充之，盖亦防微杜渐，恐大权旁落，致影响其地位，于是司伦渐成一有名无实之官位。

第三品官为公爵（Kung）等官。公爵之出身或为历世帝王及达赖之后裔，或为当今达赖之亲属，或为历代功臣或大将之子孙。其最有权者为"噶布伦"（Kyap-tin）大臣，俗亦称"夏碑"（Shap-Pe），有"莲足"之意，盖为支持达赖宝座之柱石也。噶布伦昔为五人，今为四人，三俗一僧，共同组织"噶厦会议"（Ka-Shak）。在此会议中，僧官代表全藏寺院，俗官代表全藏人民，有建议对内对外一切政策，如官吏之选免与罢黜，寺院之改革，财赋之收支，及宣战媾和等项与实施之权。但实行与否之最后决定须取决于达赖。噶布伦治权中所无者为立法权，盖西藏法律一本于传统之成文法律与不成文法之习惯，由古至今，变更极少。此四大臣俱为终身制，一经选出，不能更换。如有死亡，由下述第四品官吏中选拔，经神意诺言递补之。公爵之内，除噶布伦外，有太上公（Ra-Shi Kung），由现任达赖之父充之，为一受供养而无责任之宫中官。达赖十三世时，司伦尧杞冷青，为达赖之侄，亦系公爵出身而经升擢。总理西藏之军政者曰"马基"（Ma-ji），犹内地之陆军总司令或军事委员长，亦为公爵出身。此皆上级公爵也。其次，爵仍属三品，而位置在上级公爵之下者为下级公，一称扎萨（Dsa-Sa）与台奇（Te-ji）。前者赐与僧俗贵族及有功国家者，为世袭，无实权，但与公爵可出席于国民会议，台奇爵位与扎萨平等，但仅可赐与俗人。此爵分派各省者则为总督或州长，官仍原名。

第四品官包括七种：（一）财务长（Tsi-Po）三人，由三名财务员（Tsi-pa）辅佐之，管理财赋租税出纳及铸造货币等事。（二）私库长（Tse-hhak），管理法王产业，凡贵族之馈赠，教徒之献金，及私府之所入，俱存于此。（三）国库长（La brang Chaandzo），管理国家之拉卜仓库，西藏岁收租税俱存于此。（四）军务长（D-pons），昔藏军事长官以此为大；今则统摄于马基之下，权势如内地之团长。分驻各省者则任总督或州长。（五）侍从长（Cuikhya Khempo），侍从达赖左右，助理一切政教事宜。此职多出高明喇嘛堪布为之，为西藏各级僧官之领袖，协同政府僧侣大臣指导全藏之教务进行。同时又为御医，且兼为法王之耳目。故其实权，在达赖以下一切官吏之上。（六）秘书长（Dsonyer Chhempo），代法王撰作对内对外文告信札，并批阅重要文件，且兼代法王办理对外交际事宜。其权与侍从长相伯仲，而对外锋芒太露，故官吏多畏忌之。（七）食寝总官（Sopen and Simpon Kh mpo）二人，分别掌法王食寝之事。上述诸官吏前四种属于噶厦会议中之诸噶布伦，后三种为宫中官，由法王直接领辖之。

第五品官包括三种：（一）罚锾保存官（Nyer-tshang），共三人，二僧一俗。（二）地方官，分四类：1. 拉萨市长（Mi-pon），处理拉萨之民刑事件；2. 卫省审判官（Sher-Pang），处理卫省民刑案件；3. 白杨邑长（Sho De-Pa），布达拉宫旁有特区白杨邑（Sho），专设邑长管理之；4. 营官（Jong-Pens），藏地各较大营寨派营官领兵管理之，并办理该地税收、司法及维持治安之责。（三）司马官（Chhik-Pon Chhen-mo-Wa），管理马政及公家交通运输之事。

第六品官包括五种：（一）副司马官（Chhik-Pon），佐理马政。（二）噶厦侍从官（Dsson-yers），为噶布伦四大臣之传达官。（三）小营官。（四）侍从副官（Dsong-yers Chhem-bo）。（五）办事员（Zhin-yers），管理政府产业及杂务。

第七品官为最下级员吏，包括四种：（一）守门吏（Gak-pa），监守司伦、噶布伦及收租官之门。（二）秣粮吏（Tsen-yas），司政府马畜之粮草。（三）薪政吏，司政府公用之柴薪。（四）盐田吏（Dso-mo-ra-Tse-Tsung），监视国有田土。自五品以下各官皆由噶厦会议委任之。昔有中央驻藏大臣时代，自三品至七品各官，委任之前，须得驻藏大臣之同意，今则只由法王与诸大臣加署而已。

拉萨政府行政之主要机关为四噶布伦所组织之噶厦会议，以及在此会议之下所设的政治、司法、财政、军事及产业诸部。惟当会议建议之后与各部执行之前例须送交司伦，司伦再传呈达赖，核准之后，始可执行。故按其政体性质仍为独裁政治，诸噶布伦及司伦皆忠于达赖，对达赖负责，而达赖乃对其全体藏民负责也。惟西藏亦有一接近于民主政治之组织，即前所曾一度提及之国民会议（Tshong-du）。此会议由达赖法王于必要时临时召集之，盖为集思广益，以补噶厦会议之不足者。此会之参加者除上述四品以上之官吏为当然议员外，并请拉萨附近各大寺之堪布及一部分贵族与大地主组织而成。司伦与噶布伦于此会议中力求不多发表意见，以接受噶厦会议以外之谈论名策，共济国是。议决案件汇交噶厦会议审查，再转交司伦呈于达赖法王，批准之后，再施行之。

上述官吏大部皆驻节拉萨，半为僧侣，半为俗人，共计约 350 名左右。不久以前，当康省有事之秋，藏政府曾派一噶布伦驻镇昌都，就近处理东边事务，旋即撤回，现仅派一代表驻此。十三州内，每州有总督或州长正副各一人，名曰"戴琫"（De-Pon）或碟巴（De-ba）。若其地势险要，则派台奇镇守之，仍名曰台奇。州长之任务兼理军政、民政，同时代达赖收存本州人民之租税与贡赋。每年新正之时，州长必至拉萨，晋谒达赖述职。同时，则输运本州之租税与贡赋于政府。此种州长多为终身职，且多为世袭的，故其威权在一切任外官之上。

较省或者州更小之政治单位为县，藏语为"dzin"，有碉堡或要塞之意。每一县管理若干村寨，每村寨平均有 30 家左右，所以政务不甚繁剧。此种县份共有 53 个。每县设县长或营官二人或三人，僧俗各半，分掌政务、教务与军事。政务中的主要任务是为政府收粮及遣派徭役。因为如此，只要每年公粮收齐，县长亦可坐拉萨遥领，不必到差。在县以外，尚有许多小的寨堡，政府派小营官管理，范围更较县营为小。县营之下设有村长，村长可以管辖几个小的村寨，每寨又有一个寨官。寨首之下则为人民。村长责任为政府催租收税，并传达命令。寨首则再转达命令于人民，扶助村长办理地方租税。此等村寨首领虽为世袭的，但没有官品，只为县营之附属小吏而已。自三品以下的官，有的固由资望能力获选，然大部分多由贿赂进身。做官的目的很少是为政府办事，而乃为自己敛钱与升官。故贿赂之事，时有所闻。贵族或大地主之做官，尤其是做小官的，因为他们经受有国家公田，须为国家服役，所以薪俸很少，一年所获不足以付一年之用。如不受贿，则必须由家财补贴。僧官的薪俸比较高些，因他们比较节约，所以还可维持。一般言之，小官剥削人民，贿赂大官，大官进一步再贿赂大臣首相，于是，各级官吏由此都得到意外的收入，往往以纳贿的多少，来决定官吏的升黜。

政府的开支，官吏的薪俸，以及各大寺院的消费都出自人民的税赋。藏民税赋分土地税、商税、牧税及人头税几种。土地税有三种：（一）农民每年受田一份，年税约合八镑；（二）中级地主每年土地税由八十镑至一百镑不等；（三）贵族之土地税额较低，多少亦不等。商税，大中小商人年税四镑，小商人只数先令而已。牧税则由牧人纳金钱、毛类及酥油不等，每年共有三十万镑左右。人丁税每年规定三便士，合四百万人计之，其数目亦颇可观。此种赋税之消耗分配于官俸者甚少，大部用于政府之开支与寺僧之供养。

西藏之政治制度乃综合旧的封建制度与新的郡县制度而成。全藏土地在原则上都属于达赖法王，大有"普天之下，莫非王土"的意味，土地既为达赖所有，故可对于臣民，任意予夺。结果遂造成贵族庄园的封建局面。但是它的封建组织并未发育成一种层层统辖、完美无缺的机构，因而采用中原的郡县制度，以补其缺。所以一面授土地于贵族，构成庄园制度，维持其封建的命脉；一面授土地于州郡县营，构成村落制度，分给土地于人民。庄园的贵族当然亦不能自行耕作，而再将土地租于佃农，或由农奴耕种。但耕种贵族土地的农民由经济言，是贵族的百姓，由政治上乃达赖法王的百姓；而耕种村落土地的农民无论在政治上，或经济上都是达赖法王的百姓。前者地租付与领主，人头税则付与达赖；后者则上述二种租税皆付与州长、县长，再转呈于达赖。因此，人民之所出常发生互掩而不分明的现象。村落人民每家受地一份，除付政府租税外，约可供每年所得之粮食，家内四人每年之食用，过此消耗，则须另筹办法。此乃藏人家庭人口不能任意繁殖之一主要原因。游牧区域，每家牧人之游牧领域亦极有限。在领域之内，可以自由牧畜，并采取燃料。牧人对于贵族或政府纳固定的畜税，或为货币，或为牛羊之副产品，如毛及酥油等物。每年并须为贵族或政府服一定日期之劳役。此种劳役尚非藏人所谓"乌拉"（U-lag）。"乌拉"指以人力或畜力为贵族或政府所服之行役。若有官员往来，或贵族婚丧等事中之奔走徭役，无论农牧及其他人民皆须输留任之。大抵由一村转送一村。至有人烟之处，交替脱手为止。最后，藏民对于政府尚有一种义务，即为兵役。平时无常备兵，有之，则为河口慧海所云之"武士僧侣"（Warnior-Priests），藏语称之曰"泰土"（Thab-to）。此辈在寺院当执扫除牛下与运用燃料之劳，又时练习武艺，为贵族或高僧远行时之保镖人员。寺院亦常利用之维持一方之治安。但一有战事，政府则征调平民为应战士兵。政府于此辈兵士，无薪给，无枪械、子弹、骑马等供给，有时食物亦须自备。设兵役时间过长，上述各种需要则由地方或州内人民共摊接济之。

康省境内，汉族政治力量初达到之时皆因土设司，举其旧有酋长统治之。清末改土归流，在康定一带之土司势力大体只有名义，而无实权。康定以东各地，土司势力仍然存在，与县政府立于平等或附属之地位。甲地区域分三十九部落，每部落选拔一土司治理之，清时隶治于拉萨的驻藏大臣之下。此种土司，亦名"碟巴"，为世袭的，清时每年皆受清政府俸贴白银十两。自民国以后，此种俸贴断绝，故其俨然自立，且有转属于拉萨政府统治之下者。

凡土司制度实行之区，其最高权职之操纵为土司或土官，藏语曰"那尔保"（Nar-po）。土司或土官之下有头人（Ta-Lo）数名，分区域掌摄诸村寨之赋税，派徭以及其他行政之职。头人之下则为村长、乡约。土司或土官所在地曰土署。土署之内，土司或土官下设汉文、藏文秘书各一人，秉土司之意，管理往来公示、函件、布告及户籍税粮底册。又设总管家一人，总管署内职员、工役及财务、庶务。职员有司粮者一人，司酒者一人，司狱者一人，司阍者一人。此外，又有司历者一人，司索卦者一人，皆僧侣为之。再下，则为皂隶、走卒以及背水、负薪之工人。土署之职员皆为世袭的。但每种职业，并非限于一家或一人。彼等平时受有土司或土官之土地，其对于土署之服务乃为一种当差性质。在当差期间，土司或土官略予津贴，但为数颇微。每人当差有一定期限，至时即退，由第二家人代替之，直至轮流完毕，始再入署服务。土署之收入，以土地租税及人民贡赋为大宗。其次，则为讼费与罚锾。当土署有民刑案件之时，不特土司或土官有一笔收入，则土署中之职员与工役有时亦可得到意外的收益。

土司区域之人民，每家皆受一份田产，有固定的种植权，无所有权。因而只能种植，不能变卖。每年皆为土署纳一定之租税。正税之外尚有贡赋，如猎物、牛油、酒、薪，照例贡献于土署。又有徭役：职司以到署当差为徭；人民以供给畜力与体力，如背物、背水、伐薪、往来奔走为徭。汉官至其地亦由人民供给人力、马匹运送行李及骑行，亦名之曰"乌拉"。最后，亦如西藏然，人民对土署有服兵役之义务。枪械、弹药、马匹、食物例须自备。

此外，在康省宁静山以西尚流行一种呼图克图制，即以转世活佛管理人民。活佛以转生活佛为承继人，与达赖、班禅同。其所在之官寨一如土署，唯为一寺院之形式耳。其内外组织与土司制度略同，兹不俱述。

（六）法律与德仪

康藏民族维持社会之工具分成文法的法律与传统的德仪二种。西藏原有法律系十六款，四十一条，相传为古代松赞干布所创，直至今日，变化甚少，仍执行之。藏经 *Gye-rap Salwe Melong* 载松赞王公布新法律之命令云：

> 在上者应受制于法律，穷民应受治于合理之制度。立度量衡，开阡陌，教民写读。修礼仪，争斗者罚金；杀人者抵罪；盗贼则照其所窃财物之九倍罚之。寇盗他国者，断一肢而流之。诳语者割舌；使民祀神，孝敬父母伯叔。以德报德，勿与良民斗。熟读圣经，明其义理。信业报，凡悖教义者弃之。助汝邻里。节饮，有礼，还债宜速。勿用伪度量衡；勿听汝妻之所言。苟有然诺，以神为证。（录宫廷璋译柏尔《西藏之过去与现在》之译文）

此文内容有三特点当注意之：（一）法律与德仪不分。（二）除消极的使人民不当做什么外，并积极建议当做什么。（三）最后人与人间的契约，以神为证。但今日法律十六款之律文，则为法律性质，而且以刑法为多。第一款为诉讼方法；第二款为逮捕程序；第三款为杀人案件与过失杀人案件之判断与处理；第四款为契约、诺言及签字之判断；第五款为贿赂与暴力案件之处理；第六款为杀人及盗窃之抵偿及命价；第七款为殴打罪、重伤罪、伤害罪及其他关于体伤罪之处理；第八款为关于伪誓、诅咒及狂癫之法律规定；第九款为关于偷盗、抢劫等案之处罚与所失财产之偿还；第十款为离婚案件与和解之规定；第十一款为未成年儿童犯罪之处理；第十二款为扰乱公共治安案件之处理；第十三款为野蛮人及不开化者犯法之判断；第十四、十五、十六款为军事规定之条例（Macdonald, *The Land of Lama*）。由上述法律款文观之，知与松赞王之颁布命令不相符合。故知古代法律一定经过历代帝王改革而始成为今日现行法律之形式。

在上述犯罪案件之中最大罪为犯上作乱及串通敌国危害政府之罪。此二种犯罪皆包括于扰乱公共治安罪中。犯之者处死刑，并及其家族。其次为抢劫、杀人、殴伤致死之罪，犯之者亦处死刑。再次为盗窃罪，犯者先责还盗窃物，或加倍抵偿，否则抉目、劓鼻或断其手。最轻者为奸淫罪，凡奸有夫之妇而成讼者，犯者则被褪衣鞭笞，号枷示众，或罚以巨金。未婚男女和奸，在俗人中不为犯罪，但因和奸所生之子女，留与其母。奸夫须留给此子女以衣食及其他需物，以保养之。制造伪币，其罪亦大，但犯者殊鲜。处死方法，最普通者，为缚犯者于牛皮袋内，投入水中，经五分钟提出，再投入水中，直至死为止。或缚其手足腰部成团弃河流中。此外，复有投崖、射杀、枪杀、割头等法，置犯者于死地。次于死刑者为体罚。轻者为鞭笞。鞭由牛筋作成，故不笞数下，则血肉淋漓。重者则灸指、抉目、劓鼻、抽筋、断去手足。亦有送罪人于蝎子洞中，人受蝎蛰，往往致死。体罚以下则为拘留，或号枷，或加镣，使坐幽狱中，失其自由。再下，则为罚金。视其罪之大小及家产之有无，以决定其多寡。最后尚有一种刑罚为放逐。大抵政治犯、受贿犯及暴敛者多行放逐。放逐时，或黔印其面，或涂以黑文，或衣以纸衣，由人民击鼓响锣凌辱之。至于边境，授予一驴，上载粮食，使罪人牵驴远行。其时，仇家或嗾小沙弥诵送鬼经，撒以稞粉。人民观者投以石子，并背手于后，以揶揄之。藏人以此为奇耻大辱。

西藏法律之一显著特点，即除罪及罪人外，罪及其家族。其理由为犯罪者作非法行为时，家族目击而不加告诫，事后不肯揭奸，实有同谋之嫌。例如藏僧森钦喇嘛（Lha-ma Son-Chen）原在宗教阶级中地位颇高，且为贵族出身。1882年时，因纵印度探险家达斯（S. C. Das）于拉萨住宿，过从颇密，被人告发。经法庭判决，案律处以死刑，投于河内。其财产充公，其家族之勋爵亦宣布褫夺。直至近年其族人始逐渐抬头。

其次，一述康藏民族之德仪。在松赞王朝时，与上述十六款法律同时颁布者尚有十六种德行。兹译录如次：1. 信仰惟真至宝；2. 举行宗教仪式，并加以研究；3. 敬重父母；4. 敬重有德之人；5. 敬重长老与贵族；6. 顾恤戚友；7. 服事国家；8. 必须忠实；9. 使用食物与财物，务须适当；10. 应以贤人为模楷；11. 感恩图报；12. 使用准确之度量衡；13. 除忌妒，要与众和谐；14. 毋听信妇人；15. 出言易温文，学习说话技巧；16. 忍耐痛苦。（Bell, *The People of Tibet*，参照董之学《西藏志》译文）此十六种德行如果真松赞王所创的，我们可言之为此乃当时他所建树的新的道德标准。至于当时社会实际的德仪如何，则当看中国古代的《新唐书》对于吐蕃的社会情况作如何记载。《新唐书·吐蕃传》云：

其俗，重鬼右巫，事羖羝为大神。喜浮屠法，习诅咒，国之政事，必以桑门参决。多佩弓刀。饮酒不得及乱。妇人无及政。贵壮贱弱。母拜子，子倨父，出入前少而后老。重兵死，以累世战没为甲门，败懦者垂狐尾于首示辱，不得列于人。拜必手据地为犬号，再揖身止。居父母丧，断发、黛面、墨衣，既葬而吉。……其兵法严，而师无馈粮，以卤获为资。每战，前队尽死，后队乃进。……其君臣自为友，五六人曰共命。君死，皆自杀以殉……

这段宝贵的记载，与前述十六条德行相较，有许多情况仍然相合。例如喜浮屠法，桑门参政，即第一条德行之信仰惟真至宝。"妇人无及政"，即第十四条德行之"毋听信妇人"。重兵死，战死者荣，败懦者辱，即第七、第八条德行之"服事国家"、"必须忠实"。"君臣自为友，五六人曰共命。君死，皆自杀以殉"，即第十条德行"应以贤人为模楷"，与第十一条德行"感恩图报"。即在今日，亦仍大体不变。所不同者，即《新唐书》言吐蕃"贵壮贱弱。母拜子，子倨父，出入前少而后老"，与十六种德行中之第三条"敬重父母"、第五条"敬重长老"颇有出入。然则何者为然耶？以作者之意度之，以游猎为生之民族，而复生活于浅草不毛之高原，贵壮贱老乃为一种常见不鲜之事实（参考拙著《中国古代花甲生藏之起源与再现》，《民族学研究集刊》1936 年第 1 期）。康藏之民当亦如此。今康藏男子皆喜以钳拔胡须，故年老之人亦濯濯少须，此贵壮之征也。贵壮者必贱老。马尔斯顿于其《闭关巨邦》中记载当今藏人之风俗云：

藏族于老人即少尊敬。当父母过老无用时常搬出家庭，居小屋中，其长子由此即代行其职权。有些地方，当父亲变为累疣时，其子且有残杀其生命者。

此盖记实也。然同时氏又言"孝亲之感殊强，子女颇服从其父母"。诚然，此外尚有许多作家作如此之记载。比合观之，一因各地风俗不能尽同；一则虽迁其父母于外室，甚或残杀之，固不能谓之为不孝也。此外第五条"敬重贵族"与第十五条"出言宜温文，学习说话技巧"二则，今日康藏社会之德仪仍可相印合。藏人为一娴于礼貌之民族,同时,因其为阶级社会,故其礼仪更为繁冗。主客相见之际赠送卡达(Ka-da),为一丝织之粗帛,宽约八寸,长约三尺,有红白二色。平等阶级相见者,二人起立,各以卡达互赠,置于对方之腕上。低级献于高级者,受者屹然不动,赠者以卡达献对方之足下或其案上,通信时,以卡达缠绕信笺,置于封中。于神前祷告时,亦以此献神,人民僧侣参见寺佛与最高喇嘛时,以叩面为礼。人民路遇长官或高僧,则脱帽,拖弊,鞠躬。继则屏气退屈一隅。官发一语,人民息气一口敬应之。问毕,然后谦辞以对。对时头下肯,声音颇低,有时或以手掩口,表示恐冲气于对方之一面也。又有一奇怪礼节,即农牧商遇长官于途常以舌向外伸出为礼。对答之际,几于每说一句,则伸舌一次,直至官长语毕为止。若遇达赖、班禅于路中则弯头向前,二目鼓出,或循墙而走,屏气畏缩,以为敬礼。

礼仪态度有时表于语言之中。同一名词、动词用于各阶级则不同,如此始为知礼。否则谓之为野人。例如"你"之一词,用于平民为"Khyö"或"Khyö-rong";用于普通官吏为"Khyen";用于高等贵族则为"Ku-sho"。"妻"之一词,用于平民以下阶级为"Kyi-men";用于富家为"Nyi-nying-la";用于普通官吏为"Cha Ku-sho";用于三品以上之官吏则为"Kla-Cham Ku-sho"。"母亲"一词,平民之母曰"a ma",普通官吏之母曰"Yum-Ku-sho";高等贵族之母曰"Kla-yum Ku-sho";达赖与班禅之母则曰"gye yum Ku-sho"。"父亲"一词,较为简单,平民之父曰"apha";贵族之父则曰"yap"。动词"来"之一词,用于平民为"yong-wa";用于普通官吏为"Phe-pa";用于高等贵族则为"Chhip-gye nang-wa"。"给赠献"之词,用于施舍于穷人为"jim-pa";给于同级平民为"rer-wa",赠与贵族为"Mang-wa";施舍于喇嘛为"büp-wa";下献上为"phü-wa";献于高等贵族则曰"bü-ra nang wa"或"Sö-ra"。述"感谢"之词,于平民为"O ya. chung";对普通上级人曰"thu-chhe";于高等贵族则曰"thu-je chhe-nang"。总之,能说许多语言与其社会阶级的身份相称,则为知礼;否则为失礼。同时,在往来函件中,藏人颇能尽修辞之能事。例如崇高则譬如诸天;纯洁则譬如日月;德泽譬如山,恩情譬如海。于信文首页二端之虚文尤为繁冗尽致。例如噶厦会议诸大臣上书于达赖喇嘛,开端必说"敬对众生及诸神之庇护者,尊贵的达赖喇嘛足下及金座致敬"，结语又有"如谨期护佑；请将余之恳求存入陛下之广阔心田中"等说。与大臣书多称"宝座具有无数年历积之无量功德，丰功伟业如天上群星之激增，敬祝宝座贵体康健，寿比高山"。与平等之人书亦称"足下多才多艺，性情仁厚，学问渊博，无所不包"。作者前曾在松潘、西康各地考察，所至之地，因公私介绍，颇受各地藏人之礼待。大抵，藏人主人先致欢迎词，词皆冗长。据译人所译，譬喻典雅，颇有文学意味。又常在土司家参观诸头人在土司家开会：土司居上位，在迎门最远之一角落，设几垫而坐。诸头人跽地坐而环之。土司发一语，头人领诺之。诺之前类吸气一口，以示尊崇土司之意见。土司言毕，诸头人依次发言。言辞既恭维典雅，态度亦谦和谨饬。或骚其首，或搓其掌，表示思而后言，言而复思。有请求者入，先向土司脱帽而跪，拖鞶于地，陈述目的。言毕，再向在座诸头人周旋，诸头人亦依次招呼之。然后退而跽坐。再进行谈话。总之，由其上级社会之团体生活与其他一般人民之礼貌言，藏人固不失为一知礼之民族也。

　　由上述康藏民族之刑罚与礼貌的二种社会约束来看，我们立刻便会发生一种感想，即它们的社会统制的形态颇不和谐。刑罚是统治方法中严酷的一种，而康藏人的刑罚，如灸指、抉目、劓鼻、抽筋、断肢、割头乃是世界人类社会最野蛮的约束方法。这一点显然与佛教的精神是相违背的，但在康藏民族看来，似乎并不十分感觉到冲突。达赖喇嘛几次想改造刑罚，但从上述诸刑直到现在仍很流行。这种严刑峻罚的民族，据普通推测应当是剽悍粗野，无所不为了。但是，除少数南边的洞穴野人与洞底野人，及以劫夺为主的俄洛人之外，其余大体悉为娴于礼仪的人民。礼仪是世界人类社会最文明的约束方法，刑罚与礼仪二者各居约束的两个极端，其间距离颇为辽远。然则此种现象将如何解释呢？以作者之意识为与其社会阶级制度有关。礼仪是贵族社会的产品，为维系贵族阶级间的关系，不用武力，而以礼节，所谓"化干戈为玉帛"是最聪明的一种方法。各种体制之产生，据西藏古史记载乃为藏王松赞干布所创。彼时，西藏经济由游牧转变而为农业，政权由女权转变而为男权，所以杀父逐父的风俗逐渐少了，代之而起的为"孝敬父母，尊敬长老"的德行。换言之，当时人民不专斗力，而倡斗智。智是由经验产生的，最与人的年龄有关。凡年高者始能德劭，始能为圣贤。是于老人、贤人以及有德之人成为三位一体，都在社会推崇之列，至少亦在政府一体提倡拥护之。在此种社会背景之下，自然容易产生各种礼仪来维持邦畿以内的社会秩序。但在松赞王武力征服的版图之内，并不都是酷爱和平的农业民族。例如前曾在格萨王（Ka-ser）统治之下的游牧民族霍尔巴（Hor-pa）；其东的嘉戎人（Ka-rung）和俄洛人（No-lok）以及藏布江下游的杂隅巴（Dsa-yu-pa），一直到现在，西藏还认为他们为野人，不开化者，或剽劫的强盗。这些人是不可以礼仪范围的，因而特为恶制刑罚，以最残酷的手段对付他们。由此，似乎始可解释为什么在西藏法律中劫盗罪最重，而奸淫罪最轻。劫盗罪发生于族际间的，游牧民族常以劫盗侵凌农民，而奸淫罪发生于农民社会的，内外不同，所以裁制的方法有轻重之别。刑罚与礼仪之不同，与此亦同一道理。刑罚多用于外族的或本族之下层奴隶阶级的（其实仍是外族），故惟恐其不残酷。残酷所以防外患之侵入与统治阶级之推翻。礼仪多用于本族之内，尤其是贵族阶级，故惟恐其残酷。不残酷始能使人民知礼仪之可贵，运用玉帛，避免干戈，以维持一般社会秩序与统治阶级的命运。因此，我们知道，西藏民族与中原汉族，在刑罚礼仪的起源一点上是相同的。中国古代的"礼不下庶人，刑不上大夫"，原因在于自大夫以上皆为固有的民族，为贵族阶级；庶人即"民"，乃系由各地虏获而来，尚未同化一致的异族，为下层阶级。总之，由礼仪与刑罚之关系言，其距离愈近者表示其民族成分或文化成分接近于"同质关系"（homogeneous relation）。反之，其距离愈远者表示其民族成分或文化成分接近于"异质关系"（heterogeneous relation）。前者社会为和谐状态，其进化程度较为文明；后者社会为拨杂状态，其进化程度较为原始。此盖亦康藏社会不进步的表现之一端也。

（原载《民族学研究集刊》1946年第5期）

缽教源流

一、释缽

藏语"Bun",英人查理斯柏尔(Sir Charles Bell)于所著《西藏宗教》(*The Religion of Tibet*)一书中引释为"Rhymes with turn"。阿木多地方日道尔丹缽教寺大喇嘛爱董斯丹增汪补则言:"凡人类及生物依辛腊璞佛之言而信之,行之,则能超生,是为'bun'。"今国人译缽教为"黑教"或"黑经",盖本于原始缽教有一派为"bun nak"者,译言为"黑缽",故统称缽教为"黑教"或"黑经"。按黑在佛教史中多为恶之义。如"黑业"、"白业"即恶业、善业,"黑阿育与白阿育"即恶阿育与善阿育。西藏佛教名缽为黑教者,盖亦有恶教之义。否则缽教之中尚有一派为"白缽"者,曷不译缽教为"白教"耶?柏尔曾言:"纯质的缽教,在藏中名为黑缽,而现代与喇嘛相糅之缽教,则为白缽。"善乎此言,盖反佛教之缽则为恶缽,而迎合佛教之缽始为善缽耳。柏尔之言,未能尽缽教之派别,故于此详溯其源流。

二、原始缽教之分派

嘉戎地方,有缽僧名斯拉日加尔者,著 *Bun tc'io' z-nam i* 一书,言原始缽教之派别甚详。依斯氏之意,原始缽教可分为八种:一曰"日道尔缽"。相传藏中古时,有一婴儿,遇鬼钻入其腹中,遂疯狂跳跃,自言有神附体,能祝人诅人。祝诅之时,例用牛羊为牺牲,甚或用人,杀以享鬼,手段至惨,盛行于拉萨一带。二曰"珈尔缽"。人为巫觋,则行窜各地,云游四方,为人祷咒，迹近江湖术士。三曰"黑钵"。能呼风唤雨，吐火吞剑，并能咒人。此钵不忌杀生，且食酒食，娶淫妇女。四曰"绒茹拘麈钵"。自立异高，并撰经书。此种经书，凭自己心意而作，无所祖述。盖一时聪明之士，思想奇异，而行为诡谲，非正道正术也。五曰"格拉格鲁钵"。此钵亦祷祝诅咒，并以异术祝制死尸。杀牺牲无数，以牲血倾于死尸，意以牺牲与死者同路俱去。六曰"巴几几钵"。此钵亦自撰经书，不从辛腊璞佛之训，不载祷人升天之说，不修来世，只修今生，盖不能解脱今世饮食男女之欲也。七曰"蟠钵"。于古亦有经书，今日宗之。然与雍中钵不同。八曰"雍中钵"。与上述各种钵异趣。"雍中"者，即钵教之教符"卍"。其义为"固信不变"。所信者何？盖以钵为种子，依辛腊璞佛之经典，信之行之，信其有正无误，有仁无恶，永远不变。或说此雍中钵即"白钵"也。或说与"白钵"尚有异。

由上所述，钵教之派别既为繁数，则钵教之源流亦必分歧。意者钵教之源流为多元的，而非一元的。藏人在原始时代自不能无一种原始宗教，以适合其物质生活与非物质生活。佛教未入藏地之前，藏人之惟一信仰为钵教；而钵教未形成之前，藏人当然应有一种更原始之巫教，活动于藏民个人的与团体的生活之间，可无疑义。此巫教为何？藏经虽未言之，然除去辛腊璞佛所创之雍中钵外，其他钵派所含之各种神秘因素，如鬼入腹狂跃，诅咒以牛羊为牺牲，以人为牺牲，呼风唤雨，吞火吐剑，以及牲血倾于死尸等术，不特与佛教无关，并与辛腊璞所传之钵教无涉，盖若干因素为藏地之原始巫术也。

再由藏缅族系今时民族之信仰推论，佛教入藏之前与钵教尚未形成之时，藏民亦尚有一种原始巫术，而不能例外。缅系族中罗夷有毕母、傻尼；么些有董巴；栗粟有达包。藏系族中羌民有端公；嘉戎有共伯；道坞语族有奥外。原始巫术之迹至为显然。此所谓毕母、董巴、包达、端公、共伯、奥外者，皆崇拜山神；祷祝其所亲，而诅咒其所仇；牺牲牛羊，为生者祈福禳病，为死者饵鬼消灾。藏缅族之巫术，当即原始藏族巫术之遗型。

三、雍中钵教之源渊与派别

雍中钵教产生于儴戎之国。儴戎国者，译言即虎豹国也，在今印度之西北。或谓在今波斯者，位置大抵无误。儴戎国有奥尔卯隆仁地方，其他邦邑甚多，各自成一国。有小国马加尔者，国王曰图格尔，生子曰辛腊璞，建立雍中钵教系统之始祖也。此教何时入藏，已无法考知。约于西藏开国之时，聂赤尊波至肉列吉之世，约当中土西汉中叶，已输至西藏。藏经《正法源流与法王世代明镜》云："黑教之法八大部皆传译至儴戎地方，于是大倡黑教。黑教可分九派：因黑教四派，果黑教五派。果黑教五派者，宣称苟能入得雍中无上乘，即可获得快乐上界身也。因黑教四派者，朗辛白颓派、除辛白村派、卡辛足梯派、杜辛村卡派是也。朗辛白颓派以招泰迎祥、求神乞药、增益福运、兴旺人财为宗尚。除辛白村派为人荐幽通冥，安宅奠灵以及一切久暂灾厄，皆代禳袚。卡辛足梯派剖休咎之兆，决是非之疑。能发有陋神通。杜辛村卡派则为生者除灾，死者安厝，佑保关煞，上觇星相，下收地魔。诸宗作法，皆摇动饶铎为声。"

嘉戎钵僧为余言：今日通行各地之雍中钵教又可分为五派。一曰哈辛洛克，分布于藏内为多。二曰卜律洛克，分布于绰斯甲巴为多。三曰宥洛克，分布于藏内。四曰斯巴洛克，分布于阿木多一带。五曰日美洛克，尊年墨佛为宗，各地有之。

上述五派，教义相同，修持相同，所不同者诵经腔调、神鬼制型、锣鼓声音之手续不同耳。又巴底琼山钵教寺一僧对余言：今时钵教徒大致可分二派。一派奉辛腊璞佛、年迈佛为宗，守戒律甚严，不娶妇，不饮酒，不吃见杀之物。又一派奉瞻巴南木卡佛、姜木特清佛为宗，娶妇，食酒肉，以为与修道无关。雍中钵教有上述三种不同之分派方法。

虽然，上所述者，系今世康藏佛教或钵教徒一家之言也。据柏尔调查，则谓："一千年后，佛教成立，故原始情况，难以证实。"又引藏史言："由纪元前三百年至纪元后四百年之古代帝王曾扩引钵教势力。初见于记载之帝王为一印度人，系高沙拉王（Kosala）之第五子。其时或有波罗门教影响随入，然不甚深。"然则钵教之传入，在聂赤尊波王以前，甚为明晰。辛腊璞佛之雍中钵教，为诸钵教中之最有系统者。钵教经言辛腊璞佛著经 200 册，此佛盖钵教之集大成者。藏人传说在上古时代，有天神与地神，善神与恶神。人间之巫觋，敬神而攘鬼，崇善而黜恶，人民始赖以平安。此种巫觋，则为钵教徒之前身也。

四、钵教史中之圣贤神祇

余不能读藏文经籍，于钵教史之知识无法扩展。盖所述者，仅系在嘉戎区域与钵教僧数人谈话之结果纪录之而已。

钵教徒相信人类世界历史有三个阶段：第一阶段为往古时期，其时人类年龄可活 500 岁，身长三排（两臂展开为一排）。此时之圣者为车日加尔可巴尊师，此时末期，值洪水泛滥，人类灭绝，斯为过去阶段。第二阶段为今世时期，其时人类年龄可活百岁，身长一排。此时之圣者为辛腊璞尊师，斯为现世阶段。第三阶段为后世时期。其时人类年龄可活 10 岁，身长一肘。此时之圣者为汤马靡色格龙，斯为未来阶段。按黄教佛经 *Ke Zaon* 亦言："自有人类有十八兆轮回，其间经过无量数年代，而有佛一千降世。直至今时，仅有四佛降世：第一世为卡娃几佛，其时人寿八万岁。第二世为赛塔佛，其时人寿四万岁。第三世为勿赛仑佛，其时人寿一万岁。第四世为释迦佛，其时人寿一百岁，即今世。此后人寿逐渐减少，而至于十岁，身长亦逐渐降低。"（此据哲央丹增呼图克图口述）此言与钵教家言类似，而名号不同。

在钵教古代诸神中，第一狰狞怪诞之神曰勿尔萨斯南穆巴，为歼灭众鬼之神。神有三头，九面，二十七目，十八臂，四足。前拥一母神，两手捧一降魔杵，其余十六手，各执武器，镇伏魔鬼。第二神曰孙煞命木增，右手持净水瓶，以涤秽；左手持明镜，以照妖。第三神曰孙勿达斯巴，相传原始时代，有天雷、地雷、人熊、倭神、噬神等八兄弟危害于人间，孙勿达斯巴举而歼灭之。第四神曰斯达拉迷马，为灭食人妖之神。第五神曰雍斯达巴，为上述神之徒，天帝之嫡子，能避水火，不侵其身。第六神曰迷拉萨莱，为司东方之神。有金银铜铁锡四轮可乘，上天下地，往来自如。神乘金轮上天，朝三十三天官，日月星辰皆在其下。乘银轮下地，治理人民，调处万机。铜轮中藏经籍与财富。铁轮以治武器。第七神曰倚谢斯年布，为治人病灾之药神。身后有蛇虫多条，用以象官灾、苦灾、洁灾、伤灾、捕灾之难，而神能治伏之。第八神曰宁勿杜镜，为上神之徒，骑龙，一手持雷，一手执星，能治火山及雷电。第九神曰摩克思乍巴，驯鹏、狮、龙三物为骑具。此三物出自人间，能飞翔至天，能钻涉于地。并藏有宝书，令人与万物能生能死。第十神曰哈若几巴尔，狮窃宝书送于此神，此神御之，上天撷摘太阳，手执握之。第十一神曰斯道克勿尔里勿尔，为一由莲花中生出之女神，奉哈若几巴尔为师，能驯服虎、豹、豺狼而使役之。第十二神曰阿那波鞑，为创制钵僧由肩至腰披带之神，修道于崖中。仪戎土司之公主，漫游至此，神作咒迷死之。土司怒，率兵攻围此崖。神饮净水喷出，成为洪水，冲山而出，围兵以破。第十三神曰萨尼格武，居海之滨。此蛇神作雷电，神持响盘击之，雷电以息。蛇神又转施癞疾于人，此神又作风以灭息之。第十四神曰鞑麋鞑几，亦仪戎人。会印度、卜补、格萨、智葛四国之兵围攻仪戎国，兵迫城下，神正静坐，闻变而起，念咒作法，撒泥四方，四国之兵遂败。第十五神曰谢补腊苦，静坐九年，能变化水、风、山、石。第十六神曰仁巴鞑清，传此神原为汉藉，降居藏中。时藏原无水，神于磵后凿地出水。此种功业，不特人类感德，虽水鸭水兽亦相率朝之。第十七神曰史比本土朴，为司日之神，愿骑则骑之，愿之行则行，愿之长则长，愿之短则短。斯时之水，上与天接。第十八神曰史比本土史子，手端宝贝，骑龙头兽，行大河中，为水之神，并制伏恶兽邪魔。第十九神曰斯董江穆特钦，赤身坐草原中，学经十二年，一手执人骨号，聚鬼于一地，变之为人。一手捧人颅骨皿，皿中有血，或言皿中盛金，倾之能炙焦万物。第二十神曰南巴杰人，为林格萨王之巫师，活万岁。尝集众徒静坐于五百亡尸间，惊去三徒。后招回，宰一尸合泥为人。又以一百亡尸之骨作床，趺坐于上。取刀决腹出其心，令三徒钻入心内。三徒于内均见"旺些那巴佛"，出而告师。师曰："汝等不必读经，可自由上天入地无障碍矣。"第二十一神曰斯提米年，静坐之功，可化冰雪成水，寒天变为温煦，百物以生。第二十二神曰拉钦占巴南木喀，为长命之神。接前贤之经而重订之，其名则"心豁如天"也。神有八心，能食人熊之所食，能恶能善，能变化为万物。书成，藏于崖中一千年。至吉尔麋尼旺，更补修之。传至芮麻斯董老矜，始出其书，公于世。以上诸神在时，尚无庙宇经堂之制，讲经于森林草野之间。至近世钵教主年迈佛，始兴庙宇之制，为钵教诸宗之祖。庙建思满日，在距拉萨不远之药山上。相传此神会飞腾上天，其帽为太阳光炙焦，至今犹存。

五、古代钵教之流行及其自然环境

古代钵教充斥于藏康之间，而雍中钵盖亦由藏之西方传播而至于卫与康。至今，在东喜马拉雅山，与西康以及康藏东南部，尚可寻到不少古钵之遗教。

古钵之第一特点为泛神论，以为山川陵谷、土石草木、天地日月、星辰雷雪等自然相莫不有神鬼幽灵栖托其间。故自古以来，其首要崇拜之神为共图藏布，即"万有之神"也。第二特点为以巫术制胜敌人，厌胜鬼魔。在4世纪至7世纪时，西康中部建立一帝国，其名曰"林"。林之君主有格萨王者，仍信钵教。盖当时尚值佛法基础未固之际，而一般人民仍生活于钵教信仰之中。林国之民，喜战，善猎，坚强，勇敢。其野蛮自炫之性常流露于康藏人所最喜读之《林格萨传奇》中。此传曾由达威尼尔女士（Alexandra David-Neel）译为《林格萨之超人生活》（*The Superhuman Life of Geser of Ling*）。虽为神话，亦有不少史略流布其间。女士谓："有理由相信，最古传说与钵教徒有关。此种教徒在藏中早于佛教之输入。特后于此传说上加以佛教之渲染耳。"又言："钵教之发明者格鲁辛腊璞，在传奇之歌辞中常很尊敬的提到或祈求，全部歌辞系由巫教孕育而出。"试引一段柏尔译歌，此歌记载林国一兵捕获霍尔国一间谍时所诅咒之辞：

  时机而矣，吾当一歌。
  他说藏士之内莫可与京，
  吾今作个样子给他看看。
  吾挟彼族于拇指食指之间，
  如鹰之攫雏鸡，如老翁之扣虱。
  尔若有力，请你前来。
  尔若举火，将焚死汝。

  噢！汝兄弟三人，这些狐狸精们！
  汝有勇气吗？若然，请起来！
  噢！白帐房民族的天神啊！

尔若有权力，请显示些灵验来！
十万霍尔大兵若有勇气，
允他前来。
他人之刀铸以铁，
吾族不用刀，有左臂足矣。
吾中解其体，而肢解之为碎片。
他人之杠削以木，
吾族不用杠，有拇指食指足矣。
吾以指拨其身，而揉之为粉碎。

吾人能不损其皮肤，
攫其五脏由口腔出；
肝脐之血，泄自口中，
心脏亦由此吐出，
而其人可不至死。

吾摇其体，
如人颅骨鼓之响；
吾握其肢，
如握笃尔基。
吾挞其腹，
如击皮鼓。
吾拽其脏腑，
如掣一索；
吾剥其肤，
如鞣一革。
此有耳目头颅之体。
可为白帐房民族之王冠。
我诚心为白色的林国之战神效力！

噢！黄色的霍尔人啊，其静聆我此语！

林国兵歌辞至此，连挞其人，而裂去其头，其人遂懵，即自口抽出其骨髓，并以指挟其右臂投于屠户，足靴踢其左臂投于"图浸"，投肺肝肠脏于"西浸"，取敌人之皮及头在白帐房上回绕三匝，束置于敌体之侧，而后则安步返林国。至林国人之堡垒时，诸豪杰均奖誉偿劳不置（见 Bell, *The Religion of Tibet*, 1931）。巴旺松安寺哲央丹增呼图克图为余述当时林国与霍尔国人民相詈之辞有云："你非善类，你是钵教徒。你杀一人，念经一句，杀牛一条。"此盖见当时西康南北之信仰钵教为一时风尚也。

前于此者，吾国南北朝时有"女国"，至唐称"东女"，兼领今康藏卫诸地。其国风俗，"岁初有人祭，或用猕猴。祭毕，入山祝之"。又《唐史》言"赞普其臣，岁一小盟，用羊犬猴为牲。三岁一大盟，夜肴诸坛，用人马牛驴为牲。凡牲，必折足裂肠，陈于前。使巫告神曰：渝盟者，有如牲"。此诸记载，皆表明无论藏、卫、康诸地，在格萨王前后数百年间，钵教之信仰充斥勃盛。其后虽有佛教势力输入，而原始钵教之势力，仍未淹灭。直至于今，钵教之残余文化遗物，仍时见之。例如钵教以"雍中"为法宝，佛教以"笃尔基"为法宝，自古如此。然今黄衣佛教徒为氏穆乔神诵经时，亦循钵教之制，而用雍中。此盖亦钵教文化遗物，显露于今日藏传佛教仪式中之一端也。

考钵教之流行于康藏，非为偶然，而为藏民自然环境之反映。此所谓自然者，总名也，析言之，则藏民于穷山恶水之地理上所建树之困苦危惧经济为钵教存在之主要原因。康藏高原，高度在海拔 4000 米以上者，占面积 200 万平方公里有余。在 4000 米左右之草原为康藏人民之牧场所在，此种地带，不宜五谷，森林亦无，牛羊食水草以生，人复赖牛羊以生，故生活艰苦异常。此种草原占全面积十之七。其余十之二为高峻山岳，十之一为平原与狭谷，平原多在 3000 米以上，狭谷则 2000 米至 3000 米。3000 米下之狭谷，可种麦、荞、苞谷等，然为量极微。3000 米至 3600 米之地，则仅宜青稞、莜麦及蔓青而已。故藏民之主要食物为牛羊与青稞。此一般之经济状况也。由吾人旅行之经验言，2000 米上下之羌民区域庸或可名之曰自足经济。至 2000 米至 3000 米之嘉戎区域，则食物自足，而衣饰不足。至 3000 米至 4000

米之藏康民族区域,则食物亦时感不足。草原之游牧民族,时北时南,迁徙无定,则食物不足,气候不宜之故也。以佛化最深之民族,至于驰骋各地,以抢劫为生者,亦食物不足之故也。言其居处,则旷野无林,无以御寒;或树木荫森,虎豹时出,不能安居。以言其行,则由西而东,山岭重叠,积雪不化,洪水泛滥,愿渡无舟。由北而南,行狭谷中,人不能并行,马不能对过,飞岩走石,寸步可虑。复有若干河谷,狂风鼓荡,沙石俱起。有吹沙成山,断迷道径者;有吹水为瀑,人物吸卷于河中者;有吹岩分裂,遮截道路,累断河渠,压倾房屋者。藏民生活于其间,日与此困苦饥寒之自然环境奋斗。攻之不胜,取之不获,遂思自然之中必有鬼有神为主宰者,于是山崖、水涯、树林、岩石、天地、日月、风雨等等,皆信其有神有鬼。此钵教泛神论之所由来也。当人类向自然攻取之时,有攻而克,取而获者,以为乃自然中之善神助我。有攻之不胜,取之不获者,以为乃自然中之恶神阻我。于是有善神恶神之别。今时钵教徒言,钵教初产生于儴戎地方。儴戎今所在地有二说:一说在古大食国,即今波斯;一说在拉萨北五十英里之地。(后说见柏尔所著前引书)无论何者,言其地理环境,皆与上说穷山恶水之境况相当。康藏人民之信仰钵教者,乃由于自然环境之困难。换言之,即由于困苦危惧之自然环境,乃产生对于此种信仰可以解决其对于钵教之信仰。有钵教信仰之后,始可安慰其对于穷山恶水自然环境之情绪。

六、佛钵之交恶交糅同异及今时之分布

在释迦佛灭度二千年后,约当西历4世纪,佛教始由印度传入西藏。初至之时,西藏各地之钵教势力甚炽,佛教未能深入,故史称"由聂赤尊波王至以上二十七代约五百年,但无与佛法为缘之王"(《佛经正法源流》与《法王世代明镜》)。按《西藏佛教源流考》谓,佛教入藏在聂赤尊波之世,其势力仅及于西藏之簪汤棍地方,近于印度之一都邑也。其他地方当为钵教势力所弥漫。佛教与钵教相触之际,势如冰炭,干戈相寻,垂三四世。传四世至第结,始设法将黑教驱逐歼灭,惟三十九族之噶鲁第处,仍为钵教猖獗之区。当时或请第结曷不除钵徒至尽,答曰:"千百年后,将有用彼处。"钵教

赖以存在。又三传至松赞干布之世，佛法始盛。然此只指卫部拉萨一带而言也。康部林国及其他边区，彼时仍为钵教所充斥。又五世传赤松德赞王，重扬佛法，遣使聘印僧善海大师振兴正教，用宏佛法。并使佛教徒与钵教徒公开辩论，钵教徒不胜，遂羞詈之，并投其经典于河内，或埋土中，而伸黜钵崇佛之令。已而魔鬼为虐，频年饥疫，且降雪雹，伤人甚众。乃遣使至印度迎聘巴特玛桑巴哇（Padma Sambava，即莲花生大师）来藏，开辟密宗，攘服鬼魔。计其时鬼魔甚众，有丹马女鬼十二种，大师举而歼克之。若笃尔基脚诸神，则降服之，为己所用。巴师异术，大为藏民所信。钵教势力，因以不能宣扬于通都巨邑，仅能于穷山僻壤、正教不到之地行之。且正教之中心在藏卫之间，钵教徒因而东避至藏卫东陲所谓"康地"者日多。

虽然，由藏与卫二区域言，彼时虽大倡佛教，而黜陟钵徒，然钵徒及钵教之巫术仍普行于藏卫二区中。在公元1000年顷，在格宁札地方降生一圣者喇嘛，曰棉拉乐思巴，七岁丧父，孤孀受制于叔父之凌虐凡八年。其母愤之，遂遣棉拉学黑术，以诅咒者。棉氏沿上鄂里河，至乌斯藏之通龙罗格，从鸦命思高毛克仑人学黑术咒语数年。归家，咒死仇人多名，并损伤其叔之财产及用具。又能念咒降风雹，毁灭生灵及禾木无数。已而悔改己行，从马尔巴学经，终成佛教中第一流圣僧。由此故事，不难推测当时藏、卫各地钵教黑术之盛行。

今时钵教徒在藏、卫者，多在拉萨以北、羌塘以南之地。其间甘氏及工部二郡分布尤多。盖羌塘南方一带，雨量甚少，五谷不生，为一几同沙漠之荒原，故钵教滋育于其中，而不受正统政教之注意。在上羌比河流域，钵教有四大寺，蒲姆干寺其一也。又拉萨以北，有名闻遐迩而可代钵教文化中心之寺有三：一曰思满日寺，为古时年迈大师住锡之所。康藏钵教徒以此为钵教之圣地。凡至藏、卫学钵教者，皆至此寺朝巡盘桓。二曰雍中寺，世称为古时传钵教静修与术修之斯吉公大师之住锡地。三曰喀尔斯纳寺，则昔年吉尔察大师之住锡地也。

钵教之在康者，自唐以后之记载，略如上段所述。康者言为藏、卫之边陲也。当佛教盛行于藏、卫之时，康之教权仍为钵教所掌握。藏、卫黜陟钵教愈烈，康地吸收钵徒愈盛，故康成为钵教徒之尾闾及拓殖之区。历来康之钵教势力较藏卫广阔而且密集。据洛克赫尔（W. W. Rockhill）调查言，在甘氐郡之东北部，介于邓柯与昌都之间，约有五万人群为钵教所统治。就我国文献所知，嘉戎区域，于清初乾隆年间，缘金川流域之宗教，皆属钵教之势力。当时钵教之中心在今靖化县崇化乡北十里之广法寺。广法寺曩日为雍中寺。相传历次征伐大小金川之失败，大都由此地带之钵教徒助诸土司为乱。钵教雍中寺有僧名西尊卡布丹者，传能呼风唤雨，招雷降雪。温福与阿桂之师屡遭其祸。继而知泥浸土司将亡，乃事先逃去。并留旗帜符咒，嘱泥浸之兵民曰："凡事至眉睫，无粮可食，可向西吹号绕旗，念咒焚符，自有山神撒粮济众。"凡诸异术，往往有验，故人信之。乾隆三十四年，金川既下，乃改雍中寺为广法寺，崇奉黄教，由北京雍和宫派堪布主之。并令嘉戎区域十八土司部落百姓，选僧八十五名，至寺学经。自此，钵教中心改为黄教中心，于是钵教又失一重镇。

近百年来，钵教寺之康境东北者，青海阿木多地方有思那绮寺，有僧五百名，公巴寺有僧二百余名。西康之绰斯甲之寺僧，大体皆为钵教徒。巴底墨经寺及琼山寺为钵教寺；德格之东潜寺，道坞之几僧寺亦为钵教寺。在康之东南境者，巴安之九堆寺，九龙之札鲁寺，皆为钵教寺。以上皆系规模较大，寺僧较多者。钵教之小寺不计焉。洛克赫尔亦言："西藏东境边疆之地，由青海达于云南，钵教与佛教之势力并育而滋长。在西藏南部，不直辖于拉萨政府，而以钵教系统号召之僧侣，屡屡有之。故似可估计钵教信仰者有三分之二以上，而以全部操藏语之民族言之，至少可达五分之一。"唯近数百年来，藏、卫佛教势力东伸，政府更崇尚之，钵教势力逐渐缩小。藏、卫政府首领极力压迫钵教之传播，钵教徒虽时出反对之，然黄教已成为信仰之中心，反抗亦无效力。四十年前，拉萨政教首领举行会议，于强制钵教黑术流行之政策执行甚严，发见凡以恶咒伤害村民之钵教徒，拘捕而投之河内。故凡藏、卫政教命令所不能及到之处，如西康东北东南二区，反为钵教盛行之区。

然究极言之，佛钵二教，无论在教义上或仪式上，其相同之处多于相异。吾人今时于钵教教义知获甚少，不能比较，而于其显著之仪式言，佛教相异处几希。可资比较者如下：

（一）由宗教发生之次第言之，钵教先于佛教，故钵教徒当自诩为佛教之阿爸阿妈。姑无论儀戎地方钵教发生之年代究如何早，就宗教年轮之本身言之，钵教之原始性质较佛教为多，则钵教之年龄当远较佛教产生为古。其入藏年代，由上所述，当4世纪时佛教入藏之初，钵教在藏已有根深蒂固之历史，故遭反对甚烈。

（二）钵教奉辛腊璞佛为祖，佛教奉释迦牟尼为祖。钵教之复兴祖师为年迈，佛教之复兴祖师为宗喀巴。二者针锋相对而人物不同。唯钵教之密术色彩较为重。世称古佛世尊辛腊璞慈悲为宗，全仁也。犹如人之有全身。次佛东苏米乔丹沙，苦口为众说法，讲师也。犹人之有口。三佛占巴南木喀，固守雍中而弗失，镇压群魔，术士也。犹人之有心。三佛合为一体，始成钵教之完整系统。

（三）钵教以雍中为法宝，雍中者不变也。佛教则以笃尔基为法宝。笃尔基则象征印度天神之庄严雷电。

（四）钵教以响盘为法器，与羌民巫师及罗夷毕母所掌握者相同。佛教则以笃尔基为柄之铜铃为法器，其源始于印度。

（五）转经之制，钵教由左而右，佛教由右而左。

（六）人头骨细腰鼓，钵教用者多以颅盖骨为之，佛教则以木质代颅骨。人颈骨号，钵教及佛教古红衣派用之，黄衣派用者极少。

（七）佛教僧皆剃度住持寺宇，若居士修隐不兴焉。钵教徒大部虽亦剃度，然亦有挽发为髻者，居岩洞中，或栖幽林内，无寺无庙，生活迥异于佛教。

（八）钵教高僧多披一带，由右肩系于左腋。上书钵教之六字真言，传为古钵僧阿那波鞑所创。佛教徒无此制。

（九）钵教徒可娶妇，或近接妇人，然固亦有洁身自好者。大抵以辛腊璞及年迈为宗之徒属于后者，以南木喀及穆特钦为宗之徒属于前者。顾藏中佛徒亦甚派别分歧。其属于普提宗者持戒律甚严，属于密宗者戒律则懈。而密宗之中，属于"南举居"与"拉靡居"者可食酒肉，娶妇女，只心意不拘恋于酒肉妇女而已。属于"加举"及"举居"者则坚决反对之。钵教对于妇女之观念盖同于密宗佛教之"南举居"与"拉靡居"。

七、钵教之真言密咒

钵教之教义甚繁，神祇亦多，求其可以代表此教之纲领与其教旨究竟者，于下述诸真言密语略可表彰于什一。盖先述钵教之八字真言咒。

八字真言咒者，即"麽玛知宜穆萨利达"，藏人简称曰"麽知"。钵教之此八字真言咒犹佛教之"Om ma ni ba mi xun"之六字明咒也。其作用亦与六字明咒相当。凡信钵教之男女老幼僧俗，每日除表白事务之语言外，即诵此八字真言咒。口诵之不足，纸制为经轮以转之，故每一经堂之周均布置此"麽知"之经轮，僧俗过经堂，必巡转数匝。手转之不足，于行人道旁，堆石成垒，镌石刻咒，置于垒上，凡人过此，巡转而去。行转之不足，于屋顶迎风之处，或溪水冲流之上，布置经轮，借风与水力以转之。年节之后，请僧于屋顶或门前，树标悬旗，上书"麽知"，随风飘荡，犹如人读。其为钵僧，每日持铜轮或数念珠，时为"麽知"之诵。故无论僧俗，每日无不与此"麽知"为缘也。然则"麽知"之涵义云何耶？

据《钵经·七咒语源流》云：

在汪门地方，日月在其下，自有人类至人类灭绝之时，有一神在焉，厥名曰"辛拉魏葛尔"。上下四面八方有十位神灵，其源邈古，人于其间礼拜之。我生之前，即有罪孽。事物、男女、饮食、争斗，均使人性混蔽不明。数百代前人如此，今日犹然。宇宙有三界：天堂、人间、地狱。回轮有六道：阿修罗道、人道、生物道、鬼等等，生老病死，人莫能越之。男女阴阳配合，血肉骨相和，母怀孕九月零十日，始降生为人。人生也苦，祷于千臂佛之前，二世莫降生人；人初生也弱，母抱于褪袍之中，至于能动能言，不洁，母为涤洗。饥，喂之以乳，日夜怀抱不去。冷覆以布，暖以怀，病则为之耽忧。故母德最大。三岁能行，母忧其颠覆，饥而与食。五岁能衣，母著以衣，指以路。十岁之后，母心稍释。此母之德也。儿思母德，无以为报，常为哭泣。念"麽知"者，报母恩也。人念"麽知"，天下之花始能开发。念"麽知"者，断粮缺财，立可致之。父母则粮财之至宝也。"公母乔"有三：（一）喇嘛；（二）意达穆；（三）腔珠。人类生物沾其恩德，指以生路，始可超生。念此经者，始知至理。人能超生，始至乐土，始至天堂。

一说"ma tse muo i sa li da"，儴戎语也。"ma"为千二十二神之总名，众神之母也。"tse"为天道之神马哇克尼也。"muo"为阿修罗道之神几加巴氏也。"i"为人道之神哲醒登苞也。"Sa"为生物道之神摩路南告也。"li"为鬼道之神丁生旺日也。"de"为地狱道之神萨旺纳戎也。（此神名系本阿木多耐登斯丹增旺补口述，位置或有异误，因一时无经可按覆也。）

由上所述，知"麽知"之义与佛教"摩尼"之义相同。读之所以脱罪孽，解痛苦，而得适彼天堂之乐土。然则何处为天堂乐土耶？钵教徒或言在"奥尔摩命仁"，以此为辛腊璞佛之产生地也。一说在帝唯仁（de v-zon）或帝浸（di te'en），帝唯仁或帝浸之名，或二而一也。兹再述钵教之六言密咒如下。

六言密咒者，即：

Om a mo ni wa se，此钵教徒与信钵教藏民祷祝之词也。其意云何？分别详述如下：（Om）一语可分为五字，分配于东南西北中五方，代表白、绿、红、蓝、黄五色，象征雍中、经轮、莲花、"仁奇"、"帝唯仁"五宝；最重要者，建立钵教古代之五神。兹绘图说明如次：

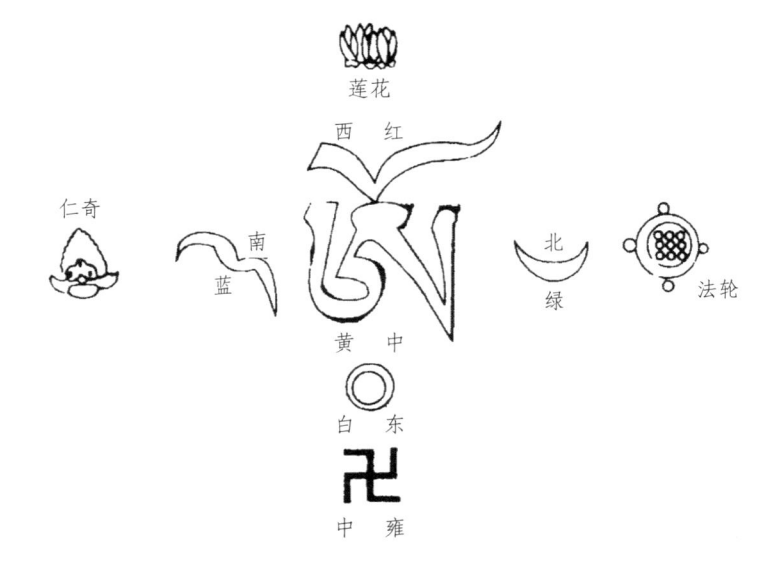

东方者，为〇诀，代表白色，象征雍中，建萨哇绒浸之神。北方者，为ᘒ诀，代表绿色，象征经轮，建甲拉给齐之神。西方者，为ᘒ诀，代表红色，象征莲花，建几巴鄂米（m-tei」brak」gu」met]）之神。南方者，为ᗡ诀，代表蓝，象征"仁奇"，建鄂勿登格里之神。中央为ᘙ诀，代表黄色，象征西方圣地帝唯浸之门，建公斯纳卡巴之神。然则"Om a mo ni wa se"之总义为何耶？按此咒当为僟戎语，后人知者甚鲜。据阿木多耐登斯丹增汪补钵教大喇嘛释其义云："至尊天上五神明，愿引吾人到西方乐土之帝唯浸去！"帝唯浸为一如何乐土？此咒中未明言之，当再求究于钵教之三十六语祈祷密咒。译文如下（原文因排印困难，暂删去）：

　　帝钦之王公仁简武帝；
　　明慧知觉由谢思拉等五神司之。
　　普天之下最智慧之神莫之与京者，
　　为年迈佛谢思若璞杰尔灿尊神，永虔勿越！

上述钵教咒语，言简意赅，寥寥仅三十六语，共三句。其义涵养浑厚，当详为诠释如下文：帝钦为太古时代一世界，犹如佛教之所云香巴腊，盖钵教徒所认为之极乐天堂世界也。其地有清溪流出，人生其间，渴可以饮，汗可以涤，此间之人并由莲花生中生出，地上食物累累，随采可食，树叶树纤，随取可衣。又上下遍处生光，火抱于怀而善用之，可不伤人。主宰此邦者为"公仁简武帝"（公仁简武帝一作公达仁保）王，权势无伦之主也。其体有三十三种颜色，口音有六十种声调，如音乐之悠然多姿。当时之人各有一魂。魂在，击之痛，饿之饥。不在，则仅有体躯，击之不痛，饥饿不食。由其影可辨其心，并知其前身之所由变，虽六十代之由变亦可知之。万物并育，人以仁心爱护之，故不相害。此上天之神也。

其次"goan m-te'ian"，明慧也。人有明慧始能知前世、今世、后世。"Wuan bu"，知觉也。人有耳目鼻舌之官始能辨声色五味，司明慧知觉之神，即谢思拉等五神也。谢思拉，印度名"Manjusri"（从 Waddell 氏之音译），左手执莲枝，莲上陈智慧之经。右手执知识之剑。此空中之神也。

最后，年迈佛距今约五百年，别号谢思若璞杰尔灿，此佛为近代钵教之复兴者，故咒语言"普天之下最智慧之神莫之与京者"。此为人间之神。钵教信徒，日念此咒，呼遍天上、空间、人间最伟大之神名，诸神助之，达于帝钦乐土之境，始为钵教之究极。

八、钵教对于阴阳佛之理解

关于密宗阴阳佛之解释，余未读藏经，未敢有所论列。十年前读日人某论文（忘其名称），言阴阳佛乃一阴一阳，生生不已之意。然继思此意与佛教之旨有违。余于松潘、理番、西康各处考察时，常于此问题加以注意。结果，以语言隔阂之故，大致为知者不言，言者不知。七八年前，太虚法师为余言："系以智慧方便之理由男女之事表达之。"此言大可代表一般藏僧之意见。今人李安宅先生于《边政公论》第1卷第2期中，发表此意见最为详尽。兹引录于次：

> 佛教的偶像，主要是分善静与愤怒两种表现，而无量数之象征正不妨是一个佛体。如文殊普通呈善静相，当其为法王以降伏死神（阎王）时，则具愤怒相。水牛头，戴五死头骨，发上指，三眼，右手执人骨棒，左手执绳（一端钩，一端金刚）。右腿屈以压死神之侵，右腿伸以压死神之力。法王亦被认为化装之死神。裸体，盖超寒热羞辨。按人骨念珠，代表三十四子音，十六母音，谓经念了。无靴，表一切清净。拥明妃（夷母），为阎王之智。妃张口，吃尽轮回。右手执叉，杀恶人；左手执人头骨碗，盛血，示快乐（血为快乐之源）。长发向下，身穿皮，更如畏怖金刚。九头之中，下面居中者（此上二头，此左右各三头）亦为水牛头。亦所以化装死神，而镇压死神。手三十四只，示菩提心三十七路（手加口心意）；腿十六，以压死神十六面城，或示十六空。所拥明妃，右手持刀，"割断有情"；左手持骨碗盛血，如上。左腿伸，压一切女药叉；右腿高弯，为得快乐。

> 于此亦可窥见欢喜佛之用意。一面是说，一阴一阳之谓道；一面又说，男表方便，女表智慧。法与智合是谓双成。双成即快乐。再详细地

说，男女乃是一个单位，并非二体。修炼成熟，福慧并至。男兼阴德，女亦不离阳性。总之，圆满俱全，不假外求。以男女阴阳为喻，便无法不落言诠（文字障）。其实都是个人修持的境地，不关有无实相。

其实，今世研究佛学显密二义均著威权之吕澂先生，于智慧方便之说，在七八年前，已加辩驳，而谓此为淫欲之饰说。其言曰：

> 真言乘固密宗也，而未尝有事于男女。七卷《理趣》等经或说智慧为母，方便为父，亦仅取譬而止。父母意谓男女，非即男女之事也。言喻非即实践躬行也。彼金刚乘励行淫欲，视为大乐，而饰词为智慧方便，其意在惑人耳。安有六度万行之理，专赋于此等者哉？

然吕氏于辩难之中，尚可引绎不少意义，可视为阴阳佛之基本思想。吕氏之意，以为阴阳佛之起源与印度佛法无关，而为一种原始女根崇拜主义，渗入佛教，其言曰：

> 自印度佛法衰微，而后有金刚乘，此非佛法本身之发展变化也。当时外道崇拜女根之性力思想，杂入佛教，采取名相，其自成一组织耳。

此种思想，非唯不是佛教，而且距密教之真言亦远。吕氏言曰：

> 时轮出于密教末流之金刚乘。此乘糅杂外言，逢迎俗好，与密教之真言相比，故已纯驳悬殊，方之真正佛法，相去更不可以道理计。

然则阴阳佛之意云何耶？吕氏言最初出于金刚乘三位一体之说，即女表空，男表识，和合以表乐。女、男、和合，或空、识、乐三位一体。此第一义也。又以世间之乐即涅槃之乐，故以二根交合之大乐为究竟。由此一义，遂有谓"女子为印契"者，有谓"般若存于女身"者，故视男女接触为快乐供养。此第二义也。又言瑜伽方法，先有生起次第，构成本尊观念。然后以男女之事为其阶梯。初步以男女媾合之相恣其想像，心营目注，极力揣摩，观成真水自金刚进而入莲花宫。其次，藉丹田之潜在真水，由尾闾而直贯心脑，畅达全身，乐无伦比。即身成佛之真义。此第三义也。由其第一义，可视为阴阳佛之原理论，由其第二、第三义，可视为阴阳佛之方法论。兹引吕氏原文如下：

> 盖其根本思想曲解世间之乐即涅槃之乐，全无异于现法涅槃外道，故以二根交合之大乐为究竟（见不二金刚之二根交合说）。此明指男女也。由是修道必有女伴，或以女子为印契，则居室成为大印矣。或以般若存于女身，则淫欲为行智度矣（般若无相金刚之般若方决定成说就诀）。尤卑亵者，裸女体而指其隐秘诸处为五方五佛，则抚摩接触皆所以快乐供养矣（见《吉祥密集大仪轨王经》）。……至于金刚乘所用之方法称为瑜伽。先有生起次第，构成本尊之观念，则恣行五愿而为阶梯（见《因陀罗菩提之智慧成就法》）。又以男女构合造像恣其想像，心营目注，极力揣摩。故谓观成真水，自金刚道而入莲花宫（见《大威德观颂仪轨》）。其淫亵之意可见也。继有圆满次第，则藉丹田之兴奋，谓潜在之真水可由尾闾而直贯心脑。此有脉络为通路，气息为转输，畅达全身，乐无伦比，则恶浊之躯，业惑之习，逐渐销融，而变为金刚嫩细，即身成佛，始基于此（见《贤劫金刚之上师傅承讲义》）。（以上各节俱见持正著《辟时轮金刚法会》与《辟对于时轮论者之解释》二文，载《国风半月刊》第4卷第7期）

以余于钵教僧间之所闻，则异于是。钵教经云："阴阳佛始于古代女神玛乔色巴珈尔及男神旺尔沙斯乌格巴。"一说男神为拉尔古图巴。女神具三头六臂。三头者正面一头，左右侧各一头，每头三眼。前二臂，右执伞，左作切指手势。右二臂，上手执勾，下手执降魔杵。左二臂，上手执光芒刀，下手执人头骨皿。此神像独立成形时，踞马上，赤身跣足，蓬发，腰悬头骷髅五枚，马项上悬一枚。状至狰狞可怖。男神四头八臂。正面一头，左右侧各一头，正面头上又一头。前二臂，右手执光芒刀，左手捧人头骨皿。右三臂，上手执予，中手执锄，下手执斧。左三臂，上手执铁索，中手执钳，下手执叉。独立像，足一伸一屈，定立，状亦狰狞可怖。男女二神相合，女神向男神面，两臂抱男头项，口宏张，与男神宏张之口相接。一足攀男神之腰隙。男神前二臂亦紧抱女神，作交合状。又足下各踩镇一鬼魔。

经云：

  男女为天地之伦。天上日月为阴阳，人间男女为阴阳，神道亦然。然神之相属，非如人之相奸也。女神玛乔色巴珈尔与男神旺尔沙斯乌格巴，相向而交，其时有六字真言以理解之，即"亚因特协润巴"。"亚"者男性，阳也。"因"者女性，阴也。"特"者交也。"协"者合也。"润"者乐也，言敬神使乐也。"巴"者欢也，言神自欢也。其时男神以白的流出，女神以红的流出，于是生卵二十有七枚。此二十七枚之卵为三次所生。初次生之卵有"九义马"：一曰人体龙首之神，二曰人体蛇首之神，三曰人体鸟首鸟喙之神，四曰人体狮首之神，五曰人体马熊首之神，六曰人体狼首之神，七曰人体虎首之神，八曰人体鹏首之神，九曰人体蛟首之神。继生之卵为"九嘉穆"：一曰人体野牛首之神，二曰人体鹰头之神，三曰人体狗熊首之神，四曰人体象首之神，五曰人体豹首之神，六曰人体鸺首之神，七曰人体鹞首之神，八曰人体豺首之神，九曰人体野狗首之神。三生之卵为"九宝氏"：一曰白面女神，二曰黑面黄发女神，三曰黑面九头女神，四曰紫面黑发女神，五曰黑面六头女神，六曰白面二头女神，七曰红面九头女神，八曰绿面二头女神，九曰棕色红铜色发女神。此二十七神，则藏僧跳神仪式中二十七神之起源也。此二十七神，衍变为亿千之神，以之镇鬼，鬼以灭迹；以之护人，人类以安。用之散于万方，万方以宁。不用则藏之于密，待机以发。

此阴阳佛理解之又一说也。记之以待此后之研究西藏佛教者。

九、由今日之钵巫不难推知古代之钵教

  余此次考察大小金川民族，在嘉戎区有所谓"共伯"，道坞语区有所谓"奥外"者，均为信奉钵教神祇之一派，吾人可名之曰"钵教巫士"。此种巫士，衣饰与常人同，除奉钵教之神祇外，兼奉各地之山神，与羌民端公、罗

夷毕母所奉之地方山神性质相同。巫士所执行之任务，与钵僧不同，而偏重于日常生活不安现象之祈禳，故与钵教互存不悖。最可注意者，为此种巫士对于钵佛教并无根深蒂固之信仰。吾人想像，在佛教入藏地之时，原始钵教徒盖亦作如此状态。其于钵佛教之半倚半拒态度，正可表明原始钵教徒在初时汲引佛教文化之合理。兹将在巴旺所遇钵教巫士之情况录述于下：

在巴旺遇钵教奥外雍中兹仁者，年三十岁，巴旺卡茄人。九岁时，就白马慈仁学巫术，十年始出而为巫士。初学字，继读经，并习山川神祇之名。氏所读钵经有：（一）gʒan ˩ zʒn ˩；（二）we ˩ sa ˥；（三）k'e ˩ k'a ˩；（四）s-do φa ˩；（五）p'er ˩ ba ˩；（六）o ˩ nan ˩ tɕin ˩；（七）k'er ˩ we ˩ ts'e ˥ ʒ-gro；（八）ke ˩ k'a ˩ ts'e ˩ ʒ-gro ˥；（九）m-dza ˩ ba ˩ tsan ˩ nia ˥。巴氏只诵其经，未析其义。钵巫所奉之神最大者为辛腊璞佛奥玛比孙节。皆钵教僧所奉之神也。其显著之差异特点为远近各地之山神。兹分列如下：

（一）墨尔多山神 —— 墨尔多山（巴旺对河之山）。

（二）必尔多山神 —— 必尔多山（巴旺背后之山）。

（三）萨亚山神 —— 柯穆萨山（白盖山之后）。

（四）奥夷乐五神 —— 贾居山顶。

（五）葛穆内山神 —— 卡茄山顶。

（六）毕义山神 —— 聂格山。

（七）巴拉都瓦神 —— 小巴旺山。

（八）萨蒲神 —— 七支山。

（九）蒋聂几武极神 —— 二箕坪山。

（十）蒋茄卜拉籍神 —— 白盖山。

（十一）巴马克神 —— 琼山。

（十二）夏穆乔神 —— 白人山（章谷对河）。

以上十二神为巴旺附近山神之名。

（十三）斯达鄂日古萨神 —— 居拉萨北山。

（十四）巴奥外增公无义神 —— 拉萨地方。

（十五）蛮达鄂穆公萨神 —— 儴戎地方。

（十六）日挈女神 —— 康定。

（十七）斯谷拉达纳神 —— 什札得日卯山。

（十八）日渥兹珠神 —— 琼部地方。
（十九）葛日纳日神 —— 同右（编者注：即琼部地方）。
（二十）聂斯达拉武日神 —— 甘孜地方。
（二十一）比雍阿达仁神 —— 远北方之山神。
（二十二）罗叉物仁神 —— 南方产盐区之山神。
（二十三）纳公苞仁神 —— 远西方之山神。
（二十四）夏加牟仁神 —— 远东方之山神。
（二十五）日渥兹鄂神 —— 山西五台山之山神。

以上十三神为巴旺远方山神之名。

巫士生于土，故以土著之山神为神，此在西藏佛教经典中则绝为无有也。巫士所行之事，亦多浅近易晓，接近人类之日常生活，与佛教之天堂地狱，玄邈轮回之说，又有不同。巴旺巫士所执行之任务：一曰治病，人有病，延之送鬼谢土。二曰安宅，于新屋奠基及落成与旧屋有灾时，诵经。三曰利行，出行恐遇恶鬼厉神，延巫士预祝之。四曰拒鬼，寨外有鬼则禳拒之；人踏土，涉水，或行树下而生疾，必有鬼作祟，禳之。五曰祝苗，苗将生时，谢土。六曰祈寿，人恐短命而死，则念长命经。

此道在藏康嘉戎之区颇为盛行。仅以巴旺一区言，钵教巫士有二十名，红教巫有十五名。大约一大寨之内必有一名或二名。盖喇嘛虽重要，尚不必日日请求之，而此富有地方性之巫士，则为须臾不可离也。

十、依见闻所及叙述几种关于钵教之仪式

余以三十一年十一月八日至绰斯甲，适土司纳坚赞为其亡父旺尔极纳武延僧超度。盖其父已死三年矣。土司于斯年十月延草地钵僧四十余与属土钵僧五十余，共计一百有八名，均居于官廨之最高一层楼上，每日诵经。主此坛者为钵僧斯道克尔丹，擦斯都人，斯时年龄已 50 岁。少无师传，亦未至拉萨留学，然以修炼工夫闻名。土人言，当其法缘至时，拳握硬木或石，能紧为粉碎。又能摄鬼，剥其皮毛，收其血，置三角铁盒中，又言此僧无寺院，仅于擦斯都一崖内，掘洞以居。饮食无定，虽餐露饮雪，亦可度日，然余所

见彼在官廨所食者，则一日三餐之大米饭也。食器为一人骨皿，虽撮米饭，亦不用箸。余与坐谈，出其各种法器示余。一为铜制三头人面杵，又一为木制者，前者与红黄教派所用者无异。唯后者柄上系一张皮，长宽17厘米，黄色，略透明，言为人皮。一为人胫骨号，以银镶之。一为铜响盘。一为人脑骨鼓。一为黑发网。最后出一铁三角盒示余。高4厘米，长4厘米。余持而揭示之，纳坚赞土司见则惊走。后转问钵僧可揭否？僧笑而允之。揭开，内有发，有血迹，云为恶鬼所遗。有纸，上绘一人形像，身上及四角有文，但除"a⏌om⏌xun⏌"外，皆不可辨。僧谓此为"灵格"，即鬼也。继僧乞予为摄一影，著红衣，肩披一带，上书"nam⏌m-t'ok wuan⏌ʒ-deon⏌"。

草地诸钵教僧八人为一组，居公廨最高楼之正前室，由主坛僧斯道克尔丹领之。钵僧一格西率七八僧，居后室。后室之左一巨室，有本地钵僧十余名，由尼希书僧率之，又为一组。后屋之右亦有一室，有钵僧三四人，为一组。其余各钵僧则或坐正殿，或居旁楼，或在厨下，各有所司。后室之出口旁有一暗屋，中陈各种魔鬼仪阵。统分三阵：地上积黑炭屑成阜，上列泥塑鬼物数十名，上洒鸡血，或拈鸡羽。外绕铁剑，铁刀十余柄，及弓箭等物以压范之，使不外逃。此一阵也。此阵依山面水，坐南向北，四周紧闭，不让生人参观。余赂监守僧，乃得瞻其异。同室坐东向西之处，又布二阵，皆为麦草秆编成：右阵收天鬼，左阵收地鬼。每阵上有红绿黄锦线织为蜘蛛网状之物，曰"南穆卡"，义即"天网"也。以镇下设之鬼魔。鬼魔在每一麦架下设数尊，泥塑，狰狞可怖。又每架下有三角形铁盒一，中藏木偶、纸图、鬼发数包，并洒鸡血，淋沥内外。麦架之上贴各种神像，皆为监鬼之神。一老僧监之。旁又有一僧，击鼓诵经。

余至官寨之第三日，值官廨僧众行跳神仪式。跳神僧凡九人，齐集一屋顶上。一僧戴龙头面具者先出，衣红绿间配之锦衣，如汉剧皇帝宴服然，束绿带。背上插旗，旗上绘人头骷髅之相。先执酒壶四洒，又一手执盛麦之盘，一手取麦四撒，所以敬尊神祇也。又屋窗口有钵僧三人，一僧击长柄鼓，又二僧和以铜铙及响盘，口中皆念经。装饰僧者，默然循节而舞。奠撒既罢，则手持一花雕降魔木杵。杵上系一半剖面之头骷髅，内绘一蓬首赤身之鬼。龙头僧一手执杵，一手自场中央执熊皮一张，以杵勘于东方，同式又分勘于西南北方，中央留勘一张。勘罢，然后有八钵僧饰虎、鹰、蛙、牛等首者出，执熊皮舞蹈。或齐集皮于中央，或分撒皮于四方。最后，各执长柄鼓而击之，饰龙首者绕场而舞。历一时余始罢。

十一日为官廨僧众驱鬼之期。余斯日晨正在氏拉伯头人家闲话。忽闻号声由远而近，进至屋内，一僧持黑熊皮向余击来，余抵抗之。头人云："勿抗，如此，随身之鬼始可去也。"出检其人数，共九名：前一僧执长柄铜勺，内燃柏枝等物。继有四僧，一手执铁链，一手执铜号。后四僧各执黑熊皮一方。问之土人，知先自官廨内搜鬼魔，以烟熏，以皮击之。逢物逢人皆奋击，虽土司家人不免，被击者盖不以为忤。继至官寨诸臣民家，按户而进，内外搜索如式。虽逢一路人，无论男女，皆为所击，人只能以衣覆首受之。最后，至聚鬼暗室中，击鬼于栏中，乃已。

十二日为官廨忌门之日。署内大小门均紧闭，外人不入，内人杜出。诸钵僧聚于室内诵经。以上三种仪式，闻不独黑钵生为然。姑志之，俟与其他教派比较。

又闻钵僧能送鬼、诅人，与扼止风雹数事。兹分志之。

送鬼者，有病人之家延钵僧至，以青稞麦塑三棱供，置桌上。钵僧蒙熊皮，击鼓鸣金以诵经，声音宏厉，状貌狰狞，终日夜乃罢。最后送三棱供于郊外，与病鬼食之。

咒人之事，今钵僧虽讳言之，虽诅咒实为钵教之传统特点。主人有仇敌，密遣人至敌家，窃取仇者之发、爪或衣服之沾汗者，最为灵异。不然，则绘仇者之相，上书此人之年岁生辰。交钵僧，钵僧为置三角铁盒中。铁盒置炭屑内，环匝以铁刀剑镇压之。或以利镞贯穿绘像之心，然后诵经诅咒之。至期，瘗于地下。据告者言，诅咒有奇效，被咒者虽不死，亦癫狂或卧病不起。

制止风雹之事，于清代金川之役中即有之，清兵屡为所挫。据言，阻止风雹之事，非高明钵僧不为功。凡风雹厉行之寨，寨民派粮供养一僧，平时静坐室内，不与外界通声息。至夏秋之季，风雹为厉，此僧则于山顶设坛作法，或登高而啸，或拔剑咤叱，空中密云则为之散，谷内之风亦为之息。高啸剑指而无效，则掌人胫骨号而鸣之。风雹则缕蜷一处，随所指而下。所指之地，雹积尺许，田禾淹没，或烈风鼓荡，树木披靡。盖宇宙之气必有所泄也。事罢，钵僧则为辟谷悔罪数日，以向天赎咎。又言，钵僧能呼风唤雨，撒沙成兵，唾水成河。此在钵教故事中往往有之。

附：钵教始祖辛腊璞佛列传

余在巴底土司斯丹增尼玛汪日丹（汉名王寿昌）官邸工作时，适王氏正读《辛腊璞十二事传记》，关系于钵教与佛教之异同传播历史甚巨。及愿聆其义，苦王土司不能诠释。余询此书之所自，言自绰斯甲取来。阅日，值阿木多鄂东斯丹增汪布大喇嘛至，余执经请益，阿氏为按句诠释之。有不能译达者，王土司复从而多方譬喻传达之，费二夜之力，译毕《辛腊璞十二事传记》。自愧不懂藏语，且不谙藏文，所译自难免舛方之处。然中原人士，于钵教知识，备者绝少；而于钵教始祖辛腊璞佛之传记，又亟愿闻知。故不揣冒昧，捉管译之，大体无害于本义。至于文句颠复，间有龃龉者，盖当时舌人作如此说，非译者之罪也。替其颜曰：《钵教始祖辛腊璞佛列传》。

在世界人类前一纪时，斯董巴辛腊璞佛蹲于萨纳穆汪神之前，默思潜想，愿自我以外，凡有生之伦，善者得超生成佛，有罪者由我赎之代之，则我虽痛苦，于事无伤。世纪为无数量的。历300万年之间，辛腊璞佛生生灭灭，广行善事，济众自修。为忆万善，无一事恶。虽饿鬼来吃其肉，亦不惜割股剖臂与之。后遂于有生界成为"斯董巴辛腊璞"。此义解之，则为善者超生，为恶者赎罪也。佛又以"萨穆尔极"（sam」r-tɕi）为名，其义乃言去三恶名三善之道。佛朝夕修之，由低而高，由微而著，渐至佳境，至于其极。

一纪，佛一顾于有生之伦，一顾奥尔卯仑仁之三十八碉房，一顾其父玛加尔王图格尔，其母余池加尔维亚玛，遂降生为玛加尔王图格尔之子。

佛生而圣明，且著灵异。其形体异于常人者三十，其言行异于常人者八十。其体有光，光芒普射于千亿世界，成千亿之"萨穆尔极"。其光芒所至，千亿世界之人物皆信仰之。

夷尔奥马占穆极地方，有王名达建多包多氏者，不修善而修恶，日有残杀之事。辛腊璞佛往谏，不从，且挽弓射之。佛不死，现"科武"狰狞神像，王遂昏厥，几至于死。佛于其醒觉时又进谏，王阳从之。然日间从之，夜则往侵玛加尔国，劫夺人畜无数。世以混世魔王称之。王旋死，遂入地狱，佛在地狱中遇王，王痛悔生前之非，而谋忏罪。刹那之间成为无上之人。佛于六轮回中,为之层层开路,最后王皈依为僧。

虖加尔地方之王邓哇耶仁,娶妻葛玲玛,美而淫。有僧雍中乍显加尔哇,貌美德纯,居王廨内诵经。僧一日一餐,由男奴奉之。一日,葛玲玛馈以餐,僧不肯食,转念鹦鹉悬于梁,有物可证,吾受而食之无妨。葛后乘机淫之。僧曰:"吾为僧,已发誓远妇人。"葛后强之不已,僧阳应之,使觇视门外,僧遂逃出。后羞恨异常,自拔其发,裂其衣,爪其臂,还报于国王及臣民曰:"雍中僧劫我愿淫,吾挣扎以出,必杀此秽僧乃快。"后诬良僧,遂得癫病不起。国王聘辛腊璞佛至,询以治癫之法。辛腊璞佛揭其私,妇人羞而自忏。燃灯叩头请罪,口血为出。血内一多足虫出,其病以愈,一如曩昔之美。

屋巧美拉珠巴格鲁之王葛武拉鲁金,配妇人韦因仁玛,生四子。长曰隔哇几,仲曰谢腊日丹,三曰达穆喜几,四曰达谢增。国王初析产四分俾四子。旋前三子至崖涯间隐逸为僧,析产所得,悉赠人民。国位遂为第四子所有。长子行中途,遇豺狼蹑一鹿,且将及。长子驱豺狼去,鹿以不死。然豺狼殊饥甚,长子割身肉予之,狼亦不死。仲子屡谏国王,言国境荒年,人民无食,请发府库之财济之。王不听。王虞民贫将为盗,国纲以乱,遂降于邻封为臣。国人闻而阻之,误伤国王。王将死,始悟仲兄之言为然,深自忏悔。后变为卡巴拉仁。仲子又分割驱躯之血为九分,给一穷困无以为食之家九人,九人赖以不死。仲子遂变为奥尔摩隆仁地方之辛腊璞佛。

国王所变之卡巴拉仁居斯共宝,所辖之兵,有十万万。卡巴拉仁常唆其兵至奥尔摩仑仁窃劫,辛腊璞佛而宥之,未数其罪。卡巴拉仁又屡思刺辛腊璞佛,然屡试不成,刀兵不入。辛腊璞出其光芒,照彼十万万雄兵,兵皆倒戈从佛,仅余卡巴拉仁厉鬼一人而已。此后,进筹数计不成,终为辛腊璞佛之一徒,易名曰"隔斯年卡巴"。

奥尔摩仑仁地方有国王公兹庇加尔者,自思此土之上,已为最富,应谋潜修证果,造福于人。当地有弥且达毕海,广袤数顷。国王原于海中建一巨庙,供佛自修。然工程浩大,固非人力所能成者,遂聚众鬼与谋之。筹商有绪,众鬼发誓,勉成巨业。国王亦发誓,除国王外,他人不能亲临其地。遂集动十万鬼之力,昼夜不息,共期成之。王禀告于父母，独自一人迁居海上，闭门潜修。时庙尚未竣功，王后思王心切，遍觅不得，请于父母。父母初讳言，继以摧告情急，勉言之，并嘱勿敢至海上。王后以为王之可至，我亦可至也，遂众婢女径至。众鬼见王后，以为国王背盟，遂亦背誓不修，且废倾已成之屋宇。国王见此，功亏一篑，而竟圮毁，悲伤万分，合掌祝于诸神。辛腊璞佛闻讯，自天降至，现"南穆巴加尔武"神像。众鬼慑惧，一起修复朝宇之倾圮者，并继续修葺，至于完成。辛腊璞佛指挥监督之，若将军之指麾兵士也。此庙定名曰"萨斯凡嘉尔纳克葛拉葛萨寺"，置励善改恶之经典八万四千种。至今，此庙此经仍在。

辛腊璞初居卡巴部苏耶城内，城之门有四：辛氏出东门，见一妇人，坐蓐号哭，痛苦之状，至为难堪。辛氏出北门，见一苍老，踯躅于路，颓累之状，至为难堪。辛氏出西门，见一病者，呻吟凄宛，困苦之状，至为难堪。辛氏出南门，见一死尸，卧衣襁中，家人聚哭，苦惨之状，至为难堪。辛氏因思生老病死，皆为痛苦，一世莫脱。解此罪孽，只有出家。辛氏即夜由家逃出，初至一地，有四宝塔，辛氏即于宝塔之前，剃发发愿为僧。当时天上降下一鹰，衔袈裟一袭，披单一条，有塔之一杖一柱，皿一，僧帽一，辛氏遂易服为僧，云游于天地圆方各界，而无拘累。

初飞升至诸天中之上层尊烈丹加瓦佛前，皈依为徒。居一千年，尊佛以至仁慈之义理示之。继降至森教札萨天，为黄鸭说经，黄鸭以滴水饮之，树果食之，居一百年。继又降一层天，为猕猴说法，猕猴掘水饮之，采果食之，居一年。最后降至奥尔摩仑仁由地之西北角进入，初与人首鸟身之人处，茹草以生，静坐一年。佛久年不食人间烟火，体躯癯瘦而清明，由外则可鉴其心肺。佛之原居城民，闻而怜之，相率喂以饭浆，拒而不食。千万人民，咸其德行，均离别妻子出家，为佛僧徒。于是此地成为喇嘛之国。

（原载《民族学研究集刊》1943年第3期）

论"民族社会"的性质

一、"民族社会"一词产生的时代意义

"民族社会"一词在战前社会学的论坛里是非常生疏的，就是在人类学的著作中亦不甚多见。英美文献上民族一词自来无适当译名，译为"nation"时，民族与国家不分；译为"People"时，民族与人民无别。因而，虽然他们已经在那里建立民族学（Ethnology）的体系了，但于民族一字却提不出适当的字眼来。为什么呢？我看原因很简单，就是英美研究民族学的人反而为民族所蒙蔽了。这是学术界一大憾事。

原来民族是大陆文化的一种产物，故大陆字典中早经运用民族一词了。日尔曼国语中"Völker"便是民族，"Völkerkunde"便是民族学。还有一个字"narod"和"Völker"的意义相同，但在文献中运用比较少些。法文中的"ethnie"是由希腊文中的"ethnos"变化而来的。1927年瑞京Amsterdam（即阿姆斯特丹）召开人类学大会，法国人类学家雷纳（F. Regnault）开始提议以"ethnie"代替"People"乃是非常正当而且需要的，但并未引起英美学术界的十分注意。语文本为交通意见的，至此反成阻隔交通的障碍。只有少数精通大陆语文和英美语文的学者，沟通内外，立意新颖，提出许多无国际界限和无大陆英美之分的概念，如1900年法国丹尼刻（J. Deniker）所提出的"groupe ehnique"[1]，1906年美国孙末楠（W. G. Sumner）所提出的"Volkways"[2]，1932年华尔（C. F. Ware）所提的"ethnic community"[3]。此皆

---

[1] J. Deniker, *Les races et les peuple de la terre*, pp. 10-11.
[2] W. G. Sumner, *Folkways*, Boston, 1906.
[3] *Encyclopaedia of the Social Sciences*, Vol. V, pp. 607-613.

系世界第二次大战以前的事。世界第二次大战结束了，大体言之：英美的政治战胜了大陆的政治。但文化和学术是无界线的，英美学者有一普遍的倾向，即努力在尽量吸收大陆文化。其中除了苏联文化以文字隔阂不易为外人所取撷外，德法的学术逐渐渗透于英美文坛之中。这种趋势在社会学界和人类学界亦表示出来。晚近美国芝加哥大学的雷达斐尔（R. Redfield）在社会学上和人类学上创一个新的名词，即"民族社会"（the folk society）①，明尼土巴大学的弗兰希斯（E. K. Francis）更引申 1900 年丹尼刻的意义，阐明"民族团体"（ethnie group）的性质②，虽为旧话重提，但旧瓶之中装着乃是新酿，在社会学上和人类学上是值得注意和同情的。我国古人的大同世界理想之条件是车同轨、书同文和行同伦。这种艰巨的工作今日才开始在努力。社会科学中的概念是非常重要的。有了相同的概念，然后始能产生共鸣的相通的思想。"民族社会"一概念便是英美和大陆两种社会学和人类学沟通的产儿。此为民族社会一词产生之时代的第一要义。

其次，有人谓两次世界大战的主因之一是种族主义的猖獗，那么，第二次大战的结果，显明看到种族主义在消逝了。过去，体质人类学在德国最为发达，制造人骨测量仪器的亦以德国和瑞典最为精准。但是人类学家拿了日尔曼人的仪器却不为"诺狄克种高于一切"而战，反而以其人之道，还诸其人之身，证明世界的人种都是混合的，都是变动的，换言之，即世界上没有一种纯粹的不变的种族。美国的精于此道的鲍亚史（F. Boas）说"人类唯一，文明则殊"。他曾提倡用"类型"（types）一语以代替"种族"（races）一语。③1938 年丹麦京都哥平哈经（哥本哈根）召开第二届国际人类学科学大会，法国弗柳（J. Fleure）否认人的分类试验合于科学，甚而主张在此时期内应废除"种族"一语。福尔西克（J. Volsik）以为种族只能应用于大群，如黄种、白种、黑种，至于小群则只能算作是一个"民族型"而已。折中其间者还有司徒里湖兄弟（R. & E. Stolyhwo）以为在可能范围内应有一合理的标准，把它分为"种族型"和"制度型"二种。④由此知由种族社会转到民族

---

① R. Redfield, "the Folk Society", in *the American, Journal of Sociology*, Vol. LII, No. 4, 1947.
② E. K. Francis, "the Nature of the Ethnic Group", in *the American, Journal of Sociology*, Vol. LII, No. 4, 1947.
③ 参考黄文山：《种族主义论》，载《民族学研究集刊》1943 年第 3 期。
④ 参考徐益棠：《纪第二届国际人类科学大会》，载《民族学研究集刊》1943 年第 3 期。

社会的研究是人类学上的一种趋势。雷达斐尔在另一篇论文中说："与人事攸关者，不是生物学上的真正区别，而是信以为真的区别。如此说来，种族是一种人类的发明。"所以他叫种族为"社会假想的种族"（socially supposed races）。[①] 种族的社会化，俾以一种社会的概念，显然种族概念不复存在，代之而为社会学和人类学所研究者，只有民族社会学一概念了。此为民族社会一词产生之时代的第二要义。

还有，就世界民族的分类来说，早期的英美人类学家分为野蛮的（savage）、未开化的（barbarians）和文明的三种。法德人类学家则常用半文化民族（Halbkultur Völker）、半开化民族（Semi-civilis'es）、粗野社会（Sociécé archaique）等名，不用说，这是人类学家用欧美文化的尺度去测量有色人种的文化社会形态的。第一次世界大战之后，由于民族主义的提倡，凡尔赛会议遂提出民族自决的原则。于是开明的人类学家修正以前"野蛮"和"半开化"几种不雅驯的概念了。代之而起者最普通的为原始民族或初民社会（Primitive people or primitive society）的概念。什么是原始的、初民的，其含义非常的模糊。在同一时代以内，为什么一部人是现世的，一部人是往古的，甚而说他们是等于史前的（pre-historical）？明白看到的，现代民族只有文化形态的不同，与"原始"、"文明"之有古今之分者，岂能同日而语？所以，原始民族或初民社会不过是进化论派一种概念形态罢了。此种概念的不彻底和凡尔赛公约不彻底是同时并存的，相互联贯的。凡尔赛公约中的民族自决之民族（nation）实在只指当时的国族，与不久宣布独立的列强，其中并没有包括殖民地的弱小民族和列强国族以内的少数民族在内。第二次世界大战的结束，进步的政治家始揭出人权纲领的旗帜，承认世界民族，多数少数一律平等。菲律宾的原始民族业已得到名义上自决自治的独立了。英帝国之于印度，允许明年退出统治。荷兰之于东印度群岛亦有条件地允许它们将来自治。其他各地所谓"原始民族"或"初民"，亦都和文明人一样，在渴求自由平等和自决了。你们能说他们是原始吗？在此潮流中，一般民主的人类学家所以提出"民族"一语以代替"原始社会"或"初民"的概念，提出"民族社会"一词代替"初民社会"一词。科学上的概念并非固

[①] R. Redfield, "What We Do Know about Race", in *Scientific Monthly*, LVII, 1943, pp. 193-201.

定的，应当随时代而进步，随研究而变异。此为民族社会一词产生之时代的第三要义。

二、民族和种族、国族、人民之区别

由科学的含义言，种族和民族的意义是截然不同的。种族（race）一语导源于日尔曼古语"reiza"，其意为世系的，与拉丁语的"generatio"相同。所谓世系的有种属传代之意。在1684年法人著作中有"especes ou races d'homme"之句，指明人类种族和生物学上的"物种"（species）是相当的。此种意见一直到1937年美国科学家金赛（A. C. Kinsey）还照样接受。[1] 但同时又有许多科学家反对金赛的意见，有的以为种族相当于生物学上的"亚种"（subspecies）；有的以为物种之下为"系种"（stock），种族乃属于系种之下的一种分类。[2] 现代多数科学家的一般意见，人数（类）是属于一属（one genus）和一种（one species）的，其一切基本生理特质99.44%是相同的，只有0.56%则因种族而异。[3] 因种族而异的现象普通称为种族的差异。假如种族差异之点减少至最小限度自然是可以产生一种理想的种族概念的。人类种族的形成，或由于一社群内诸个人所显示的特质相同，或由于此诸个人所具有的基因（genes）类似。由前之说，每一种族的诸个人之间必须有两种类似：一种为形态特质的类似；一种为构造特质的类似。由此二种类似始能形成一共同体质形态的群体，即法人孟丹东（G. Montandon）所谓"自然群体"（groupe naturel）。[4] 不过以上所述仅可指出种族的平面的静的意义罢了。除此以外，尚有它的立体的动的意义。析言之，如果一个形态和构造相同的自然群体，仅昙花一现，不能继续下去，仍然不成其为种族的。种族的

---

[1] A. C. Kinsey, "Supra-specific Variation in Nature and in Classfication", *American Naturelist*, LXXI, 1937, pp. 206-222.

[2] 主张种族为生物上的亚种者可参考 F. Mayr, *Systematics and the Origin of Species*, 1942；主张种族属于物种、系族以下者参考 R. Linton, *The Study of Man*, 1936, p. 37。

[3] 参考 W. M. Krogman, the Concept of Race, R. Linton (ed.), *The Science of Man in the World Crisis*, 1945, p. 41。

[4] G. Montandon, *la race, les races*, 1933, pp. 13-14.

立体的动的意义必须指明上述各种相同的特质，经由"基因"，一代一代地遗传下去。法国人类学家鲍尔（M. Boule）云："所谓种族吾人释之为体质形态的连续。"[①] 英国人类学家马烈特（H. Marett）谓种族"为一个混合祖先的暂时固定的产物，就是说在时间上不管他们是一族繁衍的，或是强烈选择的"[②]。美国学者孟太古（Ashley Montagu）则谓"种族不过在固定地境区域里一种遗传变化的表现"，或"一切人类共同遗传要素之暂时混合的不同种类罢了"[③]。上述三种定义，虽然不尽相同，但他们的观点都是立体的、动的。然则种族不仅为体质的类似，而此种类似且须连续或遗传下去，如此种族之意乃称完备。所以，我们可以说种族云者乃指人类身体特质之类似性和连续性而言。

　　至于民族，它与种族则显然为不同的二事了。第一，种族为一以遗传的共同体质为基础的概念，他是一个体质的群体。民族是以共同文化特质为基础的概念，他是一个文化的群体。民族虽然与种族的血族有连带关系，例如有些民族团体常行种内婚制，结果成为一种同质的种族联系。但种族而成为血族团体和内婚制度，则已经不是一个体质的概念，而是一个社会的和文化的概念了。第二，种族为一原有的自然结合，所以孟丹东叫它做"自然群体"。民族为一派生的人为结合，所以叫它作"文化群体"。例如欧洲的诺狄克（Nordic）、阿尔宾（Alpine），中国古代的长狄、黝歙短人、焦侥人都是种族。他们都是生而为长狄，生而为短人焦侥的。生在一个地域长于一个社区，物以类象，人以群分，非常自然地组成一个种族社会。但如欧洲的阿里安人（Aryans）、希腊人（Greeks）、罗马人（Romes），中国古代的华夏蛮夷，今日的汉、满、蒙、回、藏、苗、瑶、僰、摆，则或以语言相同而集合，或以政治经济关系而共生，或以宗教相同而团结，则其群体的划分是人为的，乃在人类有了种族之分以后的现象，所以他们只可称为民族，而不能称为种族。第三，种族与民族的范围不同。同一种族之内可以包括许多民族，如诺狄克种族之内包括有德国北部的日尔曼民族、瑞典民族、挪威民族、一部分荷兰民族、比利时民族，以及少部分的法国北部人和不列颠人。

---

① M. Boule, *Les Hommes Fossiles*, 1923.
② J. R. de la H. Marett, *Race, Sex and Environment*, 1936.
③ M. F. Ashley Montagu, *Man's Most Dangerous Myth: The Fallacy of Race*, 1942.

蒙古种族之内包括亚洲的中国民族、日本民族、马来族等，欧洲的芬民族、匈亚利民族、拉朴斯族，美洲的印第安族、阿系提族、麦雅族等。反之，目下的统一民族（非国族）之内，很少有包括几个种族的。①

民族与国族（nation）、国家（state）、民族主义（nationalism）诸词常为一般学者所混淆，但严格言之，亦互有区别。英国的社会科学家大致认为民族主义是一种心理学的或历史上的现象，而国族则为政治的现象。1939年伦敦皇家国际事件研究所制定一种研究团体的报道，谓民族为"一共同政治的概念，无论它是现在或过去的一种实现，或是未来的一种期望"②。欧洲大陆的社会学家则多努力于国族与国家的区别，同时注重国族之本体的和现象的分析，而少留意其发展的历史。例如1916年，德国史俾尔（I. Seipel）的国族与国家（Nation und Staat），1927年海采（F. Hertz）的国族与国族性（Nation und Nationalitat），以及1944年法国社会学家戴乐（J. T Delos of Lille）的国族论（La Nation），都是分析国族、国家以及民族主义的本体和现象的。但大家一致同意：现代国家是固定阶段内的一种社会组织，不只有时间性，而且有空间性的。卡尔（E. H. Carr）曾经指明，国族并非一固定的认清的实体，而"是限定在历史的某几阶段与世界的某几部分的"。它进一步分国族主义的进展，除现代外，为三阶段：（一）绝对王权期；（二）国族民主化期；（三）国族社会化期。③据德国和斯拉夫著作家的看法，国族的实体是以共同的语言或种族的生物学的概念标志的。虽然中欧19世纪的国族主义已经进到卡尔所谓第二第三阶段了，但文化与种族为基本社会事实的观念仍然留存。所以弗兰希斯综合他们的意见，谓"民族是社会组织的基本形式，而国族和国族的国家（Staats nation）则为一种历史过程的结果，国族和国族国家可以消灭，但不会影响民族的存在的"④。

因此我们可以进一步地说明，国族为政治的语言的和种族的一个综合的概念，乃指国家内人民之整个群体而言。国家是一个纯政治的概念，它包含有国土、国民和主权三种要素。国族则专指国家内集体的人民。一个国族内

---

① 参考 A. C. Haddon, *Races of Man and their Distribution*, 1925。
② Nationalism, *A Report by a Study Group of the Royal Institute of International Affairs*, London, 1939.
③ E. H. Carr, *Nationalism and After*, 1945.
④ E. K. Francis, "The Nature of the Ethnic Group", in *the American Journal of Sociology*, Vol. LII, No. 5, 1947, p. 394.

可以包括几个种族，如不列颠帝国国族之内有高加索种的安格罗萨克逊人、苏格兰人、印度人，有蒙古类种的缅甸人，尼革罗类种的班图人等。同时，一国族内亦可分为许多民族，如中国国族可分为蒙古民族、突厥民族、通古斯民族、汉族、藏缅族、苗瑶族与掸族等。总之，国族乃表示政治统一下之文化的或种族的群体，由此群体所产生的心理团结思想为国族主义。与国族对待者为异国的国族；与国族主义对待者为世界主义或大同主义。民族则为历史演变的结果，乃表示文化统一下的群体。与之相对待者，无论其为异国的民族，或本国的民族。例如弱小民族则对异国的强大民族而言的；少数民族则对本异（国）的显耀民族而言的。

最后尚有人民（People, peuple）一词，在 1927 年法国雷诺提出民族（ethnie）以前固然是与民族无分，即经提出以后，英美人类学家仍然忽略之，不肯接受雷诺的建议。但人民一词，其义是非常广泛而通俗的，用以释为体质的人，则与种族无别；用以释为国民的人，则与国民无别；用以释为综合的人，则与人类无别。所以雷诺特创用"ethnie"以表明人类之由文化的语言的特质所决定的群体，是非常需要的。不过，原来希腊语"ethnos"的含义非常复杂，它几乎包括了古希腊时代一切的人类团体。因而由此词所衍生的"ethnie"不为一般学者所引用，主要原因由于"ethnos"和"People"都犯有广泛而复杂的弊病。

英美语的"Folk"是由日尔曼语"Völker"变来的。在德语中虽然人民与民族都为"Völker"，但英美语以"People"释为人民，则以"Folk"释为民族，似乎是再适当不过。国际间的科学名词是需要划一的，在万一不能划一之前，至少亦需要有一种等量齐观的说法。英美的"Folk"、德国的"Völker"、法国的"ethnie"即中国的"民族"。由民族一词所衍生的社会学的概念"民族群体"（ethnic group or volksgruppe or groupe ethnique）、"民族社区"（ethnic community or volksgemeinscchaft）和"民族社会"（Folk society or Volksgesellschaft or societe ethnique）等都系挽近各国人类学家、社会学家所提出的概念。民族社会和普通所谓社会之义相同，它是一个综合的类名。民族社区指居于一共同区域而经营共同生活的民族群体。故民族社区亦可谓为"民族共同社会"（Volksgemeinschaft）。它的范围普通限于初级的社会关系，例如营地、家族、氏族、部落、村落。至于扩张到一复杂的社会单位时，则名之曰国族或国家了。①民族群体则不是建设在如社区形态的面对面的关系了，它是一种次级团体。它的区域比较不甚固定，文化比较不甚同质，同时又不如家族氏族等组织专为满足人性的基本社会需要。它是富有强迫性和保守性，而且允许其成员有高度的自足和分离的。所以弗兰希斯谓"民族群体是最复杂的、累积的和实现的次级社区中之一种形态"②。

三、民族构成的因素

民族与国族之义不同已如上述，近世文献论国族构成因素者多，论民族构成因素者比较为少。美国海士（C. J. A. Hayes）在所著《国族主义论》（*Essays on Nationalism*, 1926）里谓构成国族的因素有三：第一，使用相同或相近的语言；第二，遵守传统的共同的风俗习惯；第三，有意组成独立的文化社会。俄国史达林（J. Stalin，即斯大林）在其所著的《马克思主义与国族的和殖民的问题》（*Marxism and the National and Colonial Question*, New York, 1934）一书谓"国族，这是历史上所构成的语言、领土、经济生活和在文化共通性中所表现的精神气质的巩固的共通性"。并且说"只有同时举出一切特征，才对我们提供出了什么是国族"。那么，国族之构成乃由于语言、领土、经济生活和精神气质的巩固等因素了。我国孙中山先生在他的三民主义里的民族主义中，亦提供了很具体的意见。谓"造成种种民族的原因，概括的说是自然力。分析起来，便很复杂，其中最大的力是血统；次大的力是生活；第三大的力是语言；第四个力是宗教；第五个力是风俗习惯"。周鲠生在所著《国际政治概论》第十二章中，谓民族构成之要素有七种：第一，种族；第二，地理的整一；第三，语言；第四，宗教；第五，政府的同一；第六，经济的共同利益；第七，共同历史、共同理想和共同习惯的精神团结。以上所谓民族与英语的 Nation 相当，当即我们所说的国族。

---

① E. K. Francis, "Progress and Golden Age", in *Dalhousie Review*, XXV. Vol. XXV. No. 4, 1926, pp. 460-461.

② E. K. Francis, "Progress and Golden Age", in *Dalhousie Review*, XXV. Vol. XXV. No. 4, 1926, pp. 399-400.

民族构成的因素是什么，许多人类学家和社会学家亦曾有不同的意见。法国丹尼刻谓"民族包括人类之体质的、语言的及文化的特质"[①]。这种说法可以代表20世纪初年许多欧洲学者的意见。雷诺则摒弃民族里的种族因素，而只释之为文化的和语言的特质所决定的群体。[②]奥国人类学家史美德（P. W. Schmidt）于民国二十四年在南京讲演，谓"民族为一文化的和心理的概念"。晚近弗兰希斯所著《民族群体之性质》一文则取综合的说法，与前段几位学者和政治家所说的国族因素，似乎无多大的分别。他说：

> 文化常为一民族群体的一基本因素。我们可以说每个民族群体有一种特别的文化，但是一种共同文化模式不一定便构成一个民族群体。例如各时代和各地域的农民显示多少同等的文化特质。但他们并未形成一个社会群体，更不用说一个民族群体了。他们属于同一文化形态，并不属于同一文化群体。而且，一民族群体可以改变他的文化，而不损失其文化的统一。
>
> 每一群体是有社会交互关系的意义的。一切社会关系由于接触和交通。语言是人类间交通的最重要方法。因此，我们可以说，面对面的关系只有在未有文字的社会中是重要的，但在有文字的社会，一民族群体所说的语言至少于彼此间的理解是没有什么困难的。
>
> 种族的血族亦与民族群体同时共存的。现在，民族群体常行内婚制度。与外群人婚媾是常被禁忌的。虽然遗传的法则并未暗示族内繁殖而无选择时便会有同质的人种联系。但选择究竟于民族群体内有多大功能大部分仍是讨论而未决的事。而且，我们不能否定，遗传特质的组合是一个民族群体和一个民族群体不同的。比较真的种族组合重要的是一种假想的共同种系。血统关系和亲族的醒觉可以加强一群体各分子的联合阵线。
>
> 由于人类是空间的实体，民族群体一定要占有一领域。
>
> 最后尚有一种时间的因素。民族相互调适经过一个长久的时间，彼此便发一种连锁之感。任何社区分子呈现"我群之感"（We-feeling），

---

① J. Deniker, *Les races, et les peuples de la terre*, Introduction.
② Revue, *Anthropologigue avril*, uin.

亦为民族群体一特质。戴乐氏（Delos）谓有了（一）形成一个原始实体的知识，（二）与此事实相连的价值，则民族群体变为一个国族了。

有一些特质广泛的指各民族群体的性质的如共同语言、民风与德行、态度与标准、领域、种系、历史，和我们现在可以加上的，共同政治。事实上，我们知道，一人民群体服从于一个共同的政治组织便可直接地，或常间接地制作共同法律、宗教、语言、忠的感情之类，由此不只使不同的民族要素混合为一新的民族群体，而且又可分裂一个民族群体，或经过考虑而改变其组织、文化和特性。①

总之，弗兰希斯认为民族群体的因素是非常庞杂的，如文化、语言、血族、地域，我们的感情、民风和德行、共同政治都是构成民族的要素。但弗氏却不承认只说明民族的因素便能明了民族群体的性质的。第一，我们看到的许多不同的民族群体而有共同的某些特质，如语言、种系、宗教等。第二，又有许多民族群体并非完全是同质的，例如种系和宗教便很不易相同。第三，在一切比较发达而复杂的民族群体里，其文化模式是可以分为不同的社会阶层的。例如一民族群体内的农民文化和其都市文化的关系远不如与其他另一民族群体的农民文化为接近。因此，我们便不能说民族群体便是一个特别的语言、文化、地域、宗教等的多元模式了。为什么上述诸种民族的因素不能决定民族群体的意义？主要原因，在于我们讨论民族社会时，没有顾到民族的动的性质。民族是演变的，形成民族群体的因素亦是变迁的。在某一时期，某几种因素对于群体的结合是重要的，但到另一时期，代旧因素而起者为另一套新组合的因素了。民族社会永远是扩张、混乱，最后产生一种新的综合的。影响此扩张混乱与综合的因素是随时而变，随境而变。有些要素，例如地域、政治组织、共同语言、共同的价值尺度等在形成民族社会的早期是有效的。但此民族群体达到成熟时期之后，原有的要素有些便消灭了，变迁了，而为另一套要素所代替，但于群体内分子结合和"我群之感"是不会动摇的。②弗氏的这个观点比较他所罗列的若干民族因素更为重要。美国学者约瑟（B. Joseph）在其所著《民族之性质与问题》（*The Nature and*

---

① E. K. Fancis, "The Nature of the Ethnic Group", Ibid, pp. 395-398.
② E. K. Fancis, "The Nature of the Ethnic Group", Ibid, pp. 398-400.

Problem of the Nation)一书中亦说:"民族非由若干特殊因素而组成之物体,只缺乏一种便不能成立。事实与此相反,民族乃为一活动的有机的整体,其所含因素非分析所能为力,不能绝对准确的衡量。"① 其义与弗兰希斯的立论相同。

四、民族社会之意义及其基本特征的各种说法

何谓民族社会?民族社会和现代所谓文明社会有什么区别?这些问题,在民族社会一词未产生之前,已经有许多说法。最早,莫而干(L. H. Morgan,即摩尔根)在他的《古代社会》(*Ancient Society*, 1877)中分社会演进的阶段为野蛮、未开化与文明三种。文明社会与野蛮未开化的社会之分在于文字与火器之发明二种特征。但无文字的先史社会与民族社会是否同质,现在看来很成问题。英国梅因(H. Maine)著《古代法》(*Ancient Law*, 1861)分社会为早期社会与晚期社会二种。前者为基于血族的社会,或一种身份的社会;后者为基于地域的社会,或一种契约的社会。今世罗维(R. H. Lowie)对于梅因的说法批评得最好,谓许多血族的社会同时亦为地域的社会。② 德国费尔康特(A. Vierkandt)分民族社会为自然民族与文化民族二种。自然民族是依赖自然,或受自然支配的民族。文化民族则为有经验与反省的智慧以利用自然的民族。③ 唐尼斯(F. Tonnies)分社会为共同社会(Gemeinschaft)和团体社会(Gesellschaft)二种。前者是一群人从未细心考虑,而只由他们共同生活的事实所发展的关系之社会;后者是每个独立的个人都细心考虑,为达到某种共同的目的,经过同意而加入的关系之社会。④ 法国涂尔干(E. Durkheim)在他的《社会分工论》(*De la Division du Travail Social*)中认为,由共同态度和情绪所形成的社会联系和由团体分子补足功能的用处所形成

---

① 约瑟原著手头不便,兹从袁业裕编著《民族主义原论》(正中)译文,第44页。
② R. H. Lowie, *An Introduction to Cultural Anthropology*, 1940, pp. 286-289; *Primitive Society*, Chap. XIII.
③ A. Vierkandt 的说法见于所著 *Gesellschaftslehre*,转引自卫惠林:《民族学的对象领域及其关联的问题》,载《民族学研究集刊》1936年第1期。
④ F. Tonnies.

的社会联系是不同的。他又分社会为社会杂碎（social segment）和社会器官（social organ）二种。前者的形式为机械的关系，其法律为压服性的；后者的形式为有机的关系，其法律为赔偿性的。以上多是以现代社会衬托民族社会的情状的。

至于单独说明民族社会的特质者，前面我们已经提到莫而干因为民族社会特别野蛮和不开化，所以很干脆地名之曰"古代社会"。莫氏是进化论派的始祖，他认为现代的野蛮便是文明的古代，这种类比法是否合于逻辑，当时他似乎也不甚理会的。由莫而干的"古代社会"到现在人类学家的"初民或原始社会"，在字义上似乎没有两样。所以法国的毛莱（Moret）和达维（Davy）在《从氏族到帝国》（Des Clans aux Empires）一书中谓"原始社会即现在野蛮人的社会，代表着一种比任何有历史文化的社会更落后的社会状态"。但怎样的落后呢？他并未有所指明。有的学者也许感觉到今之民族名之曰"古代的"和"原始的"是不合理的，因而改名之曰"单纯社会"（simple people or société simple），我国学者亦有"浅化民族"一词。什么是单纯社会呢？很少有人说明。大概即如法国于贝尔（R. Hubert）所谓"其组织相当的单纯，使我可以认知为初级社会"①。但这种解释是很抽象的。比较具体一点的，还是好学深思的美国人类学家高登卫塞（A. A. Goldenweizer）在他所著的《早期文明》（Early Civilization, 1922）里，曾经具体地举出原始社会的下列五种特征：

（一）他们是小型的、孤立的和无文字的；

（二）他们表现地方的文化；

（三）他们人口间的知识、态度和功能的配备是相对地同质的；

（四）个人并非一种显著的单位；

（五）知识的表现是无系统的。②

我国民族学者曾经分析过原始民族的特点者只有卫惠林先生，云：

（一）社会的组织比较简单，其结合人数比较少；

（二）社会制度与个人行为以神秘力量之信仰为基础；

（三）物质生活受自然环境的严格支配；

---

① R. Hubert, *Manuel de la Sociologie*, p. 48.
② A. A. Goldenweizer, *Early Civilization*, 1922, pp. 117-118.

（四）生产手段靠人力与简单的工具，不知使用机械与动力；

（五）对事物之认识与行为之方向，严守习俗的传统，而不依靠理性的判断与科学的指导。①

最近，美国人类学家雷达斐尔（R. Redfield）根据过去欧美人类学家的旧说，旁征博引，梳理民族社会的特征为十六则如下：

（一）民族社会是一个小型的社会。

（二）民族社会是一个孤立的社会。

（三）无典籍。

（四）组成民族社会的人民是很类似的和同质的。

（五）民族社会的分子有一种强烈的团结感觉。

（六）使用原始工具，再造的和三造的工具相对的稀少；无复式的、速率的、机械的制造成品；少有或无自然力的应用。

（七）无十分的分工制度。

（八）为一经济独立的群体。

（九）民族社会只是一种文化的特质化。一种文化乃指一种习惯认识的组织或整合，因而组成一种结合的和自适的体系。

（十）在民族社会里，有习俗强烈的形成一种行为模式。

（十一）民族社会的行为是主观的人格的，而非客观的事实的。

（十二）民族社会是一个亲戚的社会。

（十三）民族社会是一种神秘的社会。

（十四）对于日常实际行动问题的解决，很少用系统的和反应的思维，而只用实际有效控制的方法以求完成其所想望的目的。故巫术为民族社会特征之一。

（十五）民族社会人们的心理契合是个人的和感情的，而非抽象范畴的，或有固定的因果意义在内。

（十六）民族社会的人们被束缚于宗教和血缘的关系上，而无发展商业的获利动机之余地。②

由上述关于民族社会的意义及其特征，在理论研究方面是随时代而进步

---

① 卫惠林前引论文，第42页。
② R. Redfield, "the Folk Society", in *the American Journal of Sociology*, Vol. LII, No. 4, 1947.

的。越到后来越比以前的说法进步。

五、作者的意见

我很赞同，以"民族社会"（Folk society or ethnic society, société ethnique, Volksgesellschaft）代"初民社会"、"原始社会"、"单纯社会"、"野蛮社会"等一类名词。民族社会是社会人类学研究的对象，和民族文化为文化人类学研究的对象一样。民族社会和民族文化的区别，即便是社会和文化的区别，前者指民族的社会行为、集体行为模式、社会制度、社会组织，以及社团、社区等，乃是社会人类学研究的体系；后者指民族的知识、信仰、艺术、道德、法律、风俗，以及其他文化特质和其分布的区域，乃是文化人类学研究的体系。因此，我不赞同罗维所谓"初民社会是和初民文化范围圈一样大小的"[1]说法。

民族社会的特征是和现代所谓"文明社会"相对而言的。我们只能由一种抽象的观念的说法，说一个理想的民族社会是如此如此，并非一切民族社会都是如此如此。自然，不备有理想的条件之一种是不能说是民族社会的，但并非每一个社会必具有所述的一切条件，然后始能成为民族社会。

民族社会的特征是什么？或构成民族社会的条件为何？综合上述各家的意见，我们可以简括述之如下：

（一）民族社会的地理特征，它们大都聚居于热带和寒带，孤岛和半岛的边陲，山岳与山林地带，或沙漠地带。[2]这些地带大都交通阻塞，气候恶劣，物质贫乏，因而它们的生活单纯，始终不易跻于文明社会之列。但这种民族分布的特征，非是民族自愿的，乃是被迫的。交通不便和文化单纯成为一种循环的不治之症。

（二）民族社会的生物特征，由人口的量来说，民族大都是一个"小国寡民"的社会。北美西部的勺旬人（Shoshone），每一家庭人口以能采集食物为度。几个家族从事共猎，旋即分离。唯冬日聚集为一简单的临时营地，

---

[1] R. H. Lowie, *Primitive Society*, Chap. I, Introduction, 1920.
[2] 此系 F. Ratzel, *Anthropogeographie* 的意见，转引自卫惠林著前引论文。

人口不过百人而已。西伯利亚的雅库特人（Yakuts）的居落，大都为四家或五家，共二十至三十人而已。据史提威尔（J. Steward）估计，世界上以狩猎或采集为生的社会人口仅数十人而已。所以孙末楠说"原始社会的概念当是一散布于一地域的小型群体"①。由人口的质来说，民族多是一个血姻关系的社会。许多民族群体是行内婚制的，禁止与外群体为婚。而且，在民族社会里，血族模式有从真血缘团体扩展到伪血缘团体的趋势。澳洲中部土著把亲属称谓扩充到"凡与他们有社会接触的人，因此全社会组成一个亲属的团体"②。在中国古代，亲属称谓的发展最初由血族扩展到姻族，由本群扩展到客群，由同级扩展到异级，由人间扩展到神界，于是宇宙间几成一亲属团体了。

（三）民族社会的心理特征是神秘的、质朴的、巫术的。所谓神秘的是指神圣与畏惧两种心理交错组织而成宗教信仰。由传统行动的重复而产生礼仪，由礼仪的表演而产生祭祀。在民族社会中，礼仪有变为祭祀的趋势，祭礼又有变为神秘的趋势。所谓质朴的，即对于问题的解决不间接诉于系统的和反应的思维，而直接诉于有效手段对于所期达到目的的控制。所谓巫术的，即是上述的控制方式。巫术是基于感情状态的特殊经验，但其真理非由理性表现出来，乃由在人类有机体上感情的扮演表现出来。③所以民族心理是情感的，非因果关系的抽象范畴的。

（四）民族社会的文化特征是无文字的记录和纯一的生活方式。民族社会多是无文字的。有些民族，纵然有文字，或以象形幼稚，或以组织欠灵，或则只用于巫师神父阶级，与一般民族之思想交通无关，实际与无文字同。因无文字，故记忆只存于几代以内，传授仅限于老少之间，无历史观念，无系统神学，更不用说一定没有记录经验的科学基础了。文化为纯一者，即言其社会仅为一种传统理解的组织，一切人所知道的和所信仰的，以及所赖以生活的和如何去生活，彼此都很相同。不只整个社会相同，而且代代相同。

（五）民族社会的经济特征：1. 生产工具以雏形工具（primary tools）为

---

① W. G. Sumner, *Folkways*, 1906, p. 12.
② A. R. Radcliffe-Brown, "Three Tribes of Western Australia, 1913", *Journal of the Royal Anthropological Institute of Great Britain and Ireland*, XLIII, pp. 143-194.
③ R. Redfield 前引论文。

主，很少有再造和三造的工具（Secondary and tertiary tools, tools make tools）；无复式的、速率的、机械的制造成品；亦很少有自然动力的应用。2. 分工制度不甚发达。民族社会只有男女的分工是普遍的；职业分工和阶级分工都比较少有。雷德克里夫卜朗（Radecliffe-Brown）描写安达曼岛人的工作云："在地域团体内，无所谓分工的。每个人都希望成一个能猎猪者，能捕鱼者，能刳船者，能做弓箭者，以及能做其他男子所做的事。"① 3. 商业的获利动机不易产生。第一，由于无货币；第二，由于缺乏公共的价值标准；第三，物品与服务的分配是照习惯和个人的身份关系的；第四，物品的交换是或由于好意的表示，或由于祭祀和仪式的活动，所以纯商业性的交易很少有的。4. 由于上述种种特征，所以一个理想的民族社会是一个经济独立的团体。民族生产他们所消费的；消费他们所生产的。有些哀斯基末人（今译作"爱斯基摩人"）的经济情况，便是如此。安达曼人的小队生活大致亦是经济自足的，有时以季节的赠礼调剂他们生活的羡余和不足。

（六）民族社会的政治特征，说他们是无政府状态是不对的，说他们的政治制度不甚发达，则为千真万确。第一，民族社区很小，人与人间保持对等的初级社会关系。对方意见易于了解，交谈和舆论便可以解决偶尔产生的纠纷。第二，民族社会，变态的人们较少，社会的矛盾亦比较不大，所以社会秩序比较的安静。第三，民族社会比较是静态的，同质的。人们对于制度和活动的看法比较相同；是非和善恶比较容易确定。所以不需要正式法庭一类的组织。第四，民族社会私有财产甚为有限，商业交易亦不发达，而且，在小国寡民的社区里，每人的动产为人所共知的，所以劫财窃物之事，自然便绝无仅有了。第五，有许多社团，如家族、氏族、年龄组合、宗教团体都可以处理自己内部的问题。因此，可以减低政府的功能至最少限度。②

（七）民族社会的法律特征：1. 刑法比较民法为发达。民族社会中个人间的关系决定于个人的社会地位；家族财产的承继方法规定于习惯；口头的约定多于契约的写订。所以民法几无规定的必要。而刑法亦无明文规定，只由习惯法予以裁判和执行。2. 法律行为取集体责任主义，不取个体责任主义。如血族复仇、血族斗械和集体赔偿皆属者。3. 犯罪事实一样，但因犯罪

---

① A. G. Radcliffe-Brown, *The Anderman Islanders*, 1922, p. 43.
② 参考 W. F. Ogburn and M. F. Ninkoff, "Sociology, 1940", *War Depart. Education Manual*, pp. 618-622。

所对的团体分子不同，故轻重异其处分。如窃盗抢劫在我群内则罪重罚重；在它群内则罪轻罚轻；奸情在氏族内则罪重罚重，在氏族外则罪轻罚轻；阶级社会，奸情在阶级内则处罚轻，在阶级外则处罚重。4. 审判程序，占卜神断重于原告被告之陈述；立誓仪式重于事实的表现。

（八）民族社会的伦理特征即道德的二重性和民族中心主义（Ethnocentrism）。孙末楠谓："原始民族对于我群和它群的分别很明显，在我群内的道德标准与对它群的道德标准不同。在我群内的相互关系是和平、秩序、法律、政治等。对于它群，除为媾和所改变以外，常是战争和劫掠。在群内的感情是忠诚、牺牲，对群外则为仇恨与欺侮；对内为友爱，对外则好战。"[①] 民族中心主义便是以我族而排斥它族；以我族文化为尺度，度量它族文化，因而产生民族偏见。

（九）民族社会的社会行为特征是强烈地由习俗形成的。他们生长在习俗里，随习俗而思想，随习俗而行动，思想与行动一致，从来不加以反省和批评的。所以他们的行为是传统的、自发的，绝无意志的批判存乎其间。

（原载《社会学刊》1948年第6卷合刊）

---

① W. G. Sumner 前引书。

辟所谓"西藏种族论"并驳斥经史内所流传的藏族起源于印度之谬论

一

藏族和汉族虽然是两个不同的民族，但它们属于同一种族，又属于同一语言系统，这是世界学术界所公认的。谁都知道，在人种上西藏人和汉人同属于"蒙古类种"（Mongoloid race）；在语言上汉语和藏语同属于"汉藏语系"（Sino-Tibetan system）；藏文的形体虽然系7世纪时采用了梵文中的兰查天文和瓦都龙文而制成，但它的音义同汉文的音义从语源上说却保存着千丝万缕的联系。因此，藏族和汉族的关系是同种同文的关系，是血肉相连的兄弟民族的关系。从公元7世纪前叶起，西藏人所建的吐蕃王国就和唐朝发生了经济交换、婚姻往来、文化交流的友好关系了。13世纪中叶，西藏地区正式加入了中国的版图，从那时起直到现在，西藏一直是中国的领土，西藏民族一直是中国诸民族中一个重要的不可分割的组成部分。

但英国自从18世纪占领印度以后，对于我国的西藏不断进行经济侵略和军事侵略，企图割断藏族和中国其他各族的联系，搞"西藏独立"，最后的目的是要使西藏成为英国的殖民地，更经由西藏向我国的四川、云南、青海等地进行侵略。然而所有这些恶毒的计划早被我国的西藏人民和其他各族人民识破了。西藏人民对于英国的侵略军和侵略军所筑的炮台和堡垒直接加以反抗和破坏，而各地的各族人民对英国所提出的侵略条约誓死反抗，斗争到底，所以英帝国主义的侵藏幻想无法实现。当然，英帝国主义是不肯甘心的，为了配合它的军事政治侵略，制订了一套恶毒的文化侵略和思想侵略计划：一方面宣传西藏是一个"国家"①，西藏应该"独立"或"自治"；另一方面，宣传西藏是不同于汉族或其他中国民族的一个"种族"，企图通过"西藏种族"这一论调，使西藏脱离中国，变成英帝国的殖民地。现在我们只就后一方面即"西藏种族论"给以揭露和批判。

最初在西藏西康进行人种测量工作的，是英国的 W. 端纳。他在 19 世纪末叶测量了康藏人头骨若干，分为长头的和圆头的两种。前者称之为"武装的善战阶级"，大部分分布在西康各地；后者多为寺院的僧侣，是西藏人的主要构成部分。② 继端纳的研究者为 G. M. 毛仑特。他在西藏的西南地方测量了 37 个男头骨，称之"藏族 A 型"；又在西康测量了 15 个男头骨，称之为"藏族 B 型"。③ 自从端纳和毛仑特的怪论一出，英国的学术界为之惊喜，认为英帝国侵略西藏至少在人类测量学上是有根据的了，于是就大力宣扬，宣传那些所谓属于"武装善战阶级"的"长头人种"便是"印度欧罗巴血统"，便是"阿尔卑体型"，有的更推演为"原诺狄克种"，议论纷纷，不可一世。这里我只引两位英国资产阶级学者为例，便可以证明英国学术界对"西藏种族论"是如何的狂热了。一个是 T. A. 焦一士，他著了一本《民族志收集手册》，讲到西藏的民族时，他说"藏族的特质以南蒙古利亚血统为主，而混有相当的印度欧罗巴血统者"。④ 还有一个是 L. H. D. 巴克斯顿，他在《亚洲的民族》中宣传说"西藏种族有武士型、僧侣型和第三种血统的阿尔卑体型三种"。这里所谓"武士型、僧侣型"，显然是根据端纳的说法而来的，此外又加上了一种"阿尔卑体型"，这种谬论全部出于巴克斯顿的臆测，有意为他的"西藏种族论"捏造基础。不只如此，当论到"武士型"和"僧侣型"的种属时，他认为在远古时代有一种躯干高大的长头人种出现于亚洲各部，名曰"原诺狄克种"（Proto-Nordics），以为康藏的"武士阶级"，皆属于此类。"这种人都是高躯干、长头、大骨架，和黄种人显然不同"，因此他说西藏的"武士型"，就是"原诺狄克种"。至于"僧侣型"呢？他说是"南蒙古

---

① 最初称西藏是一个国家的，是英帝国印度总督寇松（G. N. Curzon），见《英国国会文书和记录》，1904 年。
② W. Turner, *Craniometry*（《头骨学》），Trans. Roy. Soc., 1899-1901, 1906, 1913.
③ G. M. Moran, *Craniometry, A First Study of the Tibetan*（《头骨学，藏族的初步研究》），Skull Biometrika, 1928.
④ T. A. Joyce, *Handbook to the Ethnographical Collection*（《民族志收集手册》），1910.

类种"或"盘利奥安种"(Pareoean race)。他一口咬定蒙古人和汉人对于藏族的影响微不足道。他说:"西藏北部的藏族,无疑地受蒙古人很大的影响,但因二族间以沙漠隔离之故,使他们不能起很大的血统融合。"又说:"在几世纪前,藏族虽受汉族的影响,但此影响很少能改变藏族的体型,使之与汉人相似。"①很明显,巴克斯顿是一个彻头彻尾的"西藏种族论"者,他企图割断我国汉族、蒙古族和藏族的关系,所以把藏族的血缘关系与英帝国殖民地的"盘利奥安种"联系起来,更和风马牛不相及的欧洲"阿尔卑体型"以及"诺狄克种"联系起来,这不是显然为英帝国的殖民主义找种族的根据吗?所以应当说巴克斯顿是一彻头彻尾的帝国主义"学者",他鼓吹"西藏种族"属于印度欧罗巴种族的谬论。

这种"西藏种族"谬论对于学术界和政治界的影响是相当大的。例如法国的 D. G. 孟当东首先便上了端纳等人的当,把"西藏种族"的论调编入他的《人类种族》一书中,在法国的学术界起了一定的影响。我国前中央研究院吴定良和英国毛仑特(莫仁德)合写的《亚洲人种初步分类》中只说"藏族 B 型……在一切汉人型中皆较疏远,唯与史前系列相关最为接近。藏族 A 则相去何远"②。在体质特征上使藏族与汉族等蒙古类种分离开来,而说与任何一种其他种族接近,这些说法都属于主观唯心主义论列之类。至于别有用心的人,不用说对于"西藏种族论"更趋之若鹜,如蝇附膻,抓此一点,一有机会便到处宣传。例如,60 年代印度一些扩张主义分子叫嚣什么"中国人消灭西藏种族"等等口号,应该都归结于自 18 世纪以来各式各样的"西藏种族论"者到处宣传这种谬论造成的结果。

二

然而西藏的藏族,无论如何不能说他们是不同于中国大多数民族的一个种族,他们和我国的汉族、侗族、苗族、瑶族、傣族、彝族等民族一样,都

---

① L. H. D. Buxton, *The Peoples of Asia*(《亚洲民族》),1925.
② 吴定良、莫仁德合著《亚洲人种初步分类》英文单行本,中国中央研究院社会科学专刊,第七号,1932 年。

属于蒙古类种，或者简称"黄种"，而不同于印度欧罗巴的任何种族，更不是"阿尔卑体型"，也不是什么"原诺狄克种"。

解放以来，在我国若干大的城市里都有藏族的各阶层人民往来，除了他们的发式、服饰与我国各族有所区别外，在体质方面我们看不到同我国其他民族有什么区别。尽人皆知，解放前西藏地方的军队是由西藏各地，其中包括藏北羌塘、藏南各地、藏西阿里、藏东昌都和西康等地抽调而来的。其中包括了各阶级各阶层的人，也包括了各种职业的人们。这些人们的体质，有长躯干的，有短躯干的；有长头的，也有圆头的，只是没有或者绝少高鼻、蓝睛如印度欧罗巴人种者。又尽人皆知，解放前西藏各大寺的喇嘛也是从各地来的，其中有乌斯藏人，有康人，有嘉戎人，有阿里人，有青海人，有阿木多人，甚而还有少数蒙古人、汉人和日本人等。这些僧侣的体质也是有长躯干的，短躯干的；有长头的，也有圆头的，只是没有或绝少如印度欧罗巴的高鼻、深目、碧眼者。那么 W. 端纳和 L. H. D. 巴克斯顿之流有什么根据把西藏的人种分为"武士型"和"僧侣型"两种呢？即使有人说"西藏的武士们都是长头的，僧侣们都是圆头的"，我想一定会笑掉西藏各地的士兵和拉萨附近三大寺喇嘛的牙齿的。当然这里也许有人会吓唬我们说："W. 端纳依靠的是仪器测量的结果，你们能不相信科学吗？"是的，我们相信仪器，更相信科学。但是测量的成果不仅决定于仪器，除仪器以外还决定于测量方式的选择和测量人数的多少以及测量者是否保持着科学的态度。仅仅从若干个头骨，甚而至于如毛仑特从 15—37 个头骨所推出的结论，是很难令人置信的。因此，我们绝对不能迷信资产阶级学者穿着科学的外衣，而别有用心地为帝国主义侵略西藏所制造出来的伪科学的结论。

而且一切科学所凭借的事实必须和群众的共同感觉知识相符合，这种科学才能复验，才能有说服群众的基础。而上述几位"西藏种族论"者所说西藏的藏族有"阿尔卑体型"，又和"原诺狄克种"类似等，这种论调无论对于西藏人或者对于任何同藏族接触过的汉人或外国人，在经验中都无法证明。从前西康有个妇女名仁钦拉姆，嫁给一位英国人名叫金·路易斯为妻，她著了《我们藏人》一书，其中有些地方对我国汉人多所诋毁，然谈到欧洲人的相貌时，却说："照我们的意见，欧洲人一般并不美丽。我们觉其鼻太高，突如壶嘴；耳太大，无殊猪耳；眼睛蓝色，似儿童们所玩的石球；眼眶凹过深，睫毛太长，过于猕猴化。"① 欧洲的朋友们，请恕我引这段资料的不恭，然从此正可反映出藏族的体态和欧洲白种人的体态大不相同。

不只藏族人的看法如此，就是欧美人到过西藏的，除了极少数别有用心的帝国主义分子以外，不论其政治面貌如何，对于藏族的种属都异口同声地认为属于蒙古类种而与中国的其他各族有不可分割的关系。美国有一位 D. 马克当纳著《喇嘛之邦》一书，内称"藏民乃属于蒙古类种。虽在今日，蒙古类种和西藏种无论在外表上和体质上几乎不能分辨清楚"②。其次即上段我们提到的 C. 贝尔，他以英国官员的身份到西藏为英帝的殖民主义做了不少的特务活动。虽然他也赞成并宣传"长颜面是西藏贵人的特点"，但在他的几部著作中有意无意地流露出英藏人民的体态确不相同；与藏族同种同文的，不是欧洲人，而是中国的其他诸民族。例如他在《西藏人民》中说："若干英人均否认西藏妇女之美。斜眼、直鼻、高颧骨，皆足以引起反感。而欧洲人在多数藏人看来，也认为奇丑异常。"③ 这种说法和上面所引仁钦拉姆的说法基本上是一致的。这难道仅是一个美和丑的问题吗？斜眼、直鼻、高颧骨是西藏人的体质特征，也是中国其他属于蒙古类种诸民族的体质特征。这些特征以及其他特征决不是一小撮"西藏种族论"者所能抹煞的。C. 贝尔最后也不得不承认："大多数藏人，无论男女，具有斜眼、直鼻、及凸出之颧骨，与中国人（汉人）及其他东亚民族无异。"他在《西藏之过去和现在》一书中也说："西藏之天然亲属仍为中国联邦之各种族。其宗教、伦理及社会、礼仪、风俗皆有公共基础。历史也自始联络。"④ 从此可见，只要有客观的真理存在，即使英帝国的官僚和特务想抵赖也是抵赖不了的。

以作者所知，中国学者，无论在解放前后，还不曾在西藏等地对藏族做过体质测量的工作。外国资产阶级学者在藏族分布区测量工作做得比较精确一些的，要算抗战前北平协和医院 P. H. 史蒂文生（许文生）在西康的工作。

---

① 仁钦拉姆（Rin-chen Lha-mo）和金·路易斯（Louis King）所著的《我们藏人》（We Tibetans），在 1929 年用英文发表。以后译为汉文，在商务印书馆出版。
② D. Macdonald, The Land of Lama (《喇嘛之邦》), 1929.
③ C. Bell, The People of Tibet (《西藏人民》), 1928. 有董之学的汉文译本，名《西藏志》，由商务印书馆出版。
④ C. Bell, Tibet, Past and Present (《西藏之过去与现在》), 1924. 有宫廷璋的汉文译本《西藏史》，商务印书馆出版。

他曾在西康测量的人数只 58 名，并不算多。这些资料交给前中央研究院历史语言所的第四组整理、计算的结果，西康藏人的头指数为 79.99；面指数为 90.1；鼻指数为 65.1；身长为 1.67 米，身长与坐高的比值为 53.2。晰言之，这些藏族是一种中头型、狭面型、狭鼻型、中等身材和高躯干的民族。自史氏测量的结果一经公布，前述英国 W. 端纳所说的西康人之为"长头的武士阶级"的论调就根本被推翻了。巴克斯顿所谓藏人有一种"阿尔卑体型"，并推论"武士型"和"僧侣型"的"种族"乃由远古时代亚洲的"原诺狄克种"之后裔，这些谬论从此也丧失了依据和前提，成为一种毫无根据的谬论了。以头指数而论，西康的藏族和内地的汉族最为接近。西康藏族的头指数为 79.90±29，汉族的头指数为 81.27±20（以吴金鼎在河北省所测量的 170 个汉人为例），前者在马丁分类中头型的上极，后者在马丁分类圆头型的下极，其间仅相距一个单位罢了。因此，"西藏种族论"者所谓藏族、汉族头型距离疏远的说法是毫无科学根据的。

不只对于藏族，就是对于我国的其他各族，各国帝国主义的资产阶级学者披了各式各样的"科学"外衣，做出许多破坏我国民族团结的谬论，我们对这些谬论必须给以还击，粉碎帝国主义者的一切阴谋。人类学或体质测量学在我国目前还不十分发达，但这门科学对于社会主义建设和驳斥资产阶级在种族主义上所发表的各种谬论，仍可以发挥一定的作用。因此，希望我国已有的为数不多的人类学家，加速改造自己并批判资产阶级的人类学而为社会主义建设和社会主义革命服务。

三

在藏文经典里有些不正确的传说，已经引起一般人的误会，以为古代西藏的统治阶级来自印度。后来这种传说又经一些西藏的僧侣进一步加以推演，笼统主张所有西藏人的祖先皆来自印度。这种论调对于西藏人民的危害性很大，它不仅侵蚀一般人民的阶级意识，就是所有西藏、昌都、康定、青海各地的劳动人民，受此宣传的影响以后至少对于祖国观念和爱国主义思想发生了一种冲溃作用。因此，对于这些问题我们有驳斥的必要。当然，这些问题仍然是人民内部的思想问题，有些地方还是一种关于学术上讨论的问题。但是这些问题已经不是一般的学术思想问题了，它和前面所述的"西藏种族论"互有联系。所不同者，"西藏种族论"是来自外国帝国主义的资产阶级学者，他们的目的在于分裂汉藏关系，为帝国主义吞并西藏制造条件；而藏族来自印度说则是由古代西藏的统治者和僧侣所提出，目的是抬高西藏统治者的地位，借以吓唬人民。然而客观的结果二者都腐蚀了藏族人民的祖国观念和爱国主义思想。

印度佛教于 7 世纪时传入西藏，此时松赞干布已经统一西藏，建立了吐蕃王朝，吐蕃王朝从 6 世纪建立，到 9 世纪中叶分裂，前后三百年内有二百几十年，它的政治发展大体同佛教发展是相互依赖共存并行的。佛教徒为了战胜西藏原有的本教徒，不能不依靠吐蕃王朝的实力，而吐蕃王朝为了抬高地位、巩固政权并征取赋役，也不得不依靠佛教以麻醉人民。这种佛教和王朝的现世依存关系想在历史上加以证实，于是就产生了吐蕃王朝系出古代印度佛国的神话。

我们所能看到的这种记载，是公元 1388 年（戊辰，明洪武二十一年）萨迦派藏僧沈朗绛村（福德幢）所著的《正法源流与法王世代明镜》。他引拉萨大昭寺内的《王诰窗柱纪》云："天竺释迦日照王裔阿育法王之后相次继承王位者，有同产之绞定王及马甲王二人。国政大乱时，马甲王三子中之最幼者，具有圣德，不得其位，乃遵神所预示，改作女装，流于西藏，即为此王。"此王是指聂赤赞布而言。又引《西藏史志》说聂赤赞布"初降于拉日若波山巅，举目四望，见耶拉香波雪山之高峻，亚降土地之美胜，遂止于尊唐贡马山，为诸牧人所见，趋至其前，问所从来。王以手指天。众相谓云：'或是自天所降之帝子，我辈宜奉为君。'遂以肩为座，迎之而归，故号聂赤赞布（义为坐肩之王），是为西藏最初之王"。从上述两种较古的记载，可知这些故事是只指西藏王统的起源而言的。然即使如此，其中有一系列问题令人疑莫能解。例如各种藏文经典叙述聂赤赞布的世系时，或谓出于憍萨罗国的胜光大王，或谓出于摩竭陀国的影胜大王，或谓出于巴特沙拉国的出光大王，或谓出于离车子，在明代以前已经众说纷纭，莫衷一是。① 此是

---

① 参考法尊《西藏民族政教史》第二章第一节。《正法源流与法王世代明镜》引布敦的《西藏佛教史》云："聂赤赞布为弋夏纳王茜吉之五世裔，抑为汝金各波王之五世或系德那王伽吉之子。"其疑莫能明的情况在明代以前就已经议论纷纷了。

我们疑其伪托的原因之一。又 17 世纪时蒙古贵族萨囊彻辰所著的《蒙古源流》，记载雪山土伯特地方汗等根源云："沙嘉沙斡里与十八万仇众战斗被击创，幼子噜巴迪败走雪山地方，遂为土伯特之雅尔降氏。"此"噜巴迪"之名与诸传所述之"尼雅特"或"聂赤"不合，又其"雅尔降"姓氏也与《旧唐书·吐蕃传》所记松赞干布之"勃窣野"或"鹘堤悉补野"的姓氏不合。此是我们疑其伪托的原因之二。此外还有一些年代问题和地区问题皆与吐蕃国的历史相谬背，所以这种神话的历史价值是很成问题的。

西藏经典不只说西藏王系是从印度来的，还有一些藏经以所有的藏族的祖先皆起于印度。例如 13 至 14 世纪布敦（Bu-ston）所著的《西藏佛教史》内有如下的论断：关于人类如何始能出现于西藏，据慧镫论师云，昔（佛出世以前）贾参五子与十二国战斗之时，有一国王名噜巴迪者率一千士卒，乔装为妇女，逃入雪山（即喜马拉雅山）之内，后来发展为西藏之民族。① 此言西藏的人类在远古时期即来自印度。此说与前引各说显然不同。前者只说藏王世系来源，其有关于今日者只是如拉加里贵族为第一世藏王光明王的子孙，或如拉克夏贵族为藏王乌王之子孙，这些只指 7 世纪松赞干布以前的藏王之后裔罢了。后者则说西藏所有的藏族还要包括西藏以外其他地区的藏族，既不是如一般民间传说的猴的子孙，也不是从各处迁来，而把西藏的藏族和印度的印度欧罗巴人混为一谈，这便成为西藏民族史上一个荒唐无比的大的问题了。

不只藏经中有这种说法，就是在汉文史志中也有一些人受其蒙蔽，有意无意地做了西藏为白种人的宣传者。例如最近去世的吕思勉先生，我对于他的治史精神一向是很佩服的，但是他在所著的《中国民族史》内把吐蕃史列入白种历史之中，我们绝不能同意。他所根据的只是萨囊彻辰《蒙古源流》的若干叙述，最初他还只认为"吐蕃的王室系出印度"，到了后来他却又认为吐蕃"人又本自印度"了。这种论述，关系到藏族的起源问题，故不可不加以澄清。

---

① 布敦生于 1290 年，少时治佛经，1320 年被迎至后藏夏鲁寺坐床，1364 年圆寂。《西藏佛教史》成于 1321 年。布敦为西藏佛教夏鲁派即迦当派之祖，黄教受此派影响很深，黄教也称新迦当派。所以他的藏族起源说至今尚为黄教徒所信。此文引自法尊《西藏民族政教史》，并参考 De Fillipi, *Desideri's An Account of Tibet*, 1932. 布敦著作的原名为 "Bod Chos Byrn"，以译为《西藏佛教史》为宜，也有译为《西藏宗教史》或《教法源流》。

尽人皆知，印度人的种族属于白种或高加索种，印度人的语言属于印度欧罗巴语系或雅利安语系，因此，假使说藏族或吐蕃族是系出印度，则必须以藏族为白种或高加索种、藏语为印度欧罗巴语系为前提。关于西藏人的种族问题，前节我们已经讨论过了，他们是蒙古类种或黄种，而不是高加索种或白种，是毫无疑义的，即使是资产阶级的学者，除一二个别有用心歪曲事实外，绝大多数都同意了这一论点。西藏人的语言，无论卫藏语也好，阿里语也好，霍尔语也好，康巴语和阿木多语也好，它们都是从藏语分派出来的方言，同印度欧罗巴语系中的印度语，毫无相同之处。藏语是汉藏语系中的一支，汉语和藏语之间，就其语音、语汇和文法构造来说基本上是一致的。因此，藏族或吐蕃族无论从人种来说，或者从语言来说，他们是同中国的各民族分不开的，而与印度则毫无相同相近之处。

还有一些人把吐蕃人和藏族分别开来，说藏族是黄种，吐蕃是来自印度的白种，这种说法实是一种主观臆说，与实际的情况不合。吐蕃原是一个国家的名称，而其民族组成的主要部族则是藏族。"吐蕃"名称的来源，学术界的意见虽然还不一致，但无论如何，大家认为"吐蕃"的对音就是"Tu-bod"，也即今日欧洲语言称西藏为"Tibet"或"Tebat"的由来。吐蕃中的"蕃"，即今藏语中的"bod"或"pod"的音译，此"bod"或"pod"即"西番"的"番"（古读播），也即藏族的自称。所以吐蕃国是由古代的藏族建立的。古代的藏族和今日的藏族在历史上有密切联系，我们绝不能任意加以分割。旁的不说，只从吐蕃时期所留下的各种古文书经典看，经过许多专家研究，吐蕃语和藏语仅有古今之别，而与印度的语言，除了佛教经典上的词汇外，很不相同。

当然，我们这样说只是否定藏族和印度之间的人种关系和语言系统关系，而不是否定他们之间的其他一切关系。藏族文化和印度文化的关系是很深的，其中特别是宗教的关系。在吐蕃建国之际，印度各国许多僧侣来到西藏，建立了很多佛教的派别，例如菩提萨埵大师和莲花生大师。直到吐蕃国分裂以后，印度各国的僧侣仍然不断来过西藏。同时，西藏历代的僧侣也不断到印度学佛，回国以后教授生徒，对于藏印之间的文化交流发生了很大作用。这些事实是谁都不能否认的。但是宗教关系和文化关系并不能把西藏人变为印度人，也不能把西藏的语言变为印度的语言，这也是谁都不能否认的。我们所反对的，正是那些从宗教关系推论为其他关系，从宗教的来源演绎为人种的来源的主观唯心论者。

四

在社会主义国家内，作为一个无神论者，我们不能容忍任何人穿着宗教外衣来腐蚀各族人民的爱国主义，并妨害各民族之间的合作团结。我们已经发现在四川的西昌和云南西部有一些帝国主义的神父和牧师们，他们藉口传教而宣传于彝族、怒族、卡瓦族人民之间的，是说他们不是中国人，是英国人，是欧洲人等。自解放以来，这些帝国主义的帮凶们已经销声匿迹，一去不复返了。但是，在古代的佛教通行之区，有些信仰佛教的统治阶级和为统治阶级服务的僧侣们，为了抬高统治者的地位，把统治者祖宗的来源说成是印度佛教创始者或印度名王的后裔；积之既久，习以为常，把统治者的伪造的祖源又说成是全体民族的祖源，于是有些信仰佛教的民族，他们的族源就披上了印度佛教的外衣了。现在我试以云南西部的白族和蒙古草原的蒙古族为例，便可以看宗教的传说是如何的荒唐无稽，同时，由此更可看出西藏的祖源是经过什么过程发展成如藏经所说的那种荒唐无稽的说法的。《南诏野史》对于白族祖源有如下传说：西天天竺摩竭国阿育王低蒙苴第八子蒙苴颂，居白崖，因地名号白崖国。或说天竺国白饭王之裔仁果者，为众所推，立于白崖，号白子国。

又一说，白子国之先有阿育国王能乘云上天，娶天女，生三子：长、季两子封于金马碧鸡，独封仲子于苍洱之间，人称为白饭王。迨后有仁果者，汉封为滇王，号白子国。

人所尽知，白崖国或白子国是白族所建立的，但经佛教徒一渲染以后，白族或白族统治者的祖先便认为是来自印度的了。又《野史》引《白古记》，说阿育王骠苴低生低蒙苴，低蒙苴生九子：长子为十六国之祖，次子为吐蕃之祖，三子为汉人之祖，四子为东蛮之祖，五子为蒙氏之祖，六子为狮子国之祖，七子为交趾国之祖，八子为白子国之祖，九子为白夷之祖。照此所说，云南的白族、彝族、西藏的吐蕃、中国各地的汉人都是印度阿育王的子孙了。

不只云南古代的白族有这种不正确的神话，就是 17 世纪的蒙古也有类似不正确的传说。据萨囊彻辰的《蒙古源流》记载，自从印度巴特沙拉国王子尼雅持赞博汗（即前所述聂赤赞布）战胜西藏"四方各部落而为八十八万土伯特国主"之后，他的后裔在西藏建立了吐蕃王朝。尼雅持赞博汗传到七世孙色尔持赞博汗，被其臣隆纳木篡位。色尔持有子三人俱各逃亡，第三子布尔特齐诺逃往蒙古，遂为蒙古各汗之祖。上引书卷 3 云："季子布尔特齐诺（《元朝秘史》作索儿帖赤那，译言'苍狼'）出之恭博地方，即娶恭博地方之女郭斡玛喇勒（《元朝秘史》作豁埃马阑勒，译言'惨白色的鹿'）为妻，往渡腾吉斯海（译言'天湖'），东行至拜噶勒江（今贝加尔湖）所属布尔干噶勒图纳山（不儿罕哈纳都那山，克鲁伦河导源于此山东南麓）下，过必塔地方人众，询其故，遂援引古额讷特珂克人众所推崇之土伯特地方之尼雅持赞博汗以语之。必塔地方人众议云：'此子有根基，我等无主，应立伊为君。'遂尊为君长，诸维遵旨行事。生子必特斯干、必塔察干二人。……多斡索和尔之子：托诺依、多克、新额木尼克、额尔克俱为厄鲁特、巴噶图特、和特（即辉特）、奇喇古特四姓之卫喇特。"

从上文可知，自从蒙元中叶信西藏喇嘛教以后，藏僧不断至蒙古传教，于是成吉思汗祖先所谓"苍狼"和"白鹿"也成了聂赤赞布的后裔了。不只喀尔喀东部蒙古各支的汗是他的后裔，就是西蒙古卫喇特（瓦喇）四部的汗也是他的后裔了。这样一来，自然而然得到一个结论，就是：蒙古诸汗系出西藏，而西藏王族乃系出印度，于是蒙古诸汗也就系出印度了。这显然是历史上的千古大错，然而古代的统治阶级和为统治阶级服务的僧侣们就是这样篡改各族的历史的。

这种篡改民族历史的举动，在从前的有识之士看来往往一笑置之，认为这仅是一种无稽之谈罢了。但是在近现代的情况便有所不同。自从帝国主义侵略中国的活动展开以后，千方百计在抓借口，找根据，即使是一种无稽之谈，一旦被侵略者所掌握，跟着便向我们讨价还价了。因此，为了警惕帝国主义的一切阴谋，应当对于过去一切不合理的传说和神话加以批判和肃清。我国内部各地各民族自解放以来已经组织成一个团结的大家庭，共同建设我们的社会主义国家。但在历史上近代帝国主义为了分裂我国的民族团结曾制造了许多谣言，譬如说什么西藏是个"独立国家"，西藏是一个"种族"，藏族和汉族无关而与印度欧罗巴人有关等等，这些因素对于我国内部的民族团结是十分不利的。因此，为了巩固我国的民族团结，更有必要对中外一切不合理的传说和谬论进行批判和肃清。

（原载王宗维、周伟洲编：《马长寿纪念文集》，西北大学出版社1993年版）

论匈奴部落国家的奴隶制

一、前言

研究蒙古草原的奴隶制，是具体解决亚洲和中国各族人民社会发展史的主要问题之一。现在我准备阐明的古代匈奴部落国家，便是亚洲草原上最典型的一个奴隶所有者的社会。以往的史学工作者，对于草原匈奴社会的性质似并未给以正确的估计。有人曾把匈奴部落国家误认为"匈奴部落联盟"，把匈奴奴隶制误认为"宗法氏族制"，这些不合于史实的概念，是亟须加以纠正的。还有一些意见，认为游牧部落难于监督奴隶生产，从而得出一个结论，说奴隶制在游牧社会中难于发展。这种说法，似是而非。在事实上，我们就以中国的兄弟民族史而论，如古代康藏高原的吐蕃和蒙古草原的匈奴，都曾在游牧社会中发展过显明的奴隶制度。

古代蒙古草原人民的历史，在公元前3世纪至前2世纪之间（即公元前209年匈奴冒顿单于即位的时候），是一个大的转变时期。在此时期以前，草原人民的历史是从氏族群体经氏族部落发展到部落联盟的历史。在此时期以后，是奴隶制的部落国家的历史。关于此点，司马迁在《史记·匈奴传》里大致已经指出："自淳维以至头曼，千有余岁，时大时小，别散分离，尚矣。其世传不可得而次云。然至冒顿，而匈奴最强大，尽服从北夷，而南与中国为敌国。"至于匈奴以外的其他草原部落呢？司马迁在《匈奴传》里叙述他们在春秋时代的情况说："各分散，居溪谷，自有君长，往往而聚者百有余戎，然莫能相一。"匈奴建国以前，在草原内的各部落仍处于分散和落后的状态，各部落是"时大时小，别散分离"，是"各分散，居溪谷，自有君长……然莫能相一"。这种情况说明当时的社会组织是氏族部落和部落联盟。

就是匈奴的第一个单于——头曼单于在当时也不过是草原中一个部落联盟的盟主罢了。那时匈奴原始氏族社会的野蛮风俗尚未消灭，例如杀戮长子制和少子继承权仍然实行着。头曼的长子冒顿，初被质于月氏，头曼想借月氏的刀把冒顿杀掉而立少子。这种废长立少的风俗，显然是与匈奴的氏族习惯有关。然而冒顿终于把这些旧习惯改革了。在他建立自己威信而举行骑射的过程中，牺牲了代表旧社会的父亲，又"尽诛其后母与弟（少子）及大臣不听从者"①。这种措施虽然是自发的，但对于旧制度和旧习惯的改革却富有斗争的意义。这个意义，处在西汉封建社会的汉人已经不懂，因而骂匈奴是"逆天理，乱人伦，暴长（应指废长立少）虐老（应指匈奴俗贱老，包括冒顿杀父自立的事在内），以盗窃为务"②。

  草原部落联盟之发展为部落国家，是一个组织的过程，同时也是一个分裂的过程。匈奴是一个战胜者的部落联盟。当其征服了其他部落、部落联盟及部落国家之后，匈奴部落联盟的首领组织为国家机构：原来的盟主变为世袭的单于；有功的盟员和单于亲属都变为世选的王侯；其余各部族的酋长仍世袭为大人。这便是匈奴统治阶级组织国家的过程。至于被征服的部落、部落联盟及部落国家呢？原有的政治机构都被迫解散了，例如西域各国的独立政府都被取消，东胡的部落联盟亦被瓦解。这时所留下的只是一些没有政府管束的各个部落，例如乌桓、鲜卑、丁零、西域胡等部落共同体，这些部落共同体，再加上匈奴原有的部落共同体，共同组织成匈奴的部落国家。但对于原来的联盟和国家来说，对于原来的联盟和国家的统治阶级来说，自被匈奴征服之后，都已走上了"坠命亡氏、蹹其国家"的命运。这便是一个分裂的过程。由此可知，公元前2世纪后，匈奴的政治组织已经不是部落联盟了，而是一个以部落为单位的部落国家。

  匈奴从部落联盟发展为部落国家的过程，同时也就是匈奴部落奴隶制形成的过程。

  匈奴在建立部落国家以前，必须肯定已经具备了相当发展的家族奴隶制。为了继续和发展这种奴隶制，匈奴始侵略并征服其他部落和国家，在侵略战争中所捕获的俘虏大部分都变成了家族奴隶。对于所征服的部落和国家

---

① 《史记·匈奴传》。
② 《史记·卫将军骠骑列传》。

呢？其中有些部落，尤其是以游牧为业的部落，匈奴统治阶级尽可能把他们迁徙到蒙古草原内部去，例如西域部落便是显著的一例。但是其余大部分被征服的部落和国家呢？想把这些部落和国家全部搬到蒙古草原之内，在事实上是不可能的。譬如说人口是可以移动的，一部分物资是可以搬运的，但是土地、牧场、森林、商业以及其他生产资料则不可能迁移到草原之内，成为家族奴隶制下的生产资料。然而匈奴国家的最高奴隶主又要占有生产资料和生产工作者（否则就不能成为奴隶制社会），于是不得不让被征服的共同体仍在原地按照他们原有的生产方式，而对他们进行一种特殊的奴隶制的剥削。这便是当时部落奴隶制所以形成的客观形势。

但部落奴隶制必须理解为以家族奴隶制为基础的产物。任何政治制度总是和它的经济基础相适应的。部落奴隶制之不同于封建贡赋制也如奴隶制之不同于封建制一样，在奴隶所有者的社会是不可能实行封建主义社会的贡赋的。正因为如此，所以我们判断被征服部落和征服者统治阶级的关系时，必须事先分析征服者统治阶级的本质。

以上几段，我们只牵涉到匈奴奴隶制和它的政治组织相联系的问题，还没有讨论到奴隶制形成的物质基础。而且奴隶制的形式既有初级的和高级的之分，各地域、各国家在不同的历史条件下，奴隶制发展的内容又不尽相同。下面各节，我准备阐明匈奴奴隶制的产生、发展及灭亡等问题，最后还讨论匈奴社会的经济性质。

二、匈奴奴隶制的产生、发展和它的特征

蒙古草原人民劳动的第一次社会大分工——畜牧业从原始狩猎业分化出来，对于匈奴奴隶制的产生已经发生了绝大的决定作用。

首先，畜牧业的发展对于生产率的提高，对于财产储蓄量的增加，比之于狩猎部落，已有显著的进步。例如牲畜之日新月异的繁息是草原剩余生产量增加的主要原因；牲畜与牲畜间进行交配繁殖，因而使牲畜的品种逐渐增加。据司马迁《匈奴传》的记载，在上古时代，蒙古草原里的牲畜，除了多数的马、牛、羊外，又有奇畜：橐驼、驴、骡、駃騠、騊駼、驒騱。蒙古草

原的牲畜多，品种繁，但"家族的增长，并不像牲畜那样的迅速。现在照料畜群需要有更多的人。为了这一目的，便可以利用俘虏的敌人了，何况此种敌人像家畜那样可以增殖呢？"① 这是畜牧业直接影响奴隶制产生的原因之一。第二，"牧人部落生产的，不特比其余野蛮人生产的为多，而且他们又生产了别的生活资料"②。例如牛乳、乳酪、畜肉、兽皮、羊毛、驼毛以及由原料制造出来的毡幕、毡袭、裤褶等纺织物。这些生产品种类的增加，不只丰富了牧人的生活，而且又使部落间有经常贸易的可能。第三，家畜本身原来就易于分割，易于成为交换的物品和媒介；而逐水草迁移的游牧经济，一面在生产，一面在交易旅行；更重要的，在游牧过程中一面又在掠夺别的部落的财物和生产者。这种情况，既有利于产生私有财产制度，更有利于形成奴隶所有者的社会。

总之，生产品产量和种类的增加，就是表明"已使人底劳动力可以生产比维持它所必需的更多的生产品"③；就是创造了人们有剥削和被剥削可能的经济条件。阶级社会的第一种社会经济形态，即奴隶所有者的社会，就是在这种条件上产生的。恩格斯说："最初的大规模的社会分业，随着劳动生产率底增加，从而随着财富底增加，以及随着生产活动领域底扩大，在一定的历史条件之下，必然地要引起了奴隶制。从最初的大规模的社会分业中，发生了社会底最初的大分裂——即主人与奴隶，榨取者与被榨取者二大阶级。"④

除畜牧业外，其他产业——农业、手工业等的产生也都是有利于匈奴奴隶制的发展的。蒙古草原的农业，最初只是为畜牧业服务，它发展的区域似乎也只限于草原的南部（内蒙古的长城地带）、东南部（西拉穆伦河及老哈河流域）和北部（鄂尔浑河及土拉河流域）。据《史记·匈奴传》的记载，在公元前1世纪汉降将李贰师被杀时，草原北部曾"连雨雪数月，谷稼不熟"。《史记·卫将军骠骑列传》说，在公元前119年（汉武帝元狩四年）汉大将军卫青率兵数十万北击匈奴，发骑兵一部"至窴颜山赵信城，得匈奴

---

① 恩格斯：《家族、私有财产及国家的起源》，张仲实译本，第57页。
② 恩格斯：《家族、私有财产及国家的起源》，张仲实译本，第174页。
③ 恩格斯：《家族、私有财产及国家的起源》，张仲实译本，第174页。
④ 恩格斯：《家族、私有财产及国家的起源》，张仲实译本，第175页。

积粟，食军。军留一日而还。悉烧其城余粟以归"。从此知匈奴的农业已经有所发展。同时，《匈奴传》又说："卫律为单于谋：穿井、筑城、治楼以藏谷。"从而又知匈奴已发展了打井灌田的实施和筑城、建仓的建筑手工业。此外，从地下的遗物证明，在匈奴时代已经相当广泛地应用了陶器和金属器，其中最著名的便是匈奴的武器，如"径路刀"、铁剑、铜镞、金甲等。① 我们知道，这些农业和手工业，若由草原游牧的匈奴人担任，是不可能胜任的。然而这些产业对于匈奴人的生活，尤其对于统治阶级政权的建立和巩固有很大的关系，所以他们不能不在邻国或邻部落掠夺农民和百工来做他们生产的奴隶。

以上种种都是匈奴奴隶制形成的物质基础。

什么是奴隶制社会？斯大林同志曾经给以经典的意义。他说："在奴隶制度下，生产关系的基础是奴隶主占有生产资料和占有生产工作者。这生产工作者便是奴隶主所能当作牲畜来买卖屠杀的奴隶。"② 把斯大林同志的这段话运用于中国古代阿尔泰语族奴隶制社会的具体情况时，我们便知道各族人民的社会发展史都是和斯大林同志的指示相吻合的，只是在不同的历史条件下，各语族奴隶制在发生的时间上有迟早的不同，在发展的过程中有不同的分量和性质的差别而已。

在阿尔泰语族的历史上，奴隶制发生最早的是匈奴的游牧部落。他们在公元前 3 世纪以前应该就有奴隶制的萌芽了。公元前 3 世纪以后和公元 2 世纪以前的匈奴部落国家是整个建设在奴隶所有制之上的。所以在东亚的历史上，匈奴奴隶制的发生仅次于汉族的奴隶制时代，比较其他阿尔泰语族，尤其是通古斯语族，要前进了几百年乃至一千几百年。

蒙古草原的奴隶制有它显著的特点：它是以家畜和牧奴私有的奴隶主之畜牧经济为基础的；土地和牧场属于部落的或国家的公有制；他们的社会制度还不曾和原始公社脱离得一干二净，尤其是奴隶主的氏族制还起着很大的作用。但一般说来，这种奴隶制最初是以家长制的家族单位为前提而进行

---

① 关于草原陶器的使用，参考鸟吉龙藏：《东蒙古的原始居民》，东京《帝大理学部学报》，1914年。关于金属器的使用，参考《汉书·匈奴传》。"径路刀"是一种"斯基泰式"的短剑。此外更重要的有苏联考古学者柯兹洛夫 1924 年在今乌兰巴托以北诺颜山的发掘，详见下文。
② 《联共（布）党史简明教程》，第 156 页。

的，自从成立了国家以后，遂在家族奴隶的基础上实行被征服的异族部落的奴隶制。

在这里，首先说明草原的生产资料主要的便是家畜。家畜的累积和分割是促成私有制的原因，同时也是奴隶主占有生产资料的手段。至于土地和牧场，在游牧经济的条件下不可能成为私人的产业。马克思在致恩格斯的一封信中提到，在东方那里"没有土地私有制之存在，这的确是了解全东方情形的关键"。恩格斯在复马克思的信中同意马克思的说法，并特别提出"主要原因是在于气候，且与土壤的性质有关系，尤其是与广阔的沙漠地带有关系"[1]。马克思和恩格斯在当时主要是讨论亚洲的灌溉农业的，但在文中既然提到"全东方"和"沙漠地带"，那么蒙古草原上的游牧经济，不言而喻，便是实行牧场的公有制了。

长期保留原始公社制的许多残余，这本来是古代亚洲国家的特色，在蒙古草原自然也不能例外。但由于草原上水草分布的散漫性、不均匀性和贫乏性，在一个固定的牧场上是不可能发展大量的牲畜的。因为如此，所以一方面形成了动荡不息的游牧经济；又一方面相应地分裂了原来的氏族群体，而形成了以家族为主要组成部分的部落共同体。其中只有少数的富有牧主和贵族靠了特权和剥削方法，占领着水草丰美的牧地，从而才能维持着他们的氏族群体。上面我们所说的原始公社遗迹主要是靠这种经济关系维持着的。而一般的牧民，在战争和剥削的压迫下，把氏族分裂为家族，分裂为各个人，在各处过着动荡的流离生活。司马迁在《匈奴传》里这样地描写着："自君王以下……壮者食肥美，老者食其余。贵壮健，贱老弱。父死，妻其后母，兄弟死，皆取其妻妻之。"这段话说明匈奴牧民家族已入饱和状态，不只不能维持氏族群体，就连这最小的血族纽带也将被破裂为匈奴奴隶社会的奴隶预备军了。这些流离失所、无以为家的破落牧户成员，成为草原内部奴隶供给的主要泉源。

总之，草原奴隶制社会便是发生于这个以家畜为主要生活资料和以家长制的家族共同体为经济单位的条件之上的。

但是这种"奴隶制的原始形式"一经发展，到有了国家以后，不论这种

---

[1] 《马克思、恩格斯论中国》，第20—21页。

国家的形式是如何地原始，便由家族奴隶制发展而为剥削被征服的异族部落奴隶制。古代的匈奴国家便是实行这种典型的游牧奴隶制度的。没有家族奴隶和异族部落奴隶，就没有奴隶主的匈奴国家。匈奴国家的历史，以奴隶制始，以奴隶制终。匈奴国家的灭亡，从它的本质来说，是亡于家族奴隶的逃亡和异族奴隶部落的反抗；亡于奴隶主国家和封建主国家的对立矛盾。

三、匈奴的家族奴隶制

匈奴的奴隶制社会最初是以家长式的家族奴隶为基础的。贵族奴隶主的家族有大量的奴隶，平民战士的家族有大量的奴隶。这些奴隶主要是由战争中的俘虏变成的，以后始有犯罪的奴隶和债奴。

关于贵族家族的奴隶，《史记·匈奴传》作如下的记载："其送死，……近幸臣妾从死者，多至数千百人。"(《汉书》作"数十百人"。就算这个数目也相当惊人) 1924 年苏联的柯兹洛夫在诺颜山的匈奴贵族古墓中发见一墓室内有 17 个辫发的殉葬奴隶。[1] 从而可以证明《史记·匈奴传》所说的话不错。不只贵族、帝王有大量的奴隶，就是一个平民的战士，在攻战的时候，"斩首虏，赐一卮酒，而所得卤获，因以予之，得人以为奴婢。故其战，人人自为趣利"。由此记录推测，各战士的家族也有不少的奴隶。当时匈奴如何掠夺奴隶和分配奴隶，在《匈奴传》里没有提明，但由后世关于蒙古战士分掠奴隶的事，不妨作一推测。13 世纪蒙古统治者在陷城以后，便纵其士兵虏掠子女玉帛。"掳掠之前后，视其功之等差。前者插箭于门，则后者不敢入。"[2] 所得俘虏要按一定比例分给所有的参战人员，其中包括汗王在内，最好是"没有人没有分到"。成吉思汗的三个儿子打下了中亚的玉龙杰赤以后，三人私自把城中的百姓分了，一个也没有留给成吉思汗。于是成吉思汗大怒，拒绝三个儿子来晋谒。[3] 匈奴当年分配俘虏的事大致与此相似，如此始能使他

---

[1] 柯兹洛夫：《北蒙古——诺颜乌拉的古物》，《与柯兹洛夫的蒙古西藏考察团有关的北蒙古调查团简报》，列宁格勒，1925 年。
[2] 《黑鞑事略》。
[3] 《元朝秘史》卷 7，13。

们的家族成为"拥有若干自由人与非自由人组织而成的父权的家长权利的家属"①。

奴隶的来源，除了主要地由于战争的俘虏外，有的因犯罪被没为罪奴的，例如《匈奴传》载匈奴约法中规定："坐盗者，没其家。"有的奴隶是由邻国或邻族买来的，例如东汉时代的，西方羌族掠夺了汉族男女1万多人转卖给南匈奴。②也有是隶属国或隶属部落付不出租税，被统治阶级没收为债奴的，例如公元前1世纪匈奴对于乌桓人便是如此。③总之由不同的来源形成了匈奴的家族奴隶。

匈奴的家族奴隶一共有多少？在匈奴的人口比例中占百分比若干？还有这些奴隶做些什么工作？这都是决定匈奴部落国家是否为奴隶制社会的主要关键。关于这些问题，在过去史料里虽无综合的记载，但是我们亦可得到一个大概的轮廓。关于匈奴家族奴隶的数目，显然和他们在各国各部落所掠夺的人口数字有密切关系。匈奴在冒顿单于时代（前209—前174）便从东胡和中原掠夺了巨额的人口作为他们奴隶国家建立的基础。冒顿在公元前209年破灭东胡，在草原的东南部便俘"虏其民人及畜产"。跟着在中原北部吞并了楼烦、河南王，并入略燕、代、朝那、肤施等地，都虏掠了不少的人口回去。在公元前200年左右，汉高祖刘邦统率步兵32万与冒顿战于平城，在白登山被围，此役汉朝损失部队多少，史无明文，但是我们可以断定当时被匈奴虏去的兵士一定很多。及至前177年，在上郡又"侵盗保塞蛮夷，杀略人民"。稽粥单于时代（前174—前160），在前166年，匈奴骑兵14万在朝那、萧关、北地"虏人民畜产甚多"。此后不久，"岁入边，杀略人民畜产甚多，云中、辽东最甚，（每）至代郡（被杀虏者）万余人"④。军臣单于（前160—前126）继位不久，"大入上郡、云中各三万骑，所杀略甚众"。从公元前133年（汉武帝元光二年）起汉朝和匈奴正式宣战，因而对汉族人口掠夺更为激烈。在前129年，匈奴入上谷、渔阳，杀略吏民。前128年，入辽西略二千余人；又入上谷、渔阳虏略千余人；入雁门杀略千余人。前127年，

---

① 恩格斯：《家族、私有财产及国家的起源》，张仲实译本，第60页。
② 参考《后汉书·南匈奴传》及《乌桓传》。
③ 参考《后汉书·南匈奴传》及《乌桓传》。
④ 以上材料以《史记·匈奴传》为主，括弧中字句据《汉书·匈奴传》补入。

入上谷、渔阳杀略数千人。军臣单于死,其弟伊稚斜单于(前 126—前 114)立,这种虏掠人口的事,仍然继续不断地进行。前 126 年,入代郡略千余人;又入雁门杀略千余人。前 125 年,入代郡、定襄、上郡杀略数千人;又入代郡略千余人。前 122 年,入代郡、雁门杀略数百人。前 121 年,入右北平、定襄杀略千余人。前 104 年,匈奴大入云中、定襄、五原、朔方,杀略数千人。后又入酒泉、张掖略数千人,但这次掠夺因被汉朝玉门关的屯田军遇到,故掠得的人口全部被夺回。①

上述匈奴所掠夺的汉族人口,虽然无法统计,然大体言之,至少也在 20 万左右。

汉族人口之流入匈奴,除主要是俘虏外,还有一部分是被其他部落虏掠了以后,转卖到匈奴去的。例如在公元 110 年(东汉安帝永初四年,时南匈奴已投降汉朝多年),西羌曾把虏到的汉人卖入南匈奴,此时在汉族政治和武力的压迫下,南匈奴"乃还所抄汉民男女及羌所略转卖入匈奴者,合万余人"②。

除了汉族奴隶人口以外,匈奴历代征服了不少的部落和国家。在冒顿时代,东灭东胡,南灭楼烦、白羊,西击月氏,北取浑庚、屈射、丁零、鬲昆、新犁,西北并征服乌孙、呼揭及其旁 26 国。当时有多少人口被虏掠到草原去呢?这也是一个重要的问题。匈奴极盛时代的奴隶人口数目,我们是无法知道的。但三国时代魏人鱼豢在他的《魏略》里记载匈奴第二次分裂后一部分杂牌匈奴奴隶逃到了甘肃走廊,这是关于匈奴之由西方和北方各部落所掠夺奴隶的重要文献。云:"赀虏,匈奴也。匈奴名奴婢为'赀'。始建武时,匈奴衰,分去。其奴婢亡匿金城、武威、酒泉北,西河东西,畜牧逐水草,抄盗凉州郡。落稍多,有数万,不与东部鲜卑同也。其种非一,有大胡,有丁零,或颇有羌杂处,由本匈奴奴婢故也。"由上述文献,知匈奴奴隶之逃往甘肃走廊的,有"大胡",即西域胡(或言此即匈奴),有丁零,有羌族,合计有数万落。此所语"落",有大有小(例如丁零的落是比较小的),就以每落 5 家、每家 5 口计之,数万落的奴隶,设以 5 万落计,约有 25 万人。这个数目是匈奴二次分裂后的奴隶口数,而且也只限于逃往甘肃走廊的,所以不能认为便是除汉族奴隶外其他奴隶的全体。

---

① 以上史料见《汉书·本纪》及《匈奴传》,并参考清光绪时沈维贤编《前汉匈奴表》。
② 《后汉书·南匈奴传》。

从上面种种叙述，我们约略可以推断汉族奴口 20 万、西域胡、丁零和西羌奴口 25 万，其余如乌桓、鲜卑、楼烦、白羊的奴口假定为 10 万，共计匈奴奴口有 50 多万的样子。这 50 多万口奴隶，数目不算太大，但是跟匈奴人口总数来比较，已经是超过他们所有的壮丁战士的数目了。匈奴极盛时代，控弦的战士约 30 万。[①] 他们出兵的单位是以家族为标准的，即贾谊《新书》所谓"五口而出介卒一人"。设依此来推测，匈奴极盛时代的人口共有 150 万，此与中行说所说"匈奴人众不能当汉之一郡"，是完全相符的。若此种推测不误，则匈奴的奴隶人口是超过匈奴战士数目将及一倍，而占其全部人口的 1/3。

此占匈奴人口之半的奴隶执行着匈奴生产部门中的主要劳动，是毫无疑问的。匈奴的青年和壮丁本来都能从事生产，但是其中的绝大部分都做了"控弦之士"的骑兵。关于此点，《史记·匈奴传》记载得明白，说："士力能弯弓，尽为甲骑。"换言之，即射猎和战争便是他们的专门职业，因为如此，所以主要的生产劳动不能不转嫁到奴隶的身上。畜牧是由丁零人、西域胡人、羌人及乌桓人等担任，这由上述《魏略》所提到的"赀虏"明白指出是以"畜牧逐水草"为业，可以证明。西域胡自古以善于经商闻名。一部分西域贾奴则代奴隶主贩运商品。汉族奴隶，一如后世草原统治阶级役使汉人的办法，以凿井、农耕及经营手工业为主要职业。其中一部分当然也有从事畜牧的，试以汉代出使大臣苏武牧羊北海的事为例，则这种推测不能就算是错误。总之，按各种奴隶所从事的职业来说，也足证明匈奴时代的社会性质是一个不折不扣的奴隶所有者的社会。

四、匈奴的部落奴隶制

匈奴的奴隶制，除了上述的家族奴隶制外，又发展了部落奴隶制。部落奴隶制是以家族奴隶制为基础的，没有家族奴隶制就不可能产生奴隶的部落。

[①] 《史记·匈奴传》。

匈奴的部落奴隶制，是家族奴隶制的发展，跟着又和家族奴隶制密切联系而同时存在。部落奴隶制，从古典希腊、罗马的奴隶制社会史来看，是一种畸形的发展，但从草原奴隶制社会史来看，我们觉得上述两种奴隶制的产生和赓续都是非常自然的。

第一，部落奴隶制的产生与古代草原的自然经济有关。我们已知，古代的蒙古草原没有持久的农业，没有发达的手工业，也没有比原始商业更发达的内外物资交流的贸易制度。正因为如此，所以无论如何，在蒙古草原上是不可能发展如希腊、罗马的"生产奴隶"（也有人译作"劳动奴隶"）制的。草原奴隶既然不能"大批地驱到田野中和工场中去工作"（恩格斯语），那么家族奴隶制就不能正常地向生产奴隶制方面顺利发展（虽然在草原上已经也发展了一些）。这种情况对于匈奴部落国家的建立和巩固，显然是不利的。匈奴奴隶主阶级为了维持奴隶主的利益，同时也为了建立和巩固奴隶主政权的国家，因而他们便以剥削和管理奴隶的办法适用于剥削和统治被征服的异族部落，于是家族的奴隶制在未充分发展为生产奴隶制的情况下，便扩充为部落奴隶制。

第二，部落奴隶制产生的又一原因，就是匈奴的被征服国家和部落的产业发展很不均衡。草原东南部的乌桓、鲜卑二族，在公元前2至前1世纪时还是以狩猎为主而兼营牧畜和原始农业的部落。由于他们的生产力落后，所以部落中还保持着很多关于原始公社和女系氏族社会的风俗。反之，如西域诸国，在公元前2至前1世纪时，有许多城郭国家已经拥有相当发达的农业、手工业和商业，他们的社会很早便进入封建主义的阶段。这些产业发展不均衡和社会发展程度不同的部落和国家，对于匈奴国家来说，是很难于统治的。匈奴既无能力同化乌桓、鲜卑诸族走上奴隶所有者社会的阶段，更无力量提高自己走上西域封建社会的水平，所以最后一着，只有强调奴隶主的利益高于一切，用占有奴隶的办法来占有被征服者的资源和人力为奴隶主统治阶级服务。换言之，即作为奴隶主的匈奴统治阶级，既要占有被征服者的生产资料，又要占有他们的生产工作者（这是匈奴统治阶级的本质），由此而产生的生产关系自然是不可能超越奴隶制度的生产关系。

这种部落奴隶和家族奴隶显然是不同的。家族奴隶没有自己的氏族，也没有自己的部落，是以飘然一身或一个小家族群寄居于奴隶主的篱下以进行生产的。部落奴隶则否，他们有家族和氏族，而且还有自己的部落；原来部落的酋长，在绝对服从和参加劳动的条件之下，仍被匈奴统治阶级允许充当部落奴隶的头目。被征服的田野和作坊便是这些奴隶们的生产场所，但田野和作坊的主人，不是奴隶的头目，更不是奴隶，而是奴隶主阶级。所以这种奴隶，是一种生产奴隶，而不是家族奴隶。

家族奴隶主要是属于奴隶主所私有的。部落奴隶则不属于任何奴隶主个人所私有，而为奴隶国家的中央政府或者地方政府所公有，所以部落奴隶是国家奴隶或官奴隶。只在某些情况下，例如部落奴隶每年按期缴不出实物租赋时，政府便没收欠租赋者的妻子为家族奴隶；或者由政府官吏作主，把欠租赋者及其家属卖给匈奴人民做家族奴隶。从这一点看，部落奴隶也是家族奴隶的来源之一。

匈奴管理部落奴隶的官，在西域的被称为"僮仆都尉"。顾名思义，我们便知这是一种专门镇压和剥削部落奴隶的官了。"都尉"是匈奴的高级武官，领数千骑，受右日逐王节制。管理乌桓部落的官是什么官衔，史无明文，只称为"官属"。这种官大致是受左地的左贤王节制的。匈奴的最高统治者又常派使者率领骑兵，传达命令，责缴租赋，并且有权拷打、捕捉并售卖乌桓人民，把他们从部落奴隶变为家族奴隶。

部落奴隶对于国家政府的主要任务，是经营各地的畜牧业、农业、手工业等，每年以最高的剥削量贡献其土产物及制造品于管理奴隶的官，然后再由他们转送给地方和中央政府。除实物租赋外，政府随时还征调部落奴隶去从事战争或执行其他统治阶级所需要做的工作。

以上是关于匈奴的部落奴隶制可能做出的大概轮廓。至于它的具体情况，我们还必须具体分析公元前2到前1世纪的乌桓部落和公元1世纪的西域诸国被剥削和被统治的历史。

在公元前3世纪初，匈奴冒顿征服了东胡，不久乌桓便成为匈奴的奴隶部落。匈奴对于乌桓并没有拆散他的部落，也没有改变他们旧的生产方式，只是派官兵镇压，对乌桓人民进行一种过分的奴役和剥削。《后汉书·乌桓传》对此事记载得相当清楚："乌桓自为冒顿所破，众遂孤弱，常臣伏匈奴，岁输牛、马、羊、皮，过时不具，辄没其妻子。""没其妻子"万不得理解为由非奴隶变为奴隶，而是由部落的奴隶变为家族的奴隶。家族的奴隶生活更为惨苦是毫无疑义的。他们在不堪奴隶主淫威的压迫之下，愤而盗掘了单于祖先的坟墓。在公元前 1 世纪初，乌桓部落发生奴隶叛变，拒绝向匈奴再纳贡税，而依附汉朝。于是单于遣使责问，并号召"匈奴人民妇女欲贾贩者，皆随往焉"①。此匈奴人民乃指匈奴的平民。他们贩买什么呢？主要是贩买乌桓的人口。出卖乌桓人口的当然不是乌桓，而是匈奴的政府官吏。官吏能够售卖乌桓人口，由此知乌桓人民全部都是奴隶。这一件事激动了乌桓的整个部落。最初，乌桓自酋长以下的整个部落都拒绝纳税，匈奴使者大怒，把乌桓的酋豪捆缚并倒悬起来。于是乌桓的酋长联合人民，把匈奴的使者和官属一齐杀掉，并且劫夺了匈奴作贾贩的妇女及其牛马。这是乌桓奴隶部落的第一次大暴动。不幸这一暴动并未成功，匈奴派大兵前来镇压，结果略夺了乌桓的"妇女弱小"并扣留了持马畜、皮、布而往赎取债奴的亲属共 3000 多人。

关于匈奴的奴隶部落，最显明的又一例，便是在西方准噶尔盆地及塔里木盆地一部分的当时所谓"西域诸国"。《后汉书·西域传》对此事只有一个概括的记载，云："哀平间，（西域）自相分割为五十五国。王莽篡位，贬易侯王。由是西域怨叛，与中国遂绝。并复役属匈奴，匈奴敛税重刻，诸国不堪命。"为什么匈奴役属西域，又如何役属的呢？在《汉书·西域传》里亦有记载："西域诸国，大率土著。有城郭田畜，与匈奴、乌孙异俗，故皆役属匈奴。匈奴西边日逐王置僮仆都尉，使领西域，常居焉耆、危须、尉犁间，赋税诸国，取富给焉。"其中指出匈奴役属西域的经济原因和种姓原因是有很大意义的。由于他们是城郭田畜的经济，所以匈奴不能把他们搬到蒙古草原。又因他们的语言、风俗、族类不同，因而匈奴便成立一种异族部落的奴隶制度。传里指明"僮仆都尉"的官职，更引起我们的注意。但是此"僮仆都尉"的具体任务如何，未经指明，因而我们还须参看《后汉书》的《班超传》。传云："会间者羌乱，西域复绝。北虏（匈奴）遂遣责诸国，备其逋租，高其价值，严以期会。鄯善、车师皆怀愤怨，思乐事汉，其路无从。"传中的"遣责诸国，备其逋租，高其价值，严以期会"，便是僮仆都尉的具体任务，也就是当时匈奴奴役和剥削被征服部落、国家的办法。这是我

---

① 《汉书·匈奴传》。

们所以称西域被征服诸国为部落奴隶的主要理由。显而易见，在奴隶制下的部落奴隶是不同于封建制下的纳贡部落的。"逋租"是西域各国一度背匈降汉后历年所欠匈奴的租税，这种租税不只没有一定的税额，而且没有一定的回数，而是以最大的剥削量即所谓"高其价值"为课税的标准的。"严以期会"表明奴隶主不仅占有生产资料，更占有生产工作者，他们随时可以征调西域人去战争或去草原执行其他一切奴隶主所需要做的工作，限以时期，非执行奴隶主所宣布的命令不可。从这里，我们便知道"僮仆都尉"便是代表奴隶主统治部落奴隶的一种制度、一种官职。

由上述诸例，我们可以知道，匈奴统治者对于被征服的部落国家和人民，不只占有他们的生产资料，并且对于他们的生产工作者可以进行买卖、拷打和屠杀，所以匈奴统治者与他们之间的生产关系显然是奴隶主和奴隶的关系。

五、匈奴的奴隶对奴隶主的斗争

蒙古草原在历史上既然出现了奴隶制的国家，因而不可避免地要产生奴隶与奴隶主斗争的历史事实。奴隶对奴隶主的斗争，是奴隶和奴隶主、奴隶部落和奴隶主统治阶级之间的基本矛盾的产物。

奴隶对奴隶主的斗争，首先表现为自发的报复、逃亡和暴动。例如草原的乌桓奴隶，当其被奴隶主压迫而极其愤怒时，便集合起来，挖掉匈奴统治阶级的祖坟。在汉文帝时，匈奴一部分奴隶由章尼领导，逃往中原。公元前68年（汉宣帝地节二年），匈奴衰弱，草原大饥，人民牲畜死亡十之六七。就在那年的秋天，从前由匈奴所掠夺而来的西域部落被安顿在左地驻守，至此，"其君长以下数千人皆驱畜产行，与瓯脱战，所战杀伤甚众，遂南降汉"[1]。汉元帝时，侯应谓"降民本故匈奴之人，恐其思旧逃亡"[2]。由此诸例，可知匈奴奴隶时有逃亡至中原。又知公元1世纪初，乌桓部落，不论酋长和人民，都坚决反对匈奴统治阶级把他们卖给牧民为私奴，因而在匈奴使

---

[1] 《汉书·匈奴传》。
[2] 《汉书·匈奴传》。

者怒收乌桓酋豪缚而倒悬之后,"酋豪昆弟怒,共杀匈奴使者及其官属,略收妇女牛马"①。原来处于奴隶主淫威下的几十万奴隶,平时是不能大量逃亡的。在公元48年匈奴第二次分裂时,草原北部和西部的丁零奴、西域奴和西羌奴,便趁机联合起来,逃到甘肃走廊——金城、武威、酒泉及河西等地。这次逃亡奴隶的声势是浩大的,共三四十万人,而且比较是有计划和有组织的,所以终于逃出了匈奴奴隶主的魔掌,变为自由牧人。但是,最富有历史意义的还是丁零、乌桓、西域、鲜卑等部落两次的联合起义,这给匈奴统治阶级予以有组织有计划的致命伤的打击。第一次起义在公元前71年(汉宣帝本始三年),这次起义是为了反对匈奴侵略乌孙国而起的,《汉书·匈奴传》这样地记载着:

> 冬,单于自将万骑击乌孙,颇得老弱,欲还。会天大雨雪,一日深丈余,人民畜产冻死,还者不能什一。于是丁令乘弱攻其北,乌桓入其东,乌孙击其西。凡三国所杀数万级,马数万匹,牛羊甚众。又重以饿死,人民死者什三,畜产什五,匈奴大虚弱。诸国羁属者皆瓦解攻盗,不能理其后。

此次联合起义的结果显然是有成就的。更富有历史意义的是公元85年(东汉章帝元和二年),丁零、鲜卑、西域三方面的联合,利用南、北匈奴的矛盾,进攻北匈奴,这对于北匈奴的第二次西遁,起了主要的决定性的作用。《后汉书·南匈奴传》这样地记载着:

> 北虏(北匈奴)衰耗,党众离畔;南部(南匈奴)攻其前,丁零寇其后,鲜卑击其左,西域侵其右。不复自立,乃远引而去。

匈奴奴隶所有者的社会本来是以家族奴隶和部落奴隶为基础的,其主要矛盾是奴隶和奴隶主、部落奴隶和统治阶级的矛盾。匈奴国家在此矛盾中生长着,最后也在此矛盾中消灭着。由此更可证明斯大林同志提出的关于奴

---

① 《汉书·匈奴传》。

隶制度发展的规律是完全正确的。他说："富人和穷人，剥削者和被剥削者，享有完全权利的人和毫无权利的人，他们彼此的残酷阶级斗争，——这就是奴隶制的情景。"①

但是匈奴奴隶制度的消灭亦有其外在的条件。汉代的封建制度对于匈奴奴隶制的崩溃也有很大的作用。最初在公元前162年，汉文帝向匈奴稽粥单于提出汉匈二族交换俘虏和逃亡奴隶的建议。这一建议，在当时封建主义的汉朝真是"亡人不足以益众广地"，但对于奴隶制的匈奴则可以起政权瓦解的作用，所以匈奴单于对此建议不加考虑。到公元1世纪初年（汉平帝元始年间，即公元1—5年），那时匈奴已经开始内讧，王莽因而提出四项瓦解匈奴奴隶社会的条约，强迫匈奴单于承认。这四项条约是："中国人亡入匈奴者，乌孙亡降匈奴者，西域诸国佩中国印绶降匈奴者，乌桓降匈奴者，皆不得受。"② 此四项条约是在中原封建主义和匈奴奴隶制的相互矛盾下产生的，它的作用，不只可以瓦解匈奴原有的奴隶部落，而且可以割断匈奴家族奴隶的来源。

此四项条约颁布不久，果然引起一系列的匈奴奴隶部落离叛的事实。最初是乌桓的叛变，他们脱离匈奴奴隶主的统治，接受了中原封建王朝的统治。西域诸国在东汉初年（公元25—55年的建武年间），亦以不堪"匈奴敛税重刻"，请求汉朝派都护保护，但这个要求直到公元73年（东汉永平十六年）才得以实现。③ 不仅如此，自公元48年南、北匈奴分裂后，南匈奴降汉，"北单于惶恐，颇还所略汉人，以示善意"。南匈奴在公元108年亦归"还所抄汉民男女及羌所略转卖入匈奴者，合万余人"④。由上叙述，可知无论南、北匈奴的奴隶和奴隶部落对统治阶级关系的转变，都与汉代封建政权对匈奴奴隶制政权的压迫有很大的关系。因为如此，所以匈奴奴隶制的衰落，不只是奴隶对奴隶主的斗争，同时也是封建主义对奴隶制度的斗争。匈奴奴隶之变为农奴或农民和奴隶部落之转化为封建国家的附属国，是奴隶阶级的胜利，同时也是封建国家的胜利。

---

① 《联共（布）党史简明教程》第4章。
② 《汉书·匈奴传》。
③ 《后汉书·西域传》。
④ 以上二事俱见《后汉书·南匈奴传》。

然而这种奴隶解放运动显然是不彻底的。从此以后，在中国境内，匈奴的奴隶变为中原封建主的农奴或部曲；匈奴的奴隶部落变为中原封建主的纳贡部落或附属品。① 至于草原的大部分继匈奴后起的部落呢？由于中原封建主不能直接统治，所以仍在那里自发地实行他们原有的奴隶制和其他制度。

六、匈奴部落国家的经济性质

最后，我们说明草原上古代匈奴社会的经济性质。草原上古代匈奴的经济是以游牧、狩猎以及一小部分农业作为它的经济内容的。但是只提出经济内容，而忽略其发展的程度以及与其他经济活动的关系，仍然不能明白匈奴经济的性质。

匈奴经济，无论游牧、狩猎也好，或已经开始了一部分农业也好，按其性质来说，都是属于自然经济范畴。自然经济的主要目的在于自给自足，它的绝大部分的产品是为了自己的需要而生产，不是为了供给邻国或邻族的需要而生产。

但草原的自然经济有两个特征：一个是游牧生产的本身带有商品交换的性质；一个是贫乏的游牧经济并不能达到自给自足的目的。因为如此，所以这两个特征时常在相互矛盾状态下进行：一面把自己仍然需要的产品变为商品，与更需要的外族商品进行交换；一面在游牧过程中与不同的部落、国家进行战争，企图从那里掠夺俘虏，掠夺物资，以解决草原经济不能自给自足的问题。

古代的匈奴国家和草原奴隶制就是在这种情况下产生和发展而成的。马克思说："但奴隶制……还保存自然经济的要素。奴隶市场，是由战争、海上劫掠等事来不断维持它的劳动力的供给。这种劫掠，不能靠一个流通过程来作媒介，那只能依赖直接的物理的强制，把别人的劳动力在自然形态上实行占有。"② 这一论断是马克思对希腊、罗马奴隶制国家而言的，但对于古代

---

① 关于南匈奴合并于中原后的情况，参考《晋书·北狄传》、《刘元海载记》、《石勒载记》、《祖约传》及《王恂传》。
② 《资本论》卷 2。

匈奴国家同样有正确的意义。

　　游牧本身既然带有商品交换的性质，靠了战争又使周围所能征服的部落、国家变成匈奴的奴隶部落，并且打通了与中原交通和贸易的道路，在这种情况下，商品生产是必然为匈奴国家服务的。

　　现在我们试分析柯兹洛夫在 1924 年所发现的诺颜山的匈奴帝王古墓遗物，便可证明我们上面的假设不错。这些坟墓，由墓中一漆器铭文证明，是西汉建平五年即公元前 2 年以后的坟墓。墓中的织物有绢布和毛织物二种。绢布显然不是匈奴自织的。在绢布上面绣有彩色的山云、鸟兽、神仙等物。在流云神仙的中间并绣有"广成新神灵寿万年"的汉字。由此证明，这种绢绣是王莽送给匈奴王庭的礼物。在另一块毛织物上面，刺有伊斯兰式的植物纹、鸟兽纹及人物纹等，显然系西域的产品，经过"朝贡"或交易的方式由西域运到匈奴贵族的手中的。织物以外，还有漆器和玉器。漆器有漆盘、漆杯等。在二漆杯上面刻有"建平五年"的铭文，底上刻有"上林"（汉代长安城西边的上林苑）二字。漆盘上绘有狮子负猴等图案。① 在玉器上刻着双龙对舞的透雕。由此亦可推测这些漆器、玉器也是从汉地长安等处运来的。

　　由上述各种外来的遗物看，可以知道漠北的匈奴经济和文化与中原内地有广泛的市场联系。哪怕那些东西是由汉廷馈赠的，或者是由匈奴掠夺的，从商品交换的观点看，有同样重要的意义。

　　然而分析诺颜山的墓内遗物时，又使我们得出另外一个结论，就是草原经济虽然和外部经济有千丝万缕的关系，但是草原经济仍旧保持着闭塞的自然经济的特征。

　　例如说匈奴的手工业商品，有许多是有很大的成就的。在土产物绒毡上织有双头的怪物，有生翼的山猫；有涡旋纹、动物搏斗纹、野兽追逐纹等等，与内蒙古出土的青铜器时代的铜器花纹相类似。有青铜器，如铜壶、三脚蜡烛灯台、铜镜、马护面具、车轴头等。其中一部分可能由汉地输入外，其余大部分仍然是自己制造的。有金、银装饰品，上面有动物纹。还有马辔、铁杠、箭镞及其他铁制品；有木兽、木座、发火器等木器。还有裤褶、帽子及靴等物。所有这些东西，虽然在草原上已经成为商品了，然而只封锁

---

① 　柯兹洛夫前引书。

在草原的自然经济中，不能成为对外的流通的商品。

草原商品生产之不能充分发展，主要原因：第一，在奴隶制的生产关系下，奴隶主以最粗暴和最残酷的超经济强制剥削奴隶和奴隶部落，对于生产力的发展是必然引向衰落和困难的途径的。国内的贵族和平民，大部分以战争为业，他们不只脱离生产，而且摧毁生产，不是保护商贾，而是掠夺商贾，因此，更使商品生产和商品交易陷于无法发展的状态。第二，草原产业和商品发展在外部亦无适当的条件。例如牲畜、野兽的皮革及皮毛是最利于与工业及进步的手工业相结合的，但是在过去的草原周围并无工业和手工业特别发达的国家；过去中原的工业落后，没有胃口能大量输入草原的皮毛原料、制造成商品运销各地，只能部分地输入马、牛、羊，作为战争、运输、耕种及食肉之用。所以，对于畜牧产业的生产和再生产来说，不能成为理想的条件。第三，还有一个原因，就是草原的奴隶主阶级亦和后世的封建主阶级一样，他们从草原输出的是劳动人民的生产资料和生活资料，而换回的则是统治阶级的奢侈品和在生活上不尽是必要的东西。这种交易，对于草原人民，实在是一种变相的剥削。

总之，古代奴隶制度是阻碍草原经济不能正常发展的主要原因，同时也是匈奴国家侵略其他国家和部落的主要原因。匈奴国家的衰亡是草原奴隶社会瓦解的重要关键。驱逐匈奴西遁，首先是由于草原各族人民的反奴隶主斗争；其次与汉族人民的反侵略战争亦有相当关系。这些阶级斗争和民族斗争，都是由奴隶与奴隶主的矛盾及奴隶制与封建制的矛盾产生出来的。

（原载《历史研究》1954 年第 5 期，1962 年底经作者修订；收入林幹编：《匈奴史论文选集 [1919—1979]》，中华书局 1983 年版）

论突厥人和突厥汗国的社会变革

一、前言

　　一年半以前，为上海人民出版社写了一本小册子《突厥人和突厥汗国》，在此书最后的一节虽然也谈到了突厥人和突厥汗国的社会变革问题，但当时因篇幅所限，并未能畅所欲言。近一年来，我对此问题时加思索，而苏联史学界适于此时展开了关于游牧部民宗法封建社会的讨论，所有这些因素，都使我对此问题不能不提出一些个人的意见，这些意见不仅是旧事重提，而是希望通过问题提出以后，个人的意见得到纠正，同时引起国内史学工作者进一步加以研究。

　　解决古代游牧部民的社会性质问题，一方面有待于丰富史料的发现，另一方面更有待于正确方法论的运用，二者是废一不可，偏一不可的。现在只就方法论方面陈述一些我个人的意见。

　　研究古代各国（或各地区）的部族社会历史，区别单部族的国家（或地区）和多部族部落的国家（或地区）是很重要的。在单部族的国家里，部族社会史和国家社会史纵然有时有地区的不同，但大体说来二者的内容和形式是一致的。在多部族部落的国家里就不是如此。

　　一个多部族部落的国家，它是由许多部族部落的共同体组织而成的，在国家的内部具有各种不同的生产关系和不同的所有制，其中有的是原始公社的氏族公有制或部落公有制，有的是奴隶占有关系的奴隶制，有的是封建主对农奴、农民的土地封建所有制，或封建牧主对牧奴、牧民的土地封建所有制，还有的是从一种生产关系到另一种生产关系或从一种所有制到另一种所有制的过渡形式。因此，在一国之内有封建主义的部族，也有奴隶制的部族，有无阶级的氏族和部落，也有从无阶级向有阶级过渡的部落和部落联盟。古代的中国和蒙古草原，就是以这一类参差不齐的各种"族的共同体"①为内容的。

一国之内既然同时具备了各种生产关系、各种所有制以及各种族的共同体，那末与此相伴而产生的，一定就是很复杂而又错综的相互关系和作用。这种国家的阶级关系，比较单部族国家的阶级关系要复杂得多了，它们不仅是这一阶级和那一阶级的对立关系，而且是许多阶级之间和这些阶级互相联合对付那些阶级的对立关系。一国之内，不单有阶级矛盾，也还有各种所有制之间的矛盾，例如奴隶制要掠夺人口和封建制要掠夺土地的矛盾等等。除此以外，多部族部落的国家还有在部族间、部族部落间以及在部落间的多种矛盾，这种矛盾在单部族国家里是绝对不会有的，它们只有国内部族对国外部族部落的矛盾。所以多部族部落的国家是许多阶级的对立、许多所有制的对抗以及许多族的共同体的相互矛盾的产物。

各族之间的相互作用，具体表现为历代各族彼此之间的各种矛盾和各种统一的转化过程，例如侵略和反抗，压迫和起义，分裂和联合，迁移和杂居，分化和融合，等等。这些过程，各各之间虽然是相互矛盾的，但是经济的联系和文化的交流总是使各族之间越来越近，越来越统一；总是进步的经济战胜了落后的经济，先进的文化带动了落后的文化。于是，各部民的生产方式、所有制及社会形态，都发生了变化，且与各族社会形态变化相适应的同时，各族的共同体本身也跟着由氏族发展为部落，由部落发展为部族，由部族发展为民族。

而且国家本身也是不断变化着和发展着的，它被各族的生产关系和所有制所决定，同时它又制约了各族生产关系和所有制的变化。但是有阶级的国家，它始终是代表统治阶级的利益，主要实行一种所有制，并且只能代表统治阶级所属的族的共同体的愿望罢了。这是一切阶级社会的特征。

社会历史发展的过程，是一种前进的和上升的运动，是一种从低级形态转化为高级形态的运动。但在多部族部落国家内，无论对于整个国家或者个别部族来说，它们的社会发展绝不同单部族国家那样简单，而是以一种极矛

---

① "族的共同体"也可简称为"族体"，相当于拉丁文的"Ethnos"。它的含义是指氏族、部落、部族、民族的任何一种，同时又是四种共同体的共名。

盾而又统一、极曲折而又上升的曲线来体现其发展的历程的。

多部族部落国家，有些部落或部族由于多族之间的相互作用，特别是统治阶级通过国家的政治经济实施，可以变化原来它们的社会发展的轨道，而使落后的部落部族跟上先进部族的社会水平。如众所周知，近代世界上有许多部落部族，因资本主义国家或社会主义民族的影响，已经使它们从原始的落后社会形态超越一个或两个阶段，而飞跃到更高的其他一个社会形态了。这种情况，实在是古已有之，在古代多部族部落国家内已经是数见不鲜。但是各个国家在各个时代有各种不同的特殊过程，例如在"游牧行国"内，各部族部落的社会飞跃过程与城郭国家不同，与大陆农业国家也不相同，又在前资本主义的国家内与在资本主义的国家内不同，更与在社会主义国家内不同。具体分析各国家各部族在不同时代里的社会飞跃过程，应当是社会史和民族史学者今后的重要任务。

更具体地说，前资本主义时代各个国家各个部族，他们的社会飞跃过程也不是千篇一律、没有区别的，譬如古代中国各族的社会飞跃，就具有各式各样的历史过程。中国自古是以汉族为主的多部族部落的国家，汉族的统治阶级为了集中权力扩拓疆土并加强对边疆部落的剥削，往往采取一种"宽猛相济"或"剿抚并用"的办法，于是在落后边区派兵遣将、设官置吏了；于是又开辟道路、建立驿站了；于是又移民屯垦、凿井开渠了；于是又设立土官、改土归流了。统治者的动机当然不是为了异族，而是为了自己的阶级利益，但在客观效果上，却把先进部民的工具、技术和社会制度直接传播到落后部民的中间去了。就是这样，使落后的部民逐渐脱离自己社会发展的轨道，超越一个或两个阶段，飞跃到更高的一个新的阶段上去。

另外一种情况是国内外的落后部族一旦颠覆了中国的旧有王朝以后，部落酋长做了国家的主人，当时往往通过两种方式改变自己部民原来的落后形态。一种方式，是移殖落后部民到先进部族的地区，他们原来的动机是为镇压异族反抗和监督异族生产的，但到后来落后部民也参加了先进部民高级生产方式的生产，从实践中改变了他们原有的社会形态。又一种方式，是落后的统治阶级尽可能地掠夺先进地区的人力、财力和物资，分配与对他们有功的将帅臣民之间；或者强迫命令，征发先进人民的劳力、种子、牲畜和生产工具，搬运到本族所从来的所谓"发祥之地"，从事开垦，因而外族的生产工具和劳动技术传授与本族劳动人民，从而使本族的社会形态也发生了变化。无论上述哪一种方式，统治阶级的动机都是自私自利的，但客观的效果确实也促进了落后部民的经济发展，从而使本族的落后社会形态超越一个或两个阶段，飞跃到更高的一个新的阶段上去。

  以上两种情况乃泛指历代我们各族最普遍的飞跃形式而言。这里虽然也曾牵涉到草原牧民的社会变革，但牧民社会的飞跃主要还在于历代牧民曾经建立了许多国家，如匈奴国家、檀石槐部落联盟、柔然汗国、突厥汗国、回纥汗国、蒙古汗国等等，这些国家的内部自己便具有各种不同的生产关系、不同的所有制以及不同的族的共同体，他们彼此之间经常不断发生经济联系和文化交流，进步的部族经常带动落后的部族部落前进，而且同时不断又受城郭国家和汉族的影响，所以草原各族的社会形态时常发生飞跃的变化。

  在公元前 200 年以前，蒙古草原匈奴人的统治阶级，凭了他们的军事组织，在征服了各族牧民之后，顶注意的不仅是占领各部民的土地，而且要攫取适合于自己需要的劳动力、生产工具和生产资料。这种征服的掠夺方式最有利于奴隶制的形成，就是把掠夺过来的俘虏变成为奴隶，在草原上进行各种生产，同时把被征服了的城郭国家，一方面用最高的税率掠夺城郭人民的财富，又一方面安置"僮仆都尉"以保证奴隶社会的劳动力和资源来源不绝。古代匈奴国家的奴隶制，就是在这种过程中形成和发展起来的。[①] 在 1 世纪中叶，匈奴国家灭亡了，北匈奴率领几十万牧民西遁，南匈奴以 23 万多人降汉[②]，留在草原上的匈奴余众，据王沈《魏书》所载，还有"十万余落"。此所谓"落"，是指牧民的帐落而言，牧民的帐落约等于汉人所说的户口。依据《后汉书·南匈奴传》记载，南匈奴盛时有人口 34000 户，共计 237300 口。若依此计算，每户平均口数七人。丧乱之余的匈奴家口可能少些。设以每户五人计，十多万落也有人口五六十万。如此众多的匈奴人口留在草原，匈奴的奴隶制对于当时的乌桓人和鲜卑人不可能不发生巨大影响的。

  匈奴国家亡后，继之而起者是 2、3 世纪以檀石槐、轲比能为首领的乌桓人、鲜卑人和匈奴人各族牧民的大联盟。乌桓、鲜卑人的社会原来很原始、很落后，但在公元 49 年（东汉建武二十五年）乌桓大人郝旦等向汉光武

---

① 详细情况，请看马长寿：《论匈奴部落国家的奴隶制》，《历史研究》1954 年第 5 期。
② 《后汉书·南匈奴传》。

帝进贡时，除牛、马、虎、豹、貂皮等土特产外，又有奴婢一项。① 可知当时乌桓社会纵然没有发展成奴隶制社会，至少也发生了剥削奴隶劳动的事实了。117年（元初四年），乌桓大人于秩居破鲜卑大人连休，掠其"生口"、牛马和财物。②此外，《魏书·徒何段氏传》又记载徒何鲜卑段就六眷的祖父曾做渔阳乌桓大人库傉官的家奴，库傉官召集各部大人开会，想唾痰没有唾壶，家奴张开口接受了主人的唾液。这些事实，都说明了柔然汗国建立以前，草原上的乌桓部落和鲜卑部落都已经产生了家族奴隶制度了。

5世纪初年，柔然人征服了敕勒人（高车人）、匈奴人、突厥人、契丹人等，又建立了柔然汗国。柔然汗国也是一个多部族部落的奴隶占有关系的国家。柔然的军法显然同匈奴的法律十分类似：

先登者赐以虏获，退懦者以石击首杀之，或临时捶挞。③

还有，汗国征服高昌以后，把吐鲁番盆地北边贪汗山的突厥人迁到阿尔泰山之阳，做了汗国的锻铁奴隶部落。此外，还有几十万落高车诸部和匈奴部落被柔然人所奴役。到5世纪后叶，整个柔然汗国已经走上了"主奔于上，民散于下"的总崩溃状态。最严重的是487年高车十二姓十多万落的西迁，在车师前部的西北（今乌鲁木齐）一带建立独立高车王国。从高车建国之年起，柔然汗国与高车王国相互战争达三十年之久。492年一役，高车人反攻柔然，进兵至土剌河畔，摧毁了柔然可汗的王庭，柔然人不敌，"更为小国，而南移其居"④。从此以后，柔然汗国统治下的各部族和西域小国都分散独立了。突厥部落就在此时脱离了柔然汗国奴隶主的羁绊。此后，柔然征高车虽然略获胜利，但汗国本身已经日趋衰微，或南附北魏，或西依嚈哒，几乎不能成为一个独立的国家了。

当柔然汗国的奴隶社会行将瓦解之际，突厥的上层阶级伯克们（bäg）号召突厥锻工和铁勒诸族的部落联盟颠覆了柔然汗国，跟着建立突厥汗国。

---

① 《后汉书·乌桓传》。
② 《后汉书·鲜卑传》。"生口"就是奴隶。
③ 《魏书·蠕蠕传》。
④ 《南齐书·芮芮传》、《梁书·芮芮传》。

只凭突厥人原始公社末期阶级开始分化的落后社会形态，是无法立刻走上奴隶社会，更无法超越奴隶社会而进入封建主义社会的。但自从他们占领了草原各地以后，在柔然汗国的基础上，利用铁勒人东征西讨并且南侵中原，把掠夺来的成千成万俘虏分给"国人"以为奴隶，从此，原来柔然奴隶主因为势穷力绌以致奴隶来源中断的奴隶社会，一变而为以突厥贵族为奴隶主的奴隶社会了。

但西突厥的情况与东突厥的情况不同。最初西突厥的贵族军事首领未尝不想变更西域各国为一庞大的奴隶汗国的。但西域原有的许多城郭国家，在5世纪时奴隶制已经崩溃，他们的奴隶主已经成为大土地的所有者，已经产生了一些封建主义的国家，突厥人的武力无法改变各国的封建主义，所以在原有大土地所有者地方封建主义之上形成了土地国有制，突厥大可汗做了汗国土地的最高所有主，对于各地的农民、牧民、手工业者和商人实行赋税掠夺，所以西方的突厥牧民在6世纪后叶并不曾经过奴隶制阶段，从原始公社直接就飞跃到封建主义的社会。

此外在草原的内部和外部，突厥汗国中的各部牧民，在游牧过程中，战争过程中，商品交换过程中，由于经常接触，经常变更牧地，又经常联合和分裂，于是先进的生产力改变了落后的生产力，先进的生产关系代替了落后的生产关系，这样就加速了各族社会的发展，而使特别落后牧民的社会形态有飞跃变化的可能。

飞跃现象的产生虽然开始于各族内部生产关系的发生变化，但内部生产关系的变化与外部的影响有不可分割的关系。多部族部落国家的经济体系与单部族国家的经济体系显然有所不同。单部族国家的经济体系具有各自的部族市场，各自的共同经济，所以我们可以把它的内因和外因分别得一清二楚。至于多部族部落的国家就不是如此了，每一部族或部落，它本身不一定有独立的市场，更没有不借外力而能自力更生的诸生产力，它的共同经济和其他部族部落的共同经济是相互密切联合而不可分割的，许多部族部落共同组织而成为一经济的整体。因此当我们为此多部族部落划分内因或外因时，就不当以一部族或一部落为界线，而应当以整个经济体系的内缘和外缘为界线，换言之，即各族外部的东西有的是外因，有的仍然是内因，主要看这些东西是不是在原有的经济体系之内占重要位置罢了。正因为如此，所以在多部族部落国家或地区内，各部族部落经济形态的飞跃现象比较容易发生。

最后还有一个问题与上述问题是互相联系着的，就是在多部族部落中，各族的历史和整个国家或地区的历史乃是以一种辩证关系而发展着的问题。

每一族有每一族的历史，这是肯定不移的。但是每一族的历史，特别是少数部族部落的历史，必须放在整个国家或地区的历史范畴中加以研究，然后才能理解各族历史的全貌。蒙古草原各族几千年来已经发展成一个以游牧为生产方式的经济体系了。最初在原始公社时代，各氏族、各部落的发展还是各自独立的、分道扬镳的，但自从奴隶制的匈奴国家一旦形成以后，原始的生产关系屡经突破，各族牧民的相互关系便不再是各自为政，各自为战，而是相互联合，相互决定，各部族部落向着一个国家地域共同体的目标而发展了。草原这个多部族的地区自然有他自己的特点，不同于中原。例如说，中原始终是以汉族为主要成分的，而草原牧民在13世纪以前很难说哪一族是多数的部族。但草原与中原在这方面也有他们的许多共同之点，就是整个草原牧民虽然他们各有不同的语言，不同的社会经济形态，但除了各族单独的历史外，作为体现整个草原历史时代的某一部族集团，例如匈奴、鲜卑、突厥、蒙古诸族对其他部族部落显然发生了巨大的主导作用的。换言之，即整个草原也和整个中原一样，尽管他们的部族部落众多，但从其发生主导作用的部族来说，我们仍可把整个牧民的历史分作若干历史阶段加以研究。

分裂和融合是多部族部落国家历史的两个极端。最初各族历史是分裂的，但发展到一定阶段以后，便由分裂而趋于融合。在奴隶社会时代，由于战争、迁徙和杂居，各族的相互融合便显著了。由奴隶制而封建制，先进的封建主义部族对落后的奴隶制部族和原始部族所发生的带动作用更大，因而融合的程度也就越为加强。经济上的联系促成了政治上的统一；反过来，政治上的统一又加强了部族部落间的联合。蒙古草原的牧民历史就是这样发展到近代的情况的。

然而无论如何，历史上多部族部落国家的发展是非常复杂的，不论其他，只就各族各国的名称来说，已经使读者头目眩晕。满族的历史不等于大清国的历史，蒙古族的历史不等于蒙元的历史，这是尽人皆知的。但说到匈奴人和匈奴国家的区别，突厥人和突厥汗国的区别，这就使人们有所茫然了。本篇论文的题目在于区别突厥人和突厥汗国的社会及其相互关系，并希望说明草原牧民社会变革的历史渊源。这一工作,我知道是很难胜任的,但希望提出个人的意见,求正于国内蒙古史的专家。

二、六世纪中叶以前突厥人的社会

突厥人的最初起源地当在今蒙古草原西北部叶尼塞河上游的谦河流域①,它原来是一个以狼为图腾的女系氏族。相传始祖是冬神和夏神二女,同一个巫师名伊质泥师都相配,生产了四个男子,分别给四个女系氏族婚配,后来发展为四个部落:(1)白鸿部落,白鸿部落原来可能是一种以白鸿为图腾的氏族,分布的地点不明;(2)契骨部落,分布在阿辅水和剑水之间;(3)无名部落,分布在处折水附近;(4)突厥部落,分布践斯处折施山(践斯一作跋斯)。②

按《周书·突厥传》上所说的契骨,在《史记·匈奴传》上称为鬲昆,《汉书·匈奴传》称为坚昆,《魏书·铁勒传》称为结骨,《唐书·回鹘传》称为黠嘎斯,《元史》称为吉利吉斯,原始分布地在阿辅水(今称 Abakan 河)和剑水(今称谦河或 Kem 河)之间。又一无名部落分布在处折水(即 Plygal 河)一带。以上各水都在元代谦谦州的西部。而突厥部落所在的践(跋)斯处折施山虽不能确指在今何地,主要亦在叶尼塞河上游的谦河流域。

关于突厥以狼为图腾的事,《周书·突厥传》亦有一段神话式的叙述云:

突厥者,盖匈奴之别种,姓阿史那氏。别为部落。后为邻国所破,尽灭其族。有一儿,年且十岁,兵人见其小,不忍杀之,乃刖其足,弃

---

① 《周书·突厥传》:"突厥之先,出于索国,在匈奴之北。"索国可能是指 2 世纪时拓跋鲜卑之祖第二推寅所领导的游牧部落。这一部落,据《后汉书·鲜卑传》的记载,是在敦煌以北,即蒙古草原的西北部。突厥祖先出于鲜卑是不可能的,但与拓跋部落居住较近,"出于索国"之说或由于此故。
② 《周书》上这一段记载与哈萨克族的传说全部相合。哈萨克族相传师都汗和阿史满汗之女相配,生了四个儿子:一为阿克胡札(译言白鸿),为哈萨克之始祖;一为黑胡,为契骨之始祖;一为旭才,为无名部落之始祖;一为讷都六设,为突厥之始祖。参考楚罗舍尼科夫:《哈萨克柯尔克考略史》,俄文版,第 264 页。

草泽中。有牝狼以肉饲之，及长，与狼合，遂有孕焉。彼王闻此儿尚在，重遣杀之。使者见狼在侧，并欲杀狼，狼遂逃于高昌国之北山。山有洞穴，穴内有平壤茂草，周回数百里，四面俱山。狼匿其中，遂生十男。十男长大，外托妻孕，其后各有一姓，阿史那即一也。子孙蕃育，渐至数百家。

此书前一段叙述突厥族以狼为图腾的来历，与上一说略有出入，但突厥人以狼为图腾的事可以无疑。直到后世汗国成立以后，突厥可汗"旗纛之上施金狼头，侍卫之士谓之'附离'"①。可汗中尚有名"附邻可汗"者。"附邻"与"附离"同，译为汉语便是"狼王"。②

此节后一段叙述突厥人被邻部所侵，迁于高昌国之北山一事，关系于突厥人之社会转变至为重要。突厥人原居住于谦河流域的践（跋）斯处折施山，因被邻人所侵，所以由此南下，迁于今新疆中部吐鲁番盆地即古高昌国之北山。这是突厥人有史以来的第一次大迁徙。当时侵扰突厥者为何国或何部，已不可考。据我推测，古代突厥系丁零语族之一支，在公元前后300年，匈奴征服丁零者二次，丁零攻击匈奴者三次，突厥南迁可能就在此时，与匈奴之侵扰有关。

古代高昌国的北边有贪汗山，5世纪以前，贪汗山以北驻牧许多铁勒部落，此事在《北史·高昌传》有记载："（高昌国）北有赤石山，山北七十里有贪汗山，夏有积雪。此山北，铁勒界也。"贪汗山在突厥史上颇为著名，即今吐鲁番盆地北边的博格多·鄂拉（Bogdo-ola）。这一带的山脉及其以西的白山（阿羯田山），自古以产铁矿、铜矿、淘砂、煤炭驰名，在突厥人来此以前，已经有许多铁勒人在这里"取此山石炭，冶此山铁"，从事锻铁为业了。关于此点，《水经注·河水篇》叙述龟兹以北的大北山时，引《释氏西域记》云："屈茨（龟兹）北二百里有山，夜则火光，昼日但烟。人取此山石炭，冶此山铁，恒充三十六国用。"突厥迁此以后，不断向附近冶铁的铁勒部民学习，从此就在四面皆山、周围几百里、平壤茂草的优美环境内，展开了锻铁手工业和畜牧业的生产活动。

---

① 《周书·突厥传》。"附离"，突厥语是 böri，汉语的意义是狼。
② 《通典》卷197《边防》13《突厥》上。

突厥人开始以锻铁为业的时期和地点，《周书》、《隋书》二书的《突厥传》皆未明白叙述，因此我们除了上述理由外，还需要进一步加以阐明。《周书》叙述"高昌之北山，山有洞穴，穴内平壤茂草，周回数百里，四面俱山"。《隋书》叙述更为明确地说："其山在高昌西北，下有洞穴，狼入其中，遇得平壤茂草，地方二百余里。"这种地理环境，与12、13世纪蒙古人传说其祖先锻铁的地理环境几乎全部相同的。试引叙较详的《蒙兀儿史记·世纪第一》中一段如下：

> 或谓古时蒙兀与他族战，覆其军。仅遗男女各二人，遁入一山，斗绝险戏，惟一径通出入。山中土地宽平。水草甘美，乃携牲畜居之。名其山曰阿尔格乃衮。……继得铁矿，洞穴深邃。爰伐木炽炭，篝火穴中。宰七十牛，剖革为鞴，鼓风助火，铁石尽熔，衢路遂辟。至今后裔每逢元旦，君与宗亲犹次第向炉锻铁，著为典礼云。

蒙古人这种传说，据洪钧和陈寅恪先生研究，一致认为是从突厥入迁高昌北山之事演义而来的。① 此一论断，当不会错。从蒙古人的传说，更可反映古代突厥人在高昌北山之地理环境以及在此环境中所进行的锻铁情况。

于此我们当注意的是突厥人社会发展的早期历史。

突厥人初迁入吐鲁番盆地北边贪汗山之时及其以前，仍然是一个女系氏族部落。《周书·突厥传》云：

> 十男长大，外托妻孕，其后各有一姓。
> 讷都六有十妻，所生子皆以母族为姓。

夫妇生下的男子不是内娶妻孕，而是"外托妻孕"，这当然就是女系社会的"从妇居制"。所生子女皆以母族为姓，而子以所托之族为姓，这更是女系社会的特征了。

当时突厥部落的社会生活如何，于史无征。但《通典》卷200《边防》

---

① 参考洪钧：《元史译文证补》卷1上；陈寅恪：《彰所知论与蒙古源流》，《中央研究院历史语言研究所集刊》第2本第3分册，第303—305页。

16 "结骨"条下记载远古结骨人的社会制度云：

> 其俗大率与突厥同。婚姻无财聘。性多淫佚，与外人通者不忌。男女杂处。每一姓，或千口、五百口共一屋、一床、一被。

这段史料很重要。"婚姻无财聘"，是原始公社氏族间外婚制的一般情况；以财币为聘便是财产私有制已经产生或者正在产生的现象了。对外婚姻无财聘，在内部"每一姓或千口、五百口共一屋、一床、一被"，这种记载虽然不免有若干推测之辞（如千人一床一被之说），但有一主要之点反映得非常正确的，就是他们实行的是原始公社制。原始公社的主要特点就是氏族公有制。上述情况可以表达同一氏族或同姓的人们都是同居共财，财产不为个人或个别家族所私有。近年苏联的考古学家，在俄罗斯的南部特里玻里的遗址内，发掘了古代特里玻里人已经有很大的氏族房屋建筑。近代美洲的印第安人和波里尼西亚人也曾住过亘长的氏族宿舍。所以这里说古代结骨人每姓五百人或一千人居住于一大宿舍或相连在一起的帐篷内，并不足为奇的。

我们所以珍视这一段史料，因为它与古代的突厥社会有关。前面我们已经说过了，突厥人和契骨人（即结骨人）是由同一祖源分裂出来的，他们既为兄弟部落，而《通典》又说明结骨风俗"大率与突厥同"，所以由结骨也可以推测原始突厥人的社会形态。

《通典》"结骨"条没有叙述结骨社会是女系抑是男系，只说"性多淫佚。与外人通者不禁，男女杂处"，这种情况对女系或男系社会似乎都可以讲得通的。但《通典》卷199"铁勒"条记载7世纪一般铁勒人的婚姻风俗说："其俗大抵与突厥同，唯丈夫婚毕，便就妻家，待产乳男女然后归，此其异也。"由此段记录，一方面使我们推测，当突厥人从女系社会变为男系社会时，也可能具有这种女系氏族婚俗的残余。但又一方面，《通典》明白说7世纪铁勒人惟有此俗与突厥不同，可知突厥过去纵然有这种风俗，但至7世纪时已经改革过了。

那么突厥人的社会从何时由女系变为男系的呢？这段事实，也是史无明文的。以我的推断，突厥人迁到吐鲁番盆地北山从事于锻铁生涯以后，由于他们的生产资料、生产工具和从事生产的劳动者发生了变化，所以突厥部落由女系社会转变为男系社会，同时他们的原始社会也开始向有阶级的社会过渡。

按突厥人原分布于准噶尔盆地西北部曲漫山（突厥语称为 Kögmän）东北的南西伯利亚森林雪地中。此区以西是契骨部落的分布所在。那里的树木有松、桦、榆、柳、蒲之属，野禽有雁、鹜、乌鹊、鹰、隼，野兽有野马、羱羝、黄羊、野鹿、黑尾麈之属。① 自此而东，可能就是突厥人原来的分布所在。因为在七八世纪时，契骨部落国家的东边有三部落，中国史家称之为木马突厥。这些突厥部落能够停留在这里，不能认为是偶然的，他们可能是原始突厥人的残余部分。《新唐书·黠戛斯传》附记与突厥同文同种之木马突厥三部落云：

> 东至木马突厥主部落，曰：都播、弥列哥、饿支。其酋长皆为颉斤。桦皮覆室，多善马。俗乘木马驰冰上，以板藉足，屈木支腋，蹴辄百步，势迅激。夜钞盗，昼伏匿。坚昆之人得以役属之。

上述都播，别的记载亦作都波。弥列哥好像就是 12 世纪的梅里吉或篾里乞。关于都播等三部落的生活，《通典》卷 199"都波"条云："分为三部，自相统摄，结草为庐，无牛羊，不知耕稼，土多百合草，取其根以为粮。兼捕鱼射猎为食，而衣貂鼠之皮。贫者缉鸟羽以为服。婚姻富者以马，贫用鹿皮及草根为聘礼。……送葬哭泣略与突厥类。莫知四时之候。国无刑罚，偷盗倍征其赃。"唐代时的都播（都波）虽然已有贫富阶级之分，但是它的官名和送葬风俗与突厥相同。我们若由此推测原始时代突厥人的社会状况，应当是最好不过的资料了。原始时期的突厥人，是一种尚无畜牧业和农业而以射猎捕鱼兼营采撷的氏族部落。这时的突厥男子经常在辽远的冰天雪地中打猎和捕鱼，妇女则在帐屋附近采撷草根，并养育子女。与这种经济生活适应的社会是女系氏族社会。到突厥迁于吐鲁番盆地以后，男子学得了采矿和冶锻铁器技术，男子在社会生产中起主要作用，所以这时候的社会不能不由女

---

① 此段资料见《新唐书·回纥传》附录《黠戛斯传》。契骨人和突厥人为邻，这一带的自然景象和物产应有许多相同之点。但突厥文化程度不如契骨是很明显的，此点由本文下述木马突厥三部的情况可以见之。

系社会转型为男系社会。①

5 世纪中叶，高昌国北山的突厥部落被柔然汗国所侵掠，迁于阿尔泰山之阳。这是突厥人有史以来的第二次大迁徙。

《周书·突厥传》云，突厥"子孙蕃育，渐至数百家。经数世，相与出穴，臣于茹茹，居金山之阳，为茹茹铁工"。《隋书·突厥传》云："有阿贤设者，率部落出于穴中，世臣茹茹。"从此二段记载，只知突厥酋长阿贤设率部人几百家出自北山穴中，臣于茹茹（即柔然），居于金山（即阿尔泰山）之阳。至于何故何年出穴，都没有记载。

关于此事，《隋书·突厥传》的开头虽然有一段记载，但可惜全错了。其原文云：

> 突厥之先，平凉杂胡也，姓阿史那氏。后魏太武灭沮渠氏，阿史那以五百家奔茹茹，世居金山，工于铁作。

"平凉杂胡"之语初见于北魏崔宏所撰之《十六国春秋》。但此处所记的平凉杂胡，不仅与突厥阿史那无关，并与魏太武帝之灭沮渠氏亦无关。匈奴赫连勃勃之子赫连定于 428 年（夏胜光元年）称帝于平凉。430 年（胜光三年）魏太武帝兴兵征伐平凉，至 431 年夏国被吐谷浑所灭②，此夏国之亡虽与魏太武帝有关，但夏国为赫连氏所建，非沮渠氏所建。然则《隋书·突厥传》的作者不是把赫连氏的夏国误认为沮渠氏的北凉，就是把北凉误认是平凉了。魏太武帝之征服北凉在 439 年，此时沮渠茂虔降魏，其弟无讳初逃酒泉，后又转渡流沙，引众西行，至 442 年（真君三年）无讳与弟安周攻鄯善，安周留住于此。无讳旋率众北上，攻下高昌、车师，遂屯兵高昌。③沮渠氏之亡国与西迁虽与魏太武帝之征伐河西北凉有关，但其时突厥仍在高昌北山，北魏的军力尚未达高昌，突厥断无因魏太武帝之征河西姑臧而以五百

---

① 参考《斯大林全集》第 1 卷，中译本，第 301 页。
② 崔宏《十六国春秋》已佚，今见汤球辑补本卷 66。佚文又见《太平御览》卷 302。
③ 参考汤球：《十六国春秋辑补》卷 970。又沮渠无讳之征服高昌在太平真君三年，文见《魏书》卷 99《卢水胡沮渠蒙逊列传》附安周、无讳传。征服车师国的年代，可参《北史》卷 97《西域车师国传》。《传》言太平真君十一年，车师王车夷落上书魏国君主云："臣家自无讳所攻击，经今八岁。"由真君十一年退八年，为真君三年。无讳同年中破高昌、车师二国，至为明显。

家奔阿尔泰山之理。突厥既在高昌北山，则突厥之奔柔然，当于柔然之征服高昌中求之。《北史·西域传》序云：魏太延中（435—440），"遣行人王恩生、许纲等使西。恩生出流沙，为蠕蠕所执，竟不果达"①。从此知柔然兵力于5世纪40年代已到达高昌国外的东边和南边。442年以后，沮渠无讳传位于其弟安周，至460年（魏和平元年）高昌沮渠氏政权始为柔然所灭。然则突厥之迁于阿尔泰山，既不是由于魏太武帝之征伐平凉赫连氏，也不是由于魏太武帝之征伐北凉沮渠氏，而是与柔然之征服高昌有密切关系。其出迁之年，由上所述，自应在魏太延中至和平元年之间，即435—460年之间。

柔然国之掳掠突厥，使之居于阿尔泰山之阳，显然为使突厥锻工直接对独洛河畔的可汗王庭服务。同时，也因为突厥人是柔然统治阶级征服的俘虏，所以称之为"锻奴"。

1925年，苏联考古学家鲍罗夫卡（G. J. Borovka），在蒙古土剌河畔的诺颜罗斯穆，发掘了一座以马为葬殉的古代贵族坟墓。其中出土的古物有铁制的刀、箭镞、马镫、马铠等物，还有汉式的铜镜断片和绢帛，以及波斯萨珊王朝的绢织物等。②这些遗物，一般考古学者认为是四五世纪时柔然贵族的殉葬品。若此推测不谬，我想其中的铁制品，至少有一部分是出自突厥锻工所手造的吧！因为《周书·突厥传》说：突厥的兵器有弓矢、鸣镝、甲矟、刀剑等物，此外还有"金镞箭"和"金狼头"。可知当时突厥的锻冶手工业已经发展到相当高的水平了。

自从突厥人迁到阿尔泰山之阳以后，由于生产力发展和铁器市场的扩大，仅靠阿尔泰山西南麓的矿苗显然不够用了，所以又从叶尼塞河上游黠戛斯地面运到大量的"迦沙"铁苗，经过锻冶以后，制为"绝犀利"的兵器和用具。《新唐书·黠戛斯传》对于此点有所记载，说："有金、铁、锡。每雨，俗必得铁，号'迦沙'，为兵绝犀利，常以输突厥。"可知，五六世纪时，在东亚北部，除了谦河流域和天山南北的锻铁业外，在阿尔泰山之阳，突厥人民又发展了一个相当巨大的锻铁手工业据点了。

6世纪初，突厥部落的锻铁手工业已经发展到相当高的程度。在此以

---

① 并见《北史·西域高昌传》及《车师传》。可注意者是此时柔然兵力尚未到达高昌。
② 鲍罗夫卡：《北蒙古考古学的考察预报》，载《蒙古西藏考察团北蒙古调查探险预报》第2卷，1927年。

前，突厥的锻工主要是以奴隶的身份为柔然奴隶主汗庭服务，因而奴隶占有关系的形式也就限制了突厥锻铁手工业的发展。但从5世纪末叶起，突厥锻工的从属关系和他们手工业商品所服务的对象已经逐渐在变化了。柔然汗国在5世纪后半叶不断产生了奴役部落的反叛和逃亡，其中最严重的是公元487年高车十二姓十多万落的集体西迁，经过阿尔泰山，到吐鲁番盆地建立了独立的高车王国。自此以后，柔然和高车在阿尔泰山附近进行了三十多年的拉锯战争。[①] 这个长期战争，对于突厥部落从柔然汗国统治下得到解放，是有决定意义的。6世纪初年突厥锻工在脱离了柔然奴隶主的羁绊以后，在锻铁手工业上得到更大的发展，从此时起，突厥手工业的产品再不仅是对柔然汗庭服务，而已经是作为商品对西域各国人民和西魏西北边塞的人民进行交易了。

关于后者，现在我们根据《周书·宇文测传》和《突厥传》的史料，加以说明。

《宇文测传》说，在542年以前，在西魏的边塞上，"每岁冰合后，突厥即来寇掠"。在542年冬天，突厥人由榆林将"入寇"。事前西魏的绥州行事宇文测积柴于要路，突厥至，即举火焚之。突厥惧而遁走，自相蹂践，委弃杂畜及辎重不可胜数。测率所部收之，分给百姓。从这段史料可以看到，6世纪初年的突厥人，已经是一个富有杂畜和辎重（兵器）而且可以独立出征的部落了。此事发生不久后，突厥人在土门领导下要求与西魏通商，《周书·突厥传》记其事云：

其后曰土门，部落稍盛，始至塞上市缯絮，愿通中国。

由这段记载，再结合《宇文测传》看，便知贸易中，突厥人输出的商品是铁器（包括武器和工具）和杂畜，而输入的商品是丝绵的缯绢。这种贸易对于西魏是有利的，所以西魏于545年遣使者到阿尔泰山南麓，答应了他们的通商要求。《突厥传》对此事这样记载着：

---

① 参考《魏书·蠕蠕传》和《高车传》。

大统十一年，太祖遣酒泉胡安诺槃陁使焉。其国皆相庆曰："今大国使至，我国将兴也！"十二年，土门遂遣使献方物。

这种情况，突厥人更需要同中原通商贸易，甚而至于感激地说"大国使至，我国将兴"。这个"我国将兴"，应当理解为突厥的铁器商品畅销，便可致富强，便可永远脱离柔然汗国的奴隶羁绊了。

关于当时突厥的锻铁手工业产品如何销售于西域各地，在中外文献上我们一无所知。但自突厥建国以后，突厥锻工经常携带他们的铁器到中亚各国兜售，此事曾被东罗马帝国的使臣蔡马库斯（Zemarchus 或 Zemargue）在途中遇到。[①] 由此推论，突厥建国以前，其铁器商品已经畅销于准噶尔盆地，是非常可能的。

由此可知，突厥人生产力的发展同他们对柔然汗国的生产关系已经发生了不可调和的矛盾。

柔然奴隶主统治阶级于 523 年以后曾经一度复国，征服了阿尔泰山东西许多曾独立过的部落部族，于是突厥人重又回到了柔然汗国的统治之下。但是突厥人无论如何是不甘心重回到奴隶的囚笼中的。他们不仅是独立过，并且因为他们的剩余生产品已经引起邻国的注意，所以西魏以"国"称之，并同他们通使报聘。然而柔然汗国的奴隶主不相信这一点，还用已经过时了的奴隶占有关系来对待突厥，所以结果就引起了后来的突厥锻工的武装起义斗争。

546 年，正是突厥和西魏正式通商的一年，高车国的残余部众集合起来将东征柔然，在路途上与突厥联合，这样就有五万多部民加入了突厥的势力范围之内。突厥酋长土门自恃强盛，遂求婚于柔然可汗。柔然可汗阿那瓌大怒，使人辱骂土门说："尔是我锻奴，何敢发是言也？"土门怒杀其使臣，转而求婚于西魏。西魏以长乐公主嫁之。从此，突厥出兵东攻柔然，终于在 552 年颠覆了柔然汗国。

一个被柔然人目为"锻奴"的突厥部落集团，凭了自己的锻冶技术和铁制商品，能够同邻族邻国进行通商通聘，能够合并高车人（铁勒人）为一

[①] 参考张星烺：《中西交通史料汇编》第 1 册，第 107—109 页；沙畹编：《西突厥史料》，冯承钧译，第 4 篇，第 166—172 页。

个政治军事集团，从而推翻了奴隶主的柔然王朝，建立一个更强大的突厥汗国，这种具有革命意义的锻奴起义运动，在中世纪世界史上，是值得我们特加注意的。

然而仅靠这样一个锻铁手工业部落集团的起义，是否就能改变旧有的奴隶占有关系，而成为新的封建主义的生产关系呢？这自然是不能的。因为锻冶铁器的手工业并不是封建社会的必要条件，它在奴隶制社会就已经产生和发展了。[①]蒙古草原牧民的使用和制造铁器，在匈奴国家时期，在檀石槐的部落联盟时期，在柔然汗国时期，都曾有了，然而并不曾引起草原牧民的社会变革。主要原因，由于古代铁的锻冶仅是属于手工业范围内的事，而手工业在历史上从来没有担当过社会革命的任务。关于此点。马克思在他的《资本论》上已经有了说明。他说："手工制造业既不能掌握社会生产的全范围，也不能使社会的生产从根本上发生革命。"[②]但马克思并不否认手工业发展对社会所产生的进步作用，所以他说："它（手工制造业）的狭隘技术基础，一经发展到一定的阶段，就和它自身所创造的生产需要相矛盾了。"[③]

马克思这几句话，是对手工制造业之变革为机器大工业而言的，但也可以说明手工业发展的水平和与此手工业生产所需要的制度必然是相适应的。设使社会制度落后于手工制造业的发展水平，自然而然地就产生了突厥锻工的起义。锻工起义虽然不能使旧的生产关系马上推翻，但它是草原牧民历史发展的一种动力，由此动力，劳动人民打击了旧的奴隶占有关系形式，从而也就多少推动了社会生产力的发展。

三、突厥汗国中的奴隶制及其改革经过

从 6 世纪到 8 世纪，东、西突厥汗国的疆域包括了整个蒙古草原、准噶尔盆地和塔里木盆地，还有绝大部分的中央亚细亚各地和一小部分的南西伯利亚。在此广大的领域里，各地各族的社会形态必然是参差不齐，把前资

---

① 参考斯大林：《辩证唯物主义和历史唯物主义》。
② 马克思：《资本论》第 1 卷，第 445 页。
③ 马克思：《资本论》第 1 卷，第 445 页。

本主义的各种社会形态应有尽有、包括无遗。但是主要的社会形态不外两种：一种是代表旧社会的奴隶所有者的社会形态，一种是封建主义的社会形态。

在 6 世纪中叶以前，蒙古草原的社会形态是奴隶所有者社会居于领导的地位。草原牧民社会的封建主义萌芽虽然很早就已经产生了，但奴隶主阶级限制了或压制着它们的发展。反之，西域和中亚的城郭国家，自公元三四世纪时，他们逐渐已形成封建主义的社会了。各个城郭及其附近地区都有一个大土地所有者的国王，人民对于国王的关系是封建式的人身对土地的依附关系。同时，沿交通要道的商业城市，因商运发达，逐渐也繁荣起来。商业和手工业的发达，促进了货币的发展。在 4 世纪时，西域和中亚各国有许多地方已经实行货币地租了。以上便是东、西突厥汗国历史基础的不同所在。

现在返回头来再看突厥人如何统治蒙古草原及西域中亚各国。

前面我们已经说过，突厥人在 6 世纪以前是做柔然汗国的锻奴的。当 5 世纪末叶，柔然人和高车人进行了三十多年拉锯战争，这样就给突厥人解除了奴隶主对他们的束缚，而使他们的生产事业进一步发展。突厥人原来是赤手空拳的奴隶身份，现在却有了积蓄财产的自由并且实行了财产私有制度了。突厥的首领最初常以"设"（Šad）见称。[①] 按《唐书·突厥传》说："其别部典兵者谓之设。"那么，这些首领可能就是在战争或劫掠中所锻炼出来的军事首领了。当时突厥的军事领袖们，一面领导突厥人同其他部落和国家进行贸易，一面又劫掠其他部落和国家，所以他们的财富和兵力逐渐兴盛起来，终于在 546 年他们变成了突厥和铁勒诸部的部落联盟首领。

所有的史料都证明，突厥人在建国以前，除了做柔然汗国的锻奴外，丝毫没有奴隶社会的迹象。但是财产私有制很早已经就存在了。财产私有制的产生同突厥人之从事锻铁手工业有关。因为原始公社的成员们，当其制造自己所必要的产品时，私有制是不能产生的。"当分工制侵入公社，而其社员已经各自单独来生产某一种产品，并把这种产品拿到市场上出卖的时候，于是表示各商品生产者这种在物质上各自分立现象的私有制度就出现了。"[②] 所以，突厥人在建国以前，他们的社会形态是在原始公社的末期，当时财富私

[①]《周书·突厥传》叙述突厥的始祖有讷都六设和阿贤设。
[②]《列宁文选》两卷集第 1 卷，人民出版社 1953 年版，第 111 页。

有制已在形成，社会阶级正在分化，但是除了他们为柔然人的锻奴外，在自己社会内部并无奴隶和奴隶主关系产生。

自从突厥人和高车人联合颠覆了柔然汗国以后，突厥酋长土门自称为"伊利可汗"（Il-qaghan）。"伊利"（Il）的意义指一同盟体或统一国家。"伊利可汗"，简言之，就是国家可汗，后来也称"大可汗"。此国家可汗，经常驻节乌德鞬山，主祀天神、后土、圣泉及突厥人的祖先，所以他代表国家，同时又统治了全国的人民和土地。到土门之子它钵可汗时期（572—581），封其兄乙息记可汗之子"摄图为尔伏可汗，统其东面，又以其弟褥但可汗子为步离可汗，居西方"①。此是突厥分封诸王之始。581年，它钵可汗死，国土旋告分裂。沙钵略为大可汗，坐镇乌德鞬山一带，名义上仍为汗国中最尊最大的可汗。庵罗居独洛河（土剌河）流域，为"第二可汗"。处罗侯居草原东部称"突利可汗"。阿波居于以北牙为中心的色楞河流域，为阿波可汗。此外在阿尔泰山以西还有"达头可汗"。这便是隋文帝所谓"且彼渠帅，其数凡五"的五可汗分割独立之局。到6世纪末年，突厥汗国又形成都蓝、达头、突利三可汗三足鼎峙之势。当时谁是最尊最大的可汗，就不明确了。直到7世纪初年，汗国土地才又统一起来。在颉利可汗时期（619—630），颉利分封其子弟为八个设和特勤，每人统治一个部落。一个是延陀设，统治延陀部牧民；一个是步离设，统治白霫部牧民；一个是统特勤，统治西域贾胡；一个是斛特勤，统治斛薛部的牧民；一个是泥部设，统治契丹、靺鞨二部的牧民和森林人。此外还有欲谷设、拓设、阿史那社尔，分别统治回纥、仆骨、同罗三部的牧民。②

8世纪前，突厥汗国经过上述三次土地划分的过程，但每次土地的划分是具有不同的历史意义的。当突厥贵族伯克最初统治草原之时，自己还没有一套政治制度，所以他们仅依五六百年前匈奴人划分草原为左地右地的办法，把草原区别为东西两个区域，这便是汗国划分国土为突利区（Töles）和达头区（Tardus）的开始。但是这种划分仅仅涉及外表的行政和军事范围罢了。从6世纪后叶到7世纪初（581—609）二十八年中间呈现了汗国分裂之局。此时各可汗的财政并不依赖于大可汗的国库，而是按照自己的办法对领

---

① 《隋书·突厥传》。

② 《新唐书·突厥传》。

地牧民进行直接剥削的。同时，由于诸可汗的不断内讧，原有的领地不免时大时小，时有时无，所以有的可汗向邻国租借牧地，率领牧民迁入新地进行垦牧了。例如585年沙钵略借居隋国的白道川，便是如此。有的可汗趁内讧之际，侵入其他领主牧地，据为己有。例如591年突利可汗占领都斤旧镇，即其一例。所有这些情况，不论其方式如何，都可说明汗国的统一局面虽然崩溃了，但是牧民必须依靠领主才能将牧地的使用权日益巩固。到了颉利可汗之时，每个设或特勤，不仅有一定的封地，且有一定的封民。假使封地变了，领主可以率领牧民到新的封地进行游牧。假使封民逃亡了，领主既已占领了土地，自然可以招纳牧民。这样就使领主、土地、牧民三者密切地联系起来。但这种联系只是当时生产关系中的一种，在它变为突厥汗国主要的生产关系以前，我们只能说它是一种封建主义的因素，而不能说当时的突厥汗国已经成为封建主义的社会。

突厥汗国在8世纪以前，有两种性质相矛盾的势力在对立着和斗争着：一种是旧的奴隶制的势力；一种是新的封建主义的势力。草原上的奴隶制势力当时虽已成为强弩之末，到达日暮途穷的境地了，但是它若仍有机会发展时，它就不会马上灭亡。落后的突厥人统治了蒙古草原以后，自己是没有一套制度来统治草原牧民的。北周人杨忠批评突厥人的落后状态说："突厥甲兵恶，爵赏轻，首领多，而无法令。"① 从此批评尚可看到突厥建国初期的那种凌乱无章的状态。虽然如此，但突厥人的军事组织尚有其特别长处，就是会战争，会掠夺俘虏，会征服异族国家，这样就使他们自然而然地跟着柔然汗国的老路走，就是说仍然实行奴隶占有的制度。

6世纪后半叶，突厥可汗们带领军队不断征伐草原、西域、中亚及中原的边塞各地，每次出征都捕获了大量的异族俘虏，带回草原，按军功大小分赐给大可汗以下的突厥将帅臣民们，作为他们的奴隶。这种情况，从7世纪初唐朝使臣郑元璹一次与颉利可汗的对话中可以看出。他说：

今虏掠所得，皆入国人，于可汗何有？②

---

① 《周书·突厥传》。
② 这段话在《唐会要》、《唐书·郑元璹传》及《通鉴》中皆有记载，今从《通鉴》。

此"虏掠所得"是指俘虏,"国人"是指突厥的将帅臣民,特别是指突厥的贵族伯克们。突厥的大小伯克们组织了国人会议,与公元前后匈奴人的"大人会议"及十二世纪蒙古人的"耶卡库鲁尔台"(Yä-ke-quroultai)一样,这是由原始公社的族长会议变化而来的。国人会议对于汗国的重要事件有决议权,例如可汗继位问题、和战问题及汗庭迁徙问题等。《隋书·突厥传》记载,在581年,它钵可汗死,"国中将立大逻便,以其母贱,众不服。庵罗母贵,突厥素重之。摄图最后至,谓国中曰:若立庵罗者,我当率兄弟以事之,如立大逻便,我必守境,利刃长矛以相待矣。摄图长而且雄,国人皆惮,莫敢拒者,竟立庵罗为嗣。大逻便不得立,心不服庵罗,每遣人骂辱之,庵罗不能制,因以国让摄图。国中相与议曰:四可汗之子,摄图最贤,因迎立之,号伊利俱卢设莫何始波罗可汗,一号沙钵略,治都斤山"。从这段故事,我们约可推知突厥汗国内国人会议的情况。此所谓"国中",便指国人会议,而"众"或"国人"便是国人会议的组成者。这些大小伯克们,都是汗国中的统治阶级,同时也是突厥军事组织的头目和作战的领导者。汗国的天下是他们打下来的,而且他们在不同战役中都参加了俘虏掠夺,所以他们与大可汗是休戚相关、荣辱与共的。因此每次在战役中的掳掠所得,就不能被大可汗或任何一个可汗所独吞,而须按照爵位的高低和功绩的大小,很公允地分配给每一个国人。这种情况,与古代匈奴出兵,对于参战的骑士,"所得卤获,因以予之,得人以为奴婢"[①],性质相同。因此,突厥的贵族伯克们,是统治阶级,同时又成为奴隶所有者阶级。

突厥汗国在6世纪的后半叶,在各个战役中征服了许多国家和部族,掳获了难以数计的奴隶,把他们分配在各地各部落之内,因而就形成了一个以一部族统治和奴役其他部族部落人民的汗国。关于此点,583年(隋开皇三年)隋文帝在他的《讨突厥诏》内曾经叙述:

部落之下,尽异纯民,千种万类,仇敌怨偶,泣血拊心,衔悲积恨。圆头方足,皆人类也,有一于此,更切朕怀。[②]

---

① 《史记·匈奴传》。
② 《隋书·突厥传》。

从这一段话大致可以看到，当时突厥汗国的社会关系是部族矛盾与阶级矛盾交织起来的复杂关系。原来在汗国的东南部，是契丹、奚、白霫诸部族部落，东北部是三十姓鞑靼族和一部分在大兴安岭以外的室韦部落。各部落集团自被汗国征服后，突厥人称之为"黑民"（Kara-budun），可汗遣吐屯分别统治之，征其赋税以入国中。① 在汗国的北面是九姓铁勒即九姓乌古斯、九姓回纥、三姓骨利干、四十姓拔塞密等部落。《隋书·铁勒传》说："自突厥有国，东征西讨，皆资其用，以制北荒。"可知这些铁勒部民是突厥汗国赖以战争、赖以立国的主要力量，突厥人称之为"苍突厥"（Kök-Türk）。在汗国的西北面、叶尼塞河上游的谦河流域是九姓契骨部落②，自被突厥征服后，每年运输兵器及铁③，大致和百年前柔然汗国对待突厥部落的情况相同。此外，在准噶尔盆地和伊犁河流域，在西突厥十箭部队的统治下，有葛逻禄部落以及其他铁勒部落。在塔里木盆地的周围有龟兹人、焉耆人、于阗人。在中央亚细亚有粟特人、嚈哒人和一部分波斯人，自嚈哒汗国被灭后，大部分都臣属于西突厥汗国了。从上面简单的叙述，便知突厥汗国内部真是"部落之下，尽异纯民"了。

关于突厥统治阶级对各族的关系，在隋文帝《讨突厥诏》内也略有叙述：

> 世行暴虐，家法残忍。东夷诸国，尽挟私仇；西戎群长，皆有宿怨。突厥之北，契骨之徒，切齿磨牙，常伺其便。达头前攻酒泉，其后于阗、波斯、挹怛三国一时即叛。沙钵略近趋周槃，其内部薄孤、东纥罗寻亦翻动。往年利稽察大为高丽、靺鞨所破，婆毗设又为纥支可汗所杀。与其为邻，皆愿诛剿。

诏内"世行暴虐，家法残忍"，系指突厥统治阶级的残酷的奴隶法度而言。此点容后再加说明。"东夷"指契丹、奚、霫、鞑靼而言，"西戎"指西域诸国而言。达头可汗攻酒泉事在576年，此后于阗、波斯、挹怛（即嚈哒）

---

① 《隋书·奚传》、《契丹传》、《室韦传》。
② 《新唐书·黠戛斯传》。段成式《酉阳杂俎》前集卷4亦言坚昆在曲漫山北。
③ 《新唐书·黠戛斯传》。

三国同时皆叛。沙钵略寇周槃事在 582 年，汗国内的铁勒诸部如仆骨（薄孤之通译）、同罗（东纥罗 Tongra 之通译）二部又叛。东方突厥所派来的吐屯，被高丽、靺鞨人所破，西域葛逻禄婆匐部的设被纥支可汗所杀。凡此种种，都说明突厥统治阶级与被统治的各族各国已经处于极端的矛盾状态。

各族各国反对突厥汗国绝不是偶然的，主要原因是由于突厥的统治阶级对各族各国实行了奴隶所有者的奴役政策。

突厥统治阶级如何奴役被统治的各族各国人民，这种史料不多，但也并非没有。在突厥汗国复兴时期，苾伽可汗曾对唐朝的使臣袁振说：

奚及契丹，旧是突厥之奴。①

《张曲江文集》卷 9《敕契丹都督涅礼书》云：

丁壮不得耕耘，牛马不得生养。及依附突厥，而课税又多，部落吁嗟。

由此可知突厥奴役契丹人民甚为残酷。自阿尔浑河畔各地的突厥文碑铭②被发现以后，关于突厥汗国的奴隶制度的史料，我们所知道的就更多起来了。据铭文记载，在 8 世纪以前，突厥汗国还实行着祖宗传下来的奴隶法，具体规定了对国内外各族人民在何种条件下就把平民降黜为奴隶。更当注意

---

① 语见《旧唐书·突厥传》，与《通典》"突厥"条同。《新唐书·突厥传》改为"奚、契丹，我奴而役也"，失其原意。
② 阿尔浑河畔的突厥文碑铭，最初是在 1889 年被俄国 N. Yardrinzeff 所领导的探险队发现的，发现的地点在阿尔浑河右岸的和硕柴达木湖旁边。当时发现的有两个碑铭，即阙特勤碑和苾伽（毗伽）可汗碑。1890 年，芬兰维吾尔学会与俄国学士院，在 A. Heikel 和 W. Radloff 领导下，组织阿尔浑探险人员，又进一步调查研究，遂于 1892 年由上述二机构将《阙特勤碑》、《苾伽可汗碑》、《九姓回纥可汗碑》中的突厥文和汉文铭文公布于世。此外还有一个《暾欲谷碑》，是 1897 年被发现于土剌河上游的班硕克托地方。最初能解读突厥碑铭的是丹麦国的学者 V. Thomsen，他在 1893 年就把通读的经过公布于世。以后不断由各国学者翻译为各国文字。中文翻译最初由韩儒林先生从德文、英文本译出，题为《突厥文阙特勤碑译注》，载于 1935 年北平研究院出版的《院务汇报》第 6 卷第 6 期；《突厥文苾伽可汗碑译释》，载于 1936 年的《禹贡》半月刊第 6 卷第 6 期。唯其中有若干译误或未曾加注，至 1937 年岑仲勉先生著《跋突厥文阙特勤碑》，载《辅仁学志》第 6 卷第 1、2 合期，对于韩译多所纠正。本文所引突厥文各碑译文，根据韩译为多，但同时亦参考岑跋及日本小野川秀美的《突厥文译注》（载《满蒙史论丛》第 4 册）。

的就是隋文帝骂突厥可汗"家法残忍",我想此残忍的"家法"就是指奴隶法而言。

据各种铭文记载,突厥奴隶有几个重要来源。第一来源,就是凡被征服的部族部落,如果发生了叛变行为,这些人民就被沦为奴隶。突厥文《芯伽可汗碑》记载可汗对拔塞族(Bars)叛民的处理就是如此。原文这样记载着:

> 朕年十四岁时,拔塞伯克,吾人给以可汗之号,并以朕妹妻之。但其人虐诈不诚,于是可汗伏诛,人民亦为奴婢。

第二来源是突厥兵马所攻打下的地区,除掠夺其人口为奴婢外,还实行殖民政策,就是移殖突厥军民于其地,把土著人民作为奴隶,以供奴役。关于前者,在战役中掠夺人口为奴婢的事,如征唐古忒,获其幼童和家眷。此事记载于突厥文《芯伽可汗碑》。关于后者,在突厥文《阙特勤碑》和《芯伽可汗碑》都记载有下面一段铭文,说:

> 吾人东徙突厥人于兴安岭外而整编之,西徙突厥人于康居泰尔曼(Kängü Tarman)而整编之。此时,为奴者亦有奴,为婢者亦有婢。其弟不识其兄者有之,其子不识其父者有之。吾人所取得所整编的国家与法度如此。

上叙诸事,虽都发生于突厥复兴时期,但在8世纪以前,这种事件必然很多,是毫无疑问的。

第三来源是突厥汗国中的平民因犯国家大法便黜降为奴隶。在突厥文《阙特勤碑》和《芯伽可汗碑》都记载有下面一段铭文,颇可注意,说:

> 此七百人为曾亡国家、失可汗之民。依吾祖宗之法度,曾亡国家、失可汗者,当为婢为奴,当为违反突厥法度之民。

铭文中的"此七百人",是指芯伽可汗和阙特勤的父亲颉跌利施可汗骨咄禄由中原边疆逃亡于总材山时收集散亡所得的旧部共七百人。对此七百人，按突厥祖宗法律，由于他们不能保护国家可汗，因而至于亡国家、失可汗，其罪应当黜降为奴婢。从此更可看到突厥汗国必然有一种传统的奴隶法用以处理关于奴隶的一切问题，是毫无疑问的。

再从汉文史料中也可看到突厥汗国确切实行过奴隶制度。当7世纪初年隋末唐初之际，突厥汗国趁中原内乱，在接近草原的北方各地不断进行了人口的掠夺战争。唐朝的创业皇帝李渊起兵于太原时，曾向突厥称臣联盟，合攻长安。当时他们联盟的条件，就是"征伐所得，子女玉帛皆可汗有之"①。由此可知突厥对掠夺奴隶人口最为需要。公元620年（唐武德三年），突厥处罗可汗在并州城内掳掠许多妇人子女北去。同年莫贺咄设寇凉州，亦掠男女人口数千人。622年（武德五年），颉利可汗会同刘黑闼，率领十多万人，抄掠定、并、汾、潞四州，俘虏男女至少在五千以上。②624年（武德七年），颉利、突利二可汗合兵从原州扰关中。当时有人劝李渊说："只为府库子女在京师，故突厥来，若烧长安而不都，则胡寇自止。"③可知突厥侵唐的目标，并非为了获得土地和政权，只是为了攫取财富和掠夺人口罢了。当时，唐朝有位外交大臣郑元璹，他曾五次出使突厥汗国，对于汗国的社会制度和突厥奴隶主的心理应该是最熟习了的。622年他又被派到突厥汗国。他知道突厥统治阶级的心理是重货财和人口，而不喜欢土地，但他希望突厥能够放弃人口掠夺一项而多得一些货财，所以他对颉利可汗说：

> 唐与突厥，风俗不同。突厥虽得唐地，不能居也。今掳掠所得，皆入国人，于可汗何有？不如旋师，复修和亲，可无跋涉之劳，坐受金币，又皆入可汗府库。④

这个建议办到办不到呢？当然是办不到。封建社会的经济原理，是"有人斯有土，有土斯有财"。而奴隶社会的经济原理则更为单纯，"有人斯有财"。因此，中原当时的封建所有制和突厥当时的奴隶制相互矛盾，而矛盾

---

① （唐）温大雅：《创业起居注》。
② 《新唐书·突厥传》；《通鉴》卷188。
③ 《旧唐书》卷2《太宗本纪》；《新唐书·突厥传》。
④ 《通鉴》系此事于武德五年，《唐会要》系此事于武德四年，今从《通鉴》。郑元璹语在《唐会要》太简单了，亦从《通鉴》。

的中心问题在于人口掳掠。

突厥统治阶级既然如此不断对中原人口进行掳掠，所以人口减耗在唐代初年就成为国家生产上的重大问题。626 年（武德九年）李渊派人与颉利可汗交涉，请"归所掠中国户口"①，结果还是无效。直到 630 年（贞观四年）唐太宗灭东突厥，颉利可汗被擒②，中原被掳入突厥的八万人口才重返中原。

但当时中原的八万人口，正因为他们不是被颉利可汗私有的，正因为他们是作为家族奴隶分散在汗国各地各个大小伯克的家里的，所以纵然汗国被灭，可汗被擒，作为战胜者的唐太宗也不能用战争的方法，把八万口中原人从草原夺回，而须派遣使者以金帛为代价，从草原各地各个大小伯克奴隶主方面分别赎回。关于此事，在《旧唐书·太宗本纪》、《新唐书·突厥传》及《通鉴》卷 153 都有记载，但最当注意的是《新唐书·突厥传》的记录，说：

> 又诏：隋乱，华民多没于虏，遣使者以金帛赎男女八万口，还为平民。

这段文献，有两方面的问题当加注意：一方面是以金帛赎奴隶的办法在突厥汗国是通行的，在唐代法律亦作为奴隶制残余的法规而存在着，所以唐太宗对突厥提出以金帛赎奴隶的办法，唐、突双方都认为是合理合法的。又一方面是无论在国外或国内，凡曾为奴隶的，必须赎以金帛，然后始能变为平民。所以，以金帛赎回的办法，对于八万口曾经做过突厥奴隶的中原人也可以恢复他们在中原原有的社会地位。总起来说，无论如何，突厥汗国的伯克们曾经把八万中原人口作为奴隶在役使和剥削了，如果他们不曾为奴隶，自然就不必用代价去赎回，更不必称他们"还为平民"，这是显而易见的。

用汉文史料可以证明西突厥汗国也曾有过奴隶制度存在。

628 年（贞观二年），唐代著名法师玄奘曾旅行到呾罗斯河畔（Aulie-ata）南十多里，看到"有一小孤城，三百余户，本中国人也。昔为突厥所掠，后遂纠集同国，共保此城，于中宅居。衣服去就，遂同突厥，言辞仪范，犹

---

① 旧、新《唐书·高祖本纪》及《突厥传》。
② 贞观四年擒颉利可汗，唐太宗数其罪状，其中一端是"蹂我稼穑，掠我子女"。由此也可看到，突厥掳掠奴隶已成为中原生产上的严重的问题。

存本国"①。这一汉人集团,他们昔日被掠夺去时的命运和631年东突厥八万口汉人被赎归以前的命运大致是相同的,所不同者,就是当时西突厥汗国已经实行了封建制度,所以他们只作为奴隶集团的残余形式存在于西突厥汗国之内。

此后在751年(天宝十年),有名杜环者,随唐镇西节度使高仙芝出征西域,曾到怛罗斯流域,他记载当地突厥人和其他异族人的关系说:"川中有异姓部落,有异姓突厥,各有兵马数万。城堡间杂,日寻干戈。凡是农人,皆擐甲胄,专相掳掠,以为奴婢。"②这种情况,不是一幅逼真的掠夺奴隶的图画吗?从这一段记录,大家还可以想象一百几十年以后,突厥统治者率领他们的十箭部队如何对这一带的土著人民实行进攻的。

然而不能由此断定西突厥汗国和东突厥汗国的部族关系就是一般无二。从古以来,西域许多城郭国家,他们的经济和文化水平已经超过了落后的蒙古草原游牧部族。落后的部族想统治和剥削比较文明的部族,总是十分困难的。最直截了当的办法是屠杀。例如相传"人皆龙种"的龟兹古国,在6世纪后叶就是被突厥人用野蛮的屠杀方法,使其国"少长俱戮,略无噍类"了。③但屠杀是一种最愚笨的办法,因为没有人就没有劳动力进行生产,这和奴隶所有制是直接抵触的。因之,突厥统治者就必须考虑另一种办法,就是消灭城郭国家的国王,而代之以本族的贵族亲王。例如对于中亚东部的石国就是这样的。石国曾贰于突厥,射匮可汗兴兵灭之,令特勤匐职摄其事。④直到公元619年统叶护继位以后,才采取一种封建主义的办法对待西域城郭国家。这种办法就是:

> 西域诸国王悉授颉利发,并遣吐屯一人监统之,督其征赋。⑤

---

① 唐释慧立著、彦悰笺《大唐慈恩寺三藏法师传》卷1记载,玄奘到千泉时,看到唐朝使者赍国书及信物往见叶护可汗,可汗见之甚悦。日本《解说西域记》的作者堀谦德,遂以此为中国使者交涉还俘之事,见《解说西域记》"千泉条"。然唐之灭东突厥在贞观四年,而唐朝使者此行在贞观二年,此时当系别事,与还俘无涉。
② 《通典》卷193《边防》9《西戎》5"石国"条下引杜环《经行纪》。
③ 《大唐西域记》卷1"屈支国"条。屈支和龟兹同音。
④ 《北史·西域传》"石国"条。
⑤ 《旧唐书·西突厥传》。

换言之，就是突厥汗国对于西域诸国，并不改变它们原来的组织，只革去各国独立的王号，改称为"颉利发"，臣属于西突厥可汗之下。同时，又遣一武官"吐屯"监督之，监督他们征收赋税，把租税运送于可汗的牙帐。这种办法，对于各城郭国家的封建主有利，而对于突厥的可汗更为有利。因此就在保留西域和中亚各国原有封建主义的基础上，引导西突厥汗国也走上了封建主义的道路了。

现在我们返回头来再看蒙古草原的东突厥汗国。

8世纪以前，突厥汗国虽然在努力掠夺奴隶，努力培养伯克们奴隶所有制的势力，但是必须认识到，草原牧民的封建主义萌芽，在突厥汗国建立以前，很早已经产生起来了。任何两种新旧社会的赓继交替，绝不可以截然分割开来的，在旧社会制度不断的崩溃过程中，已经就产生了新社会制度的萌芽。

自匈奴国家灭亡以后，草原牧民的生产力仍然继续不断发展。奴隶主牲畜数量的增加，是奴隶社会经济积累的基本内容。据中国历史记载，3世纪前叶当三国曹魏政权存在时，草原的鲜卑、丁零重驿而至，在幽州与曹魏进行马的交易。[①] 4世纪中叶，前燕统治阶级慕容垂兄弟发动大军侵扰塞北敕勒，获马十三万匹，获牛羊亿万余。[②] 只看敕勒诸部的被掠牲畜数目，便可推测草原牧民的牲畜是如何蕃息众多了。生产力的发展，决定了生产关系的变化。四五世纪敕勒牧民的畜产制，显然不是向奴隶所有制的方向发展，而是向为牧民个人或家族所私有的方向发展。《魏书·高车传》对此事有明确的记载，说：

> 其畜产自有记识，虽栏纵在野，终无妄取。

这种畜产私有制，是形成封建主义的先决条件。所以此时草原牧民的封建主义已经在萌芽状态。柔然汗国的建立，不仅不能促进牧民社会的进展，相反地而是奴役各族牧民，引导社会重回到牧民奴隶的占有形式。因此，汗

---

① 参考《三国志·魏书·武帝纪》。《册府元龟》卷968说，在公元231年（魏明帝太和五年），丁零大人儿禅，通过鲜卑首领轲比能的介绍，到幽州贡名马。
② 《晋书·慕容儁载记》。

国成立不久，各族牧民不断进行反抗，于是敕勒南迁了，高车国独立了，最后因突厥锻工的起义，终于颠覆了柔然汗国奴隶主的政权。

突厥人自己虽然没有发展成奴隶制社会，但从突厥汗国建立以后，由于统治阶级不断侵扰外族和外国，所以不知不觉就接受了柔然汗国落后的奴隶制度了。落后制度给突厥汗国带来了严重的危机，就是各族牧民对统治阶级不断进行反奴役的运动。

第一次运动发生于582年，其时汗国北部的铁勒诸部——仆骨、同罗等开始起义，因此沙钵略可汗不得不放弃南侵计划，撤兵自卫。① 第二次运动发生于603年，其时漠北铁勒、思结、浑、斛薛、阿拔、仆骨等十个部落，因不堪达头可汗的压迫，纷纷远徙，或至漠南，或至西域，因此就颠覆了西突厥吞并东突厥的计划。② 第三次运动是605年西突厥处罗可汗对铁勒诸部重税苛敛，搜括无度，更集中薛延陀等部酋长几百人加以屠杀，由是铁勒尽叛，契苾和薛延陀二部在准噶尔盆地联合，建立了独立的部落联盟。③ 第四次运动是628年东方的白霫、奚等几十个部落，因突厥汗国征收无度，南下归附唐国。④ 第五次运动是627—629年阴山以北的薛延陀、回纥、拔野固、同罗、仆固等十多个部落联合起义，驱逐了四"设"，建立了薛延陀国⑤，从而促使了东突厥汗国的灭亡。

突厥汗国的灭亡，是各种矛盾集中在一起而不能解决的结果，但它的主要矛盾还是统治阶级和牧民之间的矛盾。汗国内部的阶级矛盾，最初是由牧民对伯克阶级，被征服的部落、部族和国家对突厥可汗这两种矛盾开始的，后来从这些矛盾又转化为统治阶级内部各可汗之间的矛盾。隋唐二代的中原皇帝利用他们这些矛盾，进行了一系列的离间和分化政策，最后使东、西突厥汗国至于灭亡。突厥复兴时期的苾伽可汗，对于过去突厥汗国灭亡的经验教训是相当理解的，所以在他亲手所立的突厥文《阙特勤碑》上作出如下的结论：

---

① 《隋书·突厥传》、《长孙晟传》。
② 《隋书·突厥传》、《铁勒传》。
③ 《隋书·铁勒传》；《通典》卷199"铁勒"与"薛延陀"条；《唐会要》卷96《铁勒传》。
④ 《唐书·突厥传》系此事于贞观初年，《通鉴》系此事于贞观二年，今依《通鉴》。
⑤ 《唐书·薛延陀传》；《通典》卷199《薛延陀传》。

> 因伯克与人民之间的不和,因唐家从中施用阿谀与诡计,因兄弟自相龃龉,而使伯克与人民之间相互水火,遂致突厥汗国崩溃。

苾伽可汗这种论断是符合于历史事实的。

复国后的统治阶级既然意识到汗国灭亡的原因,既然意识到汗国内外所存在的各种矛盾,因而就不得不考虑哪些旧制度必须改革,哪些新制度必须创立,其中特别是伯克对牧民的关系,作为复国后汗国中的可汗,不能不作出某些必须的让步,以缓和牧民对伯克们的阶级斗争。当然,这些让步和改革,不是为了牧民,还是为了巩固统治阶级的利益。

统治阶级对旧制度的最重要的改革,就是奴隶法的取消。取消奴隶法并不等于取消奴隶,只是取消了对于牧民那些不必沦为奴隶而却黜降为奴隶的传统法度。这一措施,产生于颉跌利施可汗骨咄禄进行复国运动之时。当骨咄禄从唐朝统治下的云中都督府逃出时,情势是非常危急的。最初逃出时,只有随从十七人,逃到总材山,收辑流亡,才得到旧日的部众七百人。按照汗国祖宗的家法,此七百人都是亡国家、失可汗的牧民,都须黜降为奴隶的。骨咄禄设使严格执行祖宗的法度,在当时情况下,不只不能复国,就是能否占领黑沙城,能否战胜铁勒部众回到乌德鞬山,也成很大问题。因此,骨咄禄在紧急情况下,宣布了流亡部众免黜为奴隶的法令。关于此事经过,在突厥文《阙特勤碑》和《苾伽可汗碑》上都有记载:

> 突厥之上天与突厥之后土及圣水,为不使突厥人民灭亡,而使之复兴,于是起立吾父颉跌利施可汗及吾母伊利苾伽可敦,使之达于天顶而保佑之。吾父可汗偕十七人出走。当其闻有声言:在村落者集于山,在山上者降平地,于是集众至七十人。上天予以助力,吾父可汗之骑士英勇如狼,其敌人则怯懦如羊。吾父东西奔走,招集散亡,聚众七百人。此七百人为曾亡国家、失可汗之民。依吾祖宗之法度,曾亡国家、失可汗者,当为奴为婢,当为违反突厥法度之民。但吾父组织之,鼓舞之,以之为突利及达头之民,予以叶护及设。

这是8世纪突厥汗国废除奴隶法最初的措施。

苾伽可汗即位以后,《苾伽可汗碑》记载:"为四方人民颁布重要法令甚多。"此众多的法令为何,无法知其底蕴。但有一项法令和他生平所实施的政治相联系的,就是为了招辑流亡部民,而宣布所谓"裸者衣之,贫者富之,寡者众之"的政策。这种政策,与古老的奴隶制度也是相违背的。苾伽可汗所以如此违背祖宗的法度,乃由于两个重要原因:第一,是苾伽可汗即位的前后,不断有国内各族人民相继外逃,如拔野固、同罗、霫、回鹘、仆固五部逃居于唐朝代州以北的大武军之北方;跌跌、阿布思、仆骨、阿悉结等部逃居于唐朝的受降城附近;浑、多览葛、阿跌、奚结、屈罗勿等部逃居于唐朝的灵州;回纥、契苾、思结、浑等部逃于唐朝的甘、凉二州。此外,还有许多铁勒部落逃往西突厥地面。这种情况,对于突厥汗国的复国运动,是一很大的威胁。第二,是唐朝的统治阶级,自贞观以后,对突厥汗国的遗民基本上采取了怀柔政策,就是召引牧民到唐辖区河曲东西从事垦牧。这种政策相当成功,草原牧民南下而归附唐朝者有几十万人。苾伽可汗面对如此强大的敌国,毫无办法,所以在碑铭上痛骂"唐人语言阿谀,复多美锦,彼等以其甘言美锦招引远人与之接近"。跟着,他向草原各族牧民提出警告说:"噫,吾突厥人民,汝将沦亡!汝如不离乌德鞬山,经营商队,汝将无忧!"又说:"神圣的乌德鞬山之人民,汝逃亡出走,有东去者,有西走者,但所至之地,汝血流似河,骨横如山,汝高贵之子弟尽成奴仆,清白之妇女悉为婢妾。我叔父可汗之死,实汝等之愚昧与怯懦所致!"①从这些语辞,我们便可看到苾伽可汗对于当时的社会改革是何等的迫切!

与上述政策相伴而行的,就是对于被征服的部族仍使之独立成国,对于国内叛变的部落并不全部歼灭之或黜降其人民为奴隶。如突厥文《苾伽可汗碑》记载:

> 为使曲漫山不能无主,吾等于整顿诃咥与黠戛斯后,出而征服之,但吾人复还其独立。
>
> 朕[与回纥]战于彼处,而败其军。其中一部分复降,降者还其为民,另一部分则悉死。

---

① 突厥文《苾伽可汗碑》,译文见前引韩儒林译。

这种办法，跟7世纪前期以前的叛民败卒都变成奴隶的办法，显然很不相同了。

随着奴隶法的改变，社会里的宗法关系也逐渐在解体。这种形势，在非突厥酋长爵位的变迁上表现得很为突出。7世纪以前，非突厥的酋长没有什么爵位称号的。但到7世纪初年，独洛河畔的铁勒酋长逐渐以"俟斤"和"俟利发"（颉利发）为称号了。同时各部各族酋长以"特勤"、"可汗"为称号者，亦日益增多。这些尊贵的爵位所以在非突厥族首领中出现，一面是由于铁勒诸部相继背叛，有的自称为"俟斤"和"俟利发"[1]，有的直称为"可汗"和"特勤"[2]。又一面是突厥可汗为了扩大汗国的势力范围，对于投降汗国的各族首领亦给以"可汗"和"设"的称号。[3]但到8世纪时，复兴后的汗国对于异族酋长在独立时已有的尊称爵位如"可汗"、"特勤"、"颉利发"等一概予以承认。[4]这种情况，与柔然可汗之对土门说"尔是我锻奴，何敢发是言也？"的情形相比，真可以说有天渊之别了。

总括来说，8世纪复国后的突厥汗国，从其政治上、军事上、法律上体现的生产关系来看，当时草原的牧民社会已经不是奴隶所有制的形态，而是封建主义的社会经济形态了。

但这里必须说明，封建主义的社会经济形态，并非牧民，更不是突厥可汗们自觉地建立起来的。列宁曾经指出，在马克思发现社会发展规律以前，人们总是不自觉地适应于生产关系。[5]在封建社会产生以前，草原各族牧民只感觉到奴隶主的剥削统治妨碍了他们的生活和生产，时刻受到沦为奴隶的恐慌，事实上已经也有无数牧民沦为奴隶。《隋书·突厥传》描写的"千种万类，仇敌怨偶，泣血拊心，衔悲积恨"，大体上可以传达当时牧民沦为奴

---

[1] 《隋书·铁勒传》："独洛河北有仆固、同罗、韦纥、拔也古、复罗，并号俟斤。"《唐书·回纥传》："大业中，处罗可汗攻胁铁勒部，裒责其财，又恐其怨，则集渠豪数百悉坑之。韦纥乃并仆骨、同罗、拔也古叛去，自为俟斤。"

[2] 《通典》卷199《铁勒传》："隋大业元年，突厥处罗可汗遂立……俟（俟）立发俟斤契弊歌楞为易真莫何可汗，……复立薛延陀内俟斤字也咥为小可汗。"按契苾、薛延陀独立在前，后降突厥汗国，处罗始予承认。

[3] 除参考上注突厥处罗可汗承认歌楞与也咥为可汗外，在隋代末年，突厥始毕可汗以刘武周为定扬可汗，梁师都为大度毗伽可汗，郭子和为屋利设，刘秀真（稽胡）为突利可汗。

[4] 例如对"同俄特勤"、"阿史德颉利发"、"夷健颉利发"等。参考突厥文《阙特勤碑》及旧、新《唐书·突厥传》。

[5] 《列宁全集》第1卷，人民出版社1955年版，第119页。

隶的真情。为了打破奴隶主对于他们的束缚关系，为了消灭可恨的奴隶主，所以连续不断地进行了多次的反压迫反剥削的革命斗争。

任何统治阶级和剥削阶级，对于现行制度总是最拥护的，因为这些制度对于他们最为有利。但当激起人民公愤、群起革命，至于屡次镇压而不能遏止时，他们便对人民让步，对旧制度作出若干必要的改革。统治阶级绝不会认识到封建主义比较奴隶所有制是进步的，他们只希望可汗的地位不至于垮台；剥削的形式虽然改变了，但还可以维持政府开支和官吏军队的生活。突厥社会制度是在这种情况下改革的。

四、推动突厥汗国走上封建主义的动力

突厥汗国的封建社会特征，是土地（包括牧场、山林、湖泊、河流、道路和游牧地区）为封建主所占领，牧民通过使用牧场而附属于封建主，为封建主交纳实物租税并服兵役及其他劳役，但牧畜及其他生产工具和资料（如帐幕、畜牧工具、猎具等）则被牧民所私有。

当突厥汗国政权统一之时，草原的牧场和其他土地是汗国所公有的。代表汗国主权的是统治阶级中的大可汗或国家可汗，所以大可汗便是全国土地的主人。但在突厥的立国期间，统一的时期少，分裂的时期多，而且所谓统一也只涉及外表的行政和军事范围罢了。所以在封建时期，实际上占领土地，对土地有支配权和继承权的，是各地区的封建领主们。所以土地的封建主占领制，是突厥汗国牧民封建关系的基础。

作为汗国中统治阶级的是突厥部族中的伯克们。他们追随可汗打倒了柔然汗国以后，瓜分了草原的土地和牧民。突厥官爵，最初有十等，以后增为二十八等，如叶护（yabghu）、设（Šad）、颉利发（itäbär）、吐屯（tudun）、俟斤（irkin）等等。[①] 当政权统一之时，所有这些官爵的贵族伯克们，都在大可汗统一指挥下，对草原各族牧民实行统治。叶护及设总理达头、突利二区的军事和政治，对于边远异族则派吐屯镇压之，一如唐时的"州郡官"。

---

① 《周书·突厥传》；《隋书·突厥传》。官爵的译文从小野的《突厥文译注》。

但当可汗政权衰落或者地方武力膨胀时，许多叶护及设便自称为可汗。这些可汗、叶护和设，只有汗国可汗的子孙才能做到，后来因为可汗的子孙太多，不能都做到高爵位的官员，所以"居家大姓"亦相呼为"遗可汗"。①

突厥以外的铁勒各部人，虽然突厥人称他们为"苍突厥"，但是他们的伯克们，在7世纪以前，突厥可汗不允许他们拥有俟斤、颉利发（俟利发）以上的称号。但自7世纪初年以后，铁勒各部酋长不断领导各部牧民进行反压迫反剥削运动，他们常以可汗、俟利发、俟斤及特勒自号，从此以后，突厥人才逐渐承认了非突厥的铁勒人可以拥有俟斤和俟利发的称号。②

突厥的牧民和铁勒各部的牧民似乎是平等的。但突厥的牧民为数不多，作为汗国平民阶级的主要是铁勒各部的牧民。突厥汗国的铁勒有广狭二义：狭义的铁勒只指"九姓铁勒"，即仆固、浑、拔曳固、同罗、回纥、思结、契苾、阿布思、骨仑屋骨九姓，亦称为"九姓乌古思"；广义的铁勒，除九姓铁勒外，还包括薛延陀、斛薛、黠戛斯、葛逻禄、突骑施以及不属于九姓铁勒的高车诸部。突厥汗国的牧民，铁勒之外，还有柔然人、契丹人、奚人、鞑靼人等。这些部民，自被突厥征服后，都做了汗国的百姓。统治阶级要求所有的牧民向自己呈贡畜产牛羊外，并使他们自备马匹，服务兵役。《隋书·铁勒传》记载突厥汗国统治下的铁勒牧民说：

> 处罗可汗击铁勒诸部，厚税敛其物。自突厥有国，东西征讨，皆资其用，以制北荒。

关于牧民和牧地的关系，《周书·突厥传》记载早期突厥牧民的游牧情形说：

> 虽移徙无常，而各有地分。③

---

① 《通典》卷197《边防》13《突厥》上。
② 《隋书·铁勒传》；《旧唐书·回纥传》；《通典》卷199"铁勒"、"同罗"、"拔野古"各条。
③ 从《史记·匈奴传》就有"逐水草迁徙，毋城郭常处耕田之业，然亦各有分地"。《周书·突厥传》的话也可能是抄《匈奴传》的，但亦可能具有不同的新的意义。

可知自突厥建国之初，草原牧民的游牧区域就有一定的限制了。随着各领主土地占有权的变动，牧民的游牧地区也跟着发生了变动。领主越多，领土划分越细，牧民的牧地便越变越小，最后一部落的牧民只能在一小领主所统治的领土内进行游牧，这样就加强了领主对牧民的剥削。所以牧民和土地关系日益加紧的过程，同时也就是突厥汗国从奴隶制发展到封建主义的过程，一系列的封建关系就是在土地和牧民关系日益加紧的过程中形成的。

突厥汗国封建主义一经形成，影响了后世许多在草原上建立的游牧国家。例如回纥国、辽国、蒙古汗国、西夏王国，他们的国家虽然都是多部族的，但是他们主要的社会形态仍然是封建主义，而不是其他社会形态。

那么推动突厥汗国封建主义形成的是什么力量呢？这种力量，毫无疑义，只能于"最活动最革命的要素"之生产力中求之。

牧民畜产的增加和牧民手工业的不断进步，是推动牧民封建主义社会的重要因素。畜产是生产资料、是商品，有时也是生产工具（例如以牛耕田，以马骑射），对于牧民的社会发展具有重要的推进作用。畜产中的马群，在牧民生产过程中作用更大。运输、曳车、作战、射猎和管理畜群，设使没有马匹，草原牧民的游牧经济变为一种不可想像的形式了。畜产虽然在原始公社时代已经产生了，但它对于牧民从原始公社制到奴隶制，从奴隶制到封建制，都发生过各种不同的但都是重要的推动作用。牧民的生产力，离开畜产，我们便觉与一般猎人和农夫没有区别。

牧民的手工业，特别是铁的锻冶业，对于封建制度的形成，也是一种推动力，手工业虽然是附属于畜牧业的，虽然它不能掌握牧民社会生产的全部分，但是牧民的生产工具，毕竟是靠手工业不同程度的发展而区别牧民社会有无高级和低级之分的。而且当奴隶时代，手工业是被奴隶主所垄断，是属于奴隶作坊的事，到奴隶社会末期，手工业便被自由牧民所掌握，它对于突厥汗国的各地牧民和非牧民的生产起了更广泛的作用。试引 6 世纪末东罗马史家梅南窦（Menander Protector）记载东罗马使臣蔡马库斯在中亚锡尔河、阿姆河中间粟特人地面遇到突厥人手持铁器向他兜售的情况如下：

> 突厥人既遣使谒哲斯丁皇帝，愿与罗马定约修好。皇帝乃决意遣使往彼国报聘。于是简选东方市邑宰官西力细亚人蔡马库斯（Zemarchus）

当其任。行装既备,乃于哲斯丁即位第四年(568年)之末,拉丁人曰"奥古斯都"月(八月)者,蔡马库斯与马尼亚克等离比散丁姆,起程往东方。行多日,蔡马库斯及其从人抵索格底亚境。既下马,有突厥人携铁来求售,其意盖欲示其国有铁矿也。在彼国制铁极不易,售铁者或欲夸示吾人,惟彼国为产铁国也。①

以上所述,是突厥汗国成立后16年的突厥锻工的情况。以此与6世纪前半叶突厥和西魏、北周在西北边区贸易的情况比较,铁器的市场显然是扩大了,设使再与5世纪柔然汗国统治下的突厥锻奴比较,前者铁器的市场只限于对奴隶主的供给,而后者铁器除供给"三十六国"的居民外,又扩大到中亚的城郭国家,其间真是有天渊之别。所以牧民手工业的进步和铁器商品市场的发展,也是牧民封建社会形成的因素。

更重要的是历代牧奴和牧民不断对奴隶主土地所有者进行的反压迫反奴役的斗争,对于牧民封建社会形成,起了很大作用。草原奴隶对奴隶主统治阶级的斗争,从匈奴立国之后就连续不断发生过了。被奴役部落与奴隶的联合斗争,终于颠覆了匈奴国家立国的基础。② 如前所述,以牧民奴隶占有关系所建立的柔然汗国,也是因突厥锻奴和被奴役的高车部民的联合起义,结果至于亡国的。以上这些奴隶和被奴役部落的起义斗争,不仅是颠覆了奴隶主的国家,而且也削弱了奴隶所有者社会的基础。但当新的生产力尚未充分发达,旧的生产关系就不会马上灭亡而有死灰复燃的余地。直到突厥汗国成立以后,奴隶制曾经复活一时,原因在此。在突厥汗国的立国期间,奴隶起义的事件较少,而不同部落牧民的暴动和被奴役部落的独立运动几乎时有所闻。所有这些暴动和运动,终于逼迫统治阶级废除了奴隶法,废除了昔日把被征服部民沦为奴隶的办法,从而使封建牧主对牧民的关系代替了奴隶主对牧奴的关系,开始形成了封建主义社会。

但引导突厥汗国走上封建主义道路的还有其他因素。

以西突厥汗国跟东突厥汗国来比较,西突厥汗国进入封建主义的时期更

---

① 原文见密勒(Muller):《希腊史残卷》第2卷,第250页,此文引自张星烺编:《中西交通史料汇编》第1册,第107页。

② 参考马长寿:《论匈奴部落国家的奴隶制》,《历史研究》1954年第5期。

早。7世纪初，唐朝著名法师玄奘叙述西突厥汗国的风土说：

> 黑岭以来，莫非胡俗。① 虽戎人同贯，而族类群分，画界封疆，大率土著，建城郭，务田畜。性重财贿，俗轻仁义。②

此所云"虽戎人同贯，而族类群分，画界封疆，大率土著"，虽不能确指为政治上的封建主义，然而突厥统治阶级并未改变西域原有的政治区域，则为无可争辩的事实。突厥人一般统治西域各城郭国家的办法，是对"西域诸国王悉授颉利发，并遣吐屯一人监统之，督其征赋"③，只有个别国王反抗突厥汗国的统治时，然后才"令特勤甸职摄其国事"④。突厥可汗对于各国征税的手续如何，税率若干，目前尚无直接史料可资研究。但是这些问题，通过一些比较方法，也是可以了解的。现在我们可以先看突厥汗国对高昌国的关系。在突厥统治高昌国以前，高昌国曾一度被高车国铁勒人所征服。《隋书·西域传》记载铁勒对高昌国的统治关系说：

> 铁勒恒遣重臣在高昌国，有胡商往来者，则税之送于铁勒。

我想，铁勒遣重臣督征高昌国的商税和突厥遣吐屯督征西域各城郭国家人民的赋税，在原则上应该是一致的。换言之，则牧民统治阶级对西域各国的封建关系，从高车国时期已经开始了。突厥汗国只是把传统的封建关系更为巩固，更为制度化罢了。唐玄奘于629年到高昌国，那时高昌国是半独立状态。高昌王麹文泰表面向唐朝贡，实际上是依靠西突厥汗国，做统叶护可汗的臣属。《新唐书·西域传》记载：

> 初，文泰以金厚饷西突厥欲谷设，约有急，为表里。

---

① 《大唐西域记》："黑岭以来，莫非胡俗。"按"黑岭以来"当作"黑岭以东"。黑岭在阿富汗的东北部，由此经中亚至中国。波斯语称黑岭为"Siyah Koh"。
② 引自《大唐西域记》卷10。
③ 《旧唐书·西突厥传》。
④ 《北史·西域传》"石国"条。

这种"以金厚饷西突厥欲谷设",很可理解为一种封建的货币租赋。玄奘到高昌后,高昌王有求于统叶护可汗,所以临时又有各种实物送给突厥。

《大唐大慈恩寺三藏法师传》里这样记载:

> 王欲留法师供养,法师坚辞。乃遣殿侍中御史欢信送至叶护可汗衙,又以绫绢五百匹、果味二车献叶护可汗。并书称:"法师是奴弟,欲求法于婆罗门国,顾可汗怜师如怜奴。"

高昌王此处之称"奴",实如当时中土之称"臣",故不能由此证明高昌为西突厥奴役部落之证。反之,一事之托至于献绫绢五百匹、果味二车,正可作为附属国对于突厥汗国是封建关系的证明。

此外,还有一事足资证明突厥和西域各国是一种封建关系者,即西突厥汗国灭亡后六十余年,其时中亚各国已被大食国所统治,有一个新罗僧人慧超往游五天竺,回经中亚胡蜜王国,曾述及大食王征收胡蜜王国的税率。慧超在留至今日的《往五天竺国传》残卷中云:

> 又从吐火罗国东行,七日至胡蜜王住城。……此胡蜜王兵马少弱,不能自护,见属大寔所管。每年输税绢三千匹。[1]

一个兵少马弱的小国王,每年输实物税绢三千匹,不可谓不重。设以高昌等国况之,一事之托至献绢五百匹,那就不能说太多了。由此一例,似尚可推测六十多年前突厥汗国对西域各国是什么关系以及征税的比例了。

另外,还有一事可资我们佐证者,就是 6 世纪波斯人征服了中亚各部族之后,把花剌子模、大夏、马尔吉安那等地置于波斯王国统治之下。波斯人也和后来征服中亚的突厥人和大食人一样,他们根本没有改变被征服者的社会制度,只满足于单纯的从属关系和对城郭居民的赋税掠夺。[2]

总括来说,西突厥汗国对于西域城郭国家居民的关系是一种封建关系,

---

[1] 《慧超往五天竺国传残卷》,收于罗振玉所辑:《敦煌石室遗书》第 4 种。"大寔"即"大食"的另译。
[2] 参考梁士琴科:《苏联国民经济史》第 1 卷第 2 章。此章译文载《历史问题译丛》第 3 辑,中国人民大学出版社 1954 年版,第 98 页。

这种关系是不同于 7 世纪以前东突厥汗国那种牧民奴隶占有关系。西突厥可汗并没有根本摧毁西域城郭诸国原有的经济条件,只形式上占领西域各国农业灌溉区、矿产区、手工业区及商业城市和道路,把全部土地征服之后变为汗国所有,而对各地各族农牧民、手工业者、商民实行重税赋的剥削。这种关系应当称为是一种游牧民族统治阶级对城郭人民的封建关系。

很显然,这种封建关系,不是突厥人或其他游牧民从东方带来的。原来驻牧于阿尔泰山之阳的突厥人,他们的社会制度,不只落后于封建主义,而且落后于奴隶制度,设使突厥人能带来封建主义,很自然地东、西突厥二汗国应该不分先后同时进入封建社会了。然而并非如此,东突厥汗国要迟于西突厥汗国几百年。因此,要了解西突厥封建主义的早熟性,当对被征服的西域诸国原有的生产力和生产关系加以分析。

马克思曾经论及,军事的或军队的组织,"乃早期公社作为私有主而存在的条件之一"①。这一特点,突厥人同其他游牧部落一样,都早已具备。突厥人运用这种军事组织进行游牧、交换、保卫、掠夺和袭击工作,从而反抗并且颠覆了东方的柔然汗国和西域的嚈哒汗国以及其他城郭国家,终于把几万里草原和城郭地区统一起来,这种事实对于汗国的封建主义,显然具有一定的促进作用。但是只有征服者的军事组织,而无被征服者的生产力和生产关系作为基础,则任何封建主义的建立必将落空。因此,我们必须反复诵读马克思论日耳曼国家封建制形成的名言:

> 封建制是不能由日耳曼人全部带来的,而其源渊,在征服者方面来说,只有他们在实际征服过程中的军队的军事组织,并且只有在征服之后,通过在一切被征服国家中所有的生产力作用,这样才能发展为真正的封建制度。②

突厥人的军事组织和西域城郭国家人民的生产力对于西突厥汗国的封建主义的作用,也正是如此。

---

① 马克思:《前资本主义生产形态》,日知译,中国人民大学编:《世界通史参考资料》第 1 辑,第 8 页。
② 马克思:《德意志观念形态》,英文版,1939 年,第 62—63 页。

在西汉时，我国的塔里木盆地周围，已由各城郭的劳动人民开辟为重要的灌溉农业区和矿产手工业区。《汉书·西域传》记载，龟兹能铸冶，有铅；山国出铅；姑墨出铜；难兜出银、铜铁，婼羌和莎车都有铁山；于阗和子合多产金、玉。又从轮台以东，广饶水草，有灌溉田五千顷以上。《北史·西域传》说，到南北朝时，于阗土宜五谷桑麻；龟兹宜稻、粟、菽、麦、麻；焉耆宜黍及葡萄。西突厥王庭附近的龟兹更是一个著名的铸冶区域。《水经注·河水篇》述龟兹以北的北大山时，引释氏《西域志》云：

  屈茨（即龟兹）北二百里有山，夜则火光，昼日但烟。人取此山石炭，冶此山铁，恒充三十六国之用。

在5世纪中，龟兹所产的铁器可供西域三十六国之用，从而可知龟兹冶铁业之盛和为什么西突厥汗国建牙于龟兹以北的裕勒都斯谷了。

于阗国的手工业，自北魏至唐，日趋繁荣。《魏书》言其地出桑麻。《大唐西域记》言其人民已能织丝绢绌细，并能用畜产毛制为氍毹细毯。然而于阗人自己"少服毛氈毡袭"，可知氍毹细毯主要是供给于北边的游牧部民了。

此外，疏勒、焉耆、高昌等国人民，皆有种类众多的农产品和手工业产品，其中高昌国的"白叠布"更为重要①。

这些产物和商品，各国经常以属国身份输送于突厥，从而对于西突厥汗国的统治权力集中，发生了形成和巩固作用。

更重要的，龟兹、于阗、高昌等国，不只是农业手工业发达的国家，而且是商业发达的国家。自汉代以来，由于各国农产品手工业产品的丰饶，所以就促进了商品贸易的繁荣。西域各国的交易，至少在北魏时期已从实物的交易发展为货币的交易了。同时，由于货币交易的发展，所以国家对人民的剥削方式，从实物的租税也发展为银钱的租税。《魏书·西域传》对龟兹国的租税有如下一段记载：

  税赋准地征租；无田者则税银钱。……俗性多淫，置女市，收男子

---

① 《魏书·高昌传》、《梁书·诸夷传》"高昌"条。

钱入官。

《周书·异域传》对于高昌国也有类似的记载：

赋税则计输银钱，无者输麻布。

按黄文弼先生在吐鲁番哈拉和卓旧城获得的西州征收残牒，所纳物资有练布、毡、绳索、杂物、生絁、屯绵、粟、麦及钱。[①]可为唐时高昌国人民为国家输实物租赋及货币租赋之证。此外，在同一地点内又发现《妇女才子还麦残牒》，盖言西州妇女名才子者租用僧侣法义寺田，欠麦租二石四斗，现以麦归还本主，故出此牒。又有胡玄□残状，亦自同一地点出土，上记载"□城人任智远租得……"等字样，亦系佣田还田之事。[②]从上述资料判断，唐时民间租佃关系已经成立。这种关系当系一种封建关系。

在北魏时，中亚城郭国家已经使用货币和货币租税的，有波斯国、阿钩羌国（悬度国）、小月氏国、罽宾国[③]以及昭武九姓诸国。

如众所知，劳役地租、实物地租和货币地租是封建土地所有制由以实现的经济形式。马克思说："在劳役地租、实物地租、货币地租这一切地租形式上，地租的支付者总被假定为土地的实际耕作者和占有者，他们的无酬的剩余劳动直接落到地主的手中。"[④]所以地租的形式必须肯定是由封建土地所有制决定的。货币地租的出现或者实物地租和货币地租相结合而出现于五六世纪的西域及中亚诸国，由此说明那些具有这种经济形式的国家，内部已有大土地所有者产生，即已经有封建主对农奴、农民的封建关系的产生。换言之，西域和中亚各地在被西突厥汗国统治以前，很早就有封建主义社会建立了。突厥人只是在各国已有的封建主义基础上建立了西突厥汗国，因此，西突厥汗国也就自然属于封建主义性质的国家了。

6世纪中叶突厥人征服了西域和中亚产业进步的诸国之后，突厥的贵族

---

① 黄文弼：《吐鲁番考古记》，第36页，图版21—22。
② 黄文弼：《吐鲁番考古记》，第45—46页，图版44—46。
③ 《魏书·西域传》。
④ 马克思：《资本论》第3卷，人民出版社1953年版，第1047页。

和军头们不可能立刻创造出一种政治制度来的。他们最初可能同 13 世纪的蒙古成吉思汗一样，对于西域国家的银粮制度茫然无知，后来经过实践，看到城郭人民经常对各地原有的封建主、寺院及本国政府交纳租税——钱粮实物比较力役之征的剥削更为有利，因而情愿放弃从前许多原始的落后的办法，而采用文明的封建制度了。

同时，原来落后的突厥贵族伯克们，一经尝到封建的滋味无穷，所以在各国不同货币的基础上，发行一种统一的货币流行于各国各部落之间，以便代替各国原有的各种货币。这种货币政策是聪明的，它可以预支各国各族劳动人民的剩余劳动。可惜这种政策未曾贯彻，西突厥汗国就分裂和灭亡了。这种货币，六十多年前在热海（Issyk-koul）北岸的凡尔诺依（Viernoie）被发现了。货币上面铸有突厥文，有时铸突厥文和汉文两种。经过法国人达鲁因（Ed. Drouin）的研究，确定其为西突厥汗国的货币。[①] 单从这一点看，便可知道西突厥的货币地租是完全建设在西域各国的货币地租之上的。

总之，西突厥汗国的封建制度乃是西域、中亚各国生产力和生产关系发展的结果，只凭征服者的军事组织，那是无法制造封建社会的内容的。

但是，无论如何，西突厥的封建主义一经形成，它就反过来影响了东突厥汗国的社会变革。东、西突厥本来是没有一定疆界的。当二汗国分裂而进行争夺战之时，蒙古草原的铁勒九姓不断向准噶尔盆地迁徙，这对于东突厥汗国来说，是一种大的威胁。自古以来，草原部民当国内统治阶级对他们进行残酷的剥削和统治时，只有两个方向可走，一个方向是南入中原，这是一个封建主义的大国。又一个方向是西入准噶尔盆地和西域"三十六国"。这都不是偶然的。因为封建主义的剥削比起奴隶所有者的剥削要自由一些，何况成群结队的逃亡，有时可以从事掠夺，有时还可以建立独立的国家。东突厥汗国统治下的各族牧民也是如此。复兴起的苾伽可汗曾经大声喊叫说：

神圣的乌德鞬山之人民，汝逃亡出走：有东去者，有西去者。[②]

[①] Ed. Drouin, Sur quelques Monnaies turco-chinoises des Vle, Vlle, et Vllle Siecles (Revue Numismati que 1891), 转引自沙畹编：《西突厥史料》，冯承钧译，第 154 页注 1。
[②] 突厥文《苾伽可汗碑》。

从此可以得到解释了：东突厥对西突厥的矛盾，也同对唐朝一样，其间不只有国家间的矛盾，而且还有社会制度的矛盾。东突厥汗国在8世纪以前没有力量征服西突厥汗国，同时也预先引起西突厥统治下各族人民的反对。只有在8世纪初改革了奴隶法之后，东突厥才能征服黠戛斯，征服准噶尔盆地，一直长驱西进，越真珠河至于铁门。① 这种情况，设使不从准噶尔之变革为新制度加以阐明，我们只有说一切历史都是偶然的了。

西突厥汗国影响于东突厥汗国之又一事实，在于西域贾胡不断到草原贸易，并且参加了东突厥的统治集团。此例很多，无暇枚举。兹就一二重要事实言之，从而可知西域贾胡与东突厥汗国的社会变革有关。

在始毕、处罗、颉利三可汗时期（609—630），西域贾胡在东突厥汗国中的势力最盛。615年（隋大业十一年），始毕可汗信任胡人史蜀、胡悉，隋臣裴矩设计引诱贾胡与隋人在马邑交易，"胡悉贪而信之，不告始毕，率其部落，尽驱六畜，星驰争进，冀先互市"。结果胡悉被裴矩的伏兵所杀。② 于此可注意者，是粟特人在突厥中不仅是个人或一家，而是拥有私有畜产更进行自由贸易的部落集团。这种西域粟特商贾的贸易集团，对于草原的牧民社会，必然产生若干直接的和间接的影响。又在颉利可汗时（620—630），"每委任诸胡，疏远族类，胡人贪冒，性多翻覆，以故法令滋彰，兵革岁动"③。史传没有叙述贾胡如何改变突厥的法令，但以常情揆之，粟特人以其本国统治人民和部落的办法倡行于草原，致遭各族奴隶主的反对，所以"兵革岁动"，至于"国人患之，诸部携贰"。

总之，通过战争、侵略、移民和商贾贸易等过程，西突厥汗国的封建主义必然会影响东突厥汗国的社会改革。

最后必须承认，中原的封建制度和隋唐二代的汉族劳动人民，对于突厥汗国封建主义的形成，也起了很大的推动作用。

在6世纪中叶以前，中原的封建政治经济在西域各国有显著的发展，加速了西域城郭国家封建主义的形成，但对于蒙古草原牧民社会的影响是微不足道的。在北周、北齐时期（550—581），两国的统治阶级，"周人东虑，恐

---

① 突厥文《暾欲谷碑》。真珠河即今中亚的锡尔河，铁门在河中 Derbent 之西十二俄里。
② 《隋书·裴矩传》。
③ 《旧唐书·突厥传》。

齐好之深；齐人西虑，惧周交之厚，谓虏（指突厥的统治阶级）意轻重，国遂安危。……竭生民之力，供其往来，倾府库之财，弃于沙漠"①。就是这样，周齐二国送给突厥汗国什么东西与如何送给他们的，《周书·突厥传》有一段记载：

> 朝廷既与和亲，岁给缯絮锦采十万段。突厥在京师者，又待以优礼，衣锦食肉者常以千数。齐人惧其寇掠，亦倾府藏以给之。

内述周人岁给缯絮锦采十万段，齐人亦倾府藏以给之，颇可注意。合周齐二国计之，岁给突厥的丝绢至少有二十万段。此大量的丝绢，除一部分被突厥贵族使用外，其余大部分便经过粟特商人之手运销于中亚、波斯及东罗马诸国了。② 这种贸易自然繁荣了突厥汗国的经济。

公元 599 年（隋开皇十九年），突厥内讧。隋文帝拜突利为意利珍豆启民可汗，迁其部落于黄河以南的夏、胜二州之间。隋朝为之"发徒掘堑数百里，东西拒河，尽为启民畜牧之地"。于是突厥人"或南入长城，或住白道，人民羊马，遍满山谷"。③ 这一措施，隋朝统治阶级的目的虽是为分裂突厥汗国，但实际上中原人民的劳动力和产品帮助了突厥经济的发展。所以后来唐太宗评论此役说："昔启民失国，隋文帝不悋粟帛、兴士众营护而存立之。"④

到隋末唐初之际，史称中原人没于突厥者在八万口以上。这大量的劳动和技术人民，对于突厥牧民生产力的提高，必然直接发生了重大的作用。而且当时所谓"雄盛豪杰"，同时又以"子女玉帛，相继于道"送给突厥。⑤ 这些财富更使突厥的生活提高。

更重要的是，自从突厥汗国灭亡（630）前后到汗国复兴以前，其间约六十年之久，有一百二十万突厥人和铁勒人投降了唐朝，被唐朝安置于河套南北。唐朝对待草原牧民的政策，先在幽州到灵州之间划出顺、祐、化、长

---

① 隋文帝诏中语，见《隋书·突厥传》。
② 沙畹编：《西突厥史料》，冯承钧译，第 166—186 页。
③ 《隋书·突厥传》；《通鉴》卷 179。
④ 《贞观政要》卷 8。
⑤ 《新唐书·突厥传》。

四州，设都督府，拜部民首领为将军、中郎将以统治之。① 到薛延陀汗国灭亡（646）后，对漠北铁勒诸部设置六府七州及瀚海都督府以统治之；对漠南突厥诸部设置云中、定襄二都督府及单于都护府以统治之。② 到 7 世纪 80 年代，唐朝以突厥人来降者日多，处之丰、胜、灵、夏、朔、代六州之内，称为"降户"，由默啜可汗统治之。③ 此几十年间，突厥铁勒诸族，在唐朝统治权下称都督、刺史而食王侯俸者代有其人。总上所述，便知东突厥汗国在废除奴隶法以前，中原的封建政治，通过都督府、都护府的各种组织，通过将军、中郎将、都督、刺史的各种官爵和官俸，早已渗透到草原牧民的前封建政治内部去了。政治组织虽然是一种社会上层建筑，但它一经出现，反过来也可以影响经济基础。如前所述，突厥奴隶法的废除，其基本关键虽然在于社会内部封建关系的生长，但废除的法令首先是由汗国的统治阶级提出来的，从此也可以看到中原的封建政治对于突厥统治阶级已经发生了一定的影响和作用了。

比较政治组织更重要的，是汉族农民的种籽、农具和铁器在七八世纪之间大量赠给蒙古草原的牧民。697 年（唐神功元年），突厥默啜可汗向唐要求从前曾经投降唐朝的河曲六州降户几千帐及单于都护府之地，同时并索给粟种十万斛、农器三千具及铁器几万斤。武后初不许，默啜愤怨，拘系唐使者田归道。唐朝惧其兵势，乃尽驱六州降户几千户还给突厥，并以谷种四万斛，杂采五万段，农器三千具，铁四万斤，赠给汗国人民。④ 这一措施对于突厥汗国和牧民发生了以下三种影响：第一，是汗国一部分牧民的生产形态跟着变化了，从前突厥牧民的生产是游牧，现在则除了畜牧之外又兼事农业生产。农业虽然是对畜牧服务的，但它可以稳定牧民的生活，哪怕这种稳定生活是暂时的。第二，突厥汗国的各族人民从此有了田种，有了农具，更有了铁的生产工具和武器，这样自然就提高了各族人民的生产力。第三，畜牧主占有了农具和田种，封建主掌握了更多的铁器和铁兵器，从而也就加强了他们对牧民的统治和剥削。

---

① 《通鉴》卷 193 "贞观四年五月"、"六月"各条。
② 《唐会要》卷 73 及《通鉴》卷 200 由 "显庆五年" 到 "龙朔三年" 有关各条。
③ 《旧唐书·突厥传》。
④ 《新唐书·突厥传》；《通鉴》卷 206 "神功元年"条。

总括言之，中世纪中原的封建政治和汉族劳动人民对于东突厥汗国封建主义的形成和加强，是有很大作用的。从外族输入的东西虽然不能算作内在的因素，然而生产力毕竟是关系于封建关系本质方面的东西，汉人从前曾沦亡于突厥汗国者有八万人口，唐朝又归还于突厥汗国以几千帐降户，同时又给田粟四万斛，农器三千具，铁四万斤，这些劳动力和生产工具不可能不对汗国封建主义的形成发生重大的作用。

（原载《历史研究》1958年第3—4期合刊；收入林幹编：《突厥与回纥历史论文选集［1919—1981］》，中华书局1987年版）

《同治年间陕西回民起义历史调查纪录》序言
——兼论陕西回民运动的性质

一、调查的原因

为什么调查同治年间（1862—1874）陕西的回民起义运动，主要根据有下面几个理由：

第一，同治年间陕西的回民起义，对于西北的回族历史来说，应是一次空前未有的大变动。在此运动发生以前，陕西各县，特别是渭、泾、洛三河流域，是我国回民的一个主要集中区或杂居区，但自这一运动发生以后，清代统治阶级把陕西各地原有的回民，除了西安城内的回民以外，整个驱逐出境或屠杀了。这一空前未有的大变动，改变了历史上陕西人民民族成分的原有面貌。

原在陕西省西安、同州、凤翔三府和乾、邠、鄜三州共二十多个州县里，住有回民七八十万到一百万人①，占全省人口的三分之一②，在清代嘉庆、道光、咸丰年间，这近百万的回民约分为八百余坊，建立伊斯兰教礼拜寺八百余所③。当时回民的主要生产是农业，同时也有许多人经营畜牧业、运输业、商业和牛羊的屠宰业。当时回民所占有的土地面积，据同治二年陕西

---

① 陕西原有的回民人口，据《续修陕西省通志稿》中《平定回匪纪事》作者的估计有七八十万口，见《续修陕西省通志稿》卷178，第32页。另据民国初年西安回民马光启所著的《陕西回教概况》，估计陕西回民人口为100万。
② 清代同治年间曾经参加镇压回民运动的余澍畴，他在所著的《秦陇回务纪略》卷1中说"陕则民七回三；甘则民三回七"。此所谓"民"乃指汉民。换言之，则同治年间以前陕西的人口，汉民占7/10，回民占3/10。
③ 当年有800多座伊斯兰教礼拜寺的说法至今在西安回民中还存在；另参考马光启：《陕西回教概况》。

巡抚张集馨的奏折说，西安、同州两府和邠、乾两州的"叛产"土地，约在万顷以上。① 同治四年石泉县禀陈回民"叛产"土地不下几百万亩。以上土地数目还仅指西、同两府及乾、邠两州所属州县的回民土地而言，那时凤翔府的回民起义方兴未艾，而北山以上的延安府属及鄜州、绥德等州县的回民亦正在进行战争，所以皆未计算在内，若合并计之，全省回民的原有土地，当在两万顷以上②。自回民起义失败以后，所有的土地都变成了"叛产"，招人耕种，所以后世回民回忆当时的情况说："庄田庐亩，俱为他教人所有，八百余所礼拜寺俱焚于火。"③

从八百里秦川逃出来的回民，据官书所载，随同回民领袖白彦虎逃往俄国境内的，只有二千多人，其余被清政府安插到甘肃平凉、化平（今宁夏泾源县）、张家川的只有六万多人罢了。④ 此外，据访问所得，陕西回民在同治年间逃往河南、山东、山西、内蒙、新疆、四川和甘肃各地的也有一些，但总括来说，经过同治年间这一事变以后，绝大部分的回民是在战乱中被屠杀和在战后因饥寒病疫而死亡了。

每一段血和泪的"痛史"，距今尚不及百年。陕西和甘肃的回民们父传子、子传孙，一直传到现在，留有深刻的印象。而作为中国各族人民历史的研究者，我们就不应当满足于清代末年为统治阶级服务的那些"钦定"官书和官僚地主知识分子的几种著述，应当站稳人民的立场，努力调查研究当时屠杀和驱逐人民的是哪些阶级。这是我们所以调查陕西回民起义的原因之一。

第二，同治年间陕西的回民起义，对于当时陕西各县的汉人来说，他们不仅受了若干次大的震动，而且在各个战役中付出了几十万生命的代价。陕西回民起义是清代统治阶级和陕西汉人中的地主阶级长期压迫回族人民而产生的结果。但当时的大部分汉族农民不懂这个道理，认为回民起义就是屠杀汉人，所以各地汉族农民风闻回民了，就纷纷逃避，或入窖内，或走外乡，有的汉人甚至于在官僚缙绅的号召下参加了地主武装的团练。这样以来，两族人民在官僚地主的挑拨离间下，在战争发展的过程中，从和平相处不自觉

---

① 转引自《续修陕西省通志稿》卷28，田赋3。
② 据清代道光十一年《户部则例》，陕西田地共25万多顷，回民土地2万多顷，约当全部田地1/10。
③ 见马光启：《陕西回教概况》。
④ 见《续修陕西省通志稿》卷178，第32页。

地走上相互仇视的局面。泾、渭、洛河流域各县汉人，在解放前保留着许多与同治年间汉回冲突有关的影响残余。例如渭南一带，当孩子们啼哭时，妈妈就警告他们说："回回来了！"孩子们的啼哭就因而停止。孩子们不懂回回是如何可怕，妈妈便把同治初年回回杀汉人的事叙述一遍。因此就使孩子们在睡眠中常做噩梦，梦见回回杀他们。大荔县羌白镇一带不久前还流行一种风俗，就是每年旧历正月十五日，年轻的媳妇们要回娘家过节。外人不知其中道理，经年老人解释，始知系同治六年正月十五日，逃到甘肃去的回回结队成群乘马来此，曾经大肆"抢劫"一次。因此，回娘家避难的风俗残留到今。渭河流域的若干城郊和乡镇直到现在还保留着由同治元年、二年留下来的"忠义冢"、"忠义碑"、"节义祠"、"好汉庙"等遗迹和传说。有的如周至县临川寺，自同治年间汉回冲突以后，初时每逢冬至，各种汉人到此焚香烧纸，追悼亡魂，到了后来，这一追悼的集会又变成一个冬至日的定期集市了。更可注意的是，大荔县南边的阳村和拜家村，自同治元年被"回难"以后，村里农民大部分携眷东逃，有的渡黄河到山西省的东南各县避难。事平以后，重返家乡，这些人家，有人以绘画为业，就把家人遭难、外逃流离、返乡等情况制为连环图画，名为"苦节图"。每逢佳节或红白喜丧，便把绘画挂出，任人参观，以为纪念。这些事实，在封建主义尚未消灭以前，大民族主义的统治阶级对此采取鼓励和保护政策，毫不为奇。自解放以后，虽然这已是历史问题了，但对于我们的民族团结政策只有害处，没有好处。然而老乡们认为这些在过去都是事实，并非伪造，甚而个别的人通过这些事实便推论同治年间的事件并非"回民起义"，只是"回乱"。这都说明很多汉人对于回民起义的性质不够明了。因此，我们与其掩盖问题，不如暴露问题。设使广大汉人对于事情的本质明白了，结果绝不是使回汉分裂，而是使回汉团结，这是我们所以调查回民起义的原因之二。

第三，陕西回民起义，从阶级斗争的意义来说，是中国近代史上一种农民运动。但这一运动跟汉族为主体的农民运动不尽相同，而带有浓厚的民族运动性质。众所周知，陕西回民运动一开始就和云南的回民运动以及太平天国所领导的四川太平军，河南、安徽的捻军有千丝万缕的联系。回民运动刚刚开始，南京太平军陈得才部队就从汉中到达长安、渭南。不久，四川太平军如邓天王、蓝大顺、曹培时、郭富贵等都率兵相继来陕。后来西捻军总帅张宗禹亦从河南入陕。这些外来的革命队伍和陕西回民，或彼此呼应，或并肩作战，关系都很密切。但是因为回民运动毕竟是一种民族运动，所以他们不能和太平军水乳交融，合而为一。正因为他们有合作又有矛盾，所以清代统治阶级就利用他们的矛盾，在不同地区里先后分别地加以击破。结果是太平军南下，捻军东去，回民军在孤立的情况下退往甘肃的东部。关于上述情况，我们平时虽然也收集了一部分资料，但是十分不够。为了明确陕西回民起义的性质，调查研究陕西回民运动与外省各种革命势力的相互结合，相互联系，是十分必要的。这种问题弄清了，也是决定回民起义性质的重要条件之一。这是我们所以调查陕西回民起义的原因之三。

第四，近代西北各族的民族运动，是从陕西的回民起义开始的。陕西的回民运动一开始，很快就发展到陇东、陇西和宁夏。几年以后，又发展到河西走廊的肃州和新疆的乌鲁木齐。因为受陕西回民运动的影响，在陕北和陇东有汉族董福祥、袁大魁、杜占元、张大仁、苏子鸿等所领导的各流民集团的活动；甘肃河州有撒拉族的运动；新疆有维吾尔族的运动。所有这些运动或多或少与陕西的回民运动都有关系。

为了明白陕西回民运动与各地回族的关系以及与回族以外其他各族的关系，我们就应当下乡深入调查，不仅调查回民起义本身，而且应有重点地调查与回民运动有关的各族的反清运动和反抗地主的活动，如此始能了解回民运动的全部面貌和性质。这是我们所以调查陕西回民起义的原因之四。

第五，就是关于陕西回民起义本身也有许多问题必须进一步调查研究，才能明确。例如回民起义的原因，各地有各种的说法，到底其中哪一种原因是主要的，哪些原因是次要的，均须深入调查。又如，回民起义后曾经成立了一些不巩固的临时政权，我们为要了解这种政权的性质如何，就必须调查当时掌握这些政权的人物是谁，他们的阶级成分如何，曾经宣布了些什么政策，有些什么政治措施。所有这些，都是与起义性质有关的东西，应当调查研究。关于回民起义的领导人物，如任武、赫明堂、洪兴、孙玉宝、白彦虎、崔伟、于彦禄、禹得彦、陈林、阎兴泰、邹宝和、马政和、杨文治、毕大才、马生彦、马化龙、穆三……的历史，在过去资料里都是空白，我们必须加以详细调查。其他如各地回民起义的时间问题；相互联系问题；各县回民军的进攻和撤退路线问题；还有原初回民的分布问题；各县回民村和重要战役所在地名称雷同问题（例如马家庄几乎各县都有，十三村在临潼就有两个或三个）；村名混淆问题（庞阁村、半阁村、蚌阁村）；村名的讹传问题（如乔店讹为乔天，八恶村讹为八女村或八女井）；还有自回民西迁以后许多村落已经不存在了（如大荔的十三营、渭南的九社和赫冶家），或者在近年已经改名了（如华州即今华县的秦家滩今改为侯方乡，临潼的油坊街改为油槐镇）。所有这些，虽然是些小问题，但与回民起义的历史有关，所以我们需要实际调查一下。这是我们所以调查陕西回民起义的原因之五。

第六，近年来出版的关于陕西回民起义的资料，虽有一些，但不够多。1952年白寿彝先生发表了他所编辑的《回民起义》资料丛刊，关于陕西的共八九篇，其中的两篇：《纪事》和《陕甘劫余录》，是从回族群众中得来的，很是珍贵。又如在1951年马霄石先生编著的《西北回族革命简史》，也有些资料系由他本人访问所得。卷末附录同治末年甘肃张家川回民学者东阿居士所著的《秦难见闻记》，记载从同治元年二月十六日到二年十二月二十八日陕西回民起义的重要事件，价值很高。但总的来说，根据已发表的资料，企图解决回民起义的若干重要问题，感觉到十分不够的。因为如此，我们下乡的另一种任务就是收集回汉地区一切有关的文献和实物，无论府志、县志、乡土志也好，碑碣和墓志铭也好，回汉人士所著的纪事、诗文、歌谣、谚语、传记、图书也好，不管他们的立场如何，只要能够表达与起义有关的某一点，便把它收罗起来。资料多了，相互勘对，是非自然明确。这是我们所以调查回民起义的原因之六。

以上六点，是我们进行调查的原因，同时也是我们调查的目的。总起来说，我们调查陕西回民起义的原因和目的，是想通过各种调查方式获得有关回民起义的一些资料，希望从事研究历史的学者们在广博占有资料的基础上，分析回民起义的本质，最后达到回汉人民相互团结为社会主义建设而斗争的目的。

二、调查的经过和方法

在往各县调查以前，我们集体学习了一些有关陕西回民起义的资料。学习了以后，每个人的心里就产生了一个虽然也似明晰但实际仍是模糊的轮廓，在那模糊的地方蕴藏着一系列不能解决而必须要解决的问题。比如说，官书所记载的，"平定回匪"是它们的主题，在整个回民运动中只有一小部分通过被"平定"而表现出来。现在我们需要的，是回民运动的主题，对官书的记载整个翻了一个过，于是关于回民起义的整个活动我们就感到十分模糊了。这模糊的部分，把它分析为许多问题记录下来，这便是日后我们调查时提出问题的张本。

为了做好到各县各乡的调查工作，1956年2月在西安市委统战部和市民族委员会的领导和协助下，召开了一个西安市回民各界各阶层的座谈会。西安市回民大多数集中居住在城西的莲湖区，都是同治年间回民西迁以后所仅留下来的陕西回民的子孙。当时城内的回民虽然被统治者禁锢在城里没有参加战争，但肯定地说，他们是非常关心当时回民运动的发展的。座谈会上，大家把所听所闻的知识尽量告诉我们。会后，我们还到一些回民家里进行访问。被访问者有阿訇，有在职干部，有贸易商人，有古董商人，有医师，有驮商，有牛羊业的经理，还有正在开小馆子的司务等等。回民群众对于我们的调查是十分重视而热情的，有的干部同志放下工作，陪同我们到各地去拓碑碣，看遗址；有的居民邀我们到他的家里，把近百年来保存下的文献抄本整个送给我们。我们得到这种热情的帮助，所以能够在短时间内对于陕西回民起义的历史得到一更清晰的轮廓。

西安市各机关内还有许多理解或关心当年回民起义的汉族人士，我们访问了他们，得到许多在文献中找不到的知识。

根据已经阅读的文献和在西安所了解的情况，我们把同治年间回民起义的州县分为五个地区，选择重点，准备下乡调查，这五个地区的划分如下：

（一）起义的发动区——包括华州（今华县，下同）、渭南、大荔三州县，它们都在渭河流域的下游和洛河流域。华州是回民起义导火线的所在地，砍竹事件就是在这里发生的。大荔南部的沙苑和渭南的渭河以北地区，自古就是回民聚居地区。同治初年，陕西的回民起义军有三个重镇，即王阁村、仓头镇和乔店，皆在沙苑的西北和渭南的东北边境。

（二）起义的扩大区——包括临潼、三原、高陵、咸宁（后并入长安县）、长安、泾阳、咸阳等县，在渭河的中游和泾河流域。临潼县渭河以北的普陀原、十三村，渭河以南的行者桥、回回道；高陵的南原；泾阳的东部和南原；咸阳的西北部和东部的毕原以及西安城的内外，过去都有回民集中居住。自从东府的起义发动以后，这些地区的回民都纷纷起而响应了。团练头子张苻等在临潼县北部的油坊街被捕以后，清朝统治阶级与回民军的对立日益尖锐，各地回民团结起来对官军及团练展开斗争，相持一年以上。后来因为官军的压力很大，所以回民军就退到咸阳的苏家沟和渭城一带，往来游击于西、同二府所属的州县。

（三）凤翔府区——包括凤翔、岐山、宝鸡三县。过去凤翔府有回民三十六坊。三十六坊的回民在同治元年起义了。同治二年秋季，西、同二府的回民军入凤翔境以后，联合围攻府城，势力更为扩大。当时东至岐山县，南至宝鸡县，都有回民军的占领区域。

（四）回民军撤退区——包括兴平、户县、周至、礼泉、乾州、邠州各州县。自回民军在同、西二府失败以后，分两路撤退。一路是经礼泉、乾州而达邠州；另一路是经兴平、户县而达周至。前一路到邠州后，一部分南下凤翔，与凤翔府的回民联合作战。后一路希望与太平军联合，没有成功。所以最后都到了陇东的董志原。

（五）回民的安插区——包括平凉、静宁、泾源、张家川等地。回民军在董志原住了三年，因清兵追击退金积堡。金积堡回民首领马化龙不能很好地与陕西回民军合作，所以大部分回民军向清营投降。这是回民的第一次投降。另外一部分不肯投降的回民军，随同领袖白彦虎西至河州、西宁，以后又转到肃州、哈密、乌鲁木齐等地。由于关内回民的实力日益削弱，所以陕西回民军在西宁又第二次投降。第一次投降的回民被左宗棠安插在化平（泾源）、三川及平凉、静宁南北二原。第二次投降的回民被安插在张家川和华亭十二堡。

对于以上五个地区，我们有重点地进行了调查和访问。第一个地区里，我们到达了华县、渭南和大荔，前后调查了十三天。在各地区内，这一地区工作的天数最多。在第二个地区里，临潼、三原、咸阳、泾阳、长安各县和西安市城内及郊区，我们在这里前后调查了约二十天，只是高陵没有去。在第三个地区里，凤翔县我们调查了四天，宝鸡和岐山没有去，只收集了一些资料。在第四个地区里，周至和礼泉二县调查了六天。乾州和邠州只路过，没有进行访问。户县虽没有去，但由侯志义同志供给了我们一些资料。在第五个地区，我们在平凉市、县和泾源回族自治县调查了十三天。因为去的人很多，当地政府的帮忙很大，工作顺利，所以收获的资料相当丰富。

但只看工作的日数不能表达工作时间的多少。因为在各地区和各县进行调查的人数多少很不一致。第一次到渭南、华县、大荔调查时，前几天是三个人，后来减为两个人，共工作十七天。假设每人工作一天算作一个工作日，此次是三十八个工作日。第二次到渭南和临潼两县，共八个人，调查了十天，是八十个工作日。在咸阳、泾阳、三原三县调查共七天，前三天工作为三人，后四天工作为二人，为十七个工作日。在凤翔、周至两县调查，前后七天，三个人工作，为二十一个工作日。在平凉和泾源共调查十二天，工作人员九人，是一百一十七个工作日。在礼泉县是一个人调查三天，为三个工作日。在长安县和西安市内外调查的日数就很难计算了。因为我们常在假日和星期日下乡，住城里访问也多是半天，很少有整日和连日工作的。约略估计，工作日约为一个月的样子。总括言之，我们调查工作日的总数约有三百多日。换言之，就是如果是一个人到各处调查的话，约需要十个月上下。

当然，这种估计犯有平均主义的毛病。因为各人调查技术的熟练程度不同，特别是其中有六七个大学三年级的学生参加，所以用工作日计算是不恰当的。但是青年学生有他们的优点，如热情、吃苦、耐劳、翻山越岭，不怕困难，这些特点是中年以上的人跟不上的。因此，从工作日的多少，也可看出获得这些资料并非十分容易。

我们调查的方式，说来很是简单，大致不外召集群众举行座谈会，选择对象进行个别访问，参观古迹遗址、拓碑、照相、收集遗物和文献等等罢了。但说到方法，那就不简单了。

大型的座谈会，每县至少召开一次，多则两次、三次不等。小型的座谈会很多，每到一镇一村，就有一次。大型座谈会合计共举行了约二三十个。

座谈会，特别是大型的，都是在各县县委会或统战部的负责同志主持和指导下召开的。我们刚到各县时，对地方情况十分生疏，当然没有办法召开座谈会。但在县委组织的帮助下，上午到县，下午便可以召开座谈会。事前，我们先把参加座谈会人选的标准给该县负责同志提出。这些标准，包括年龄、职业、地域、成分等等。年龄：我们欢迎五十岁以上的，因为年龄越大，他们所听的掌故就越多，而且越直接；但同时并不排斥少年而通达地方掌故者。职业：知识分子、农民、商人都可。知识分子，我们欢迎那些从前修过县志的或者当过县志馆采访员的人员。如果没有，前清有功名的，做过官和带过兵的，甚而在衙门里做过钱粮师爷的都好。农民中曾经在回民村落住过的，或者是曾与回民为邻的，我们都很欢迎。商人，如第一地区，最好是贩运同州沙苑土特产的，或者原籍是大荔和渭南的商人，他们对于这一带汉族地主如何剥削回民最为知悉；还有对于同治年间搞团练的头子，他们的成分如何，家产若干，这些情况亦以商人最为熟悉。因此，对于这种商人，我们亦在邀请之列。至于各县被邀参加座谈会者的村籍，以各镇各村的人都有为最佳。这样就可以代表全县各个角落的情况，我们所调查到的就不是一隅之见。成分：以民主人士的知识分子，忠实的农民以及具有一定政治水平的商人为对象。在特殊情况下，多闻博学的地主和富农，经过组织的考虑，也可请他们出席。以上就是我们所要求参加座谈会的人选标准。

人选已经决定，我们必须把他们的姓名、年龄、村籍、职业、成分和住址详细记下，并且过目几次。等他们出席时，一经介绍，便当记住，千万不可无礼貌地在座谈时常问人家贵姓，有的被访人因事因病因路远不能出席，我们就于会后按照住址登门拜访。

开座谈会时，必须由党政负责同志说明召开的理由。必要时，我们也可更具体地说明开会的目的和要求。这样，参加座谈会的人们就可斟酌自己发言的范围和内容。我们的态度必须谦虚，最好做到有闻必录。纵然所谈的材料有时不免重复，有时前后有所矛盾，我们亦不能当场反驳，打击发言人的兴趣。只有会后整理，去其重复，研究其所以矛盾，做到了所谓"会讲话的哄不了会听话的"程度。为了避免座谈者所谈问题的一般化，事前在发言中可以要求他们多谈本县或本乡的事件，这样所谈的自然就不会千篇一律了。

在各人的谈话中间，我们可以偶尔就人名、地名和事件的关键部分对谈话者发问，但不可多问，多问便会打断发言者的语言表达系统。我们也常追问若干问题，因为追问可以对事实更为深入地理解。但是，追问必须及时，最好是在谈话内容告一段落之后。

当座谈者感觉无话可说时，我们便把话头引到另一个新的内容上去。这样就使座谈者感到我们是兴趣盎然，毫不厌倦，他们可能倾其所有，速吐为快。但无论如何，我们提新问题时，必须说明理由为何把此问题提出。因为一切谈话，特别在不甚相熟的人们中间，只有把我们认为重要的问题变为对方的重要问题时，对方的话匣才能打开，有关资料才能源源而来。

开这种座谈会，我们觉得与一般的座谈会不同。我们都是客人，而谈话的主人们年龄不同，职业不同，所见所闻又不同，我们企图在几小时内收集他们的各种意见并把它记录下来，觉到非常吃力。但也有些人，他们始终保持缄默，恐怕"一言既出，驷马难追"。

总括来说，座谈会的优点是显然的。在三四小时内，我们可以听到许多人十多次至二十多次的发言，这比个别访问要有效多了。而且座谈者在群众的监视下无法胡说乱道。说错了，跟着由别人来纠正；没有说完的，自然有别人来补充。既能相互制约，同时又相互启发。积极的带动消极的，正确的纠正不正确的。所以座谈会开到四五小时，大家还感觉到并不厌倦。因此，座谈会是进行调查的一种最好方式。

但座谈会应当与访问相辅而行。在座谈会内，经常发现需要进一步再访问的人物。一种是那些因事因病或年老而不能到会的，我们便登门拜访。又一种是在会上不发言的，或者是不能畅所欲言的，也是我们访问的对象。还有在座谈会上谈出某某人对于某一件事特别明了，但未约他到会，这种人物我们就非访问不可。此外，我们常到一城一镇一村或一礼拜寺专程拜访某一人物，这种人物自然是我们老早就有人介绍过或者推荐过的。例如大荔的王重九先生，羌白镇的宋之人先生，华县的顾熠山先生和王敬之先生，三原的王玉卿先生和王树楼先生，临潼的刘蔼如先生，西安的李静慈先生和马继昭先生，凤翔的张滋奥先生和辛喜老人，泾源的吴德正先生等等，我们都是专程拜访的。有的竟连续拜访过两三次。个别访问的收获，不但不比座谈会差，有时竟胜过座谈会几倍。这是什么道理，理由很简单。古人说过："十室之邑，必有忠信"，从前人在一室一间之间，已经有此体会，而况在今陕西和陇东，区域之大，人才之多，到处蕴藏着熟悉各地掌故的专家。设使一个研究地方掌故的问题者，仅仅满足于道听途说之见，而不向广大群众中的专家学习，那种调查研究的结果必然会笑掉各地专家的牙齿的。

访问过的对象，当然并不限于上述几位。我们根据所到各专区、各市县调查的记录估计，前后被访问者约有130余人。这些人们的谈话，比较长一点的，都记录在资料里了。还有更多人物的谈话，或因简短，或因与别人所谈的重复，或因可靠性有问题等等都不收入资料。

个别访问的优点，在于二三人对话，从容不迫。从头到尾，由浅入深地细谈。有疑难处，可以随时质问，随时解答。有时可以携带图书，或按图索骥，或引经据典。如果被访问者是不识字的农民，虽不能应用图书，但可以指手画足，把当时的事件叙述得惟妙惟肖。假使附近有遗址、遗物，兴之所至，他会引你去实地参观。我们在咸阳新冯村时，两位老乡引我们勘测了同治元年、二年回民所建"新冯县"的遗址，给我们的印象很深。在临漳县回回道，一位老乡引我们到回回道的高岗上，远指渭河以南，说明当年回民在某处种蓝靛，某处种麦子，某处引渠，某处凿井，一幅劳动回民的田园就生动地摆到我们的面前了。

个别访问的另一个好处，就是从细谈中会有意无意地发现性质重要的问题。在咸阳新冯村时，我们在李海帆先生家吃饭，访问的话本来以为谈完了，但我们在他的门口闲着踱来踱去等接我们的马车来时，看到门外有十几方旧砖铺地，此砖大小新旧与已经砌在墙上的砖显然不同。因而我们就发问，他说："这十几方砖是昔年孙玉宝占住此窑时留下来的。"因此就叙述到当他的祖父西逃以后，孙玉宝就住在这里，在此发号施令，统治这一带的回民军队。这种意外的重要收获，往往是从有意无意中交谈出来的。

访问的方式，应该说是没有什么缺点。但访问要有技术，要凭经验的不断提高。设使二者全无，而又遇到好开玩笑的朋友时，那就很会被他的花言巧语所愚弄，结果至于弄假成真，也是常有的。

多次座谈和访问的经验证明，解放后各阶层的回汉人民都进步了，在各种场合里，有一说一，有二说二，这成为各族人民普遍性格。我们做科学工作的人们，最怕的是群众中有人给我们耍滑头，弄得我们乌烟瘴气，玉石不分。过去帝国主义的"学者"来我国调查时兴起了谈话论钟点付钱的办法。法国有一位道仓纳队长在贵州调查苗族时，就被一位苗族青年所播弄，这位青年随兴所至写了许多似汉字而又非汉字的东西，说那是苗文。这位队长如获至宝，带回欧洲用珂罗版出版了。自兴了论钟点付钱的办法之后，我们做实际调查就感觉到十分困难。到边区调查虽不用钱，也要赠送礼物。但用钱和礼物换来的谈话并不是真实的谈话。直到解放后，各族人民在党的教育下觉悟都提高了。党把我们科学工作者和各族人民团结起来。因为大家都相信党，所以我们彼此都相信，在见面不久之后我们就变成为朋友了。惟有这样，我们才能取得了回汉人民真实的语言。

总计调查和访问的时间，是从 1956 年 2 月到 1957 年 3 月底，前后断断续续达七个月之久。但中间我们因各人都有教学工作，所以停顿时间很长。参加调查的人员有马长寿、冯增烈和刘士莪三位。此外，还有七个已经读完历史系三年级的学生：王宗维、张大鹏、阎振维、张庆吉、许孝德、袁鸿欣、乔温参加了调查工作。

调查归来以后，大家就整理笔记，分别撰为记录。最后由马长寿收集起来，加以校正，审核，并参考其他文献从事整理，把所有的记录总结为一个报告，前后所费时间共达四个月之久。西安部分的整理工作是由冯增烈执笔的；礼泉的调查是阎振维单独进行调查的，资料由他自己整理。

没有从事调查的各县资料，是由马长寿收集的。分编成册，以供参考。

三、这次调查的主要收获

经过这一番调查之后，我们初步明确了同治年间陕西回民运动的性质。

第一，陕西的回民运动是在清代统治阶级（包括官僚和地主）的压迫和剥削下产生的，因而它和当时其他地区的农民运动一样，具有反压迫、反剥削的农民起义性质。

自 18 世纪以来，特别是 19 世纪前叶，陕西农民最沉重的负担是田赋附加的剥削。清代的田赋附加，始于康熙六十一年（1722），当时每正赋银一两之上加征"耗羡"二钱，以为政府办公费及官吏津贴之用。到了乾隆年间（1736—1795），"耗羡"虽然减了五分，但于正耗之外，加征"平余"。陕西的"平余"始于乾隆四十年（1775），当时正赋银一两加征三分，是为修金胜寺而加的；不久又加征一钱一分，是为修省城而加的。从此以后，巧立名目，摊派重叠，至嘉道年间，于正赋一两之上，连同"正耗"、"平余"加至一两五六钱之多。换言之，即回赋附加增到了正式田赋的百分之一百六十。①

又陕西田亩，除民田外，还有元、明二代留下来的"屯卫田"（简称"屯田"）和"更名田"②，都是官田。农民种官田而纳"本色"者，官吏对他们有"样粮"、"土粮"、"余粮"等剥削；纳"折色"者，有"牌价"、"片价"等陋规。③

在同治年间以前，即以省城附近的永丰、敬录两仓道来说，每年政府所收入的征粮不过十八万担，而官吏对纳粮农民的剥削量就有二十几万串之多。此外，有些屯更名田的佃户，对官府既纳"折色"，又纳"本色"。例如大荔一佃户，每耕屯田一亩，被科折色银一分一厘二毫，又另征米草豆三项，二升至三斗。④

"平余"之外，又有所谓"小平余"，包括"火耗"、"解费"、"票费"、"单费"、"催粮费"等等勒索。⑤

贫苦农民，无论汉回，受到上述各种赋税附加的剥削，已经无法生存，但清代政府于附加之外，仍有差徭的剥削。

西北在清代本是一差徭很重的地区，陕西各族人民的负担更为奇重。陕西与川、楚、晋、豫、甘交通，自从统治阶级发动新疆、西藏、金川等战役以来，兵差特别繁重。例如乾隆二十年（1755）为供应索伦锡伯军队过境，西、同、凤、泾、邠、乾、商、鄜等府州所属派遣马骡有一万一千九百头。此后如大、小金川之役，廓尔喀之役，镇压南山白莲教民之役，陕西各府州

---

① 参考《续修陕西省通志稿》卷26，田赋1，第1—2页。
② 屯卫田指元代的屯田，明代的卫田，到清代变为官有地，租与农民耕种。"更名田"是明代秦藩所食之田，当时召人承种输租，不再纳赋。租佃户换佃时只更姓名，不必过割，谓之"更名田"。清初改为民田，缴其赋以为满汉兵丁之饷。无论屯卫田或更名田，种之者皆纳麦、粟、粳、糯，谓之"本色"。租佃户把本色粮食运交督粮道，或就近分交道、府、县，拨分旗绿各营兵为饷。
③ 租佃屯卫田及更名田者，最初只收本色，后来改收折色，粮道仓吏收本色时，巧立名目，有"样粮"、"土粮"、"余粮"的剥削。收折色时，名目繁多，把"丁条"、"马草"、"均丁"、"折布"等十多个项目摊入租赋之中。租赋的收额已与一般的民地无异，而在交折色银之时，以京斗牌价为准，以市斗折之，所以"牌价"银的剥削。又以所折之银收买粮片，分给旗兵。旗兵持片到仓，领粮者少，以片易钱者多。这种粮片的价钱，谓之"片价"。粮道仓吏于一出一入之间，得利中饱，而民兵因以具困。详细情况，可参考光绪三十年陕西巡抚升允奏《设粮务局折》，载于《续修陕西省通志稿》卷32，仓廒2，第4—6页。此折虽系光绪年间所作，但所指各种陋规，皆清代中叶之事。
④ 见《续修陕西省通志稿》卷27，田赋2，第39页。
⑤ 见《续修陕西省通志稿》卷29，田赋4，第11页。

县所担负的兵徭都很繁重。① 但这些兵徭负担，都还是临时的，从咸丰到同治初年，在全国范围内发生了太平天国的革命运动。陕西各县举办团练，从此由临时的兵徭就变成永久的兵徭。当时各县普遍设立了兵役局，每年每月都有差役。每有团练出境或过境，各州县使遣里长、书役押解马骡、民夫前往，所需马价及夫役伙食盘费，都归各州县里民按粮摊派。

兵徭原为服兵役的，但自兵役局设立以后，凡学院考试、协戎过境、钦差祭陵、三品以上官员入境过境，皆由州县里民供应，都称为"兵差"。

兵差以外，还有"流差"。流差包括三品以下官员过境，府县公出交卸，国外贡使过境，国内藩属及改流地方所属喇嘛土司贡差过境，委员往来衙署，批解钱粮厘金，各衙门丁役公干，递解犯人要案，呈送地方土产及一切杂差，都称为"流差"。这些差役，在咸丰以前尚有一定办法，不由里民直接支应，但到咸丰以后，差费则由农民按地亩摊派。

以上兵差和流差，都还是"正差"。所谓"正差"是指因公需差，有图章票据，所以也叫作"红差"。此外，还有许多额外浮派，无名中饱的"黑差"。如差使的铺设费、酒宴费、馈送费、随从的钞牌、送站礼、门包、管厨等费，少者银几十两，多者几百两。又州县各里内的管粮房书和班头、户首、里书、店主、书役，各有中饱费、酒饭费、鞋袜费、茶灯火钱，这些费用都是由各处的农民供给，属于黑差范围。②

陕西农民，无论汉人和回民，在几百年内都面临着这种被压迫和被剥削的生活，无法继续下去。所以在 18 世纪末到 19 世纪初年，各地各行业普遍产生了起义和暴动。例如从嘉庆元年到八年（1796—1803），在陕西各县有白莲教农民运动；嘉庆十一年到十二年（1806—1807），在南山宁陕镇和西乡瓦石坪有新兵叛变；嘉庆十八年到十九年（1813—1814），在岐山三才峡有木工起义、凤县铁炉川有铁工起义。③ 这几次著名的起义和暴动都是发生在鸦片战争以前的。

鸦片战争以后，清代政府对外割地赔款，对内需要准备大量军费镇压

---

① 见《续修陕西省通志稿》卷 30，第 1—4 页。
② 可参考光绪时员锡庚《大荔县差徭新章碑记》，碑内所载新章，成立于光绪年间，所记差徭陋规发生于光绪年间以前，由来已久。
③ 参考《续修陕西省通志稿》卷 168，《宁陕兵变纪事》与《厢匪纪事》。

各地人民的革命，因而对于农民的税捐剥削更为加重。陕西汉回农民生活无着，所以在同治元年回民起义以前，仅西安以东地区就爆发了两次农民运动。

第一次农民运动在咸丰六年（1856）。渭南县渭河以北的汉族农民，反抗官府对他们所进行的盐课摊派剥削，联合起来成群结队到县衙"交卸农器"。"交卸农器"是当时各地所流行的消极反抗办法，从某一点看，它类似后世工人阶级的罢工。农民队伍途中路过仓头、苏村、拜村，各村回族农民亦执农器来助。但这次运动没有成功，不久就被官府瓦解了。① 第二次农民运动在咸丰十一年（1861）。当时统治阶级又对农民进行地丁加耗剥削，临潼县李桥汉族农民首领杨生华号召临潼县农民武装反对。渭河以北几个大镇都参加了，苏、拜两村的回民闻声亦踊跃参加。这一斗争与官兵团练相持数月，结果又失败了，杨生华全家皆被杀戮。②

应当注意的是，这两次农民运动都发生于同治年间陕西回民起义的前一年到六年，而发生的地区亦正是陕西回民运动的发动地区。这些情况决不能认为是偶然的。同治元年回民起义的导火线，虽然不是由于统治阶级在那一年增加田赋附加，而是由于回练对回民的残杀和压迫，但归根到底，团练是清代统治阶级领导下的拥护统治阶级和地主阶级利益的武装，所以回民群众对团练和团练头子的斗争，也就是对统治阶级的斗争。

第二，正因为回民斗争的对象是清代的统治阶级，所以陕西的回民运动和当时各方面的抗清势力相互联合，同仇敌忾，给清代统治阶级以沉重的打击。在同治元年回民运动刚刚开始，渭南的回民武装就和太平天国革命军扶王陈得才的部队取得联系。因此，陈得才部队到达西安城南引驾回（尹家卫）时，不攻省城，而向蓝田东折，北趋渭南。此后不久，四川太平军别部首领邓天王、蓝大顺、蓝二顺、曹培时、郭富贵等率领部队相继来陕。他们在陕南和西部各县，回民军在陕西东部各县，两相呼应，对清朝的官兵作战，使清军应接不暇。不幸，当时东南太平军的革命势力转入低潮，最危急的是南京被围，因此西北大部分太平军急速东下，援救京师。

同治五年（1866），捻军从河南许州分师，西捻军由梁王张宗禹、幼沃

---

① 参考王生吉：《关陇思危录》卷1。
② 参考杨彦修等修编：《临潼县续志》卷上《李先甲传》。

王张禹爵率领，到达陕西。捻军到西北的目的，在"赖文光自述"中说得明白，是为"前进甘陕，往连回众，以为犄角之势"。当时陕西的回民军已经退到甘肃东部董志原一带，分为十八个大营。传说，捻军派人去报信，所以陕西回民军倾师而出，与新到陕西的西捻军并肩作战。初时，西捻军的主力在陕西的东部和南部，回民军的主力则在渭河以北的北山各县游击。及两相会合，在渭河北岸联合与清军左宗棠所领导的湘军作战。他们作战的形式，是以回民军为前锋，西捻军为后续，间以配合北山各县汉人的流民武装集团，所以陕北各县无处不至，使清军无法应付。最后左宗棠采取了分裂捻、回，先捻后回的策略，西捻军于同治六年冬渡黄河入山西，陕西回军始陷于孤立状态。

此外，陕西的回民军与甘肃金积堡马化龙领导下的回民运动，与云南杜文秀领导下的回民运动，还与陕北、陇东董福祥、袁大魁、杜占元、张大仁、苏子鸿等所领导的各种流民集团的活动，都有密切的联系。这些各地回、汉民族的各种活动，他们的领导阶级虽然不尽相同，虽然有一部分首领如董福祥等不久就被诱变节，向清投降，但从初时他们推翻清统治阶级的政治目的上说，他们彼此还是一致的。

第三，陕西回民运动并不纯粹是一种农民运动，而是一种民族运动。历史上民族运动的主要特征，就是运动的参加者是来自各阶级、各阶层的群众，他们的领导人物，有时是属于劳动人民各阶层的，有时则是剥削的地主阶级或宗教的上层人物占上风，由他们出面领导。因此民族运动并不等于阶级革命，它的目的只是推翻对抗民族中的某一二个阶级或阶层而已。上述这种情况，自然是指没有共产党领导时的民族运动而言。

回族的社会内部，和汉族一样，很早就有地主阶级产生。自鸦片战争以来，一方面，回族的地主阶级，如大荔青池村的温纪泰之流，因土地不断集中，财富不断累积，所以他们的地位在本民族内占压倒的优势；另一方面，在地主阶级的内部也分化出许多工商业的资产阶级。例如大荔禹家庄的禹得彦在四川开设盐井，在西安有房产、地产和商业，禹进士除捐到武进士外，并依靠财富和官衔对回、汉贫民放高利贷。还有明清之际咸阳渭城湾的茶商木士元，他的茶叶是从湖北起运，经过西安、泾阳一路，然后远销于甘肃、新疆各地。从明末到清初几十年间，他获利很多，终于成为同行中的"通行领袖"。后世子孙继此为业，在渭城湾聚族而居，建筑宏丽，称为巨族大姓。

此外，还有阿訇这一阶层，他们既是宗教领袖，又是知识分子，在回族群众中很有威信。他们既有财富基础，又有宗教势力，所以特别能够号召群众。当同治年间回民运动时，有许多阿訇做了运动中的领导人物，原因在此。

自鸦片战争以来，陕西回族的内部虽然已经有阶级分化，有显著的贫富之分，但是由于在这阶段内，民族内部的阶级矛盾并不占主要位置，这时候回族与汉族间的矛盾大于回族内部的阶级矛盾。

但只说民族矛盾，而对于民族矛盾不加以阶级的分析，是不能显示矛盾的内容的。详细分析当时汉、回各阶级的关系，大致有以下三种情况：

第一，在回、汉农民之间，特别在那些中农、贫雇农以及附属于农村的牧人、脚夫、手工业者之间，他们虽然民族不同，宗教不同，饮食习惯不同，但彼此之间并没有剥削和被剥削的关系，并没有什么利害冲突，因而他们有无相通，患难相助，和平共处，感情融洽。从上述渭南、临潼两县的资料证明，当咸丰六年和十一年农民运动发生的时候，各地回、汉农民都曾踊跃参加了。同治元年以来，以农民为主的太平军、捻军会同回民军曾经多次进行联合作战。就是回民运动发展之初，回族农民给汉族邻人通风报信，劝他们早日迁徙，以避玉石俱焚之苦，这种情况，在陕西渭河流域各县到处皆有。这难道不是农民之间和平共处，素无芥蒂的证明吗？这一种不可忽略的情况，是应当预先说明的。

第二，在另一方面，回、汉地主之间，回、汉工商业者及高利贷者之间，他们的土地占有关系、市场争夺关系以及对剥削对象的竞争上显然都有很大的矛盾了。

回、汉地主间的矛盾主要表现于所谓"地畔相争"。过去有些人认为回、汉间的"地畔相争"是指回民牛羊跑到汉人地里偷吃田禾，因而酿成争端，这种说法是不正确的。"地畔相争"当是指回、汉地主对于毗邻地主土地的竞买和由此而产生的争端。原来大荔南面的沙苑很早就由中国统治阶级指定为回族人民的农牧地区了，但自明代以来，外来的汉人不断向沙苑的东、西两端发展，在那里出现了如严、赵、阎等姓的著名地主。另一方面，回族的地主和高利贷者亦不断出现，但因为回族的地主出现较晚，所以必须以高价始能从汉人地主手里购得土地，汉人地主一面利用回民肯出高价，所以愿意出售土地；但另一面，因为土地一售给回民地主便永不能买回来了，所以又不愿意卖给回民。在这种矛盾下，因而就产生了"尘土火灰换麦子"的办法，又产生了汉人筑围墙和组织"羊头会"的办法。所有这些办法必须理解为回、汉地主之间相互竞买土地的产物。至少这些办法始终是由地主阶级倡导的，跟着就有一些小土地所有者随声附和，所以发展到后来，许多汉、回地主之间的关系都成为汉、回冲突的泉源了。

地主兼工商业者相互冲突又表现于市场的争夺。我们知道，古时的陕西回民虽然他们有集中的聚居区，但绝大部分是和汉人杂居的。由于他们自己没有完整的经济体系，所以也就没有独立的民族市场。同治年间以前，陕西各县城镇的商业市场主要被汉人的工商业者所垄断，而回民的工商业者则处于附属和被排斥的地位。因为如此，所以回民的工商业者在被排斥之后，有的集中力量在发展与畜牧有关的几种行业，例如牛羊贩卖业、牛羊屠宰业、各种货物的运输业，跟着也就发展了茶商业、盐商业、皮毛业、古董业等等。但这些行业，有些也是和汉人的行业冲突的，其中如茶商业和盐商业等，回、汉间的相互倾轧很为明显。这是工商业者冲突的一方面。另外，回、汉地主商人中之高利贷者，由于剥削的对象如中小贫苦农民、市民、工匠、小贩都是相同而且范围也是有一定限制的，所以对借债者亦发生了竞争现象。例如渭南地主兼高利贷者赵权中，就曾唆使汉人的借债者不要向回绅高利贷者禹进士借钱，禹进士的高利贷放不出去，所以就利用赵权中为母亲做寿唱戏，指挥平时对汉族地主有阶级仇恨和民族仇恨的回民小贩，向赵权中开火。这是地主高利贷者冲突的又一方面。

此外，还有许多城镇的粮食和棉花市场，从前一向是被汉绅地主、牙侩把持的。他们向回民强征社捐、戏捐，有时还加以侮辱，所以回族农民在回绅、回商的倡导下就另辟市场。例如渭南仓头镇东门外的"花市"（棉花市）、临潼雨金镇以西的"新市"，都是回民在这种情况下成立起来的。回民从汉族的集市中退出，自然减少了牙侩的收入和社的捐项，于是汉绅就唆使流氓破坏回民的新市场。从此，回、汉感情，更趋对立。

总之，回、汉地主之间，回、汉工商业者及高利贷者关系的恶化，是回、汉冲突的原因之一。在陕西回民运动中，一部分地主及工商业者参加，并且有少数人居于领导地位者，原因亦在此。

第三，回、汉之间最基本的矛盾还是回族劳动人民和汉族地主、工商业者的矛盾。

同州府大荔县的沙苑回民可以作为我们最典型的事例加以分析。

沙苑自古以来就是回族农民经营农业、干果业、园艺业和畜牧业的地区。这里所产的黄花菜（金针）是全国闻名的。所产的枣、梨、西瓜及瓜子畅销于西北各省。同治年间以前，牛羊毛、皮革也是同州著名的特产。此外，沙苑还产各式各样的药材，如麻黄等等，每年产量达几十万斤。沙苑回民既然拥有如此大量的特产，他们的生活应该是丰衣足食了，但事实上并非如此。沙苑内的回民每年衣食常感不足；而分布在沙苑周围的汉人却到处都有大地主、大商人出现。其中特别是沙苑东边的赵渡镇、西边的孝义镇和西北边的八女井，皆是陕西的"盖省财东"的发迹之所。这是什么原因呢？很值得我们注意研究。

沙苑东西长约 80 里，东边有赵渡镇，西边有孝义镇，同州府人称之为"赵头孝尾"。赵渡镇属朝邑县（今大荔县朝邑镇），这里既出财东，又出大官。清代同光年间的山东巡抚阎敬铭就是从此镇发迹的。孝义镇属渭南县，此镇的严、赵两家全国闻名。严家在清代中叶出了许多财东，成立了许多商号和当铺。除在陕西的以外，又向四川发展，例如四川自流井、五通桥的盐井和盐号，从灌县到松潘的茶运业和伐木行，几乎大部分是被渭南孝义镇严氏所垄断的。严氏在四川发财以后，就广置田产，侨居四川，咸同年间赫赫有名的河南、湖北巡抚严树森，他的原籍就在渭南孝义镇上。孝义镇的赵家，地位仅次于严氏，在陕西、山西、四川都有生意和当铺，在四川也有盐井和盐号。咸丰时著名一时的赵渭南是陕西省的头号大绅士，同治初年屠杀回民的赵权中就是赵渭南的孙子。此外，八女村的李家自明末以来也是著名的地主兼商业财东。李家的商号在陕西省几个大县里都有，专门以布庄和烟庄为业。咸丰九年，八女井李游戍捐 1 万两银子重修同州府的考院；同治九年他的孙子李景福又独自出资，重修大荔县的文庙。同治元年，清军多隆阿到大荔，军饷断绝，派兵发其银窖，一次就得到银 100 万两。[①] 从上述三事，我们也就可以推测八女井李氏是如何富有了。

---

① 参考《大荔县续志》及《续修大荔县志稿》人物部分。

大荔沙苑的居民为什么外强中干？为什么苑中的回民穷、苑周围的汉人富？这原因不能不在当地回族农民与汉人地主的关系中加以考察。

原来在沙苑周围和渭南县渭河以北的汉村里都有粮食行、干果行及水果行的经纪人，专以索刮苑内回农的各种土特产为业。这些经纪人并非人人都有资本，就是有资本也不能囊括沙苑中的货物，所以他们的主要任务是为沙苑周围的大地主和大财东服务。关于沙苑粮食和土特产的销购，大致集中于沙苑周围的三大市场：一是西边的孝义镇，一是东边的赵渡镇，还有一个就是南边的阳村。在此三大市场，每年春、夏二季有外省县的货商来此收购，同时也有本地的地主和财主在此设栈坐收。在阳村所收购的，大部分是运出潼关；在赵渡镇所收购的，运往山西；在孝义镇所收购的，先装运西安，然后分发到甘肃、陕西各地。上述经纪商人很明显是为本地地主和外来客商服务的。

然而本地的大地主和大财东对于沙苑土特产具有优先收购的权利。这些大地主和大财东，同时又是高利贷者。平时他们已有大量贷款贷给回族农民，贷款的抵押品就是每年出产的粮食和土特产，因此，每逢夏、秋二季，回民的许多生产品源源不断都送给高利贷者。而且，在封建时代，地主财东大都是封建把头，外来客商想购货物必先通过把头，因此地主和财东在一转手之间就可取得很大利润。还有许多财东，在西安和外省都市开设商店，有些商店是经营同州土特产的，这样土特产的全部利润皆归本地财东所有。

沙苑周围的地主财东就是经过这些过程，由小地主变为大地主，由小商贾变为大财东的。

沙苑回族的劳动人民多年受到汉族地主财东这种经济上的剥削，对于他们自然恨之入骨。加以冬日苑内水草枯竭，不得不到苑周的水草之区牧放牛羊，偶有不慎吃了汉人麦禾，汉族地主阶级便领导组织"羊头会"，号召群众捕捉牛羊，捕到村里就把牛羊杀了。赶牲口的脚户贫苦无法度日，便往蒲城的卤滩贩盐，运输到南山销售。但在中途又被盐官盐卒堵截，目为"盐枭"，送入监牢。又回民中的小商小贩，平时到汉村叫卖，常被无赖汉人欺侮殴打；每逢过节唱戏在戏场兜售，又被强豪拒绝入场。因此，回民对汉族的地主财东就恨上加恨，常思报复。

地主压迫回民的另一种方式，是每遇诉讼，就贿赂官府，串通讼棍，强词夺理，诬民为盗，并强迫回民认罪。其更甚者，是在法律上面，汉、回两族互不平等。在此次调查中，于华州、大荔县，我们发现有"杀一汉人，十回抵命；杀十回民，一汉抵命"的判词；在渭南、大荔两县发现讼棍有"羊蹄一抛，连根带梢"的状词；在蓝田等县发现有"汉人从前衙进去，从后衙出来"的行贿；在渭南县孝义镇东面发现强迫回民承认作贼的碑文。凡此种种，都说明压迫回民大众的，并不是一般的汉人，而是汉族中的统治阶级和地主阶级。

最后，人所共知，陕西回民运动是由团练的任意屠杀刺激而成的，因此，我们对于团练有进一步分析的必要。团练的性质明确后，更有助于我们对回民运动性质的理解。

咸同之际的陕西团练，和曾国藩领导下的湘勇，李鸿章领导下的淮勇一样，他们都是当时反动封建阶级的地主武装。陕西第一个团练的大头目是张芾，他在江南镇压太平天国革命失败后，被革职回省，担任了领导陕西省的团练工作。他是个反动官僚，同时又是个大汉族主义者。他年少时主张歼灭回回，所以在同治元年，他把准备出关"剿灭"太平军、捻军的陕西团练，引导向回民"进剿"。此外，如泾阳的聂沄、渭南的冯元佐和赵权中、华阴的陈茂经、长安的梅锦堂和柏景伟、户县的张源彻和顾寿祯……试问哪一个不是当时著名的大地主？哪一个不为清代统治阶级服务而屠杀过汉回人民？关于他们镇压回民运动的劣迹，在此不拟多述，兹引当时华阴县一位开明绅士李启讷所记同治元年回民运动前夕华州、华阴两县团练如何激起回民起义一事，颇足供我们参考：

> 四月十九日，捻匪（太平军）至渭南赤水镇，华州团练约集华阴乡团合力堵贼。迨华阴乡团齐集华州，询及华州回、汉砍竹挞架之事，因而团练中有无赖者，忽起抢劫回民之念，然难以为辞。遂声言回民将作捻匪内应，必先除内患，然后再堵贼匪。二华团众，即寻至华州之秦家村。秦家村者，系华州回民居住之一所也。团众直至秦家村，声言"回民造反，先行剿洗！"而秦家村回民自知无罪，苦口哀求，团众坚持不允，登时将秦家村放火烧毁，任意抢劫。团众此时，心满意足，饱载而归。恐回民之鸣于官而治其罪也，又于各处飞递传单云："陕西不留回

民，天意灭回！必将回民歼除净尽，回房烧毁不留！"各处见传单后，助粮助兵。有不从者，仍以烧房杀戮为令。遂致回民居住不安，逃避无地，绝无生理，拼命相争。①

按上段记载，除误太平军为"捻匪"外，皆系李绅当年目击耳闻的真相。二华团练如此残忍杀戮，污蔑回民，回民至此而尚不起义反抗者，当无此理。

总之，从上述各方面的事实，充分说明陕西回民运动，是具有反压迫反剥削的斗争意义的。

此外，关于调查资料的性质，在此附带加以说明。

从这次调查的事实证明，近百年来的我国历史，通过调查方法是可以解决一部分问题的。过去所有的历史记录，绝大部分乃是出自为统治阶级服务的知识分子之手，由于他们的立场是反动的，因而对于事实真相的叙述和说明，极尽歪曲污蔑之能事。而且过去记录所根据的不外公文档案和流行于社会上层人士的传说，但这些档案和传说不只有阶级性，而且有局限性的，为了纠正史料的谬误并进一步全面而深入地了解事实的真相，历史调查就成为刻不容缓的工作。

我们在陕西渭、泾、洛三河流域和甘肃平凉专区进行调查时，遇到几位九十多岁回、汉群众，他们亲眼看到或亲身参加了同治年间的回民运动，因此，他们就成为我们的"活字典"，解决了许多重要问题。五六十岁的回、汉群众，虽然他们没有参加运动，但他们的"传闻之辞"是从亲身参加运动的前辈父兄亲友亲耳听得的，所以有丰富的现实意义。此外，我们遇到的还有一些中年以上的人士，他们所听到回民运动故事太多了，因而从少年时起就访问、收集，只是没写成报告。加以这一带有许多古城、古窑、古物、古迹与回民历史有关，生活在这里的回、汉人民，触景生情，见物兴事，几十年来保存下来许多历史上有价值的故事，使调查者一至其间，左右逢源，俯拾即是，毫无空虚之感。

当然，从另一方面看，这次的历史调查并不是没有缺点的。这些缺点，

---

① 《续华阴县志·艺文志》。

一方面由于调查人的态度、技术和方法不够完善；另一方面，是由于被访问者记忆力有限的缘故，往往对于若干事实发生的次序不清，年代不明。大体言之，有些农民对于日、月的记忆，是比较可靠的，特别与他们祖先死亡日有关的事件，记忆得很清楚，但关于年代的观念就模糊了。为了矫正年代的错误，我们主张用官书的记载。在官书中，《清穆宗实录》和《平定回逆方略》之年、月、日①不如各县县志以及如《多忠勇公勤劳录》、《左文襄公年谱》等书的年、月、日来得可靠。各种资料相互校正，相互补充，在历史调查中，我们希望做到以年代为骨架、以史实为血肉的翔实历史记录。

又一个显著的缺点，就是我们调查的时间少，有许多重要县份，如陕西的高陵县、兴平县、彬县和甘肃的张家川、金积堡等地，我们都没有去调查；有些县份，虽然已经去调查了，但遗漏的地方一定很多。希望这一调查记录发表以后，各县对此问题有兴趣的同志，继续调查下去，相互合作，把行将遗失的史料抢救出来。

在调查资料之中，这种资料是属于原始资料一类的，但这种原始资料，已经不是随手拈来，不经选择，不经校正的资料了，我们曾经过一番去糟存精、去伪存真的工作。忠于调查和不报道别人的谎话，是我们奋斗的目标。忠实于调查，我们自信可做到的；不报道别人的谎话，我们虽然时刻也加以注意和校正，但说谎话是某些阶级的本质，有时说得很像，令人难以分辨，那就只有把谈话人的各种情况和谈话内容记录下来，我们希望被访问者都经得起复查。他们不仅对我们如此说，对任何人也如此说，这就是科学上的道德。

我们的任务是收集资料，整理资料和写出资料。至于资料的分析和批判，则是成千上万的史学家的任务。我们希望大家都从事于分析和批判，使关于陕西回民起义的历史真理，愈辩愈明，愈论愈透。

最后，应当感谢中国共产党陕西省委员会统战部和甘肃省委员会统战部以及陕、甘有关各市、县委员会统战部对我们的帮助，还应当感谢陕西省、甘肃省民族事务委员会、西安市民族事务委员会、陕西渭南专区地委会和专署、甘肃平凉专区地委会和专署，以及其他有关各县人民委员会文教科对我

---

① 实录和方略所记的年月日，多据外臣奏到之日月为凭，实际上是后于事实发生的时间。

们的帮助。我们的一切调查工作，都是在上述各级党和政府的领导和帮助下进行的。他们始终关怀我们的历史调查工作，他们为我们召集座谈会，或者派人领导我们到各处访问和参观，有的找出档案、地图供我们参看，有的代我们搜集资料、书籍和图画。设使没有他们的帮助，在短期内不可能得到许多重要史料的。

还应当感谢各省、市、县对我们提供了许多宝贵资料的回、汉朋友们，其中特别是回族的朋友们，他们对于我们的调查工作始终是加以热烈的帮助和支持。他们认为：国内史学界的知识分子只有在共产党的领导下才会关心和调查回族人民的历史。由于中国共产党的正确领导，不仅使回族人民翻了身，而且使回族的历史翻了身。过去统治阶级说回民起义是"回逆造反"，这种历史上的大是大非只有在中国共产党的领导下才会得出公平的结论。所有这些，鼓舞了我们调查的信心，感觉到我们的任务是庄严而伟大的。所以在盛暑和严寒的天气，不仅感觉不到痛苦，而且感到非常愉快。

（原载《西北大学学报》1957年第4期）

苏俄人类学的进展

Eugene Golomshtok 著，马松玲（长寿）译，王欣整理

一、绪论

因为文字与政治隔绝的双层壁垒，俄国的科学探究的进步，自欧战以还概未为欧美专家所发现。就在以前，我们对于俄国考古学和人类学的情形亦多残缺不整，略焉不详。一般言之，凡欧西科学家因特殊兴趣撷以为用者，无非为特种理由，搜罗关于俄国探究方面的事实，作为他们兴趣所在的一般问题之一部而已。

在此搜究的领域中，用欧洲文字发表的大著，真如麟角凤毛，屈指可数。在民族志方面，如包加拉斯（Bogoras）、焦其生（Jochelson）、洛夫尔（Laufer）和史禄国（Shirokogorov）的专著；比较旧一点的，如西仑克（Schrenck）、凯斯卫（Castren）和米克海劳夫斯基（Mikhailovsky）的著作，以及克拉里克（Craplicka）的两卷著书，此外还有六篇短著和在德法期刊上所曾见的几篇论文。

在考古学方面，情势则大不见佳。因有托尔斯泰（Tolstoy）、康道克夫（Kondakov）和仑那哈（Reinach）的考察，加以门思（Minns）的古典著作，陆思陶夫才夫（Rostovzev）、爱卜特（Ebert）和包洛夫加（Borovka）诸人的晚近研究，俄国南部遂为探究的中心。太尔格仑（Tollgren）对于芬兰乌格里（Finno-ugric）的和二垒纪的古物研究超迈群伦，所著论文多载于《芬兰杂志》和《乌拉细亚北方古迹杂志》（*Eurasia Septentrionalis Antigua*，由氏主编）。后种杂志为最初发表现代俄国学者古物研究的唯一刊物。此外，还有

亚尔乃（Arne）和亚斯俾林（Aspelin），以及晚近的冀劳方马哈特（Gero von Merhardt），在叶尼塞河流域（The Yenisei region）的工作都有很大的贡献。虽然在许久以前焦其生研究过坎加克（Kamchatka）和阿留丁岛（the Aleutian Islands）的民族，但主要的报告则为晚近所发表。实际上，这些工作已经可以代表欧美人士在西伯利亚所能知道的一切情况。

有些遗迹，如奥尔比亚（Olbia）和克尔生斯（Khersones），他们的报告在德法期刊上有些曾经陈述过，但多取法麦考夫斯基（Farmakovsky）的短篇论文的方式。佛克夫（Volkov）、弟拜（Debay）和爱卜特关于新石器时代（铁沥青时代，Tripolie）有些研究的报告。然就目前所能决定者言之，尚无人对所有的有效资料作综合的研究，或以发表的方式把大部分有效的资料陈述出来。不幸俄国的科学家亦很少有人把他们的工作用欧洲文字做一总述。此种遗阙至今未补，故总述工作为刻不容缓。图书馆方面，尤其在美国，往往仅收到残缺不完的刊物和报告，难以继续交换意见。故学者愿明白俄国人之观点，阻于无确切报告，而不可能。

虽然此种研究情况对于欧美科学家的重要非必需的，但俄国拥有地上六分之一的土地，住有许多的原始人群，藏有考古遗迹的宝藏，这个区域绝不能自诩聪明地忽略过的，亦绝不能将此科学的问题摈出一般的研究之外。

研究人类学的诸导师以为西伯利亚是一个现存的重要地带，尤其对于美国人，差不多所有我们美国的问题一定和亚细亚相联系，我们许多的地道的问题之最后解决端赖乎西伯利亚。法国、德国、英国的考古学家，如卜基特（Burkitt）、包尔（Baule）、博鲁尔（Breuil）和奥白马尔（Obermaier）等都主张许多的一般问题之解决远特于"荒野未拓"的俄国。

作者在加利佛尼亚大学肄业时亲聆克鲁伯（Kroeber）和路卫（Lowie）二教授之教，迩时即蓄游俄之志，藉以蒐集俄国领土现有的科学资料，使其效用远被于世界各国。作者因恪守人类学的训练之故，主要的考古学的问题不在计划之内。故主要目标在于提供必要的资料于西伯利亚的民族研究之上。

作者因参与博物院大学（The University of Museum）工作之故幸而得有机会开始实行计划之一部。后又因机遇的凑巧和联合机关的基金之补助，遂得于1931年秒往苏俄一行。

博物院大学鉴于欧战以还人类学有长足进步，而现在之进行却无可靠的报告，因而有旅俄设计之发轫。作者得与俾堡带博物院（the Peabody Museum）和哈佛富谷博物院（the Fogg Museum of Harvard）合作，又得美国先史研究院（the American School of Pre-history Research）之资助，遂代表上述机关得往列宁格勒（Leningrad）。我的特殊目的在于尽量搜集研究现状的资料；在于由报告书、出版物和札记的交换而相互交流；最后，力行合作研究事业，借以劝励欧美人类学的科学团体逐渐在俄国努力研究。

此设计的原始计划本想参观苏俄所有的主要的博物陈列所，希望由此可以尽量地扩大眼界。及抵列宁格勒，觉此行程殊无必要。因列宁格勒为苏联科学工作之汇集中心，一切新的材料都可由此得到，故在列宁格勒不特可以实行计划，并且在较短时间内可以收罗到许多消息，比在各处漫游获益良多。在此所见的报告虽不免系一隅之见，但比参观四五个以上的特殊中心区域还能得到一个概全的轮廓。

在很短的有效时间内亲自遍访各科学家和机关组织是不容易的。加以兴趣的不同和特殊知识的缺乏，作者于苏俄工作未窥全豹亦未可知。故结果不免轻重颠倒，而遗漏其主要成绩。

计划中有一条是想法得到关于苏俄旧石器时代的主要报告。1930 年适值俄国学者在列宁格勒开第四纪研究专家会议，备集由苏联各地搜集而来的有效资料，开会展览。因无这条计划也可省略了。虽然这个会议一直延期到 1932 年，但展览会却因而未曾闭幕。列宁格勒的科学院的人类学与民族学博物馆（the Museum of Anthropology and Ethnology of the Academy of Sciences）和许多威权学者的珍藏资料（如 P. P. Ephimenko, G. A. Bunch-Osmolovsky, S. N. Zamiatnin 诸人的珍藏），都出示陈列，故该展览会之陈列品美不胜收。

与各专家研究博物院珍藏、评议文献、讨论问题之后，作者对材料遂做一概括的调查，并佐之以重要发现物的摄影、表册、地图，以及诸领袖研究家的意见。

在俄国博物院时，时往台朴劳豪夫教授（Toplouhov）处请益，研究明弩新斯克（Minusinsk）地方的文化进化程序，并摄制各时代的古文化物的遗迹多种。台朴劳豪夫教授研究此区域文化十余年后，曾排列为一尝试的系列，此于将来学者有很大价值。初次组织明弩新斯克考察团的研究大纲即出自台氏及其助理之手。我们希望他参加这个研究到底。

此外，有些力量是费在搜集关于所研究问题的主要文献，至少一部分文献的收集也是很费力的。

所以下列报告的由来，一部分是靠文献的资料，一部分靠和各专家相互讨论的意见以及在科学机关内搜究的结果。

二、考古学与人类学的进行

（一）科学的研究机关

在革命之后，许多新的组织，大城小镇莫不有之。私人的不少珍藏变为新组织的地方博物院的宝藏。因有无数省区组织的热烈活动，故在短时间内有丰富的收集。

现代文明侵入边疆之后，博物馆学家随而组织了一个专作区域研究的地方学术机关，名曰克拉耶威登尼学会（Society for the Krayevedenie）。后来，这种团体如雨后春笋，成立甚多。据1925年曾经公布共约一千七百个上下，但多为旧式的。按他们的次列，植物学、动物学和人类学在一列；古钱学和民族学在一列；考古学和地质学在一列等等。此番努力增加了很多收藏，而且在各地方和居民的历史以及自然环境方面亦收集不少资料。工作结果之曾经刊布者有札记、纪录、报告、丛刊，各种样式不同性质亦异的刊物。刊物既如是之多，同时刊物的名称、范围、形式和主旨又常变更，所以纵然俄国的专家亦很难按照各个刊物的特殊领域去搜集各种资料的。

但亦有很多刊物是专为便于运用此大堆资料而作的。此种活动并不限定在省区，有许多中心区域，尤其在列宁格勒，科学的探究和结果的审编已经在着手进行了。

列宁格勒的最大的博物馆为"国家隐庵"（the State Hermitage），在新统治之下已经成为一个科学的组织了。创此庵者为彼得大王（Peter the Great），原名"同文学院"（the Kunst-camera），晚近成为一主要的艺术陈列馆，而其中古物收藏的陈列则距离科学尚远。然在近数年来，馆中古物陈列逐渐有系统化的倾向。陈列方法按文化的性质为多，不至看作一些毫无关系的古董了。许多私人的收藏为国家的宝库，因而隐庵的内容益为丰富。同时，活动亦逐渐扩大，地址亦逐渐增加。从前的冬宫（the Winter Palace）现已成为隐庵的一部。现用集中政策，把在列宁格勒的苏俄古物大部分都保管过来。

其次，说到科学院的人类学与民族学博物馆，其活动和范围亦有许多变更。此馆建设于大革命以前，包括一般的民族志和全世界的主要珍藏。里边有几点在美国人看来是特有趣味的，便是名贵的西伯利亚的搜藏和北美的，尤其是铁冷岌特（Tlingit）的约而精的搜藏。北美的古物还是俄人占领阿拉斯加（Alaska）时代搜罗的。除此以外，尚足有四分之三的主要资料是说明俄罗斯和西伯利亚的旧石器时代的，在1931年10月特别集中在这里陈列展览。馆内且有由俄罗斯和西伯利亚各地搜集来的许多头盖骨资料。该馆出版一种刊物名"Sbornik"，已有数卷按期出刊了。

1923年官方在俄罗斯国立博物院（State Russian Museum）开设民族学部，其中大部分的搜集系由苏联各种民族搜罗而来，所藏古物约二十万件。除该巨项搜集代表西伯利亚和俄罗斯境内的各部族外，该馆最近又开一展览会，专陈列乌克兰（Ukraine）人民的物质文化，且在数月之内山亚饶尔泰组（Sayano-Altaian Section）亦将完成。山亚饶阿尔泰组大部系台朴劳豪夫及其助手努力而成，内包括民族学和考古学的搜集；有很好的系列说明明弩新斯克文化进展的系序；阿尔泰的盘叙里克（Pasirik）和库海格（Kudhirge）的墓冢；还有柯兹洛夫（Kozlov）收集的克拉考陶（the Khara-Khoto）的大部分资料。因此又增补了山亚饶阿尔泰族的很好代表资料。

其他专门领域内组织了许多新的团体，亦完成了许多重要的工作。1924年成立乌克兰历史文献语言研究会（the Society for the Study of Ukrainian History, Literiture, and Language），1925年成立芬兰乌格里民族文化研究会（the Leningrad Society for the Study of the Culture of Finno-Ugric Tribes），同年又成立克拉雅维登尼研究会（the Leningrad Society of Krauevenie），内分设文化史组、人类学组和民族学组。

1917年科学院为研究苏联的民族集团及其邻近国家组织一委员会，后简称为"I. P. I. N"。初时目的在于编制苏联联邦的民族志图。其后，活动范围逐渐扩大，可分别如次：

（1）苏联人民的民族学研究；

（2）民族志图的编制及其说明；

（3）研究苏联人民的体质形态，以食物环境等决定遗传关系；

（4）决定诸集团之参加国民一般生活和自然资源发展的准备程度；

（5）文字语言的研究。

该委员会十年来之活动成绩发表于下列各种刊物：

（1）《铁卢棣》（*Trudi*）报告第十三期；

（2）《爱兹韦斯夏》（*Izvestia*）丛刊第二种。

西伯利亚民族志六幅，大小由一至一百维斯特（Verst）不等；又有白沙拉维亚（Bessaravia）、比亚劳罗细亚（Bielorussia）、沙玛康地方（the Samarkand region）、乌拉地方（the Ural region）、瓦尔加地方（the Volga region）、莫尔孟斯克地方（the Murmansk region）、加雷斯亚（Karelia）、列宁格勒、朴斯部夫（Pskov）、克里泡维次（Chrepovetz）、饶夫高劳德（Novgorod）等地的地图。此外尚出版一《人类》杂志（*Tchelovek*），已有数卷问世。

西伯利亚民族志全图（1927）是着色的，在境内共有191个民族集团。虽然他的注解是俄文的，但有色图和每一集团的个别大小都有法文的解释，所以纵然不懂俄文的人看来亦觉得便利。唯该图似嫌过时，且不十分正确，故现在有修正版印出。我们一看区域地图上已经印成的或预备印的长列目录和关于各种集团分布的论文，便可证明该组织的伟大成绩了。

1926年组织第四纪时代研究会（the Commission for the study of the Quaternary Period），不仅计划研究第四纪的淤积，而且要研究第四纪的动物、植物、物质地理的丛体和第四纪人类在自然环境中的文化发展。

在此研究和博物展览方法中以本其奥斯冒劳夫斯基（G. A. Bunch Osmolovsky）为最活跃人物之一。氏以研究克里米亚人（Crimea）及批评其他文献闻名于世。

1919年列宁大学地理学系（the Geographical Department of Leningrad University）增设民族学组（Ethnological Section）。1925年该组又分为两股：一为人类学与民族志股，一为文字与物质文化股。1920年现代东方文语所（the Institute of Modern Oriental Languages）成立，其范围在研究艺术史，后又扩充研究土著艺术与手工业。

1919年又有新组织成立，目的在包括从前考古学会（the Archaeological

Commission）和考古学社（Archaeological Society）两方面的工作。此即所谓苏联考古物质文化史学院（the Russian［State］Academy of the History of Material Culture），内分考古学系、艺术史系和民族学系。此外尚有古代人种学系、民族志系和民族人类学系。考古工具学（Archaeological Technology）研究所为院内之一分支。此院现已有报告书四卷与丛刊十一种出版。

中央地理博物院（the Central Geographical Museum）创始于1919年，宗旨在研究人类与地理环境的关系。最后，尚有中央克拉雅维登尼研究局（the Central Bureau of Krayevedenie）为上述许多地方组织的清算机关。

在革命初年诸学术团体严格地限于局部的活动，但近十年来他们的工作又恢复到一种相当的范围。因而俄国地理学会（the Russian Geographical Society）重开音乐和民族学组，又增设加雷劳马门斯克研究委员会（the Karelo-Murmansk Commission）和儿童习惯与谣俗研究委员会（the Committee for the Habits and folklore of Children）。列宁大学从前的人类学会（the Anthropology Society）和军医学院（the Military Medical Academy）不久停办，所以人类学家和医学家便合并起来。

国家科学院的亚细亚博物馆（the Asiatic Museum）创设于1818年，其中最主要的为一图书馆，内有搜集最完善的书籍和用东方文字誊写的抄本。该馆共分三部：（一）欧文书籍及期刊。（二）亚细亚文库，包括许多档案，信件和许多俄国的东方学者的未发表的资料。（三）东方抄本和书籍的部分，此部分又分为六组：（1）摩西兰世界（the Maslem World）；（2）远东；（3）中亚细亚；（4）塞米提族（Semites）；（5）高加索人和东方基督徒；（6）伊兰伊色兰集团（the Iranian-Islamic Group）。

霞腓民族研究所（the Japhetic Institute）创于1921年，目的在研究欧洲边疆的霞腓民族的语文。该民族的语文可以找到纯粹单一的形式和新糅杂而成的形式两种。故大别言之，可分为高加索语族高加索语、帕米尔语（Pamirian）、米索不达米亚语、小亚细亚语、巴斯克语（Basque）、依楚斯加语（Etruscan）；其配合语有塞米特汉米特语、印度欧罗巴语、芬兰乌格里语、蒙古土耳其语。该研究所还创始用"霞腓搜究法"（Japhetic approach），研究神话和文字的动因。凡此皆为建设文字学和物质文化史的密接和合作的一种努力。学院里的霞腓研究部，除在各杂志发表许多论文外，自1922年以来每年照例出版一本年报。

（二）人类学的实地工作

在革命后期，无论正式的或非正式的考察团，若无一特种调查而想完全胪列之，殆不可能。作者以下所列的报告，不敢谓罗括万有，不过于实地工作的范围，仅示观念之边涯而已。

许多考察团自然和国家科学院有相当的联络。我们可以分考察团为两种：一种方式是纯以科学为目标；他一种方式，即参合实际的目标在内，如以学理的搜究为根据以求改善地方生活情况之类。

兹略述此种主要问题的团体及其活动如次：

巴希克尔地方考察团（the Bashkir Region Expedition）有50个计划，包括一人类学组，由鲁东谷（Rudenko）先生为领导，该组又分为四部，在列宁格勒请17位专家，在地方上请6个调查员担任工作。

体质人类学部由巴郎饶夫（Baronov）负责主持之，曾经测问了1511人，采撷了3899种血族标本，咨询过699个女子的生理历程，此外，除做了数打石膏模型，还摄过700个人的个体形态。

民族学部在卜里斯克区（Brisk）专研究马里（Mari）和瓦忧克人（Votiaks）的。

方言学部系由迪米崔夫（N. K. Dmitev）和5个助理在方言中心区域的地方搜集成语学（Phraseology）和语类的资料。研究结果得到关于谣俗学的主要材料，还有800个传奇和歌谣的音标纪录，很可以代表研究巴希克尔方言的最有系统的尝试。

古人类学部（Palaeo anthropological Section）由夏美特（A. V. Schmidt）和5个助手指导，首在乌发区（Ufo）掘发，结果在上卡德地方（the Upper Chadar）发现"古金属文化"（Palaeometallic Culture）为比拉牙河（the Bielayariber）流域由青铜时代到铁器时代的过渡文化的遗迹。其次，还发现乌发区纪元前1000年的古堡垒地。又有些古墓约在纪元后4世纪至7世纪时代的亦被掘发。而且在努尔保靠瓦村（Nurbakova）附近的亚尔葛雅虚区（Argayash）发现一群墓冢里边有许多代表安竺纳夫文化（the Andronov Culture）的陶器。

雅库次克考察团（The Yakutsk Expedition）创始于1925年，亦有五年计划，内分下列各组：民族志组、医药组、卫生组、统计组、经济组、森林组、渔猎组、农业组、地形组、水学组、气量学组。上列各组又分为24支组，每一支组按照范围管理雅库次克的南部地方全部。研究雅库次人（Yakuts）的民族志部分以苏仑能（I. P. Soilonnen）为领袖。搜集材料之后即送往列宁格勒研究。研究报告在《铁卢棣》和苏联科学院雅库次克研究委员会报告书上发表。

西北民族考察团（the Northwestern Ethnological Expedition）自1926年以来在两个区域里工作：一个是列宁格勒，一个是加雷利亚（Karelia）。在列宁格勒区域的研究芬兰民族、维斯朴族（the Vesps）、爱次浩兹族（Izhorz），以及一些纯的俄罗斯民族。居哈兹组（the Chuharpsk Subdivision）在马凌纳夫沙开亚（Z. P. Malinovsakya）指导之下收集了许多关于维斯朴族物质文化的材料。劳梢夫（N. S. Rosov）主持体质人类学部分，曾经搜集了197种血液配合的反应，测量了145个维斯朴人和100个俄罗斯人。同时在爱次浩兹族中亦做过同样的实验，可以获得许多的民族学材料。所有的这些材料一齐都在俄国博物院内。人类学与民族学博物馆中的陆夫当尼加斯（V. A. Ravdonikas）和瑞典的科学家亚尔尼（T. G. Arne）在苏几河（the Soj-River）流域掘发了45个古冢。其中大多数的墓是用火葬制埋殡的，掘出属于"威金时代"（the Viking epoch）的许多北蛮式的东西。其余的墓则显然属于东部芬兰的文化。

在加雷亚区域以齐劳特里夫（D. A. Zilotared）为领袖研究加雷人的驯鹿的育种，及其林业与造屋。并且摄制了1500尺的影片说明加雷人的生活状况。关于某种人类学的特质之遗传问题，他们详细测量了45个家庭中的200个人，所以亦得到一些有用的材料。

布雷亚与蒙古考察团（Buriato-Mongol Expedition）人类学组在斯太唯茨加亚（A. P. Stavitskaya）夫人指导之下参加俄德布蒙联合考察团（the joint Soviet-German Buriato-Mongol Expedition）研究梅毒的传播。除完成了683件的人类学测量外，并且收集了关于女性方面的石膏面具和摄影之类的资料。

考古学组由在苏思饶夫斯基（G. P. Sosnovoky）指导之下的蒙古研究委员会（the Mongol Committee）组织之。在锡仑加河流域（the territory of the Selenga river）曾作一次调查，掘发出12个墓冢和一个堡塞，并且还在15个沙冈中收集了许多东西。最有特殊趣味的是发现和鸵鸟卵壳混在一起的旧石器时代的遗业，旧石器时代的一群墓冢，青铜器时代的墓冢，铁器时代的墓冢。铁器时代的墓冢内有松木的棺材，连合桦树皮在一块的骨骼，雕刻着银花的箭筒，丝织物的碎绽，以及铁的武器之类。在托罗次谷散夫斯克（Troiztkosavsk）地方还掘发了4个小的和1个大的西希亚—西比利亚式（Scythian-Siberian type）的坟墓。

民族与语文组（Ethno-Linguistic Divi.）以胞派（N. N. Poppe）和散次海夫（G. D. Sanzhev）为领袖，研究尼本登斯克布雷亚人（the Nijmeudinsk Buriats）在阿拉尔斯克（Alarsk）和温京斯克（Unginsk）的方言。

其他考察团在布卜雷虚（S. E. Bubrich）指导之下的有穆迪瓦语文考察团（the Mordva Languistic Expedition），1927—1928年时在尼木登斯克、彭沙（Penza）、沙拉陶夫（Sarator）诸区域工作。在尼木登斯克地方研究语文的为亚文乃梭夫（R. I. Avanesov）和西道劳夫（V. N. Sidorov），决定该地方方言共有三大系，而本地的暗语（arget）尤为繁琐有趣。马丁娜娃夫人（Mme. N. Q. Martinova）在里亚层地方（Riazan）搜集关于语文和谣俗的资料，而库次尼曹夫（P. S. Kuznetzov）则研究上多本斯克（the upper Tomsk）和奥文纳（Ovina）北部的方言。

从考尔斯基半岛考察团（the Complex Kolsky Peninsula Expedition）的民族志组研究洛帕人（the Lopars），古生物学组在考尔斯基半岛开始第一次的掘发，发现纪元前1000年青铜期时代的墓冢。在南拉朴地（Southern Lapland）又发现北极新石器时代的驿站，在伊斯孔几区域（Iskangi）发现古代居民的石头文化（stone culture）。

此外，在塔尔斯克（Tersk）沿岸测量了553个巨俄人，采取了800种血统的标本和200种标型的影片。对该地的洛帕人亦做过同样的工作。

马希他可夫（P. L. Mashtakov）研究鞑靼族（Tartars）在密霞斯克（Misharsk）的方言，和瓦尔加河（Volga）与苏拉河（Sura）流域的民族志。葛洛次代夫（A. N. Grozdev）在彭沙地方研究一群村庄的方言特征。

可尔代夫（D. P. Cordev）探究克拉卡地方（Karachai）中古时代基督教的古迹，目的在决定此地和高加索、阿伯罕细亚（Abhasia）、加特里亚（Kartlia）、加亥亚（Kahia）诸中心区域间的可能的影响。

楚雨生（G. E. Chursin）是由达盖斯坦博物院（the Dagestan Museum）派到安竺都道斯克部族（Ando-Dodoisk Museum）中工作的。他从阿宛人（Aoars）、阿瓦人（Ahvohs）、加拉丁人（Karatins）、巴孤拉尔人（Bagulals）、亭代人（Tindeys）、海瓦夏人（Hwarsho）、地都埃人（Didoys）诸族中得到关于物质文化、社会组织、生产、婚姻、送葬、魔术和宗教的许多材料。又塔雷宾斯凯亚斯宾亚尔夫人（Mme N. V. Terebinskaya Spenger）在加拉饶盖人（Karanogays）中亦做过一种人类学的研究。

在鲁东谷指导之下还有一个人类学的考察团，内分两组，在沙亚克（Sayak）和索而陶绪族（Solto）的克尔菲兹（Kirghiz）举行搜索。他们测量了800个成年人和300个儿童，并且研究动物的豢养、牛乳工业、动物保护、一般医兽术和编织。此外，对于农业的方法和祭祀的颂歌，都有研究和记载。

曹劳绚夫（N. Y. Zolotov）研究鞑靼共和国斯朴斯克（Spask）和齐斯讨浦（Chistopaol）区的居屋虚族（the Chuvash）的方言，并且得到关于宗教和民谣的资料。

本居奥斯摩劳夫斯基（G. A. Buuch-Osmolovsky）所组织的古民族学考察团，在克里米亚掘发的苏仑石屋（The Suren rock shelter）发现奥里格内辛型（the Aurignacian type）的文化遗迹。

派朴尼可夫（N. I. Pepnikov）掘得许多中世纪的古物，约计有200枚头盖骨和长骨。盖拉（T. F. Gellah）在爱皮催（A. i Petry）地方作尝试的调查发现一个石片工业的遗址，有很多小石上边镂着花纹。

苏斯内夫斯基（G. P. Sosnovsky）在"乌拉斯"奥洛克（"ulus" Orak）附近和叶尼塞河岸的饶瓦塞洛瓦地方（Novoselovo）发现青铜器时代的古冢，掘出"安竺饶夫"（"Andronov"）文化和"加拉苏克"（"Karasuk"）文化，以及此两种文化与"明弩新斯克古冢"文化间之过渡时代的标型。

加伦内夫斯加亚夫人（Mme. L. E. Karunovskaya）代表人类学与民族学博物馆在西伯林斯克"爱马克"地方（Shebalinsk "aimak"）的鞑留族（Teleuts）和阿尔太亚安族（Alta yans）中搜集许多资料。在比斯克地方（Biisk）内威可夫（A. I. Novikov）在古民丁族（Kumandins）中做一次人口调查，并且在亲族、民俗、神话、黄教中的感情因素和熊祭仪正等方面，搜集了许多材料。

董尼林（A. G. Danilin）亦在鞑留阿尔太亚安诸族间工作，摄制了许多仪式的影片，并且得到呪语的标音记录、迷信仪件和物质文化的标本多种。

乌拉考古考察团（the Ural Archaeological Expedition）由夏美德（A. V. Schmidt）领导在巴希克尔共和国（the Busakir republic）的乌发区（Ufa Canton）掘发；同团又有一组由包尔特温（N. N. Bortvin）领导在古冢地方（the Kupgan region，为齐里宾斯克［Cheliabinsk］和乌木斯克［Omsk］之间的大西伯利亚铁路旁的一个镇名）研究西希亚—沙马特式（Scythian-Sarmatian type）的古墓。

道史加合夫人（Mme. A-G. Doskach）在光大河（the Kenda river）流域测量瓦高尔人（the Voguls）、奥斯夏克人（the Ostiaks）和布卡人（the Buchars），结果在西南奥斯夏克人种间发现混合物有土耳其的因素。

西道洛夫（A. S. Sidoaov）在韦英河（Vim river）和皮加腊河（Pechorak）流域作民族学和人类学的调查，得到所谓"头巾"（"Tamgi"）的古代发饰（象征所有权）。初次调查便发现两个泡垒的遗址和几个12世纪的古墓遗迹。此外，还发现和一种特殊陶器在一起的朴模的"动物型式"（The Permian "animal style"）的标本。

拉特金（V. I. Latikin）研究洗所尔河（the Sisol river）流域的叙里安人（the Zhirians）的民俗和文语，结果写出一本［历史为］8000年上下的书。

巴铁豪尔（Barthold）主持的中亚民族考察团（the Middle Asiatic Ethnological Expedition）研究土耳其马尼斯丁（Turkonanistan）的游牧和半游牧民族（包括Djemshids, Khazors, Brlvdjs），计获得物质文化物500件，影片300幅，描画50张，以及房屋构造、衣服、实业、婚姻、生育、文语、民俗之标本多件。许才（G. K. Schultz）在基瓦加拉尔朴克人（Khiva Karakaldaks）中收集了115种标本和399幅影片。

此外尚有苏俄国立博物院、国立物质文化史学院（the State Academy of the History of Material Culture），以及莫斯科和各省其他科学机关所组织和所遣派的考察团多种。但以上所述已足指明苏联人类学工作的性质和范围了。

三、主要的科学研究的结果

（一）化石遗迹

1918 年初，在毗亚提高斯克（Piatigorsk, in Caucasus）的巴沙诺牙方场（Basarsaga square）有工人掘得陶器与石器各一件。更深掘之，发现一具狼藉不堪之人骨，即命该地大学校之守阍人取而藏之。后经葛里木亚先生（M. A. Gremiatsky）研究，结果发表于 1922 年至 1925 年。再进一步搜掘，终不见有其他遗迹。当时适内乱，探测遂因而中止。故遗址之确实情境如何，须赖工人之报告为凭。考此遗迹之年代约距葡苦毛河（the Podkumok river）流域发现物之年代不远，即属于北高加索（Northern Caucasus）之最后冰河时期〔即乌尔穆期，Wurm〕。此时代中特殊动物的遗迹尚全然无有。

考此骨系一 55 至 65 岁的妇人之骨骸，包括一圆窿未损之前颅骨；一部分的颞颥鼻骨；零碎的下颚骨左部，有牙齿五枚，一部分的颞颥骨；一部分的右锁骨，以及其他的零星的骨骸多件。此堆骨骸可代表内安得辙尔人型（Neanderthaloid type）的极东的发现，其立论基点如次：

（1）上眼窠的突起形态与史牌第二期（Spy II）以及克腊宾纳期（Krapina）的相似；

（2）在眼窝上边中部画过时有颜面线（Profile line）的特质；

（3）眼与眼之间有很宽的距离；

（4）高的中间眼窠指数（high interorbital index）；

（5）前额突起（tubra frontalis）发达很缓。

由几种特点，研究者以为葡苦毛克人是介乎内安得辙尔人和灵长人类（Homosapien）之间的。

1924 年本居奥斯魔劳夫斯基在齐克可巴石岩（the grotto Kiik-koba）发现旧石器时代的遗物，该地在几朴卡克村（Kipekak）附近，离西木佛老浦（Siempheropol）二十五几罗米突。在掘发的第四层与第六层掘出很丰富的在时代上占重要位置的古生物学资料。著名的专家比亚林尼次基卜鲁拉教授（A. A. Bialinitsky-Birula）测验过此间的破碎的矿化动物骨头，结果，他发现猛犸（Mammoth）、犀牛、巨麋、西加羚羊（antelopesaiga）、野牛、野马，及其他绝迹的种种动物。第六层内的动物遗迹很少，只找到巨麋和西加羚羊的骨骸。更深掘之，在岩穴的石底下面掘出一个炉灶和一个埋葬着一个成年人的墓冢，墓中骨架系东西倒置，两腿稍曲。不幸因保存不善，只有部分未损，其余大部分皆为第四层的居民所错乱，因该居民曾两次掘坑葬一儿童，故掘损此骨。结果，故只有下列诸骨骼保存至今：

（1）前齿一枚，齿冠甚狭，有一齿根。齿磁在左旁厚一粍。据发现人云，此齿与腊空纳人（La Quina）之第二个门齿极为相似而较巨。

（2）掌骨两支。

（3）左手指骨12支，其中三指骨上有指甲，有一指特为粗大。

（4）保存完好的左膝盖骨。

（5）腿骨（胫骨和腓骨）均损伤，由其长度和曲度量之，则知均有毁损而且一部分已错乱。

（6）两足趾骨，除左足第五趾之第二支趾骨外，余均全有。其中九支均一部有损伤，其余则全然保存。（参看图1）

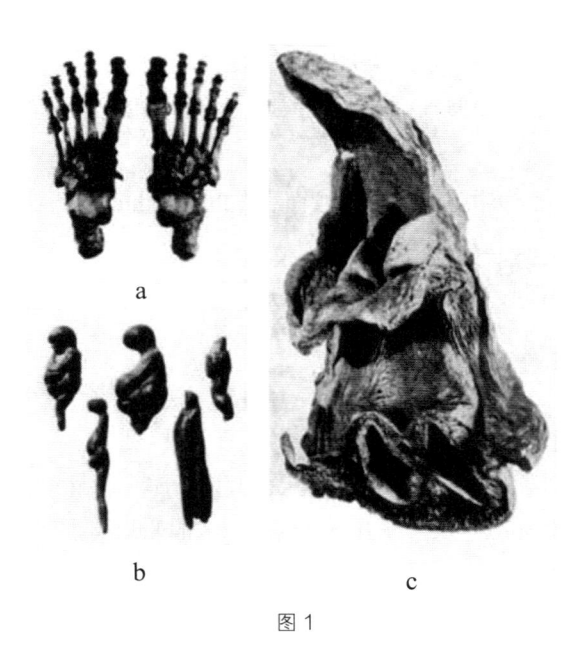

图1

一共掘出77支成年人的骨头，都是巨大而且杂乱。由此骨骼及其共存的摩斯太林式的（Mousterian-like）生业（industry）考之，可以说明齐克可巴人和西欧的内安得鞑尔人颇为相近，而且，按测量结果言，他比较还具有更原始的特质。

与猛犸同一时代的人类遗迹在乌里安饶夫斯克（Ulianovsk）（从前名西穆伯斯克［Simbirsk］）附近的文道拉村（Undora）又被发现，叙述此次掘发者为一学院学者潘甫洛夫（A. P. Pavlov）。此种发现谓之"文道拉第一期"（"Undora I"）——以前额骨和左颞颥骨的大堆碎兀为代表，这些骨骸很显明地是一个女子的——和"文道拉第二期"（"Undora II"）——以左前额骨的一部和左颞颥骨两部为代表，这些骨骸或者是一男子的——潘甫洛夫以此骨与盖莱山人（Galen Hill Man）的标型相同。

（二）旧石器时代的刻像发现

旧石器时代的遗迹为 1927 年柴米亚宁（S. N. Zamiatnin）在顿河（Don）上游盖盖里饶村（Gagarino）（以前为里牌次克州［Lipetsk］，搭木包夫［Tambov-Gvt.］）发现。在那里找到用猛犸体骨雕刻的妇女偶像七尊，其中有两尊是完善的；有一尊保存尚好，唯两腿俱缺；有三尊是破碎的；其他一尊则为未完成的形式。（参看图 1：b）此外还附带掘出许多头骨、用具、针子、鐕子、穿孔器、狐牙项圈，还有一些石片的用具，如刮刀和弯切刀之类。

1918 年贾拉西摩夫（M. M. Gerasimov）在比拉牙河（Bielagor）左岸依（爱）尔苦次克（Irkutsk）附近马尔他村（Mata）发现马尔他遗址。此遗迹的考察系在 1929 年至 1930 年举行，除了发现许多动物如猛犸、犀牛、北极狐和驯鹿之外，还发现了许多样式的石片用具和很进步的骨质用物——如骨针、骨钻、骨刀、骨镖等。有些饰物是用石头和骨骸做成的，如念珠和耳环，耳环上面有时还挂了许多装饰品。最有趣的是许多鸟形的大摆钟，又有一个形状如鱼。有一条猛犸牙做的巨版，上面镂着一个猛犸的花纹。

特别有趣味的是用骨骸雕刻的 19 个女子刻像，按那几个保存较好的来说，和欧罗巴式与盖盖里饶式相仿佛。有几个刻像有很肥硕的躯干、高突的胸怀、清瘦而表情柔弱的玉臂、描画得当的面孔和镂刻逼真或辫或散的头发。

1931 年夏，爱非蒙可（P. P. Ephimenko）除早先在考斯亭基（Kostenki）有两种发现外，此时发现有纪录可考的远旧石器时代的（Uper Palaeolithic）雕刻共 42 种。该 42 种雕刻因正在实验室做初次清理，故仅能看到几种刻像。

其中有一尊石刻像，约 15 耗高，可代表最原始的创作，就其轮廓言之，削瘦的项子和突起的眼窝上梁，此正可暗示为内安得鞑尔的模样。有些刻像是男性的，为状颇奇特。在考斯亭基所发现的骨质用具中还有一种重要的发现，即"敕令棒"（"Batrn de Comman demont"）的初次出世。各项完全报告将由列宁格勒的国立物质文化史学院发表。

（三）奥里格内克期的屋坑

他种重要的发现为爱菲蒙可和莫斯科的高劳曹夫（V. A. Gorodzov，鞡蒙饿夫加［Timonovko］的发见者和掘发者）在盖盖里饶、考斯亭基和鞡蒙饶夫加发现的"屋坑"（"House pits"），他们由上面的遗址断定房屋建筑的遗迹，而这些遗址在文化上又很和奥里格内克期（Aurignacian）的文化相同。爱菲蒙可进一步更可断定法国和德国的考古学家已经把此种屋坑给在他们的掘发详图上面，但是他们没有辩白清楚炉灶便是房屋。

（四）古莱麻的猛犸遗体

1924 年通古斯族一无名猎夫在古莱麻地方（Koeyma）的常冰地带发现一保存很好的猛犸遗体。辗转传观，躯体大部因而损失。后所存者仅为零碎断片，藏于斯基得尼可莱斯克（Sredne-Kolymsk）地方之一居民家中，陈列桌上，视为珍品。1929 年雅库次克考察团团员某君带此名贵标本往列宁格勒动物博物院（The Zoological Museum），遂引诸科学家的注意。此物全长 28 厘米，现已完全晒干，成暗紫红色，内部颜色较外部为尤暗，用显微镜检查结果，该物外被薄皮，间生稀松而长粗之刚毛。横剖之，躯体与印度象相同，但其唇渐瘦缩如指状肉瘤，无突然短缩的现象。

该猛犸体型与旧石器时代石岩中的猛犸石刻极为相似，故断定此次发现与旧石器时代人所习见的猛犸相同。（见图 1：c）

（五）俄联的旧石器时代

下列为一地名表，暂按欧洲的系列排置，其目的在指明文化的状态，固不仅为指明年代而已。

（甲）亚曲林期（Acheulean）

  （1）瓦尔加（Volga）（高劳曹夫所发见的拳击 Coup de Poing？）。

  （2）齐克可巴，底层的地平线。在克里米亚（Crimea）。

（乙）摩斯太林期（Mousterian）

  （1）狼岩穴（Wolf cave），在克里米亚。

  （2）齐克可巴，底层的地平线。在克里米亚。

  （3）山丁可巴（Shaitan-koba），在克里米亚。

  （4）乔古旗（Chokurchi），在西木佛老浦。

  （5）葡苦毛克（Podkumok），在高加索。

  （6）伊尔思开亚（Ilskaya），在高加索。

  （7）达尔库拉（Derkula），在当尼采地（Donet region）。

  （8）巴竹克岩穴（Badrak cave），在克里米亚。

（丙）奥里格内辛期（Aurignacian）

  （1）苏仑第一区（Suren I），在克里米亚。

  （2）保尔锡福第一区（Borshevo I），在瓦命尼兹（Voronezh）。

  （3）兹候莱夫加（Zhuravka），在乌克兰（Ukraine）。

  （4）拜尔地兹（Berclizh），在比劳罗细亚（Beilorussia）。

  （5）盖盖里饶，在中俄。

  （6）马尔他，在西伯利亚。

（丁）所留春期（Solutrean）

  （1）考斯亭基第一区，在中俄。

  （2）麦琴（Mezine），在中俄。

（戊）马葛达仑期（Magdalenian）

  （1）考斯亭基第二区，在中俄。

  （2）考斯亭基第三区，在中俄。

  （3）开来加劳屋（Karacharovo），在模卢（Murom）。

  （4）刚提齐（Gontzi），在瓦仑尼兹。

  （5）保尔锡福第二区，在瓦仑尼兹。

  （6）休朋尼夫（Suponev），在仑命尼兹。

  （7）替门饶夫加（Timonovka），在瓦仑尼兹。

（8）苏仑第二区，在克里米亚。

（9）飞尔乔夫岩穴（Virchov Cave），在高加索。

（10）葛物底拉斯（Gvardjilas），在高加索。

（11）加尔思尼斯海威（Karsnis-Hevi），在高加索。

（12）达卫思海屋雷里（Devis-Hveli），在高加索。

（13）鲁根斯克（Lugansk），在乌克兰。

（14）纳福宝保委旗（Nove-Bobo Vitchi），在比劳罗细亚。

（15）雅鲁委旗（Yurovitchi），在比劳罗细亚。

（16）胡丁斯克（Hotiansk），在中俄。

（17）沙马拉·福思克里生斯·基思浦斯克（Samara Voskresensky Spusk），在瓦尔加。

（18）沙马拉·扑思克尼可夫·奥夫拉（Samara Postnikov Obrag），在瓦尔加。

（19）文道拉，在瓦尔加。

（20）亚历夫克（Alexeebak），在中俄。

（21）亚方绚屋·高拉（Afontova Gora）及克拉斯饶雅斯克（Krasnoyarsk）附近各地。

（22）巴东尼（Bateni），里比希金（Lepeshkin），巴楚饶夫（Buzunov），朴曹西洛夫（Potroshilov），比鲁斯开巴（Birus Cabe）（在明努新斯克地方）。

（23）伊尔库鞑克（Irkutak），在巴加尔（Baikal）。

（24）哈巴洛弗克（Habarovak），在阿穆尔（Amovr）

（25）多木斯克（Tomsk），在中西比利亚（C. Siberia）。

（己）新石器刻（时）代及其后期

原初没有计划组理新石器时代及其后期的材料。但在俄国有许多小石器的遗址，计在克里米亚有6处，乌克兰有28处，比劳罗细亚有6处，中俄有3处，大石器的生业之在开比宁期的（Campignian），在苏联只找到四个遗址。新石器全时代的研究是很难的；在全俄共有十五个遗址，有记录可以按覆。

后期的文化则研究者较多。按照高劳曹夫的分类，下列文化共分为四期：

（A）自纪元前 5000—前 3000 年

（1）亚弩斯克文化（Anausk Culture）

（2）崔抛里文化（Tripolie）

　　（3）东尼次可雅穆斯克文化（Donetzko-Yamsk）

　　（4）奥加文化（Oka）

（B）自公元前3000—前2000年

　　（1）麦可帕文化（Maikop）

　　（2）北高加索文化（N. Caucaus）

　　（3）加特康宾文化（Catacombian）

　　（4）中迪尼波文化（Middle Dnieper）

　　（5）费鞡安饶福文化（Fatianov）

　　（6）潘费洛甫文化（Pamphilof）

　　（7）黄道罗夫斯基文化（Fedorovsk）

　　（8）亚芬那西夫文化（Afanasieb）

　　（9）基图埃斯克文化（Kitoysk）

（C）自纪元前2000—前1500年

　　（1）哈尔兹克文化（Haldsk）

　　（2）可宾文化（Koban）

　　（3）思克路伯纳雅文化（Scrubnaya）

　　（4）亚伯锡福文化（Abashevo）

　　（5）安竺饶夫文化（Andronov）

（D）自纪元前1500—前1000年

　　（1）西莫兰文化（Cimmerian）

　　（2）克瓦林斯克文化（Khwalinsk）

　　（3）思明斯谷文化（Seiminsko）

　　（4）加拉沙文化（Karasu）

　　（5）葛拉次可夫文化（Glazkov）

　　在俄国尚无人对于上述诸文化特征加以总述。作者请高劳曹夫写一报告大纲，若可能时，即可在美国期刊上发表。

（庚）西希亚的墓冢

　　金属器时代的最有名的发现便是东阿尔泰（the Eastern Altai）的西希亚（"Scythian"）的墓冢。1927年葛雷亚兹饶夫（M. P. Griaznov），在乌苏拉河

（the Ursula river）流域的徐巴（Shiba），掘发了一个古冢。冢内有一石堆，上有标志，筑墓成圆形，直径 45 突，高 2 米突。石堆中央为一大坑，有 7 米突深，面积共 35 平方米突。墓分两室，均有木作天花板和地板，死尸置于幽闭的"石棺"（Sarcophagus）内，14 匹马环立石堆之上，全为木片木枝所掩蔽。此冢前虽遭盗，大室内之宝藏大部被窃，但盗墓人不知马之所在，故有此发见尚可使当代的文化还原。

墓中有许多薄的金箔；金箔制的图画，有时染着红色和黑色；还有包着金壳的铁的遗物，中国漆的碎片，颜色雕饰的麋角，和各种念珠。最有趣味的是马冢中的发现：被以金箔的木雕的野猫头，各式的金壳摇锤、念珠、钩子和扣子之类。还有为勒马用的金和皮做的饰物。这些东西原来都易腐朽，但因该墓在冰窖之内，故遗物保存甚佳。墓中有男尸和童尸各一，经用木乃伊法洗浸，筋肉脏腑尽行挖出，而充塞以菜类物质。脑部用特种割法将脑筋自脑壳内取出。切缝和两眼俱用细线密缝。

雕饰的"动物活动机"（Animal motive）和器械皆为西伯利亚西希亚型（Siberian-Scythian type），但中国漆物和皮物则饰以金壳的十字，与汉代镜上所包的金壳十字相同。此文化与中国文化有连带关系。麋角雕饰的方式与现代土耳其的装饰极为相似，同时与西伯利亚的不著名的青铜器时代之皮革作物亦颇有关联。因此，吾人于研究土耳其装饰的发展，又加了一段资料。

和蒙古的脑因乌拉（Noin-Ula）古冢并存的阿尔泰古冢已由苏俄国立博物院阿尔泰考察团（the Altai expedition）于 1925 年掘发。考此冢约在吾人纪元初开时期。

还有一个较为重要而且蕴藏丰富的古冢便是盘叙里克（Pazirik）的古冢，在盘叙里克的乌拉干（Ulagan）地方，苏俄国立博物院阿尔泰考察团于 1924 年发现一冢，但至 1929 年始行掘发。此冢系一人工用巨石所筑的山丘，高 2 米突，直径约 50 米突。石下中心地带为一坑，纵横 7.2 米突，深为 4 米突。冢内有两室，由木橡与薄板造成。室外坑之北部为一马厩，全部由木材所建成（约 300 株），上再覆以泥土。

这里所见到的一般冰冻的情况与他处发现之石堆冢同。人葬冢曾经被盗，而葬马冢则丝毫未损。有一坏柄的铜斧留在冢旁，因此可证曾经有人图盗未遂。

在人葬冢中遗留有：（1）一个保存甚好而雕饰着鸟型的石棺；（2）刮去毛皮而加以镀金的羯羊头数头；（3）残余的织着狮头图案的毛毡，原系用以遮掩墓室的墙壁；（4）用以掘地的锐杖和破铲，以及其他木作的东西。

在葬马冢内有十个木乃伊的马，为冻冰保存至今。（参看图2：a）该马系用青铜"双斧"（teeker）所杀，投之坑中。此外尚有10驾马鞍、马鞯和马饰。有1个马头，上戴鹿头面具，系由皮革毛绒作成，两角狰狰若生。马头有项圈（Neckpiece），系用毛革和马鬃做成。他1万［其他一些？］面具和项圈则和鞍鞯、杖盾（stick-spield）、贮粮皮袋，混陈在一起。

所有的鞍和鞯，样式皆同。鞯上饰有垂珰，系木刻，上包金银片。（见图2：b）鞍上有二软垫，用精致的皮毡制成，内装鹿毛，其上又覆以皮毡一方。

马鞍的雕饰，除了少部绘刻以植物的图形外，大部仍为动物和动物活动情景。此种雕饰都很特殊，但颇为工巧。上有鹰、麋、鹿、山羊、熊、狮鹰、飞鸟、游鱼、人面等形；更配以木、革、毡、毛、鬃、金、银等物；同时，又用红、青、黄诸色涂在稀有的美术古董之上，洵为可观。

不仅马的装饰如此，凡此间所发现的一切东西皆有装饰。鞍上有皮革所作之覆衣，死马鬃上饰以飞禽；尾衣之上配以丽景。其尤精者为面具，由革与毡做成，而披以金片。面具额上更饰一绒毛作成之小熊。又一面具饰数熊与一狮鹰格斗，此狮鹰拈有大翅，头系雕刻而成，上饰二野牛角，工巧无伦（见图3）。

马鞍左侧与皮带连接者即为"杖盾"，其尺寸虽小，但可断定其为矛之雏形。此物系由精巧磨削之木棍而成，缠以皮带。吾人由此杖盾可以想到苏鲁哈冢（Kurgan Soloha）中希腊人所作的金篦之上站着的西希亚战士的表像。

有一小囊，由山猫头制成。另一囊为圆筒形，有圆皮底。二囊均由着色零片皮革制成，二者（尤其是后一囊）皆具有土耳其蒙古族（Turkish-Mongolian tribes）的特质。

图 2

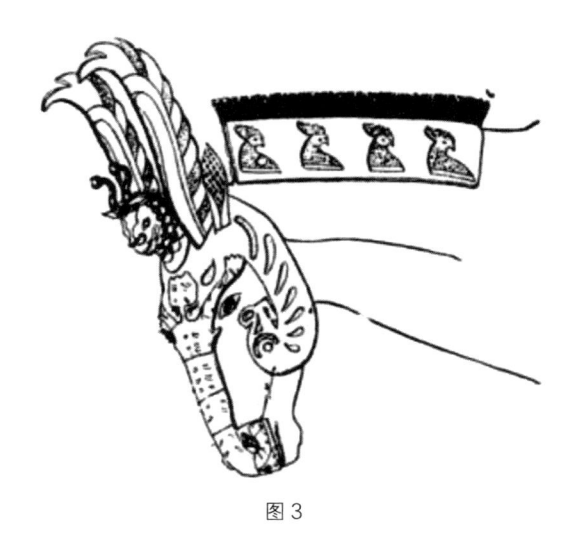

图 3

（辛）明弩新斯克的文化还元

台朴劳豪夫在明弩新斯克地方（Minusinsk region），有一个重要的计划，便是对该地的文化进序作一种试验的还原工作。工作结果的主要分类和搜集陈列在列宁格勒的苏俄国立博物学院有详细说明。其文化区别约略如下：

（1）有骨石生业特型的中叶尼塞河的旧石器时代文化。

（2）亚芬那西夫型（Afanasiev type）的远古金属文化。

（3）安竺饶夫文化（18-15 a. b. c.）。

（4）最初出现"动物体型"的加拉苏克（Karasuk）文化（10th Century A.D.）。

（5）明弩新斯克的墓冢文化，由前10世纪到吾人的纪元开始；明弩新斯克的古典文化，是艺术发展的顶峰。

（6）太虚谛达文化（Tashtic culture）（3rd-7th Century A.D.），发现雪花石膏的面具。

（7）8世纪至第9世纪的开尔基兹古墓（Khirgiz graves）。

（8）9世纪至第13世纪的古墓（不著名）。

（9）13世纪至14世纪的丝锦银饰出现的古墓。

附图可以说明各时代的用具（看看4、5两图），除用考古学资料说明明

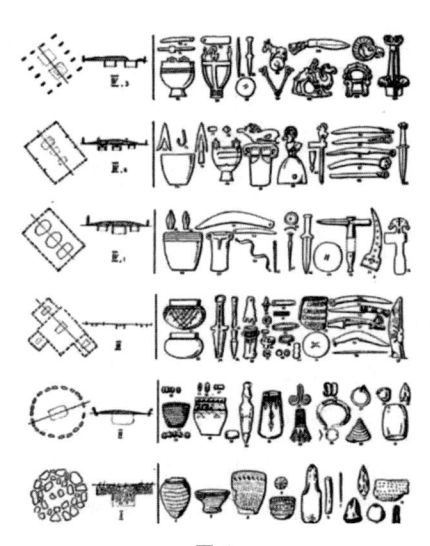

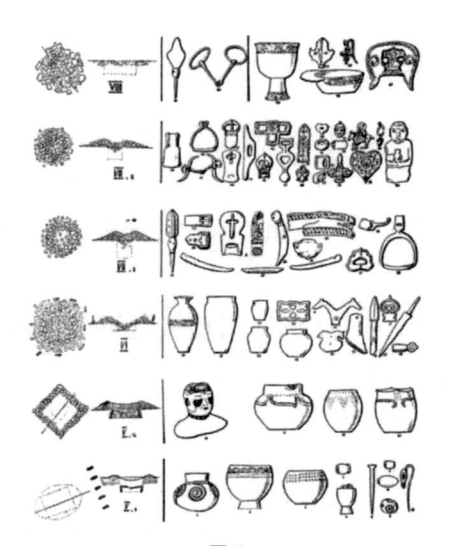

图4

图5

弩新斯克和阿尔泰地方外，作者还得到该地方现代居民的各种影片和原稿，由此可将该地的民族志图和他的历史连合起来。

在蒙古，柯兹洛夫考察团（Kozlov's Expedition）的特殊发现，甚为驰名，但在此普通的报告中不能引用多少。固然有许多英文书籍可予以材料的加添和修正，凡此当别为文以述之。

援台朴劳豪夫之例，葛里亚次饶夫（M. P. Griaznov）对于阿尔泰文化有同一的还原的企图。其文化之区别如下：

（1）新石器时代文化（Chudatskaya Gora, Yan-Ulagan）；
（2）伪亚芬那西福文化（Klepikovo, Kamishenka, etc）；
（3）安竺饶夫文化（Ust-Kamenogorsk, Büsk）；
（4）加拉苏文化（Bolsherechensk, Fominskoe）；
（5）晚青铜器文化（Yeniseiskoe, Chekaniha）；
（6）早铁器文化（Kurgan of Bnhtarma, Katanda, Bilsk）；
（7）中铁器文化（Kudirge grabes）；
（8）晚铁器文化（Kurgan of the first group near Sroski）。

有些文献解释上述各个文化时代很为详尽。

四、新的观念

因时间短促与资料阙少之故，作者故于现生组群的体质人类学与民族学的工作结果，不能作一包罗万有之调查。但此外尚须补缀数语，说明两个新的组织，他们的工作与民族学的研究是很有关系的。

（一）列宁格勒的北部民族研究所

该机关之组织与目的，与众不同，故有说明之必要。1925—1926年由鲍古拉斯东（V. G. Bogoras Tan）与克叙金（Y. P. Koshkin）在列宁格勒大学收罗26名的土族学生组织"北俄民族研究团"（"Northern Group"），学生在内除研究学院课程外，还研究他们的乡土问题。自1926—1928年该团学生增至185人，属31族。后改名"列宁格勒东方研究所北俄组"（the Northern

Division of Leningrad Oriental Institution）。1928 年在俄创办一杂志名《泰葛与通竺》(the Targa and Tundra)；论文皆系学生执笔，俄国教员无与焉。1930 年，学生人数增至 322 人。1931 年，有一组学生共 120 人由该机关分出，成为东方研究所之一部。

现在该所中有以下列诸民族：通古斯族、高尔基族（Golgi）、奥斯提亚克族（Ostiak）、散毛亚德族（Samoyed）、基尔雅克族（Gilyak）、可尔雅克族（Koryak）、洛派尔族（Lopal）、拉穆特族（Lamnt）、乌带族（Ude）、乌尔旗族（Ulchi）、由加富尔族（Yukaghir）、渥古尔族（Vogul）、坎卡德尔族（Kamchadal）、奥罗旗族（Orochi）、居克旗族（Chukchi）、开多族（Keto）、埃斯几毛族（Eskimo）、加拉盖斯族（Karagass）、萧尔族（Shor）、多尔干族（Dolgan）、居宛族（Chuvans）、亚留族（Aleut）、由拉克族（Yurak）、雅库特族（Yakut）、乃几达尔族（Negidal）、兹里安族（Zhirian）。

在全数学生 257 人中有 53 个女子仍留原组织内工作。研究所的主要目标在于训练预备往北部区域工作的人员，而其活动在于：(1) 苏维埃的建设主义（Constructivism）；(2) 合作的工作；(3) 教育。活动的计划不仅为使改造他们的土族社会成为苏维埃的方式，并且还教导他们的同胞，共同努力。

凡此皆须深悉地方的境况始能往各地方调查。调查人员有两种：一种是学生，是夏日回家的时候调查的；一种是有训练的会员，在研究所修学的时候调查的。《泰葛与通竺》杂志包括许多论文专为说明土族生活各方面的情形。对于妇女的情况，黄教及其他信仰，土著艺术和手工，猎术和渔术，与原始农业都特别注意。

根本的用意，至少在理论方面说，是发展所有值得费力的方法和成绩，以求有裨益于现代的工具的。例如可用的钩、钉、刀之类，若旧式方法尚可应用时，则不必易之为新式。在土族艺术方面亦有同一倾向，如骨木雕刻、涂色与绘画的复兴，即由于此。

原始模型方法对于起初不知道艺术的民族之陶冶，有非常的效果。故高尔地人（Goldi）的雕刻应用于新中间型上时，有显明的亚穆尔河（Amur）文化的特征。

研究所的最后目标是想在民族的半自治区域中间建立地域的疆界。俄国要实行自决必须重新规划他原来的疆域。文字的联络为此种工作的梯阶。进行联络的方法在先以土族文字教导文盲群众。用特制的字母编撰字典，编辑教本。此为苏维埃一般活动之一部。现已出版有 64 种不同文语的书籍。书籍里边各部族的名称，有改用新名者，有以邻族所赠徽号为名者如 Samoyeds，同一民族而名称不同，故往往混淆不清。然无论如何要以本族自己的名称名之为宜。

（二）民族志图戏院

此亦系一特殊机关，早经组织，唯于 1930 年 4 月始公演。此组织实为列宁格勒实验戏院（Experimental Theatre）与苏俄博物院之一精神的产儿，现在已为苏俄国立博物院民族学组之一部。其目的在于以戏剧表演各民族团体之民族生活。表演之方式有三：（1）全体行动；（2）分别表演；（3）音乐会。基本原则是在不失戏剧统一的条件之下，以民族志家的真实，表演民族之习惯、生活与行为。表演项目包括地方农民的习惯以及诸土族团体的生活（如 Armenians, Ukrainians, Georgians, Osetts, Ude, Ostyak, Samoyed...）。

剧材有采自民族志专刊者；有选自留声机片者（多由过去收集而来）；亦有取自考察团实地摄制之活动舞蹈电影者。每次表演皆用博物院的真正行头和装饰。此机关之教育价值甚大。在 1931 年有 81189 人为付款观众。由此可以证明带民族志到大众中去的计划成功。

（三）方法论

苏俄人类学家为完成人类学的领域与博物院的活动觉到没有体质人类学、文字学、考古学和民族学的相互证据，决不能完全摹述一个民族的实况的。故此"丛体"的考察有很大的价值。尤其在地质学家、植物学家、动物学家和药学研究家看来，各方面的研究于他们极为重要，他们把人类学的资料用于他们的特殊领域，但人类学中所包括的特项资料亦很少是人类学家自己获得的。

在活动计划中的去复、避简、补漏，以及时下问题之偏注诸工作，在总括调查内均须兼顾。此种工作对于幅员浩大的苏俄尤为重要。

调查中的"静的方法"（"Stationary method"）在民族学中极为重要。用此方法始能学习该民族的语文，熟悉该民族的环境，明了该民族全年活动的轮环（包括四季节令）。这些情况，只靠一般人类学家仅实地工作几个月工夫是不会知道的。

自然，博物陈列在方法论上亦十分重要，所以一个人物斗室之中往往可以看到许多民族学和人类学的材料。博物陈列的理论全部是常变动的。陈列的目的是想把团体生活的横剖面呈现出来；陈列几种主要的东西便可以说明一切社会的和经济的活动。并不像有些博物院中充塞了数千百种平宁青铜（Benin bronzes），人看了还是不懂什么。

顶好是用标签、海图、地图、表格之类说明陈列品的意义。俄国人以为纵然毫无准备的观客由此亦可明白搜集的重要方面。

或者他们以为博物院不应该如革命以前仅仅一个狭隘的团体，每个博物院的活动现皆努力为联合的社会活动之一部。此种新的观念与新工具的应用予观众以数千种新的方式。有时设置讲师专为有组织的参观团解释陈列品的意义，此亦为博物院的主要活动之一，每个专家都尽此教育工作的职分。

五、交换意见的机会

设有交换刊物、影片、搜集和提供一般消息的部分机构，有下列各机关：国家隐庵、国立物质文化史学院、苏俄国立博物院民族学部、苏俄科学院人类学与民族学馆、苏俄科学院、北部民族研究所。

美国博物院大学总计有 600 幅以上的影片、300 卷书籍、20 种原稿（在美国杂志登载）和 5 种民族志——包括西伯利亚的阿尔泰族、苦门丁族（Kamandin）、萧尔族（Shor）、哈家族（Hakas）的搜集共 600 种。

原稿收到者计有迪尼采斯（L. Dinitzes）的《崔帕里的文化》（*The Tripolie Culture*）；葛里安饶夫（M. P. Griaznov）的《阿尔泰地方盘叙里克的坟墓》（*The Pazirik Burial of Altai*）和《民族图志戏院的历史》（*The History of the Ethnographical Theatre*）；朴朴夫（A. Popov）的《雅库特族铁匠的黄教治方》（*the Shamanistie Cure of the Blayksmith among the Yakuts*）；德邻可渥（N. P. Direnkova）的《阿尔太安人的灵魂信仰》（*The Soul Beliefs of Altayans*）。

此外,"G. A. I. M. K"(The State Academy of the History of Material Culture)的副委员长对于博物院大学照常寄赠苏联考古学和民族学的活动的消息。该院已请博物院大学的指导员共同组织苏联境内的考古学与人类学的联合考察团,而且欢迎美国的研究所和苏俄的科学团体时常接触。

六、提示的几点意见

此次旅行,若能因此而唤起励进合作,始有价值,作者本此目标,聊缀数语于后。

第一件事要做的是收罗苏俄作品编一概括的书目提要。编辑方法可分为按字母排列、按地名排列和按论文题目排列三种,每一卡片之上应标俄文字母、英文音译和英文意译。然后每项下面加以注释,注明工作的一般范围,因为不熟悉的名词或地名,仅由译名的标题,很难把握他的内容的。最后把卡片复印出来,然后再分发到其他研究的机关去。

美国能设立一个特殊机关,起初可设会员二人,把美国科学的主要活动做一报告,送给俄国的科学家。再设立一科学译报局,翻译由俄国国立物质文化史学院送来的同一性质的期刊报告。收到消息以后的分发方法亦可用复印本送到各处。此外,该译报局还应有两种任务:(1)掌管和俄国博物院书籍、影片、原稿和搜集相互交换的通信;(2)收集俄国科学家所需求的各机关之科学资料。此种服务只可以扩张到有保证的机关,至于办理初次直接交涉的特惠则各机关皆享有之。

主要的著作翻译出来,次要者作一选译、评论或摘要均可。编译结果,或复印分发出去,或分别在现在的刊物上发载,如《美国人类学家杂志》(the American Anthropologist)、《体质人类学杂志》(Journal of Physical Anthropology)等。

双方通力合作,美国人应当设法组织联合考察团,在美国杂志上发表俄国人的原著,派代表参加俄国的科学会议,并请俄人参加我国的科学会议,应考俄国科学机关提供美国学生的奖金,同时,亦想法在我国大学和研究机关提出同样的奖金。

于将来时应当创办一种特殊的刊物，专为登载苏俄的人类学与考古学活动，一如太尔格仑在海尔新福斯（Helsimgfors）出版的《乌拉西亚北方古迹杂志》。

（原文载 *American Anthropologist*, Vol. 35, 1933, No. 2, pp. 301-327。译文原载《新社会科学》1934年第1卷第2期，第215—243页。后由王欣整理并据原文校订，补充原文图片，收入周伟洲主编：《西北民族论丛》第16辑，社会科学文献出版社2018年版）

下集索引

A
阿介尼普136-138, 152
哀牢37, 46, 50, 78
爱斯基摩人18, 258

B
八字真言咒229
巴底86, 89-91, 99, 102, 103, 105, 106, 109, 110, 114-119, 167, 219, 227, 240
巴僚60
巴旺86, 90, 91, 96, 102, 103, 106, 107, 109, 115-118, 165, 166, 224, 236, 237
白钵217, 218
白马氏37
白子国269
板楯蛮37, 50
贝尔159, 171, 176-178, 184, 189, 191, 194-197, 202, 254, 264
贝加尔湖20, 21, 270
贝林戈尔25
本加族18
鼻饮54, 65, 66, 68
边疆问题6, 174
边政1, 3, 5, 7-9, 190, 232
钵教96, 100, 108, 110, 163, 165-167, 178, 182, 183, 187, 198, 217-241
钵教寺217, 219, 227
钵巫235, 236

播化12
僰道62, 63, 70, 71, 75, 77-79
僰夷群47
布敦174, 266, 267

C
常璩62, 70, 77, 81, 83, 93
绰斯甲86, 90, 91, 93, 97-100, 102, 104, 107, 109, 110, 112, 114-118, 167, 219, 227, 237
绰斯甲土司97-99, 104, 115, 117
陈得才339
促浸86, 90, 91, 98, 103-110, 114-117, 167

D
达赖喇嘛157, 163, 175, 183, 196, 205, 214, 215
达卫斯42, 44, 46, 49, 56, 57
鞑靼20, 21, 23, 24, 27, 30, 34, 112, 156, 160, 165, 312, 324, 370, 371
丹东91, 99, 100, 102-104, 109, 110, 115-118, 166, 246, 247
掸台族系47, 66
党坝86, 89-91, 93, 102-108, 110, 112-117, 167, 191, 192
滇略37, 45, 46, 50
东夷25, 30, 312
端公75, 179, 218, 235

端纳158, 159, 169, 171-173, 261-263, 265
多馨76

E
峨列族136
扼止风雹239

F
法律系十六款211
凡尔赛公约1, 2, 245
樊尼175
泛神论222, 225
范晔36, 37
飞头54, 66
父子连名123
附国94, 97
傅竖眼76

G
干兰65-67
革什咱90, 91, 96, 98, 100, 102, 103, 106, 107, 109, 110, 115-117
格萨95, 96, 165, 216, 221, 222, 224
公刘17
功能学派8
孤纥70, 71, 81, 82, 87, 123, 125-132, 138, 142, 150, 151
固始汗175
鬼主69, 71, 72, 81
贵族阶级57, 175, 183, 184, 189, 200, 215, 216
国族11, 172, 200, 245, 246, 248-252
果洛克牧番164, 167

H
哈登48, 49, 56, 57, 160, 162, 173
豪族182-184, 187
浩熙41

黑钵115, 437, 218, 239
花甲生藏10-15, 17-21, 23, 25, 27, 29, 31, 33, 213
《皇清职贡图》38, 54, 58
活佛转世180, 196
霍丁督族18
霍尔部落90

J
祭灵123
嘉良夷91, 94, 97
嘉戎60, 67, 69, 80, 86, 87, 89-97, 99, 101-106, 108-119, 158, 165-167, 179, 191, 192, 202, 204, 216-220, 224, 227, 235, 237, 263
嘉戎婚制118
嘉戎土司97, 101, 102, 105, 114-116, 118
甲楚喀牧番164
犍为62, 63, 77, 79, 92
贱老12, 16-20, 22-25, 30, 213, 273, 277
贱老制度17, 18
贱民阶级186, 200
金城公主175, 199

K
开钦群44, 47
康藏民族80, 88, 156-161, 163, 165, 167, 169-181, 183, 185, 187, 189-191, 193, 195, 197, 199-201, 203-205, 207, 209, 211-213, 215
康番部族166
克拉克41, 42
口赛123, 124

L
拉铁摩尔6
郎慈苗10
冷边90

黎群47, 55
黎州71
李方桂159-161
李朴德15
李氏生藏志铭27
李寿61-63, 70, 75
李膺61, 62
李长春79
栗粟43, 44, 47, 56, 57, 83, 87, 218
莲花生大师226, 268
凉山罗夷60, 68, 70, 74, 78, 81, 82, 120-125, 127-129, 131-133, 135, 137-139, 141, 143, 145-147, 149-151, 153, 155
梁启超40, 50
僚洞74
僚郡60, 61, 76
僚蛮68, 74, 79
岭光电128, 130, 131, 143, 145
岭国忠72
刘家沟古墓28
六十花甲子葬13, 27
隆城镇64, 76
罗罗60, 72, 74, 78, 80-82, 177
罗夷系谱122, 124, 125, 127, 150, 155
倮㑩15, 19, 35, 37, 38, 40-42, 44, 45, 49, 52, 55-58
倮㑩群39, 47
吕思勉24, 40, 267

M
马克当纳171, 176, 183, 188, 195, 197, 264
曼尼帕19
曼尼帕19
毛利人121, 122
么些37, 38, 47, 55, 56, 81, 83, 84, 87, 88, 177, 218
蒙古类族171
缅甸群43, 47

缅系民族67, 87, 121, 177
苗群47
苗人10, 41, 48, 83, 84
苗瑶族系47
苗族7, 10, 35, 36, 38, 40-42, 44, 47, 48, 51, 52, 84, 86, 262, 347
民家44-46, 49, 55, 75
民家群43, 47
民族社会243-247, 249, 251-259, 392
民族主义1-3, 245, 248, 250, 253, 339
摩沙夷83
冒顿23, 24, 272, 273, 279, 280, 283
木坪86, 103
牧番86, 159, 160, 162-165, 167
穆坪90, 91, 102, 111, 115, 116, 119, 167

N
南方蛮37
南郡蛮37
尼泊尔160, 161, 169, 170, 174-177, 179, 198, 199
捻军339, 340, 351-353, 357
聂赤尊波219, 225
宁远85
女酋制度191

P
庞玉76
平民阶级175, 185, 324
蒲蛮43-47, 49, 51
濮人49, 77, 79

Q
《黔苗图说》10, 38, 52, 54
戕老15, 16
邛都36, 37, 65
琼部97-102, 114-116, 166, 237
琼鸟99, 101, 102, 114, 115

曲聶70, 71, 81, 82, 87, 125, 126-132, 143, 144, 150, 151, 153
曲曲乌60, 64, 72, 73, 82

R
冉駹36, 37, 86, 91-95
儀戎97, 100, 218, 219, 221, 225, 227, 230, 231, 236
仁钦拉姆172, 189, 191, 192, 199, 263, 264
任乃强158, 176, 200
戎州64, 76

S
三苗36, 176
僧侣阶级169, 171, 184, 187
杀婴15, 16
沙马土司130, 131, 144
沙苑342, 345, 353, 355, 356
山县初男181
沈边90
十八土司90, 91, 108, 227
氏族系统151
竖棺65, 66, 68
水陆族136, 151
斯拉日加尔217
松岗86, 90, 91, 93, 97, 102-105, 107, 110, 112, 113, 115-117, 167, 192
松潘61, 84, 85, 166, 167, 189, 190, 192, 215, 232, 355
送鬼212, 237, 239
肃慎氏25
梭磨86, 90, 91, 93, 97, 102, 103, 107, 112-116, 167

T
跳罗罗74
《通道记》96, 112
同阁182, 185

铜爨65, 66, 69
僮僚群47
头帕49, 58, 73, 75
土僚53, 63, 64-68, 79
吐谷浑175, 303
团练338, 343, 345, 350, 351, 357, 358

W
瓦噗喇群46, 47
瓦寺85, 86, 89-91, 99-101, 103, 113-116, 118, 167
瓦寺土司85, 86, 99-101, 103, 113-116, 118
瓦寺族85
魏源37
文成公主95, 175, 177, 199
文化动力说8
文化遗物10, 11, 224
文明民族2
沃日90, 91, 98, 102, 103, 106, 107, 110, 111, 115-117
吴定良171-173, 262
武陵蛮37

X
西伯利亚19, 20, 25, 30, 171, 257, 302, 307, 362, 365, 366, 372, 377, 380, 387
西藏群43, 47, 55
西达里159
西番38, 56, 79, 81, 83-86, 91, 93, 94, 96, 118, 158, 167, 268
西番群47
西南夷35-38, 51, 78, 92
鲜卑6, 23, 24, 165, 175, 273, 280-282, 286, 294, 295, 297, 298, 318
响盘221, 228, 238
象山路62
孝义镇355-357
辛腊璞佛217-219, 230, 236, 240-242

邢密76

匈奴6, 23, 24, 44, 272-290, 294, 295, 297-299, 303, 307, 309, 311, 318, 324, 326

Y

雅库特族20-23, 25, 30, 385, 387

罨盂30

晏州71, 72

羊祉76

瑶群43, 44, 47

夜郎36, 37, 41

一亩沟之古墓28

一妻多夫制178, 187-190

益州记61-63, 70

益州羌37

阴阳佛232-235

印第安人18, 19, 301

应用人类学3, 4, 7

雍中98-101, 103, 108, 113, 114, 117, 119, 201, 218, 219, 222, 224, 226-228, 230, 231, 236, 241

雍中钵98, 218, 219, 222

鱼通90

渝州65, 71, 72

玉树二十五族157, 164

原始钵教217, 224, 236

原始民族2, 10, 11, 35, 40, 43, 80, 131, 179, 245, 254, 259

《云南通志稿》40, 53, 58

Z

杂谷86, 89-91, 95, 97, 102, 103, 110-117, 167

嚓酒74, 75

儹拉86, 90, 91, 103-108, 110, 115-117, 167

牂牁僚61

牂牁路62

藏缅族系47, 55, 66, 86, 218

凿齿54, 66

张苛343, 357

殖民局4

《中国历史上民族之研究》40

中山太郎26

仲家38-42, 49, 51, 52, 54

仲家群47

朱克察族19

珠尔玛201

竹篑66, 69

赘婿制度191

卓克基90, 91, 102, 103, 105, 107, 108, 110-118, 167, 192

梓潼63, 64, 75, 76

宗喀巴96, 179, 205, 228

诅人217, 239

尊老12, 15-17, 20, 23

尊老礼俗17, 18

笮都36, 37, 71

马长寿主要论著目录

一、著作

《中国兄弟民族史讲义》，1955年。

《突厥人和突厥汗国》，上海人民出版社1957年版；广西师范大学出版社2006年版；收入周伟洲编：《马长寿文集》，陕西师范大学出版总社2019年版。

《南诏国内的部族组成和奴隶制度》，上海人民出版社1961年版；收入《马长寿民族史研究著作选》，上海人民出版社2009年版；收入周伟洲编：《马长寿文集》，陕西师范大学出版总社2019年版。

《北狄与匈奴》，生活·读书·新知三联书店1962年版；广西师范大学出版社2006年版；收入周伟洲编：《马长寿文集》，陕西师范大学出版总社2019年版。

《乌桓与鲜卑》，上海人民出版社1962年版；广西师范大学出版社2006年版；收入周伟洲编：《马长寿文集》，陕西师范大学出版总社2019年版。

《氐与羌》，上海人民出版社1984年版；广西师范大学出版社2006年版。

《碑铭所见前秦至隋初的关中部族》，中华书局1985年版；广西师范大学出版社2006年版。

《彝族古代史》（马长寿遗著，李绍明整理），上海人民出版社1987年版；收入《马长寿民族史研究著作选》，上海人民出版社2009年版。

《同治年间陕西回民起义历史调查记录》（主编），陕西人民出版社1993年版；收入《马长寿民族史研究著作选》，上海人民出版社2009年版。

《马长寿民族学论集》（周伟洲编），人民出版社2002年版。

《凉山罗彝考察报告》（马长寿遗著，李绍明、周伟洲等整理），巴蜀书社2006年版。

《凉山美姑九口乡社会历史调查》（马长寿主编，李绍明整理），民族出版社2008年版。

《马长寿民族史研究著作选》，上海人民出版社2009年版。

《马长寿文集》（周伟洲编），陕西师范大学出版总社2019年版。

《凉山罗夷考察报告》影印本（周伟洲编），陕西师范大学出版总社2019年版。

二、论文

《中国农民的离村向市问题》，《生存月刊》1932 年第 4 卷第 1 号。
《敬告十年建设计划诸君》，《新农村》1933 年第 6 期。
《洪洞迁民的社会学研究》，《社会学刊》1933 年第 3 卷第 4 期。
《论农村与都市》，《新农村》1934 年第 10—11 期合刊。
《德国文化社会学与美国文化社会学》，《新社会科学》1934 年第 1 卷第 1 期。
《鲍伽达的现代社会学》，《新社会科学》1934 年第 1 卷第 1 期。
《近代人口论的趋势》，《民族》1934 年第 2 卷第 11 期。
《中国古代花甲生藏之起源与再现》，《民族学研究集刊》1936 年第 1 期。
《中国西南民族分类》，《民族学研究集刊》1936 年第 1 期。
《现代之新疆民族》，《民族学研究集刊》1944 年第 4 期。
《川康边境之民族分布及其文化特质》，《青年月刊》1939 年第 3 期。
《四川古代"僚"族问题》，《青年中国季刊》1940 年第 2 卷第 1 期。
《苗猺之起源神话》，《民族学研究集刊》1940 年第 2 期。
《四川边地行纪：由宜宾抵屏山》，《西南边疆》1940 年第 9 期。
《四川古代民族历史考证（上）》，《青年中国季刊》1940 年第 1 卷第 4 期。
《四川古代民族历史考证（下）》，《青年中国季刊》1941 年第 2 卷第 2 期。
《川康民族分类：四川博物馆川康边疆民族文物标本说明》，《边疆研究通讯》1942 年第 1 卷第 5、6 号合刊。
《钵教源流》，《民族学研究集刊》1943 年第 3 期。
《嘉戎民族社会史》，《民族学研究集刊》1944 年第 4 期。
《中国古代传疑中之女系氏族社会》，《文史杂志》1945 年第 5 卷第 5—6 期合刊。
《凉山罗夷的族谱》，《民族学研究集刊》1946 年第 5 期。
《康藏民族之分类体质种属及其社会组织》，《民族学研究集刊》1946 年第 5 期。
《社会的民主》，《中国社会学讯》1947 年第 4 期。
《凉山夷区的社会建议》，《边疆通讯》1947 年第 4 卷第 8—9 期合刊。
《论统一与同化》，《边政公论》1947 年第 6 卷第 2 期。
《人类学在我国边政上的应用》，《边政公论》1947 年第 6 卷第 3 期。
《人类学在我国边政上的应用》，《边疆通讯》1947 年第 4 卷第 6 期。
《人类学在我国边政上的应用》，《民主论坛》1947 年第 1 卷第 4 期。
《中国十年来边疆研究的回顾与展望》，《中央周刊》1947 年第 9 卷第 11 期。
《十年来边疆研究的回顾与展望》，《边疆通讯》1947 年第 4 卷第 4 期。
《论"民族社会"的性质》，《社会学刊》1948 年第 6 卷合刊。
《建立中国社会学商兑》，《中国社会学讯》1948 年第 8 期。
《建立中国社会学商兑》，《大公报》1948 年 10 月 1 日第 1 张第 3 版、10 月 5 日第 2 张第 6 版、10 月 6 日第 2 张第 6 版、10 月 7 日第 2 张第 6 版。
《少数民族问题》，《民族学研究集刊》1948 年第 6 期。
《秦汉时代中国的社会阶层及其经济基础》，《学原》1949 年第 2 卷第 9 期。

《论匈奴部落国家的奴隶制》,《历史研究》1954年第5期。

《"同治年间陕西回民起义历史调查纪录"序言——兼论陕西回民运动的性质》,《西北大学学报》1957年第4期。

《论突厥人和突厥汗国的社会变革》,《历史研究》1958年第3—4期合刊。

《十年来中国少数民族研究工作的成就》,《人文杂志》1959年第5期。

《辟所谓"西藏种族论"并驳斥经史内所流传的藏族起源于印度之谬论》,收入王宗维、周伟洲编:《马长寿纪念文集》,西北大学出版社1993年版。

《苏俄人类学的进展》(Eugene Golomshtok著,马长寿译),《新社会学科学》1934年第1卷第2期。后由王欣整理并据原文校订,补充原文图片,收入周伟洲主编:《西北民族论丛》第16辑,社会科学文献出版社2018年版。